中国年鉴精品工程
High Quality Project of China's Yearbook

建邺年鉴

JIANYE
NIANJIAN
2020

南京市建邺区地方志编纂委员会办公室 编

方志出版社
Publishing House of Local Records

图书在版编目（CIP）数据

建邺年鉴. 2020 / 南京市建邺区地方志编纂委员会办公室编.-- 北京 ：方志出版社，2020.9
ISBN 978-7-5144-4333-2

Ⅰ. ①建… Ⅱ. ①南… Ⅲ. ①区（城市）— 南京— 2020— 年鉴 Ⅳ. ①Z525.31

中国版本图书馆 CIP 数据核字（2020）第 188496 号

建邺年鉴（2020）

编　　者：南京市建邺区地方志编纂委员会办公室
责任编辑：梅中英
出 版 者：方志出版社
地址　北京市朝阳区潘家园东里9号（国家方志馆4层）
邮编　100021
网址　http://www.zgfzcb.cn
发　　行：方志出版社图书经销中心
电话（010）67110500
经　　销：各地新华书店
印　　刷：南京凯德印刷有限公司
开　　本：889×1194毫米　1/16
印　　张：30
字　　数：320千字
版　　次：2020年9月第1版　2020年9月第1次印刷
印　　数：0001~1000册
ISBN 978-7-5144-4333-2　定价：150.00元

建邺区地方志编纂委员会

《建邺年鉴（2020）》编审人员名单

编辑说明 BIANJI SHUOMING

一、《建邺年鉴》旨在为领导决策提供参考依据，为社会各界人士认识、了解和研究建邺提供基本信息，也为编史修志积累史料。

二、《建邺年鉴（2020）》坚持以马克思列宁主义、毛泽东思想、邓小平理论、“三个代表”重要思想、科学发展观、习近平新时代中国特色社会主义思想为指导，坚持辩证唯物主义和历史唯物主义的立场、观点和方法。全面、系统地记述2019年建邺区各项事业发展的年度状况和最新成就。收录范围以建邺区现行行政区域为界，凡建邺区所属部门、街道及驻区单位，均在收录之列。

三、《建邺年鉴（2020）》框架结构主要依据区域功能定位、主导产业进行设计，设分图照、特载、专记、大事记、建邺概览、中共建邺区委、建邺区人大、建邺区政府、政协建邺区委员会、中共建邺区纪委·建邺区监委、民主党派·人民团体、法治、军事、区域经济、功能园区、经济管理、都市建设、生态环境、教育、科技、文化、卫生健康、体育、社会生活、应急管理、街道概览、人物与荣誉、组织机构负责人名录、附录、索引等。

四、《建邺年鉴（2020）》采用分类编辑法，主体内容分为类目、分目、条目3个层次，部分分目下设副分目。

五、年鉴所采用的稿件均由建邺区区级机关各部门、各街道、各有关单位提供，并经主要负责人审阅。“组织机构负责人名录”经区委组织部、区编办审核。文中相关统计资料由区统计局及相关部门提供，凡因统计口径、方法、时间不同造成与条目中数据不一致时，均以区统计局资料为准。

六、由于编纂时间有限，部分图片未能及时与作者取得联系，恳切希望相关作者与建邺区地方志编纂委员会办公室联系。

序一

国务院办公厅2015年8月印发的《全国地方志事业发展规划纲要（2015—2020年）》（以下简称《规划纲要》）要求，到2020年要做到地方综合年鉴一年一鉴，公开出版，实现省、市、县三级综合年鉴全覆盖。《规划纲要》还要求，坚持存真求实，正确处理质量与进度的关系，将精品意识贯穿于年鉴编纂出版工作全过程。2015年12月，中国地方志指导小组办公室启动中国年鉴精品工程，将其与先期实施的中国志书精品工程视为姊妹工程，一道作为加强地方志质量建设的重要抓手。

实施中国年鉴精品工程有助于推动中华优秀传统文化传承发展。近年来，在党中央、国务院的高度重视和关心支持下，全国地方志事业发展迎来最好的发展时期。年鉴编纂发端于欧洲，鸦片战争后被引入我国，在我国走过了100多年的发展历史。在长期的编纂中，年鉴在内容和形式上不断发展，逐渐演变成为适合反映中国国情、具有鲜明中国特色的一种文化载体，并在改革开放后出现了快速发展的局面。2006年5月，国务院《地方志工作条例》颁布施行，明确将地方综合年鉴纳入地方志工作范畴，年鉴工作走上了有法可依的轨道。《规划纲要》出台，为从依法编鉴转变到依法治鉴指明了方向。2016年12月，中国地方志指导小组印发《全国年鉴事业发展规划（2016—2020年）》，更进一步明确了到2020年全国年鉴事业的任务书、时间表、路线图。经过多年的发展，年鉴工作已经成为地方志工作的重要组成部分，成为中华民族优秀文化传统的有机组成部分，其存史、育人、资政作用日益彰显。实施中国年鉴精品工程，是年鉴工作者紧扣时代脉搏、坚持创新发展的一项重要举措，对于坚定文化自信，传承弘扬好中华优秀传统文化意义重大。

实施中国年鉴精品工程有助于为全面建成小康社会提供更多智力支持和历史借鉴。党的十八大作出全面建成小康社会的战略部署。党的十八届五中全会提出到2020年如期实现全面建成小康社会的目标要求。完成《规划纲要》确定的目标任务是年鉴工作者的神圣使命，更是年鉴工作者以自身力量为全面建成小康社会献上的厚礼。一方面，可以更好地利用年鉴这种年度资料性文献，及时记录各地区在全面建成小康社会伟大征程中每年取得的新成绩和新经验、出现的新情况和新问题、涌现的优秀人物和典型事迹等；另一方面，可以更好地积累地情、国情资料，为推动经济社会发展和深化改革提供智力支持，为推进国家治理体系和治理能力现代化提供历史借鉴。

实施中国年鉴精品工程有助于全面推进地方志事业转型升级。地方志不是单纯修志编鉴工作，而是全体方志人“修志问道，以启未来”的一项事业，这项事业包含着巨大的时代担当与使命追求。地方志工作要在“五大建设”总体布局和“四个全面”战略布局中发挥与其自身价值、功能相匹配的作用，就要因时而谋、乘势而上、顺势而为，全面推进地方志事业转型升级。转型升级，当下最重要的目标就是完成“两全”目标，包括“年鉴全覆盖”目标；长远的目标就是基本形成地方志编修体系、理论研究和学科建设体系、质量保障体系、资源开发利用体系、工作保障体系“五位一体”的地方志事业发展综合体系，包括“五位一体”的年鉴事业发展综合体系。中国年鉴精品工程是一项探索工程，也是一项创新工程，是推进地方志事业转型升级的重要内容。通过实施中国年鉴精品工程，不仅有助于确保年鉴质量，不断编纂出版具有鲜明时代特征、年度特点和地域特色的精品年鉴，也有助于推动年鉴工作适应经济社会发展形势和时代需要，不断改革创新，与时俱进。

多年来，在中国地方志指导小组办公室的指导和全国各级地方志工作机构的共同努力下，年鉴种类数量快速增长，年鉴成果粲然可观，为实施中国年鉴精品工程奠定了坚实的基础。实施中国年鉴精品工程，就是要在全国地方志系统起到示范作用，进一步培育精品意识，打造精品年鉴，以点带面，在提高年鉴质量方面探索出一条切实可行之路，使这项探索工程和创新工程能够积累经验，发挥引领作用。

“万山磅礴，必有主峰；龙衮九章，但挈一领。”实施中国年鉴精品工程，是筑牢地方志事业特别是年鉴事业发展根基之举，其意义与价值不言而喻。但编修出年鉴精品佳作，绝非朝夕之功，需要付出长期艰辛的努力。希望通过实施中国年鉴精品工程，能够进一步推进年鉴质量建设，使年鉴真正成为传承中华民族优秀传统文化的重要载体，成为展示中国国情、地情的重要窗口，成为“为当代提供资政辅治之参考、为后世留下堪存堪鉴之记述”的资源宝库，在全面建成小康社会过程中作出更大贡献。

是为序。

中国社会科学院原副院长
中国地方志指导小组原常务副组长

序二

地方志是中华优秀传统文化的根与魂，积淀着中华优秀传统文化最深层的精神追求，代表着中华民族独特的精神标识。新时代坚持和发展中国特色社会主义，更加需要深刻把握人类发展历史规律，更加需要编修出传承不辍的精品志鉴，才能使后代在对历史的深入思考中汲取智慧、走向未来。伟大的时代，为地方志发展提供了取之不尽、用之不竭的源泉，同时也为全国年鉴工作提供了极大的机遇。

党的十九大报告中明确提出“质量强国”，“努力实现更高质量、更有效率、更加公平、更可持续的发展”，这为年鉴事业高质量发展指明了方向。按时、保质完成《全国地方志事业发展规划纲要（2015—2020年）》规定的“两全目标”任务，打造一批资辅当前、存鉴后世、经得起历史检验的精品佳作，不仅是一种法定职责，而且具有重要的政治意义、现实意义和历史意义。中国特色社会主义进入新时代，年鉴事业也进入新时代，呈现快速、稳步发展态势，在各方面都取得了新的显著成绩，包括年鉴编纂进度大大加快，年鉴编纂范围不断扩大，年鉴资源优势得到充分发挥，年鉴开发利用水平全面提升，而且年鉴质量保障机制逐步完善、质量持续提升。因此，在全社会关注质量发展的黄金时期，尤其是在完成“两全目标”任务的关键期，在狠抓进度的时候，实施中国年鉴精品工程更是恰当其时。年鉴工作者要投身于时代，为时代放歌，书写复兴华章，把出品更多的精品年鉴使命落实在实现中国梦的恢宏大业中。

习近平总书记说，精品之所以“精”，就在于其思想精深、艺术精湛、制作精良。中国年鉴精品工程紧扣时代脉搏，拓宽视野，围绕人民群众的美好生活，用精品记录新时代，为新时代新气象新作为留下真实、鲜活、生动、翔实的记录。实施中国年鉴精品工程，既是全面贯彻落实《全国地方志事业发展规划纲要（2015—2020年）》的重要举措，也是培育精品意识和精品年鉴、提高年鉴质量的重要手段；既是发挥年鉴存史、资治、教化功能的根基所在，也是年鉴工作者坚持创新发展、传承弘扬中华优秀传统文化的关键步骤。这不仅有助于坚定文化自信，讲述好中国故事，传播好中国声音，更有助于为决胜全面建成小康社会提供更多智力支持和更大精神动力。

实施中国年鉴精品工程顺应地方志进入新时代的历史潮流。“充实之谓美，充实而有光辉之谓大。”党的十九大报告指出，我国的社会主要矛盾已经转化为人民日益增长的美好生活需要和不平衡不充分的发展之间的矛盾。党章修正案、宪法修正案把习近平新时代中国特色社会主义思想确立为我们党和国家的行动指南，我国的发展进入到新的历史方位。为适应这些重大变化，党和国家随之出台更多重大的举措、推出更多有力的措施。年鉴如何全方位地、开创性地记述这些历史性变化，如何充分记述我们党领导人民进行的伟大斗争、建设的伟大工程、推进的伟大事业、实现的伟大梦想，是新时代地方志工作需要深入思考探究的问题。中国年鉴精品工程正是呼应新时代新变化新要求，致力于在全国地方志系统进一步培育精品意识、打造精品年鉴，从而以点带面，在提高年鉴质量方面探索出一条切实可行之路，充分发挥中国精品年鉴的辐射效应，引领带动全国范围内年鉴质量的全面提高，切实推动年鉴事业转型升级。

实施中国年鉴精品工程要全面把握以人民为中心的发展理念。以人民为中心，贯穿于改革开放以来我们党推进中国特色社会主义文化建设的全过程。新时代把握新机遇，年鉴作为记录新时代地方年度历史的重要载体，应当以习近平新时代中国特色社会主义思想为指导，牢固确立以人民为中心的理念。中国年鉴精品工程始终坚持人民是历史的创造者和改革开放事业的实践主体，始终坚持文化发展为人民服务、为社会主义服务，充分记录人民的首创精神，凸显人民在文化建设中的主体作用，不断满足人民的精神文化需求。年鉴工作要深深扎根于人民之中，坚持以事系人，记载人民群众中的先进典型，内容充分体现社会民生和为民服务的举措。在此基础上，实施中国年鉴精品工程还要建立精品长效机制，逐步推进精品年鉴传播最优化和效益最大化，使精品年鉴能够不断满足人民群众对美好生活的新需要新期待，在铸就中华文化新辉煌的过程中更好地构筑中国精神、中国价值、中国力量的方向上不断努力。

实施中国年鉴精品工程是坚定文化自信的体现。习近平总书记说，文化兴国运兴，文化强民族强。没有高度的文化自信，没有文化的繁荣兴盛，就没有中华民族的伟大复兴。中华优秀传统文化是中华民族的文化根脉，其蕴含的思想观念、人文精神、道德规范，不仅是我们中国人思想和精神的内核，对解决人类问题也有重要价值。地方志是中华优秀传统文化的精神之脉，是中华优秀传统文化基因的真正传承者和发展者。精品年鉴正是从中华民族世世代代形成和积累的优秀传统文化中汲取营养和智慧，记录传承的文化基因，记录思想精华，展现精神魅力。实施中国年鉴精品工程，以时代精神激活中华优秀传统文化的生命力，推进中华优秀传统文化创造性转化、创新性发展，把传承和弘扬中华优秀传统文化同坚定文化自信统一起来，有助于引导人民树立和坚持正确的历史观、民族观、国家观、文化观，不断增强中华民族的归属感、认同感、尊严感、荣誉感。

用精品记录新时代，用奋斗铸就新辉煌。地方志植根于历史，内涵于历史，镌刻于历史之上，是中华民族在漫长历史中形成的区别于其他民族的独特精神标识，精品年鉴是地方志的“守护者”“传承者”，是地方志成果创造性转化创新性发展的“探路者”“先行者”。习近平总书记强调，凡是传世之作、千古名篇，必然是笃定恒心、倾注心血的作品。希望全国年鉴工作者齐心协力，坚持历史唯物主义立场、观点、方法，立足中国、放眼世界，立时代之潮头，通古今之变化，发思想之先声，推出一批有思想穿透力的精品力作，培养一批年鉴专家，充分发挥存史、育人、资政作用，为推动全国年鉴事业转型升级作出新的更大贡献。

是为序。

中国地方志指导小组秘书长
中国地方志指导小组办公室主任

位于南京青奥轴线与长江交叉点处的南京国际青年文化中心

（段仁虎　摄）

位于南京市建邺区长江夹江水道上的南京眼步行桥

（段仁虎　摄）

位于南京市建邺区河西新城文体轴线西段的江苏大剧院

（万程鹏　摄）

2019年2月12日，建邺区科技创新暨招商突破年动员大会召开　（区政府办　供图）

2019年4月24日，河西·建邺法律服务共享平台“云尚律政”开通仪式举行　　（区司法局　供图）

2019年6月25-26日，由建邺区人民政府主办，中国欧盟商会、南京斯图加特联合展览有限公司共同承办的欧盟商会高层创新峰会开幕　　（邵　丹　摄）

2019年9月18日，2019中国创投高峰论坛暨金鱼嘴基金街区发展年会召开　　（区政府办　供图）

2019年11月28日，南京区块链产业应用协会揭牌仪式暨区块链技术创新与应用发展高峰论坛举行　　（区政府办　供图）

2019年11月30日，江苏省政府投资基金集聚区启用 （区政府办　供图）

2019年12月25日，“凝心‘俱’力，赢‘享’未来”建邺区总部企业俱乐部揭牌仪式暨总部经济发展研讨沙龙召开（区政府办　供图）

2019年1月21日，南京金融城二期西区4栋高层及超高层建筑主体结构封顶 （范俊彦 摄）

2019年2月14日，2019青奥艺术灯会“运动”主题系列活动“国际青年追梦跑”开跑　　（邵　丹　摄）

2019年2月15日，南京河西国际博览中心三期工程展厅封顶　　（范俊彦　摄）

2019年4月7日，2019南京国际青年诗会在建邺区举办　　（邵　丹　摄）

2019年4月28日，第九届世界华语辩论锦标赛在建邺区举行　　（邵　丹　摄）

2019年5月26日，2019南京江岛国际半程马拉松在建邺区开跑　　（邵　丹　摄）

2019年6月19日，全国首届图书馆杯海报创意设计大赛获奖作品展在建邺区开展　　（宋　宁　摄）

2019年7月13日，联合国语言部赴华中文培训团组织百余名联合国官员、美国中文教学师资班学员做客建邺，打卡24小时美术馆

（万程鹏　摄）

2019年12月19日，建邺区江心洲街道人大代表组到辖区重点工程工地——长江五桥夹江隧道施工现场视察

（乐　涛　摄）

2019年8月11日，2019vivo趣炫泡泡跑活动在建邺区举行　　（刘建华　摄）

2019年1月29日至2月28日，2019青奥艺术灯会在建邺青奥轴线开幕。灯会以“华彩金陵春·幸福中国年——当好新时代的奔跑者”为主题。区别于传统灯会，2019青奥艺术灯会运用光影涂鸦、声光电、3D投影新媒体艺术等现代科技手段演绎传统文化，通过不同形式灯光营造，将灯光染色、激光、雾效、音响融合联动，用科技扮靓建邺夜空。灯会期间吸引客流超110万人次。

2019年青奥艺术灯会点灯仪式

（陆春南　摄）

YOUTH OLYMPIC
LIGHTING ART FESTIVAL
NANJING 2019
2019 青奥艺术灯会

畅游灯海 （阮 忠 摄）

璀璨河西　　（刘芳　摄）

幻彩南京眼步行桥

（刘光秀　摄）

河西灯景　（黄海华　摄）

吉祥猪娃　（史迅超　摄）

南京蓝鲸 （谢俊 摄）

奋进新时代 （阮忠 摄）

天上人间　　（王苏骏　摄）

时光隧道　（谢万平　摄）

待飞无人机（陆春南　摄）

炫酷灯光节　　（程琴　摄）

莫愁湖公园位于南京建邺区，是一座拥有1500年悠久历史和丰富人文资源的江南古典名园。景区内有胜棋楼、华严庵、郁金堂、苏合厢、莫愁水院、棋文馆、粤军阵亡将士墓、抱月楼、海棠精品园、中日友好鸢尾园等主要景观。莫愁湖曾被称为“江南第一名湖”“金陵第一名胜”“金陵四十八景之首”。2019年8月1日，修葺一新的公园重新对外开放。12月，莫愁湖公园被评定为国家AAAA级旅游风景区。

莫愁湖公园航拍

（莫愁湖公园　供图）

莫愁女雕像

（莫愁湖公园　供图）

莫愁水院

（刘 正 摄）

鸟瞰抱月楼 （赵有志 摄）

莫愁湖秀色 （薛金龙 摄）

莫愁湖公园开园活动　　　　(方 燕　摄)

江天小阁

开园新游船　　　　（张国威　摄）

（莫愁湖公园　供图）

园中竹林

（邬利勇　摄）

湖中栈道

莫愁湖公园到此莫愁　　　　（华 进　摄）

（林树棕　摄）

美妙旋律颂莫愁　　（王松南　摄）

纳凉晚会 （李 华 摄）

你唱我舞 （戴荣森 摄）

莫愁荷花盛开时

（何国萍　摄）

今日莫愁旗袍秀 （陈洪富　摄）

目　录

功能园区

经济管理

都市建设

街道概览

人物与荣誉

先进个人和先进单位名录

组织机构负责人名录

组织机构负责人名录

附　录

索　引

特载

在中国共产党南京市建邺区第十一届委员会第九次全体会议上的讲话

沈剑荣

2019年12月27日

一、全力践行“强富美高”总要求，城市中心建设迈上新台阶

2019年，区委常委会坚持以习近平新时代中国特色社会主义思想为指导，深入贯彻市委工作部署，全区上下坚定发展信心，转变理念作风，全面深化改革，压实工作责任，对照区委十一届七次全会布置，较好完成了年度各项工作任务，各项事业取得新的进展，区域经济社会高质量发展取得显著成效。

（一）聚力创新抓布局，经济发展稳中有进。紧扣“招商突破年”工作部署，坚定不移抓总部、抓创新、抓产业集聚，经济总量不断壮大，结构进一步优化，园区、街道服务企业服务经济建设的能力不断提升，经济高质量发展的稳定性和协调性进一步增强。全年地区生产总值突破1000亿元，增长8%以上；一般公共预算收入143.7亿元，实现22.8%高速增长；服务业增加值超700亿元，增长9%以上。深入贯彻“121”战略，发布优化创新生态“建邺16条”，成立全市首家区级新型研发机构创新联盟，实现新型研发机构数量、质量双提升，签约建设12家、备案4家、公示2家新型研发机构，新增孵化和引进企业169家。在德国、以色列、新加坡挂牌设立建邺海外协同创新中心，新增科技企业410余家，新增高企93家，较上年净增长36%。全市新增2家独角兽企业均来自建邺。入选省双创人才3人，省双创博士5人，市中青年拔尖人才5人，入选市高层次人才20人。预计入选市科技顶尖专家5人，组织10人申报国家级重大人才工程，两项指标居市前3位。聘请海外创新使者和海外招商伙伴团队，签约亿元以上项目85个，签约项目投资总额830亿元，完成市对区年度目标199%，新增市级认定总部企业8家，实际利用内资181亿元，完成市对区年度目标297%，实际利用外资3.1亿美元，两度扛起全市招商擂台赛红旗。阿里巴巴江苏总部等重大产业项目加快建设，360智慧科技、滴滴华东总部、腾讯云启（南京）创新基地等11家数字经济头部企业先后签约，其中9家已完成注册落地。省政府投资基金集聚区正式启用，“南京金鱼嘴基金街区”揭牌运营，集聚各类金融及准金融机构超660家，备案基金管理机构数量及管理基金规模居全市

第一。

（二）抓精细化治理，城市客厅建设稳步推进。以精致、绿色、智慧、国际为方向，以居民群众的体验和评价为标准，高质量打造“城市客厅”亮丽名片。统筹推进 8 大类 150 项城建项目，当年完成投资 61 亿元。莫愁湖公园成功创建国家 AAAA 级旅游景区，青奥艺术灯会吸引客流超过 110 万人次。“无尘街区”和“网红街巷”建设全面启动，城市居民小区生活垃圾分类覆盖率达 100%。坚持生态与发展的协调共生，优化实施绿化景观精细化养护模式，打造 11.2 公里亲水临江、健身休闲最美滨江风光带。坚决打好污染防治攻坚战，全域落实河湖长制，全区黑臭水体整治达标率稳定在 100%，空气环境质量在全市各板块中同比改善幅度最大。新建项目海绵城市建设达标率 70%，城镇绿色建筑占新建建筑比例 100%，居全市第一。以市场为主导力量推进“中新智慧城市示范区”建设，围绕“惠民、兴业、善政”，重点推进“基石、创联、数联、智联”四大工程。面向全球开放 12 类应用场景征集解决方案，智慧智立方、智慧小区等一批应用场景建成使用。城市国际化取得新进展，成功举办欧盟商会高层创新峰会等 20 余场大型国际化活动和展会，国际水协会全球运营中心、斯图加特国际技术转移中心揭牌落户。加快建设河西国际医院、国际社区，全区 70% 以上学校与国（境）外学校建立友好关系。启动建设莫愁湖西路儿童 · 家庭友好国际街区，“国际汇 · 邻里空间”创新项目获民政部认可。圆满完成国家公祭仪式、海峡两岸紫金山峰会、江苏发展大会暨首届全球苏商大会等重大活动属地保障任务，被评为“2019 中国最具青睐会奖强区”。

（三）抓体制机制活化，发展动能进一步激发。全面贯彻落实中央和省、市委关于深化地方机构改革的决策部署，44 家部门实施转隶组建，圆满完成区级机构改革。以市场化改革为统领，全面深化高新区管理体制改革，形成“管委会 + 高新投”模式，获评省级创业投资集聚发展示范区。深化推进国资国企改革，编制区属国企国资中长期改革发展规划，积极探索混合所有制改革，进一步健全完善国资监管制度体系，促进国有资产资源优化配置和效益提升。聚力优化营商环境，注重改革衔接配套，鼓励政策性创新，出台全省首个区级《规范政商交往的正面清单》。发布“1+6”产业发展政策，充分激发市场主体活力。德国科勒及合伙人律师事务所、法国西蒙律师事务所南京代表处入驻建邺，实现江苏境外律师事务所入驻的“零突破”。推出创新金融生态“3 · 6 · 1”系列产品，“建邺高新进园保”切实帮助轻资产、科技型企业解决融资瓶颈。深化行政审批改革，“全链通办”跑出政务服务“建邺速度”。以沙洲街道为试点，持续深化街道综合执法体制改革，建设综合执法一体化平台，为全区精细化社会治理探索路径。

不我待的紧迫感和使命感，守初心、担使命，找差距、抓落实，细化任务分工，形成责任闭环，共同汇聚高标准加快建成城市中心、决战决胜高水平全面建成小康社会的强大合力。

二、认清形势坚定信心，科学把握新一年建邺发展总体要求

2020年是“十三五”规划收官之年，是高水平全面建成小康社会决胜之年，也是谋划编制“十四五”规划、全面开启社会主义现代化建设新征程的关键之年。我们面临一系列冲刺收官的繁重任务，面临一系列错综复杂的内外挑战，面临一系列开篇布局的崭新课题。

明年工作总体要求是：以习近平新时代中国特色社会主义思想为指导，全面贯彻落实党的十九大和十九届二中、三中、四中全会精神，增强“四个意识”、坚定“四个自信”，坚决做到“两个维护”，坚持稳中求进工作总基调，坚持新发展理念，坚持以供给侧结构性改革为主线，继续打好“三大攻坚战”，认真做好“六个稳”工作，确保高水平全面建成小康社会和“十三五”规划圆满收官，高标准建设现代化国际性城市中心，努力在“强富美高”新南京建设中走在前列。

新的一年，全区上下要深入贯彻落实省委十三届七次全会、市委十四届九次全会工作部署，立足建邺实际，系统谋划，精准发力。具体要做到“四个把握”。

一是要把握形势变化，保持“稳”的定力。面对外部环境的不确定性因素增多，我们要坚持以新思想解放思想、统一思想，增强“四个意识”、坚定“四个自信”、坚决做到“两个维护”，确保党中央部署在建邺不折不扣贯彻落实。要牢牢把握高标准建成现代化国际性城市中心这一主题，始终保持推动高质量发展的战略定力，把握好“时”与“势”的关系，坚定发展信心，集中精力办好自己的事，在做大经济总量、做优产业结构、做强创新能力、做实精细管理上持续发力，不断增强产业基础能力，加快提升产业链现代化水平，让新发展理念成为建邺高质量发展的鲜明底色。

二是要把握目标要求，强化“进”的信心。聚焦“十三五”和高水平全面小康收官目标，坚持问题导向、目标导向、结果导向，切实把中央和省、市重大部署，转化为具体的制度支撑、改革支撑和项目支撑，继续深化推进一系列改革，坚决破除发展面临的体制机制障碍，不断巩固和增创发展优势，激活蛰伏的发展潜能，努力实现低基数指标中高速增长、高基数指标质效双提升，各项工作走在前列、争做标杆。

三是要把握方式方法，实现“新”的跨越。当前，建邺创新生态持续优化，经济总量持续攀升，现代产业体系初步形成，高质量发展态势良好。同时，区域竞争日趋激烈，特别是随着人口、人才的加速集聚，企业和居民对优质教育、医疗等配套资源的需求更加强烈，相关短板和问题依然存在。要围绕“不忘初心、牢记使命”主题教育找差距

抓落实、围绕省委巡视反馈问题抓整改、围绕决战决胜高水平全面建成小康社会抓攻坚，增强工作的预见性、主动性、创造性，摆脱习惯做法的路径依赖，切实用新思路解决新问题、用新方法推动新发展。

四是要把握底线红线，坚持“严”的标准。以高度的政治责任感，紧绷安全生产的弦，严守社会稳定底线，统筹好稳增长与优结构、简政放权与强化监管、人口加速集聚与治理能力提升等关系，从体制机制上强化源头治理、常治长效，将群众的获得感、安全感、满意度作为检验工作成效的标准，在推动安全生产、基层治理、民生改善中打好化解各类风险隐患的主动仗，营造和谐稳定的发展环境。

党的十九届四中全会，对新时代坚持和完善中国特色社会主义制度、推进国家治理体系和治理能力现代化作出了全面部署。全区上下要把思想和行动进一步统一到四中全会精神上来，把学习贯彻习近平总书记重要讲话和全会精神作为一项重要政治任务抓好抓实。区委将结合街道机构改革专题研究落实。

明年是编制“十四五”规划之年，全区上下要围绕推动建邺高质量发展走在前列，谱写“强富美高”建设新篇章，针对当前面临的发展机遇和挑战，结合巡视整改和主题教育，就重大项目、重大问题，集中各方智慧，抓紧开展研究。

明年的各项经济指标稍后区长还要作专题说明。总体上，总量指标要“稳”，短板和低基数指标要“进”，招商引资要继续求突破，约束性指标要确保完成。

三、深入贯彻中央和省、市部署要求，决胜高水平全面建成小康社会

做好明年工作，要重点围绕五个方面抓攻坚、求突破。

（一）聚力资源整合，加快产业集聚求突破。进一步整合建邺高新区，以创建省级高新区为目标，推进建邺高新区核心区、金融城、阿里总部项目周边数字经济高地和鱼嘴总部集聚区四个片区的空间联动，启动中央活力区建设，打造南京创新密度最高的创新名城展示区。实施产业空间提升，进一步做优园区工作和生活服务配套，满足各类人才创新创业需求。持续加强总部集聚，更新全球数字经济头部企业和总部企业目标库，形成总部企业的“结算中心＋创新中心＋新金融业务”模式。实施生态圈招商，借力生态企业、生态机构、生态社群等资源，共同打造“虚拟产业园”，招引大数据、人工智能、物联网、新金融等上下游优质企业。充分利用区域会展中心优势，实施会展招商。推出“城市合伙人”计划，在全区优选成长型企业，优先享受扶持政策、重点保障生产要素，支持企业做优做强。在“招商突破年”中，继续走在全市前列。

（二）做优创新生态，服务企业能力求突破。深入贯彻落实市委一号文件，突出“六化”导向，坚持集聚高端要素，强化创新驱

动。新增高新技术企业超过100家，继续实施高企培育“小升高”行动计划，打造创新型领军企业为龙头、高新技术企业为骨干、科技型中小企业为基础的创新型企业集群。引进新型研发机构20家，探索建设“合成生物产业创新中心”等更有活力、更加前沿的产业创新中心，通过研发机构汇聚国际顶尖人才，建设公共技术平台，为中小企业的创新研发提供服务。持续推进“生根出访”，专人对接新加坡、以色列、德国等国家，建设好目标国家海外协同创新中心。实施“创新单元园中园”计划，市场化打造一批更低成本的小微创新创业企业集聚地，大力招引初创企业。深化“建邺16条”，进一步优化双创政策、激活创投生态、做强科创磁场。构建多层次金融体系，充分发挥省政府投资基金集聚区及金鱼嘴基金街区“金融泵站”作用，持续完善“基金+创业空间+创业辅导+金融服务”的金融科技融合链，高水平服务实体经济。试行“拨改投”，建立区级直投基金，对创新创业企业落实以投资为主的扶持政策。实施“建邺高新进园保2.0”计划，拓展产品范围、提升产品灵活度、打造“建邺金服”品牌，为企业提供全覆盖、全过程的金融支撑。打造营商环境最优区，落实好企业服务年各项工作部署，坚持用户思维，注重客户体验，持续开展园区和街道服务企业活动，人社、教育、卫生等各部门都要创新思路服务企业和人才，重点抓政策落实到位，在“企业服务年”中做出特色。

（三）提升精细标准，优化功能品质求实破。以新一轮区域空间规划编制统筹规划、建设、管理三大环节，着力优化人居环境品质，全力打造最能代表南京现代化国际性形象的“城市客厅”。提高城市建设质量，持续推进海绵城市建设，重点做好长江岸线保护、滨江公共空间资源整合、景观展示与提升工作。突出沿岸重要节点，精致打造“南京外滩河西段”。构建沿河绿道体系，提升应天大街、江东中路绿化水平和高新区夜间景观水平。加快老旧小区综合整治，推进城市更新。结合街巷出新整治，进一步细化标准，构建更具活力的“网红街巷”。力争提前完成停车场建设三年行动计划。全面普及“智慧工地”，探索建立智能化安全监测和预警机制。提升城市管理水平，结合文明城市常态化机制建设，构建常态化指标考评体系，对各类管理单元实行月度、季度和年度排名，形成考核闭环。全面开展垃圾强制分类。进一步提升无尘街区建设、园林绿化喷灌、市政工程围挡等精细化管理“建邺标准”。加强巡查管控，确保断面水质全面达标。深入推进中新智慧城市示范区建设，加强与新加坡智慧城市项目的合作，组建智慧城市产业发展基金，与数据经济头部企业成立大数据公司，市场化推动智慧城市建设，进一步开放应用场景，加快企业数字化、资产数字化、城市数字化。着眼城市管理难点，深化城市大脑建设，逐个建立事件应急处置标准程序，提升智慧城市解决城市治理问题综合应用能力，加快推进河西新城更高水平国际化。

（四）突出民生优先，增进民生福祉求突破。以落实好人大代表票决产生的十项民生实事为出发点，以解决群众关切的身边问题为落脚点，提升幸福感、满意度。加大民生保障，积极搭建就业平台，以带动低收入人口发展为重点，认真做好边缘人群的帮扶工作。持续提高社会救助标准，拓宽救助服务供给范围，出台区级层面实施细则，全面落实特困人员供养政策。切实解决物业管理问题，依托国有平台，以市场化提升无物业管理小区的管理水平，推广“红色物业”，力争消除无物业小区。加大公寓供给力度，提升外来服务人员住房保障水平，着力解决群租房问题。持续优化教育均衡布局，继续新建一批小学、中学，新增中小学学位 3120 个，幼儿园学位 1350 个，细化江心洲和莫愁湖、南湖片区优质教育资源对接方案，加快实现优质教育资源全覆盖。不断提升医疗卫生服务水平，市第一医院河西院区投用，明基医院二期开工。继续开展“优质服务基层行”活动，加强医疗基础设施、全科医生队伍和医联体项目化建设。推动医养康养融合，建成一批重点养老服务项目。加快文体旅产业融合发展，办好 2020 青奥艺术灯会、南京活力周，既体现现代化国际性城市中心的潮流文化，又体现居民喜闻乐见，体现中华传统文化的原创活力，提升城市中心文化形象和精神内涵。以智慧化手段推动流程再造、力量重整，提升“12345”热线问题处理能力。健全双拥共建机制，推动军民融合发展。守住安全底线。以本质安全为根本，以高度的政治责任感，全力抓好安全生产专项整治，坚持预防为三，完善党政领导责任制，扎实推进风险防控“四项机制”试点工作，强化“双随机”“四不两直”联合执法，全面推进重点行业领域安全生产大排查大整治，打好安全生产隐患整治攻坚战，健全应急工作网络，绘制城市安全地图，增强建邺突发事件的应急水平，坚决遏制重特大事故发生。持续打好“三大攻坚战”。建成金融风险预判平台，全面遏制金融风险。持续深入开展扫黑除恶专项斗争和化解信访积案攻坚行动。完成“三对口”工作任务。严格落实河湖长制，市考断面水质达到考核目标要求。污染防治攻坚战，要从新年开始一天一天去抢，一个点一个点去抓，确保全年达标。

（五）坚持真抓实干，全面深化改革求突破。持续深化高新区体制机制改革，以市场化导向全面完成高新区 8 个方面改革任务，力争实现改革全覆盖。加快落实“国企转型改革”计划，推进混合所有制改革，探索职业经理人试点，项目团队持股、跟投，助推区属国资集团市场化转型改革。深化街道社区改革，按全省统一要求，结合建邺实际，坚持以党建为引领，以智慧应用为支撑，赋予街道统筹条块资源抓手，初步形成“集中高效审批、强化监管服务、综合行政执法”基层治理建邺模式。进一步做强街道、做优社区、做实基础、做活治理，把更多力量、服务、管理资源向基层下沉，更好地为居民提供便捷化、精细化服务。推动“放管服”改革向纵深发展，深化“互联网＋政务服务”，创新完善“一窗通办”窗口模式和标准化管理，加快推进三级政务体系建设，向街道和社区便民服务中心延伸，推动24小时自助服务全覆盖，全面提升基层政务服务能力。

四、深化巩固主题教育成效，推动党的建设再上新台阶

深入贯彻新时代党的建设总要求，巩固拓展主题教育成果，推动建立“不忘初心、牢记使命”的制度，健全完善查改问题长效机制、中央及省市区委重大决策落实机制，以高质量的党建工作为城市中心建设新跃升提供坚实政治保障。

（一）持续深入抓思想建设，始终坚守初心使命。把坚决贯彻落实党中央决策部署和习近平总书记指示批示精神作为最大政治，持之以恒加强理论武装，完善党委（党组）理论中心组学习、党员干部自学、干部教育培训、基层党组织集中学习、理论宣讲等各项制度，坚持不懈用习近平新时代中国特色社会主义思想武装头脑、指导实践、推动工作。认真落实“三会一课”、党内组织生活等制度，坚持不懈锤炼党员、干部忠诚干净担当的政治品格。严格落实意识形态责任制，完善风险排查、分析研判、督查巡察、通报问责机制，牢牢掌握意识形态工作主导权。发挥区级融媒体中心效能，落实网络安全责任，形成突发事件应急处置机制，确保意识形态领域平稳。

（二）创新创优抓组织建设，切实加强组织保障。深入落实省委基层党建“五聚焦五落实”三年行动计划。在规范上下功夫，全面推进街道社区网格党支部标准化规范化建设，建成一批开放式、集约式、共享型、精准化程度高的党组织基本阵地。各级党组织书记落实抓党建责任清单，抓好党建“书记项目”，探索党建考核的信息化应用。在提升上下功夫，坚持以党建引领基层治理，积极探索建立区域化党建协同机制，推动街道社区、园区企业及驻区单位党建工作相互融合。落实好深化“双融双提”工程九条措施，完善园区党群服务中心运行机制，打造“两新”党建示范带，不断提升“两新”组织党组织的组织覆盖增量和工作覆盖质量。发挥互联网党建中心作用，运用大数据手段，提升党员教育管理服务水平。深化“五微共享社区”3.0平台应用推广，提升党员志愿服务品质。继续加强对人大、人民政协工作的领导，开好区委人大工作会议、区委政协工作会议，推进人大工作机构改革，支持人民政协充分履行职能，抓好党管武装、统一战线工作，不断凝聚思想共识、汇聚发展合力。

（三）从严从实抓干部队伍建设，激发干事创业活力。落实省委第七轮选人用人专项巡视反馈意见整改，继续坚持好干部标准和基层一线用人导向，推动“三项机制”落地见效，高质量推进高素质专业化干部队伍

建设。要旗帜鲜明地选用干部，把敢不敢扛事、愿不愿做事、能不能成事作为评判干部的重要标准，对善抓落实、敢抓敢管的干部，优先提拔。对被问责或受处分的干部，分清问题性质，对把问责作为动力、干出工作实绩的，及时合理使用，表现突出的大胆提拔。要真心实意地关爱干部，充分利用现有的改革措施，加大对街道社区一线干部的关心关爱力度，用有含金量的政策激励人，用人性化的关怀温暖人，让大家干事有劲头、有奔头。要理直气壮地保护干部，正确区分过错和违纪的界限，对工作中的探索性失误、阶段性失败，要宽容包容，为改革创新者撑腰鼓劲。在从严管理干部的同时，注重保护干部干事创业积极性。精准科学实施函询、谈话和问责，及时了解处理已清楚和有结论的事情，为受到不实反映的干部澄清正名，努力形成干部为事业担当，组织为干部担当的良好局面。

（四）较真碰硬抓党风廉政建设，维护良好政治生态。正风肃纪反腐要突出净化政治生态，一体推进不敢腐、不能腐、不想腐，真正以政治上的全面加强，引领推动反腐败斗争不断深化。纪律规矩要刚性执行，坚持把严明政治纪律和政治规矩放在首位，压茬推进省委巡视反馈问题整改及回头看，扎实开展三轮区委巡察，深化运用监督执纪“四种形态”，推动全面从严治党“两个责任”贯通协同、形成合力。整治“四风”要久久为功，严格执行中央八项规定及其实施细则精神，深挖细查隐形变异新动向，进一步减轻基层负担，坚决整治形式主义官僚主义，坚决防止“四风”反弹回潮。反腐惩恶要保持高压，把十九大后仍不收敛不收手的作为反腐败重中之重，紧盯权力集中、资金密集、资源富集的部门和行业，紧盯群众身边的腐败问题和不正之风，对教育、医疗等民生领域加强专项治理，对安全生产、“12345”工单办理强化专责监督，严惩涉黑涉恶腐败和“保护伞”，巩固发展反腐败斗争压倒性胜利。执纪监督要提升质效，推进纪律监督、监察监督、派驻监督、巡视巡察监督统筹衔接，促进党内监督与审计、司法、统计等各类监督贯通协调，形成监督合力。

同志们，让我们更加紧密团结在以习近平同志为核心的党中央周围，在市委的坚强领导下，继续保持锐意进取、永不懈怠的精神状态和敢闯敢干、一往无前的奋斗姿态，迎着历史积累的矛盾上，巩固和发展好前人打下的坚实基础，扛起继往开来的责任；迎着外部复杂严峻的冲击上，在开放的最前沿，创新的主阵地，打好自力更生，自主可控的攻坚战；迎着群众反映强烈的问题上，站稳群众立场，回应民生关切；迎着影响安全稳定的风险上，分清原因性质，果断决策处置，履行好一代人的守土职责。不忘初心、牢记使命，开拓进取、苦干实干，努力交出高水平全面建成小康社会的优异答卷，高标准建成现代化国际性城市中心，奋力开创高质量发展新局面！

政府工作报告

区人民政府区长　李　晖

2020 年 1 月 3 日

2019 年工作回顾

2019 年，是建邺加快建设现代化国际性城市中心的攻坚之年，也是实现对标找差“三步走”第二阶段目标的关键一年。全区上下以习近平新时代中国特色社会主义思想为指导，紧紧围绕市委、市政府“招商突破年”部署，认真落实区委“抢两年、抓三年、争五年”要求，坚持稳中求进工作总基调，践行新发展理念，对标找差、创新实干，以实际行动庆祝新中国成立 70 周年，认真兑现了在区十八届人大三次会议上所作的庄严承诺。全年地区生产总值突破 1000 亿元，一举跨入千亿板块俱乐部；一般公共预算收入 143.7 亿元，继续保持较高速度增长；圆满保障国家公祭仪式、2019 两岸企业家紫金山峰会、第二届江苏发展大会暨首届全球苏商大会等重大活动，区域经济社会高质量发展取得显著成效。

过去一年，我们狠抓创新发展和要素集聚，创新名城激发新活力创新生态持续优化。深入贯彻“121”战略和市委一号文件，发布优化创新生态“建邺 16 条”。大力扶持新型研发机构，累计兑现扶持资金近 2300 万元。阿里巴巴全国首家自营阿里云创新中心正式入驻；引进南京独角兽、瞪羚企业俱乐部，成立全市首家区级新型研发机构创新联盟；与南京大学共建海外校友经济集聚区和创新服务中心。

创新要素加速集聚。新型研发机构数量、质量双提升，签约建设 12 家、备案 4 家、公示 2 家，备案完成率主城区第一。有效实施“生根计划”，建立国际创新顾问制度，聘请 3 位海外创新使者和 13 支海外招商伙伴团队，在德国、以色列、新加坡挂牌设立海外协同创新中心。区人才服务大厦获批市级人力资源服务产业园，入选省双创人才 3 人、省双创博士 5 人、市高层次人才 20 人；预计入选市科技顶尖专家 5 人，组织 10 人申报国家级重大人才工程，两项指标均居全市前三。

创新主体活力增强。圆满完成全国第四次经济普查工作，全年新增“四上”企业 200 家，净增数量全市第一；新增高新技术企业 93 家，较上年净增 36%；新增科技企业 410 余家。主板上市企业 12 家，新三板挂牌企业 8 家。全市新增 2 家独角兽企业均出自建邺，新增瞪羚企业 2 家。PCT 申请量达 45 件，苏交科获得国家优秀专利奖。

过去一年，我们狠抓招商突破和产业聚焦，经济发展迈出新步伐

招商引资借力市场创佳绩。开展基金招商、资本招商、中介招商，以清科、投中等头部基金排行榜机构优选基金，以基金优选成长型企业；与天集产城组建合资招商公司，创新市场化招商手段；与36氪等20余家专业招商机构合作，获客渠道有效拓宽。探索“园区（街道）+专业运营机构+社会载体业主”联合运营的“园中园”模式，落户“悦江东”等7个“园中园”。实行招商项目全程实时管理，签约亿元以上项目85个，签约项目投资总额830亿元、实际利用内资181亿元，分别完成市对区考核目标的199%、297%，实际利用外资3.1亿美元，两度获得全市招商擂台赛红旗。

主导产业聚焦发展提质效。省政府投资基金集聚区、南京金鱼嘴基金街区相继启用；当年新增基金管理人及机构超百个、落地及在手基金规模超千亿元；全区累计集聚金融类机构超660家，备案基金管理机构数量及管理基金规模均居全市第一。52个重大产业项目进展顺利，滴滴华东总部、360智慧科技等11家数字经济头部企业签约，其中9家已注册落地，数字经济已成为建邺鲜明的产业标志。中新智慧城市示范区加快建设，依托阿里云打造城市大脑，中国人工智能学会江苏会员服务中心入驻运营，腾讯云启（南京）创新基地等11个项目签约。法律服务产业园集聚机构近100家、律师1200余人，每万人拥有律师数全省第一，德国科勒、法国西蒙2家知名境外律所入驻，实现全省“零”的突破。

园区国企市场化转型起好步。高新区管理体制改革实质启动。确定“一区多园”运行机制、绩效考核制度等八项改革重点，厘清职责边界、做精做优管委会、做大做强高投集团，获评省级创业投资集聚发展示范区。国企市场化运作稳步推进。探索外部董事和国资观察员制度，划分功能类和竞争类集团，明确每个集团不超过4个发展主业。建立与企业负责人薪酬直接挂钩的KPI考核机制，控制薪酬总额，形成正向激励。区属国企集团实力快速壮大。总资产超500亿元、净资产超200亿元，分别同比增长15%、52%，资产负债率同比下降10个百分点；国资集团、高投集团主体信用评级提升至AA+，累计获批低成本直接融资额度165亿元。

营商环境持续优化树品牌。打造亲商护商环境。发布全省首个区级《规范政商交往的正面清单》。建立企业诉求“面对面交办”机制，街道、园区协同强化企业走访。打造“建邺金服”环境。推出“3·6·1”创新金融生态体系，强化金融支撑服务，与企业建立资本纽带。“建邺高新进园保”系列产品成效明显，入库企业超300家，推动区内企业获得流动资金和贷款超3亿元。打造政策支持环境。围绕金融业、科技服务业、人工智能产业、重点特色产业发布“1+6”政策体系。新建全市首家“OTO政务客厅”，打造

“一窗受理”服务专区，企业开办时间从3天压缩至8小时。

过去一年，我们狠抓精细建管和内涵提升，城市客厅展现新面貌

精细化建管推动城市客厅更加精致。推进迎宾菜市场地块等低效用地再开发。编制完成新增停车设施、打通断头路等三年行动计划，结合人防等设施建设，改扩建4个停车场，新增969个车位，启动奥体大街、嘉陵江东街等断头路建设。深化文明城市创建，完成30条背街小巷、5.2万平方米老旧小区整治以及3.2万平方米建筑立面出新。新建餐厨垃圾处理站3座，形成日处理40吨以上餐厨垃圾运营体系，城市居民小区生活垃圾分类覆盖率100%。机械化清扫率超95%。组建“无尘街区”保洁分公司，建立考核薪酬体系，在江苏大剧院等街区先行先试。

常态化治理推动城市客厅更加绿色。新建项目海绵城市建设达标率70%，城镇绿色建筑占新建建筑比例100%，居全市第一。建立重点片区“点位长”制度，加强建筑工地和渣土运输管控，市下达的燃气锅炉低氮改造任务100%完成，空气环境质量改善幅度排名全市前列。高标准完成全国人大常委会执法检查和国家生态环境部黑臭水体整治专项检查迎查工作。清理整治长江岸线，加快建设江心洲大江侧滨江风光带。全域落实河湖长制，采取生态治理DBO模式治水，黑臭水体整治达标率稳定在100%，7条国、省、市河道实现长治久清。推进“智慧城管”“智慧水务”建设，综合管理和预警能力有效提升。

全球化交流推动城市客厅更加国际化。引进培育国际品牌展会2个，江苏国际商品博览会全年开展，举办欧盟商会高层创新峰会等20余场大型国际展会活动，连续九年获评“中国十佳会展名区”。国际水协会全球运营中心揭牌，WEWORK南京区域总部、Founders Space创业孵化器相继落地。河西国际医院加快建设，全区70%以上学校与国（境）外学校建立友好关系。我区国际社区建设治理经验在第四届中国社区治理论坛作交流，沙洲街道中城社区、兴隆街道奥体社区通过全市国际社区验收。

过去一年，我们狠抓民生实事和公共服务，群众获得感幸福感安全感实现新提升

民生保障不断完善。坚持“群众提、代表决、政府办、人大评”，10项民生实事全面完成；探索“群众提需求、政府做场景、企业来认领”模式，建设智慧社区。就业再就业形势平稳，新增城镇就业1.6万人。农贸市场焕然一新，新建2家、改造13家，6类产品全溯源。残疾人城镇居民养老、医疗保险缴纳率100%；严格落实最低生活保障制度，发放低保资金2349.9万元；加强住房保障，建成中和村四期、生态科技岛二期安置房。常态化开展“治欠保支”工作，代表江苏省接受国务院专项实地核查，为全省获得A级等次作出贡献。

社会事业均衡发展。新开办1所小学、5所幼儿园，新增小学学位2160个、幼儿园学位1890个，教育现代化建设水平监测成绩全省第二、连续5年全市第一。扎实推进国家卫生城市迎复审工作，创成国家慢性非传染性疾病综合防控示范区。“15分钟健康服务圈”初步形成，率先实现疫苗管理和预防接种全程溯源，家庭医生重点人群签约率89.7%，居全市第一方阵。每千名常住老人拥有床位48张，护理型床位数占养老机构床位数比例86%。实施妇女儿童发展规划，加快建设莫愁湖西路儿童·家庭友好国际街区。每万人拥有公共文化设施面积居全市前列，获评“江苏省书香城市建设示范区”。举办2019青奥艺术灯会，开展文化活动1100余场、全民阅读活动520余场次。推进全域旅游创建，莫愁湖公园创成国家AAAA级旅游景区。获评“2019中国最受青睐会奖强区”。年度征兵任务圆满完成，双拥优抚工作深入开展。

社会治理持续强化。深刻吸取响水“3·21”特大爆炸事故教训，持续开展安全生产大排查大整治，事故起数和死亡人数均为全市最低，实现“双压降”。扎实开展扫黑除恶专项斗争，问题线索和黑恶积案实现“双清零”。刑事案件发案率同比下降13.1%，发案数主城区最低。系统抓好金融风险防控，风险销号率68.9%。开展信访积案化解“百日攻坚”行动，有效化解信访积案103件。落实“四个最严”要求，顺利通过全省食品安全示范区跟踪评价。在沙洲街道试点街道“全能执法”模式，赋予街道对执法队伍的人事、预算和考核管理权，明确8类民生领域高频投诉事项标准化处置流程，推动简易执法事项在街道全过程闭环处理。

过去一年，我们狠抓主题教育和依法治区，政府自身建设取得新成效

主题教育见言见行见效。按照区委统一部署，认真抓好“不忘初心、牢记使命”主题教育各环节工作。认真开展集体学习、交流研讨、现场教学，围绕拆迁扫尾攻坚、信访积案化解、主导产业发展等主题开展专题调研，形成了一批高质量调研成果。认真抓好省委巡视反馈问题和主题教育查找问题整改，召开“找差距、抓落实”系列专题推进会，及时调度推进，推动问题清零、整改到位。

依法治区工作全面推进。坚持重大事项向区人大及其常委会报告、向区政协通报制度，高质量办理人大代表建议174件、政协提案122件，满意率100%。研发“云尚律政”全国首个互联网法律服务共享平台，获得国家司法部表彰。强化规范性文件和政府合同合法性审查，认真做好区政府行政应诉案件协调和出庭应诉工作，行政机关负责人参加行政复议听证率、出庭应诉率保持较高水平。

政府自身建设不断加强。认真落实“基层减负年”要求，优化政府组织结构，完善行政运行机制，圆满完成区政府工作部门机构改革任务。落实真抓实干激励措施，强化正

向激励、激发干事激情。认真履行全面从严治党主体责任，全面落实意识形态责任制，严格落实“三重一大”事项决策制度。探索审计全覆盖，建立政府审计主导、内部审计和社会审计参与的审计监督体系。

各位代表，奋斗如涓，不舍昼夜！2019年是贯彻习近平总书记提出的“强富美高”新江苏蓝图五周年。五年来，我们始终牢记殷切嘱托，以“应考”心态和“奔跑”姿态，撸起袖子加油干，地区生产总值实现翻番并迈上千亿元台阶，城镇居民人均可支配收入年均增长8.6%，获评“国家绿色生态示范城区”，2017年、2018年民生幸福建设群众满意度全市第一，“强富美高”的美好蓝图正在建邺一步步变为现实图景！

各位代表，盘点成绩，硕果累累！建邺的发展进步，得益于市委、市政府和区委的坚强领导、智慧引领，倾注着区人大、区政协的有效监督、鼎力支持，凝聚着广大干部群众的无私奉献、辛勤耕耘！在此，我代表区政府，向全区广大干部群众，向各位人大代表和政协委员，向驻区部队和公安干警、消防救援队伍，向关心、支持、参与建邺建设的各界人士，表示崇高的敬意和衷心的感谢！

各位代表，展望未来，任重道远！审视自身工作，建邺还存在一些问题和短板：主导产业集聚不够，市场主体不多，高新技术企业、培育独角兽企业、瞪羚企业偏少，营商环境还需进一步改善；城市精细化管理不够，“停车难”、小区物业覆盖不全等问题依然存在；民生事业发展还不均衡，教育、医疗资源布局有待进一步优化，基本公共服务满意率还要进一步提高。对此，我们既不掩盖问题、更不回避矛盾，一步步推进、一件件解决，努力让群众感受到实实在在的变化。

2020年工作安排

2020年，是“十三五”规划的收官之年，更是高水平全面建成小康社会的决胜之年。当前，外部形势严峻复杂、诸多矛盾交织叠加、风险挑战相继显现，但我国发展仍处于并将长期处于重要战略机遇期，经济长期向好的态势不会改变。尤其是从南京来看，正处于“一带一路”、长江经济带、长三角一体化发展等多重机遇叠加交汇的“最好时代”。审视建邺发展，历经17年不懈奋斗，城市发展潜力充沛、追赶超越优势明显、高质量发展底气更足。立足建邺优势，我们既不能骄傲自满，更不应妄自菲薄，要保持战略定力、把握形势变化，按照区委全会描绘的蓝图，紧盯目标不动摇、一以贯之抓落实。第一，要深入贯彻党的十九届四中全会精神。围绕“高标准建成现代化国际性城市中心”目标，不断推进城市治理体系和治理能力现代化，积极构建职责明确、依法行政的政府治理体系。第二，要坚决落实市委、市政府和区委决策部署。围绕“创新名城”建设，突出“城市中心”“城市客厅”打造、招商引资突破和产业体系构建，努力打造南京创新密度最高的创新名城展示区。第三，要充分发挥建邺资源禀赋优势。通过机制创新、金融赋能、智慧赋能作好“创新文章”，落实好“招商突破年”和“企业服务年”各项工作部署，把上级要求落实到行动、把建邺优势发挥到极致、把建邺特色打造成品牌。

今年政府工作要按照区委全会部署，以习近平新时代中国特色社会主义思想为指导，全面贯彻落实党的十九大和十九届二中、三中、四中全会精神，增强“四个意识”、坚定“四个自信”，坚决做到“两个维护”，坚持稳中求进工作总基调，坚持新发展理念，坚持以供给侧结构性改革为主线，继续打好“三大攻坚战”，认真做好“六稳”工作，努力推动要素集聚高效能、经济发展高质量、城市建管高品质、公共服务高标准、政府服务高水平，确保高水平全面建成小康社会和“十三五”规划圆满收官，高标准建设现代化国际性城市中心，努力在“强富美高”新南京建设中走在前列。

贯彻落实省委十三届七次全会、市委十四届九次全会和区委十一届九次全会工作部署，新的一年，我们要自加压力、层层递进，树立更高目标追求。今年全区经济社会发展主要目标是：地区生产总值增长8%；服务业增加值增长9%；一般公共预算收入增长6%左右；全社会固定资产投资增长7.5%左右；社会消费品零售总额增长7%；实际利用外资3.5亿美元；外贸进出口总额超100亿元，增长10%；城镇居民人均可支配收入增长8.5%；生态环境等约束性指标确保完成上级下达的目标任务。重点做好以下五方面工作。

一、坚持创新开放，推动要素集聚高效能

我们将加快集聚创新资源、激发创新活力、优化创新环境，努力将建邺打造成创新名城展示区。

富集创新资源要素。深化“生根计划”，精准对接创新大国、关键小国的重点创新城区、组织和企业，发挥国际创新顾问和海外协同创新中心作用，引进集聚符合主导产业发展方向的国际化科技顶尖人才及团队。支持世界200强大学合作共建大学科技园、创新学院等产业创新平台，支持海内外一流高校在建邺建立重大研发平台。洽谈引进品牌孵化器，推动众创空间和科技企业孵化器提档升级。建立关键技术和重大研发技术成果市场转化基地，形成从收集技术信息到共建研发平台、再到技术成果转化的闭环链条。

激发创新主体活力。高效推进“两落地、一融合”工作，与海内外知名高校、科研机构、跨国公司加强合作，打造校友企业总部基地，引进新型研发机构20家。紧紧围绕创新名城建设和建邺主导产业发展方向，坚持自主培育、市场化招引“两手抓”，大力引进和培育一批独角兽、准独角兽、潜在独角兽企业和瞪羚企业，全力推动科技型企业“小升高”“高升规”，新增高新技术企业超100家，形成以骨干企业为龙头、成长型企业为支撑、小微企业为基础的企业梯队。

营造一流创新环境。抓好市委一号文件

与“建邺16条”政策兑现工作，吸引更多国际双边、多边组织落户，建立完善覆盖国内外人才引进培育、创新创业支持、安家落户等全过程的扶持政策体系。构建以政府财政为引导，银行、保险、证券、创投等各类社会资本参与的多层次金融服务体系，定期组织新型研发机构与偏重于早期投资的天使基金进行项目对接、资本对接，打造集创投、人才培训、信用体系、投贷联动等服务，以及高端学术会议论坛于一体的创新服务生态。

二、坚持引培并重，推动经济发展高质量

我们将聚焦招商引资再突破、产业发展再聚焦、市场化转型再深化、营商环境再优化，推动建邺经济稳中有进。

*推动招商引资再突破。*实施精准招商。围绕主导产业，着力引进一批领军企业。加快打金造鱼嘴超级总部集聚区，以金融总部为基底，以科技研发总部为主攻方向，引进一批优质企业。实施资本招商。以“建邺高新进园保”金融产品帮助轻资产企业融资，以产业基金引导社会资本配资投向目标企业，依托区属国企集团与优质企业合资，建立资本纽带，吸引更多企业入驻。实施“园中园”招商。推进创新单元“园中园”计划，从全国再优选20家专业运营机构补充入库，鼓励打造数字经济、供应链管理、证券投资基金、知识产权等产业园，努力形成产业特色鲜明、创新氛围活跃的“创新单元”。全年开展招商活动不少于90场，亿元以上签约项目不少于50个，签约项目投资总额不少于450亿元。

*推动产业发展再聚焦。*加快打造产业生态系统，加快数字经济、人工智能产业及其产业链上下游企业集聚，扎实推进75个重大产业项目，启动中央活力区建设。精心打磨南京金鱼嘴基金街区。再引入100家基金及管理机构，注册管理基金规模再增1000亿元，打造以示范区30万平方米载体为主的“核心圈”、辐射周围3平方公里的“辐射圈”。全力加快新中间业务集聚。引进全国知名律师事务所不少于5家，知识产权平台企业不少于10家，做强法律服务产业园，率先探索打造全国知名的线上法律服务平台。加快建设全省博览会展中心。依托全国会展名区和“进博会”沪外常年展项目，积极对接国际会展服务商，办好一系列国际性展会，努力成为泛长三角高端会展中心。

*推动市场化转型再深化。*深化高新区市场化改革。对照省级高新区指标体系，深入推进“一区多园”整合，提升资源配置能力和创新发展能级，力争创成省级高新区。推进政企分离和高新区去行政化，实行全员KPI考核，建立以实绩为导向的差异化薪酬激励机制。推动区属国企集团市场化运作。实施“国企转型改革”计划，加快推动高投资本等区属国企集团子公司混改，吸引优质资本、优化股权结构。健全完善内部治理体制和运营机制，选择具备条件的区属国企集团及其子公司试点职业经理人制度，建立健全职业经理人选聘、考核、激励、退出等

机制。统筹运用分红奖励、项目跟投、员工持股等激励措施，在指标设置上探索“高低杠”，在股权激励上探索“长短期”，激发各类人员的积极性、创造性。

推动营商环境再优化。积极承接南京自贸区政策，力争打造成为自贸区可复制可推广政策的先行先试区。打造“建邺金服”升级版。实施“建邺高新进园保2.0”计划，与更多金融机构深化合作，提升现有产品灵活度，拓展全新产品，推出扶持新型研发机构建设的“母子贷”、支持“园中园”发展的“装修贷”等新产品。扶持重点企业成长。实施“城市合伙人”计划，在全区优选50家成长型企业，通过配资跟投、优化服务等多种方式，实现扶持政策优先享受、生产要素重点保障、重大项目优先安排。打造头部企业社群活动品牌。支持阿里巴巴和小米科技等头部企业、清科和投中等头部基金排行机构、普洛斯等头部基金，举办全球生态伙伴合作大会或LP大会，全年不少于12场。培育校友经济圈，引进校友联谊会、校友总会、校友投资者俱乐部等不少于10家。

三、坚持智慧精细，推动城市建管高品质

我们将以“家”的意识、绣花的功夫、造福群众的情怀，精心建设城区、保护生态环境。

加快推动智慧城市建设。组建总规模10亿元的智慧城市基金。智慧城市体系中的公益性项目由政府购买数据和服务，市场化项目同股同权。成立智慧合资运营公司。与阿里巴巴、360、商汤等人工智能头部企业合作成立大数据公司，市场化运作项目。编排智慧项目计划。深化“城市大脑”建设，打造“智慧交通”，构建现代化智能交通体系。围绕智慧园区、智慧小区等方面，选定2~3个领域小切口先行先试。

持续推进城市更新。全年排定7类258个城建项目，当年投资105亿元。坚持市场化运作。与首钢基金合作成立20亿元的停车场基金，计划在“停车难”片区改造新建停车场4处，增加车位1483个。加大城市建管投入。加快打通嘉陵江东街等“断头路”，优化提升应天大街等道路路口岛头植被，构建“十横九纵六环”绿道体系。打造“夜之金陵”品牌，建设“银杏里”“喵喵街”2条网红街巷。

着力改善城市环境。加大“无尘街区”机扫投入，新添置一批大型扫雪车、高压清洗车等设备。持续推进海绵城市建设，重点推动江心洲、河西南部绿色建筑全覆盖。全面开展危旧房整治，高标准实施16个小区环境整治。推广设计师进社区，聚焦“三角四园”，提升老旧小区环境。全面推进垃圾分类工作，力争建成日处理能力50吨的餐厨垃圾处理厂，巩固垃圾分类覆盖率。打好污染防治攻坚战，大幅减少主要污染物排放总量。强化大气科学管控，实施大气污染溯源分析和监测考核“3+6+60”行动计划。推进断面水质达标，实现排水许可证100%办

理。加强长江岸线保护修复，续建江心洲滨江风光带，实施滨江滨河风光带景观提升工程。构建智慧监控系统，实时抓拍处罚偷倒污水等行为。

四、坚持共治共享，推动公共服务高标准

我们将坚持问计于民、问需于民、问效于民，办好群众身边事，切实提升群众的满意度和获得感。

加快富民惠民步伐。扎实办好民生实事，坚持把创业就业作为富民增收之源，全年新增城镇就业1.6万人，再就业4500人，援助就业困难人员600人。进一步营造创业氛围，培育自主创业者4050人。加强民生保障，全面落实特困供养、残疾人补贴等各项政策。加快建设一批保障房、廉租房，建成使用长虹路保洁员公寓，开工建设河西南部集中式保洁员公寓。

优化公共服务供给。改扩建、筹办一批学校，积极创建全国义务教育优质均衡发展区，打造学前教育国际交流中心。开展医联体项目评审建设，加快培育全科医生，遴选特色专科创建省、市特色科室。引导社会力量参与养老事业，构建完善养老服务体系，新增养老床位450张，在有条件的社区邻里中心建设老年人日间料理中心，增加老年学堂等功能，实现“老有所养”“老有所学”“老有所乐”。深入推进国家全域旅游示范区创建工作，优化提升青奥灯光艺术节等四大文旅品牌，开展全民阅读，建设“书香建邺”。落实双拥优抚政策，深化民兵调整改革，高质量完成年度征兵任务。

提升社会治理能力。运用物联网技术，整合队伍、数据、平台、机制，形成“大安全”“大综治”“大市政”“大城管”。加强食品安全监管，确保全年无重大食源性食物中毒，药品、医疗器械安全事故。强化非法金融活动处置，全力打好防范化解金融风险攻坚战。推动物业管理全覆盖，由区属国企集团承接无物业小区的物业管理，力争2020年基本消除无物业小区，在全区形成文明城市创建合力。加大信访积案攻坚化解力度，深化“平安联盟”建设，抓好治安防控，力争刑事案件发案数同比下降8%。

切实抓好安全生产专项整治。深入开展为期一年的安全生产专项整治行动，认真抓好省安全生产巡查反馈意见整改，扎实推进风险防控“四项机制”试点工作，强化“双随机”“四不两直”联合执法，深入开展重点行业领域安全生产专项整治，实时掌握、及时消除安全生产风险隐患，坚决遏制安全生产责任事故发生。

各位代表，民生无小事，枝叶总关情！在办好2019年民生实事的同时，去年9月以来，区政府深入贯彻党的十九届四中全会精神和习近平总书记民生“七个有”总体要求，按照区人大民生实事工作要求，认真编制民生实事项目。拓宽征求意见渠道，充分体现群众意愿，收到各类建议3万余条。经部门会商以及5轮意见征询，形成30项民

生实事建议。经书面征求人大代表和政协委员意见，以及区委、区人大、区政府会议研究，综合考虑民意优先、项目均衡、区域覆盖，遴选形成12项候选项目提交大会，请各位代表审议并票决。对票决确定的10项民生实事，区政府将压实责任、狠抓落实，努力让广大群众享受更高品质生活。

五、坚持务实高效，推动政府服务高水平

我们将深入学习贯彻党的十九届四中全会精神，加快推进基层政府治理体系和治理能力现代化。

坚持依法行政，提升科学决策能力。强化法治思维，健全落实政府重大事项专家咨询、社会公示、公开听证、风险评估、集体决策等制度。依法接受区人大及其常委会监督，自觉接受政协民主监督，主动接受社会和舆论监督，认真听取各民主党派、工商联、无党派人士和社会各界意见。扎实开展政务信息公开，主动回应社会关切。

坚持真抓实干，提升推进落实能力。坚持求真务实、真抓实干，推动形成层层负责、件件落实的良好局面。力戒形式主义、官僚主义，精简会议文件数量，规范督查考核事项，健全激励约束机制，引导部门集中更多精力解决基层实际问题。强化目标管理，坚持落实问效，确保政府承诺定一件、干一件、成一件。

坚持干净做事，提升廉洁执政能力。全面落实政府系统全面从严治党主体责任，将党风廉政建设与经济社会各项工作同步谋划、同步部署、同步推进。牢固树立“过紧日子”思想，严格财政预算管理和资金监管。强化权力运行制约，切实加强对财政资金使用等重点领域、关键环节的监督管理和风险防控。

各位代表！让我们紧密团结在以习近平同志为核心的党中央周围，在省委、省政府和市委、市政府的正确领导下，按照区委部署要求，团结依靠全区干部群众，把高水平全面建成小康社会使命扛在肩上，把群众忧乐放在心头，以过年就开局、起步就冲刺的精神状态，踏平坎坷成大道、斗罢艰险再出发，为高标准建成现代化国际性城市中心和“城市客厅”努力奋斗！

名词解释

1. 建邺“16条”：即《建邺区关于进一步优化创新生态的若干政策措施》。该政策措施涉及集聚国际资源、融合校地资源、强化创新主体等7个方面16条，简称“建邺16条”。

2. “生根计划”：2018年年底，为面向全球集聚创新资源，南京市推动实施“生根计划”，各区根据主导产业发展方向，与全球创新大国和关键小国结对，积极构建国际科技合作网络，奋力推进南京创新名城建设。

3. PCT：即Patent Cooperation Treaty，专利合作条约，是专利领域的一项国际合作条约。

4. KPI：即Key Performance Indicator，

关键绩效指标，是把企业的战略目标分解为可操作工作目标的工具，是企业绩效管理的基础。

5. “3·6·1”创新金融生态体系：“3”指3类基金，包括政府引导基金、市场化基金和专项基金；“6”指“建邺高新进园保”6大金融产品，包括“初贷保”“助贷保”“增额保”“过桥保”“补贴贷”“政府采购贷”；“1”指南京金鱼嘴基金街区，力争打造成为南京经济发展的“资本引擎”、新型研发机构孵化企业的“催化剂”、成长型企业的“孵化器”、新资本要素的做市商平台。

6. “1+6”政策体系：“1”是总纲性政策，即《关于促进全区产业高质量发展的暂行办法》，涵盖所有产业类型的共性扶持和资金管理等内容，从办公补贴、成长奖励等7个方面给予全方位长周期广覆盖扶持。“6”是细分产业的专项扶持政策，包括金融政策2项、科技服务业政策2项、人工智能产业政策1项、重点特色产业政策1项。

7. 生态治理DBO模式：即Design设计—Build建设—Operation经营的模式。指由甲方（业主）解决项目建设资金，交由乙方（承包方）进行设计、建造，并由乙方（承包方）在一定期限内负责设施的运营维护。乙方（承包方）通过获得国家相关补贴实现盈利。合同期满（一般在10~20年）后，将设施无偿移交给甲方（业主）。

8. “六稳”：即稳就业、稳金融、稳外贸、稳外资、稳投资、稳预期。

9. “三角四园”：即街角、墙角、边角；休闲花园、文化公园、活力乐园、精致家园。

10. 大气污染溯源分析和监测考核“3+6+60”行动计划：“3”是在国控点等3个重点管控区域，建设国标法空气质量监测小型站；“6”是在6个街道，选点建设国标法空气质量监测小型站；“60”是在全区选点建设60个左右大气监测微型站，实现全覆盖。

11. 风险防控“四项机制”：即强化齐抓共管机制、强化分级管理机制、强化责任追究机制和强化监管督查机制。

12. “七个有”：指幼有所育、学有所教、劳有所得、病有所医、老有所养、住有所居、弱有所扶。

专记

中新智慧城市示范区建设

按照中共南京市委十四届七次全会和中共南京市建邺区委十一届七次全会精神，为有效推进“中新智慧城市示范区”创建，建设南京市“智慧客厅”，根据《“十三五”智慧南京发展规划》《“十三五”智慧建邺专项规划》《河西·建邺“智慧新城”建设五年行动计划（2016—2020）》《南京市生态科技岛人工智能示范区发展规划（2018—2025）》，以及建邺区经济社会发展实际情况，制定《“中新智慧城市示范区”创建推进方案》。建设目标是作为南京市智慧城市建设先导区，充分借鉴新加坡智慧城市建设经验，不断深化物联网、云计算、大数据、人工智能等新技术的应用，加速政策、人才、资金、产业的集聚，到2021年年末，把建邺区打造成基础设施全面领先、城市治理高效智能、公共服务便捷普惠、智慧产业快速集聚、现代化水平逐步彰显、在全球有影响力的智慧城市示范区。重点任务是立足“绿色生态城、国际现代貌”区域特色定位，以物联感知为基础，以云计算和大数据为支撑，以人工智能应用为重点，以信息安全和标准规范为保障，加快推进“1361”工程建设：“1个基础”指信息化基础设施；“3大平台”指物联感知平台、大数据分析平台和人工智能平台；“6类示范”即面向政府、市民、企业用户，聚焦“城市治理、社会治理、公共安全、交通出行、公共服务、人工智能”6个领域，打造惠民、善政和兴业智慧示范应用；“1个大脑”指聚焦数据跨界融合应用，基于物联感知、大数据分析和人工智能，建立集运行感知、业务协同、决策指挥于一体“智慧大脑”。工作举措上加强组织领导，成立“中新智慧城市示范区”创建领导小组，由区主要负责人挂帅，负责示范区创建政策制定、项目推进、综合协调和重大决策。创新建设模式，强化政策衔接。深入落实用好关于深化创新名城建设，提升创新首位度若干政策措施，用足用好新型研发机构相关技术和人才政策，引导鼓励国内外优质企业在智慧城市研究、建设、运营、交流等领域投入优质资源。强化市场化推进，充分整合政府投资和社会资本两方面资源，逐步建立以政府投入为导向，鼓励社会投入、创新投入多元化投融资体系，使企业成为智慧城市建设主体。政府根据需求，以政府和企业共同投入为主，合理界定知识产权，重点指导若干领域实现技术集成和技术突破，形成示范推广。利用互联网思维创新建设运营模式，对于可以市场化项目加强商业运作模式可行性研究，增强项目自身造血功能，确保项目建成后可良性运行。强化数据整合。运用大数据思维，将城市非涉密数据有条件开放，鼓励企业基于开放数据进行数据分析，挖掘出大数据背后潜在价值，为百姓提供更为智能和便利服务。加强与智慧城市运营商战略合作，争取5G、人工智能等新技术在建邺区率先落地和示范应用。建立标准规范，深入跟踪和研究智慧城市相关技术标准规范，在智慧城市示范区规划、建设、运营过程中严格遵守标准规范要求，实现系统互联互通、数据高度共享、整体安全可靠。针对建邺实际，重点在数据共享、项目管理、运营维护等方面加强研究和实践，建立必要区级智慧城市标准规范体系和绩效评估指标体系，推进智慧城市建设持续改善，提升智慧城市建设和管理水平。注重信息安全，完善信息安全保障体系，认真落实信息安全管理责任制，以政务专网和关系全区经济发展、社会稳定、国家安全重要信息系统为重点，全面推进信息安全等级保护、分级保护和风险评估制度，加强网络安全防护体系建设，定期开展信息系统安全检查。加强信息安全测评认证体系、网络信任体系、信息安全监控体系及容灾备份体系建设，建立网络和信息安全监控预警、应急响应联动机制。建立重点信息系统应急安全机制，组织应急预案编制和演练，提高信息安全事件应急处置能力，增强信息基础设施和重要信息系统抗灾能力。加快完善公共安全支撑平台建设，全面推广电子证书在示范区创建各个系统中应用。

智慧养老。开展智慧化养老服务，为4.60万余名老人制作“为老服务”二维码，接受上门服务老人数占比达34.50%。强化信息化保障，将原有“虚拟养老院”升级为智慧养老平台，建立“一平台两中心三库四系统”结构框架（智慧养老综合管理平台；呼叫调度中心、数据监管中心；老人基本信息库、社会服务资源库、养老护理人才库；智能服务系统、分析管理系统、监测评估系统、家属手机端应用系统），与区内各服务机构终端、南京市12349平台对接。区加大智慧产品向困难老人家庭普及力度，区民政局出资近30万元，为1014户老人家庭安装无线呼叫终端，为1470户70周岁以上空巢独居、失能半失能老人家庭进行适老化改造，完成率为100%。全区居家呼叫服务和应急救援服务信息网络覆盖率达100%。

智慧水务。区水务局会同区信息中心，优化河道水位、积淹水点监测等智慧防汛系统，增加短信提醒功能，研究论证防汛预警模拟系统，提升智慧防汛信息化水平。推进泵站及部分重点河段在线水质监测点建设，定期公开水质监测数据，接受社会监督。试运行河湖智慧管理系统，不断优化平台系统功能，各级河长、管护单位利用系统优势，落实河湖常态化管护工作。将一河一策、河湖信息、河长信息、管养单位信息等及时补充录入到河长App平台信息，对接区河湖排口系统、智慧建邺平台，逐步增强河长信息平台智能化水平。区河长办借助平台实现严格监管，每月通报巡河不达标、监管不到位情况，扣减年度考核分值。河湖管养单位责任人加入河长 App 系统，实现河长与管养单位问题直接交办，河长发现问题可通过 App 及时通报、处置，相关部门直接对接管养、治理单位第一时间处理、反馈，河长认可后方能销号，解决不满意，问题不下线。协助构建全区河湖智慧管理系统，推进智慧领域建设。

智慧警务。加强智慧警务建设，围绕中新智慧城市示范区定位，完成智慧建邺雪亮工程二期建设，在南京国际博览中心、江苏大剧院等重点部位、重要入口，以及中小宾馆、网吧、67 个老旧小区出入口人脸识别监控探头全覆盖，监控联网汇聚总数和智能监控数在主城区领先。全区自建监控总数 5300 路，新接入社会面监控 4700 路，全区联网汇聚监控总数破万路，其中，具备人脸识别功能监控探头 1440 路、车辆识别功能监控探头 560 路。

智慧校园。4 月 9 日，建邺区 2019 年教育技术工作暨智慧教学培训会议在区教师发展中心举行。区教育局副局长马峰、区教师发展中心书记肖红霞，各中小学、幼儿园分管信息化和分管教学负责人、信息中心主任以及部分骨干教师参加会议。会议表彰 2018 年建邺区智慧校园建设先进个人和信息技术应用先进，开展智慧校园建设经验分享，部署 2019 年教育技术研究工作。6 所南京市示范级智慧校园学校，与 2019 年创建的 12 所学校开展手拉手结对活动，签订结对合作协议。会议举办智慧教学培训，全国知名教育信息化专家、上海师范大学教授黎加厚作专题讲座《全媒体时代的教学创新》。5 月 17 日，举办南京市智慧校园规划与建设研修班，南京市电化教育馆、建邺区教师发展中心及南京市第三批智慧校园区级试点校等部门计 70 余人参加。南师附中新城初中怡康街分校为全体学员开设智慧课堂展示课。10 月 28 日前后，区教师发展中心组织专家对参加 2019 年江苏省、南京市智慧校园创建学校进行材料评审，材料评审结束后，评审组成员到南师附中新城小学怡康街分校、南师附中新城小学北校区、南师附中新城初中怡康街分校 3 所学校进行现场评审。对 3 所学校智慧校园创建工作给予肯定。11 月 21 日，建邺区在南师附中新城小学北校区举行“从智慧出发，向课堂漫溯”智慧课堂展示活动暨建邺区智慧校园建设推进会。南师附中新城小学北校区从智慧校园环境建设、社团（活动）成果、智慧校园建设项目 3 个方面展示学校智慧校园成果。

智慧园区。建邺高新区借助阿里巴巴平台，以园区三维数据库建设为核心，建立空间信息支撑平台，构建园区数据基础，对楼宇进行精确定位，方便对楼宇进行整体结构、楼层、房间、重点区域等进行查看。形成一库、一平台、多应用系统架构，为园区管理人员和公众提供高效可靠三维空间数据应用服务，辅助园区部门科学决策，提高园区管理效率。整合信息监控设备，整合视频监控、门禁系统、消防系统、入侵报警系统、公共广播、信息发布、智能照明系统等，获取监控视频、报警类别、报警位置、报警信息记录等信息，实现园区内部情况实时掌控，准确分析研判安全隐患。推进平台智能服务，推广云尚建邺平台使用，打破数据壁垒与信息孤岛，了解互联网金融、大数据处理等企业总部需求，为智慧型总部特色集群做好服务。

智慧工地。综合区发改局、区建设局、区城管局、区应急管理局、区生态环境局等职能部门业务管理实际需求，推进“建邺区智慧工地综合管理平台”建设。包括建邺区智慧工地管理实施指导意见编制、建邺区智慧工地综合管理平台开发、建邺区各工地智慧工地系统接入服务、建邺区智慧工地综合管理平台运维服务、建邺区智慧工地综合管理平台与智慧建邺相关系统集成。编制出台《建邺区智慧工地设备安装使用管理办法》，全面摸排梳理区属监管工地建筑面积约600万平方米。通过召开全区动员大会、宣传教育、上门走访等，对相关政策解读，督促并指导工地安装建设视频监控、扬尘监测、塔吊监控、人员安全管理等智慧工地系统。通过智慧工地建设，项目开工至完工期间相关视频数据传输及监管平台后，按权限分配至建设、生态环境、城管、有需求街道等部门。全区智慧工地建设已完成对接69家，完成进度80%。将智慧工地创建与水环境污染防治相结合，在全市率先将水污染监测纳入智慧工地监管平台。1月11日，南京市举办“2019年南京市公众开放活动第一期——聚集防污攻坚战、优化营商环境”公众开放活动第二站，到建邺区地铁七号线莫愁湖站项目工地，参观智慧工地扬尘管控成果。施工单位负责人详细介绍工程项目情况、智慧工地建设和扬尘污染治理相关举措和做法。由中铁隧道工程局集团有限公司承建地铁七号线莫愁湖站项目工地，为提升扬尘污染治理成效，打造“端+云+大数据”智慧工地系统，该系统安装颗粒物传感器和气象传感器等监测设备，能够

3月28日，建邺区智慧工地建设暨差别化工地管理创建工作动员会召开
（区城管局　供图）

实时在线监测噪声、细颗粒物、可吸入颗粒物、温度、湿度、风速、风向等环保指标。工地内安装围挡喷淋和雾炮机等固定及移动式降尘设备，通过联动控制模块，实现在电脑端和手机端实时监控，一旦施工现场可吸入颗粒物超标，工作人员可实时手动或自动打开降尘设备，对施工现场进行全方位喷淋降尘。

智慧医疗。1月25日，建邺区卫生和计划生育局、中国建设银行南京分行正式签订"银医通"合作协议，提升建邺区区属医疗卫生单位智慧医疗建设水平。"银医通"项目合作协议签订可以弥补医疗卫生体系建设短板，增强辖区居民就医满意度，是建邺区为方便居民就诊一项民生实事。项目通过双方系统改造、自助终端设备投放、无纸化报销流程设计，实现建邺区辖区内公立基层医疗机构线上线下一体化自助医疗服务方案，为建邺区辖区内医疗患者提供更方便、快捷、安全服务，提高公立基层医疗机构管理效率和信息化水平。在辖区内试点医疗机构投放自助设备，实现自助挂号、自助缴费、自助报告打印等功能。拓展人工窗口，实现现金、建行跨行付、微信、支付宝等多种支付方式聚合，改变传统就医人工窗口排队缴费方式，实现诊间支付和移动支付。通过规划配置家庭医生随访包，推广使用手机随访，实现上门签约、数据采集、健康管理等一系列贴合老百姓需求家庭医生增值签约服务。

智慧环卫。建邺区打造智慧环卫系统，用数字评估推进城市管理实效。建邺区智慧环卫系统主要分为环卫、垃圾分类2个核心业务板块和大屏地图指挥中心、后台业务管理中心、大数据统计中心、视频监控中心、公共服务平台5个功能模块。环卫作业监管精细高效透明，通过智慧指挥中心可清晰查看道路保洁工作，实现一键调取保洁车辆定位信息、垃圾收运中转站情况、实时调度保洁车辆作业等。垃圾分类回收实时管理，做到在系统平台上对小区垃圾分类回收活动数据、垃圾分类车辆运输轨迹实时线上监测管理，高效完成全过程评估考核。数据化辅助决策更准，通过将环卫与垃圾分类业务重要指标进行统计，接入数据分析研判中心，挖掘和提升数据价值，为管理层反馈关键信息。微信公共服务平台亲民便民，开放微信小程序公共服务专项，实行环境问题有奖举报，解决市民关心的查寻周边公厕、大件垃圾上门回收等，提升群众参与感和获得感。

智慧消防。建邺区政府借力科技手段，投资150万元打造建邺区民生项目消防物联网综合监管云平台，在全区九小场所、幼儿园、孤寡老人家等民生服务场所安装燃气报警装置及烟感探测器，通过无线传输技术实现24小时实时监测，构建智慧消防安全生态。信息平台一期建设实现6000个点位在线监测，其中燃气报警装置1999个、烟感探测器4001个，这套设备作用在于实时监控、及时预警，2019年二期工程，全区范围实现3000只燃气报警装置、9000只独立式感烟探测器、200余个水系统末端压力监测在线运行。

智慧司法。建邺区司法局自主研发人民调解小助手App，将智慧法务触角延伸到人民调解工作最前沿。人民调解小助手App在全省范围内推广使用。人民调解小助手App采用身份证识别进入平台，普通案件全部49项信息，其中，只有8项内容需要手工填写，83%信息项自动生成或菜单选择，一般3分钟以内可以完成案件录入。人民调解小助手App还为调解员定制开发手机App，特有语音识别、拍照上传，既减轻信息录入工作量，又可实现证据留存，确保重大矛盾纠纷和安全隐患信息及时准确上传。人民调解小助手App还实现所有数据一次采集，全网流转，全员共享。通过案件分流功能，人民调解小助手App与江苏省司法厅、南京市司法局案件信息数据无缝对接，实现调解案件在多个部门之间流转处置。对于较为复杂案件，系统根据案件情节特征，在区政府部门之间自动进行智能预判，出具法律意见、调解建议、推送相似案件、相关法律法规，计算出调解和诉讼成本分析，辅助调解员给予当事人合理科学预期，更好完成调解工作。人民调解小助手App通过事中延期申请、超期预警、案件督办，事后绩效考核等功能，对纠纷调解全过程进行规范化管理。在对复杂信息智能分析基础上，通过建立区域特点、矛盾分布和发展轨迹等数据分析模型，从多维分散大数据中把握趋势，预先研判，推动人民调解由被动向主动转变。在调解间隙，人民调解小助手App法治宣传模块还能适时播放法治动漫给当事人观看，达到调结一案，教育一方。

智慧社区。结合互联网技术方面优势，研发健全新型智慧社区管理平台，通过开展各类专门推广活动，增加平台用户量，实现新型智慧社区平台落地及后续相关线上产品研发，完善平台建设和更新迭代。应用提升，深化政务服务事项，立足居民现实需求，将就业扶持、教育体育、文化旅游、智慧养老、志愿公益、平安建邺、移动党建、智慧团建、廉政建设、法律服务、残联咨询、城市管理、卫生计生等居民日常办理政府相关手续

8月4日，首届设计师进社区打造“三角四园”智慧社区 （王德虎 摄）

进行线上公示及在线办理，让居民少跑路，便利居民。实现居民预约服务、跟踪反馈等功能服务平台完善。确定《江心洲街道智慧社区“1+2”项目方案》，共编列涵盖基础数据、停车管理、社区关怀、智慧菜场等9大类45大项120小项需求，实现政务事项线上公示、在线办理。引入阿里巴巴集团，在茶亭村、莫愁东寓、康怡小区等地试点打造智慧社区，运用现代区块链技术，打造“互联网+红色”物业模式，搭建物业服务大数据中心，打通街道、社区、物业、业委会、业主以及小区范围全域板块数据。结合“宁好莫愁、共同缔造”2019年南京银行杯首届设计师进社区暨“三角四园”（从街角、墙角、边角提升着手，微更新，小改动，将南湖片区打造成休闲花园、文化公园、活力乐园和精致家园）智慧社区建设，结合老南湖生活环境文化底蕴、生活内涵，利用街角墙角边角空间资源，邀请中国科学院院士段进担任设计师进社区设计团队总规划师，谋划设计，通过微景改造、智能管理、文化融合，提升老街区整体颜值与气质。运用互联网思维和市场化手段，通过“互联网+政务服务”“互联网+惠民服务”形式，打造“智慧兴隆”这一综合服务项目，为辖区居民提供全渠道、全实效、全流程便民服务。24小时政务自助服务旗舰店、24小时惠民服务旗舰店正式建成并投入使用。推进智慧安防社区建设，联合滨江派出所，与海康威视进行合作，以精金花园为试点，破解拆迁安置房和老旧小区流动人口多、管理难度大难题，打造智慧管理示范小区。

智慧防汛。加强智慧防汛运用，区防汛指挥部及办公室充分利用覆盖全区河道、泵站、闸站、道路等区域智慧防汛指挥系统，实时掌握43个河道水位、15个泵站开机时间、22个易积水点或重点片区信息采集点，做到采集自动化、处理实时化、决策智慧化、指挥可视化，实时调度全区防汛工作。加强应急预案调度，精准把握防汛调度原则，精细化到日降雨量20~50毫米：北部地区河道水位预降至4.60米，中南部地区河道水位预降至5米；日降雨量50~100毫米：北部地区河道水位预降至4.40米，中南部地区河道水位预降至4.80米；日降雨量100毫米以上：所有河道水位预降至最低等，做到科学组织，精准调度，有效处置各类汛情。

智慧建邺雪亮工程二期。根据建邺区雪亮工程总体规划，二期建设在智慧建邺雪亮工程一期系统建设基础上，进行扩容建设，达到南京市雪亮工程要求的“全域覆盖、全网共享、全时可用、全程可控”总体目标。项目建设内容主要包括前端点位及传输网络建设、云平台建设、区公共安全视频监控联网共享系统建设、视频图像应用系统建设、数字巡防指挥调度系统。在建邺区智能视频监控项目基础上，按照“部门协同共建、资源高度整合、运维机制完善、管理应用规范”要求，在全区开展公共安全视频监控系统建设，联网应用工作深度推进，区采取措施提升覆盖水平，按照“补差、补短、补全”原则，对全区视频监控系统加快建设，加大对社区、一四类监控点联网接入。提档传输网络，建邺区各派出所汇聚交换机提升成千兆汇聚，派出所核心交换机提升成上联万兆、下联千兆，区公安分局核心交换机提升成万兆核心，泰山新村数据中心机房部署万兆核心交换机。提密传输链路，按照前端覆盖要求及各级各部门传输要求，对确需敷设光纤链路路由进行补充织密。打造联网平台，升级改造公安联网共享应用系统，对全网内原有和新建视频监控资源进行统一接入、统一管理、统一运维，并与区政府联网共享应用系统进行对接；新建可视化云防系统，对建邺区重大活动举办区域进行可视化指挥及调度。实现云端管理，构建云数据中心，实现云管理、云计算、云存储，提供云端计算、存储、网络、资源等服务。

智慧建邺三维经济视图。为通过智慧城市示范建设更好促进数字经济和智慧产业发展，探索政务数据归集模式和路径，更好为区域经济发展提供技术支撑保障，推进“智慧建邺三维经济视图”建设。“智慧建邺三维经济视图”基于“智慧建邺时空地理信息公共服务云平台”建设成果，通过整合建邺区招商、税收、统计、投促、市场监管、发改、人社等部门与经济人才相关信息，开展“智慧建邺三维经济视图”建设，实现建邺区营商环境全方位优化，提高资源集约利用率，促进区域发展和提升产业竞争力，满足招商、土储、重大项目、统计、财税、科技、市场监管、商业商贸、人社、文化旅游等10大专题业务需求，从而更好地服务于建邺区数字经济和智慧产业发展。

智慧建邺企业画像和金融监管一期。智慧建邺企业画像和金融监管一期工程是南京市建邺区为全面了解区域企业发展态势，更好监控企业风险，扶植企业发展而建设的企业大数据平台。该平台主要涵盖3个内容：对建邺区全部企业精准画像；对建邺区重点企业进行风险监控；针对金融服务业企业进行风险预警。通过建邺区企业发现态势感知，从总体上了解建邺区企业发展情况，建邺区共有13万家存续企业，从近10年企业数量变化趋势看，建邺区新增企业数据一直保持稳定增长状态。2019年共新增1.50万家企业，从企业行业分布角度看，建邺区排名前3行业分别是租赁和商务服务业、批发和零售业、住宿和餐饮业，其中租赁和商务服务业占据总体54%。

智慧型融媒体中心。12月30日，建邺区融媒体中心启用暨央地直通江苏智媒体工作室入驻仪式，在建邺高新区举行。这是南京主城区率先亮相第1家区级融媒体中心。由《扬子晚报》连通优质央媒资源打造江苏智媒体工作室也入驻建邺，以“央地直通智媒云享”理念传播建邺声音。打通服务与宣传壁垒，推动政务与媒体融合，对接央媒资源，深入开展合作共建，建邺区融媒体中心从宣传服务全面融合、各级媒体双向对接进行业务布局，打造指挥调度中心、联合采编中心、数据决策中心、融合运营中心等4大业务中心，由区委宣传部总体负责、运营方全面负责，各级主流媒体、政务新媒体、自媒体等各类媒体共同入驻。其中，联合采编中心设置超级编辑部、南京眼观察、创意工作坊和视听视觉部，强化资源整合、平台互通，借助各类资源提升建邺影响力。整合街道、园区宣传平台，将全区政务新媒体纳入融媒体中心统一管理，通过统一采编分发，让党和政府声音及时传递到千家万户。此外，建邺区融媒体中心还打造选题策划、智能采编、传播分析、媒体监管、用户画像平台，构建全面汇集、智能检索、快速生成媒体资源库，纵向连通中央、江苏省、南京市各级主流媒体，横向链接微信、微博、抖音等各类平台，全媒传播、一键发布，实现资源共享最优化，采编流程最短化，宣传效果最大化。

智慧建邺时空云平台。智慧建邺时空地理信息公共服务云平台正式上线运行，这是南京首个正式上线区级时空云平台。智慧建邺时空云平台搭建时空云平台综合门户、政务数据资源采集系统、时空大数据融合系统、时空云服务接口系统等子系统，实现政务数据采集及各类数据融合与共享，为各委办局及事业单位提供多尺度、跨层级时空数据服务，支撑建邺区开展多领域智慧应用，形成建邺时空大数据服务生态圈。该平台打破各部门之间信息壁垒，整合十几个部门业务数据，通过共享、交换、开放，让数据融合起来、流动起来，形成一套数据体系。基于智慧建邺时空云平台，在社会治理、生态环保、公共安全等多个领域，开展2个典型示范应用（智慧江岛和GIS全景）和N个智慧应用。其中，建邺GIS全景系统为全区管理者提供决策服务。该系统覆盖全区电子地图和遥感影像，以及47平方千米实景三维模型，1万余栋建筑物，包含地名地址、物联网感知实时数据，通过构建全区建筑物、绿植、河流、城市部件、招商环境等专题数据库，将建筑物、人、企业等信息进行多维度、全方位关联展示，为招商资源、学区划分、应急保障和综合管理等提供科学依据，提升智慧建邺精细化管理水平。这是建邺对于社会治理成功探索，也是智慧城市直观体现。

“云尚建邺”智慧城市展示中心。“云尚建邺”智慧城市展示中心是建邺区展现区域发展风貌和智慧城市建设成效重要载体之一，通过活数据打造城市风貌展示中心、城市运营管理中心以及智慧城市体验中心。“云尚建邺”智慧城市展示中心承载着对社会各界宣传建邺城市品牌形象、展现智慧建邺建设成效重要任务，成为中新智慧城市示范区创建新成果新模式展示基地、运营监测创新基地、决策支撑实践基地、建设价值传播基地。“云尚建邺”智慧城市展示中心包括展示中心和大数据可视化展示2部分内容，前者包括“云尚建邺”智慧城市展示中心深化设计、装修、设备安装调试以及多媒体制作等内容，后者侧重建设区经济社会大数据挖掘分析和可视化展现。

大事记

1月

1日 以“全民健身再出发，砥砺奋进新时代”为主题的南京市第37届元旦健身长跑运动会起跑仪式在建邺区青奥村广场举行。南京市市级机关，玄武、秦淮、建邺、鼓楼四城区街道，各企事业单位、部队、院校、社会跑团等组成18个大方阵，77个小方阵，4000人参加健身长跑。区体育局协助南京市体育局做好元旦长跑活动组织，安排主会场起点暖场队伍和终点群众展演队伍表演。

2日 中国人民政治协商会议南京市建邺区第十二届委员会第三次会议开幕。区委书记沈剑荣代表区委肯定区政协2018年的工作。区政协主席庄立代表政协南京市建邺区第十二届委员会常务委员会向大会作常委会工作报告。

3日 南京市建邺区第十八届人民代表大会第三次会议开幕。建邺区人民政府代区长李晖代表区人民政府向大会作工作报告。会议还通过《南京市建邺区第十八届人民代表大会第三次会议选举办法（草案）》。

5日 河西·建邺召开负责干部警示教育大会。持续推进全面从严治党，以案为鉴、以案促改，从严加强干部教育管理。

同日 南京市建邺区第十八届人民代表大会第三次会议举行闭幕式。李晖全票当选为建邺区人民政府区长，并向宪法进行庄严宣誓。会议表决通过各项决议，并对区人大代表优秀建议进行表彰。经票选，建邺区2019年十件重点民生实事项目也在当天公布。

同日 政协南京市建邺区第十二届委员会第三次会议举行闭幕式。曹曙当选为区政协主席。会议还通过提案审查情况的报告（草案）、大会决议（草案），并对优秀政协委员、优秀提案和优秀社情民意信息进行表彰。

12日 2019南京院士大讲堂暨长三角人工智能产业论坛在建邺区生态科技岛江岛科创中心举办。活动还举行中国人工智能学会会员服务中心（江苏站）揭牌仪式、工业和信息化部国家工业信息安全发展研究中心人工智能所签约仪式，以及《2018人工智能产业创新评估白皮书》发布会。

同日 2018南京环球达人秀活动在建邺区文化艺术中心举行，活动以“四海一家，欢聚金陵”为主题，南京高校的外籍留学生和驻宁企业外籍高管共计300余人参加此次活动。除各国友人多才多艺的表演之外，活动现场还对南京市2019年《关于深化创新名城建设提升创新首位度的若干政策措施》进行解读。

17日 建邺区新的社会阶层人士联合会一届二次理事会召开。会议回顾建邺区新联会2018年的工作，展望2019年的建邺新联会工作。会议调整、增补区新联会副会长、分会会长、常务理事、盟主席。

18 日　建邺区民营企业家座谈会召开，区工商联 80 余人参加会议。会议听取民营企业家意见建议，研究推动建邺区经济发展的办法举措。座谈会后，还举行了建邺区“政企服务平台”启动仪式。

26 日　建邺高新区、溧水高新区伙伴园区签约仪式举办。南京建邺高新技术产业开发区管委会与南京溧水高新技术产业开发区管委会签订伙伴园区建设战略合作协议。“建邺区经济飞地”“溧水区科创飞地”同步揭牌。

28 日　2019 青奥艺术灯会亮灯仪式在青奥旗阵广场举行。灯会以“华彩金陵春·幸福中国年——当好新时代的奔跑者”为主题，设置创新之路、人文之光、强国之旅、美丽之星、国际之风、幸福之花六大特色主题展区。在灯会期间，建邺区以科技、艺术、运动三大主题举办超过 50 场各类主题活动。

1 月 18 日，建邺区民营企业家座谈会召开　（区委办　供图）

2 月

11 日　河西·建邺打造一流营商环境暨机关作风建设大会召开。会上总结过去一年工作成绩，宣读河西管委会表彰决定，宣读建邺区作风建设先进单位和作风建设人民满意单位表彰决定。对新一年全区持续优化营商服务环境和加强机关作风建设提出新要求。

12 日　河西·建邺科技创新暨“招商突破年”动员大会召开。会上，5 个新型研发机构签约，11 项招商项目签约落户建邺，建邺区还发布了吸引企业落户、鼓励科技创新的“建邺 16 条”，最高奖励 500 万元帮企业落户。

19 日　全区机构改革动员部署会议召开，全面部署和启动建邺区机构改革工作。

20 日　建邺区经济高质量发展大会召开。会议表彰全区优秀中国特色社会主义事业建设者、优秀民营企业、优秀民营企业家、经济贡献 30 强企业。

23 日　2019 年一季度全南京市重大产业项目集中开工现场会河西·建邺分会场活动在南京国际医院项目现场举行。本次集

2月23日，建邺区对标找差推进大会召开　　（区政府办　供图）

中开工项目共5个，总投资106亿元。

同日　建邺区对标找差推进大会召开。会议通报2018年度市对区综合考核建邺区考核结果、2018年度建邺区“双百制”考核结果，对2018年度建邺区“双百制”考核第一等次单位进行表彰颁奖，对2019年全区对标找差工作提出明确要求。

26日　2019年河西·建邺城建城管水务工作动员大会召开。会议全面总结2018年全区城建城管水务工作，并部署2019年工作。

3月

27日　建邺区智慧城市建设座谈会召开，50余家企业代表参加会议。

28日　建邺区召开关心下一代工作“双先”表彰暨2019年工作部署会。会议对获得2016—2018年度全区关工委先进集体和先进个人进行表彰，并对2019年度工作进行布置。

28日　建邺区在青奥中心举办2019河西·建邺图书艺术展暨“七十年·我们的阅读史”主题论坛活动，近500人参加活动。多名当代著名作家做客现场，带领大家共同回望70年阅读变迁。“国民阅读七十年致敬榜单”也在活动上揭晓，多本当代著作入选。

4月

17日　建邺区建筑业高质量发展座谈会召开。20多家建筑、设计企业代表，围绕建筑行业新技术研发应用、建筑企业助力中新智慧城市示范区建设等方面进行深入研讨，共同求解转型升级、合作发展新路径。

21日　“阅读365悦享每一天”2019年建邺区世界读书日活动启动仪式在建邺书房举行。仪式上为2018年度南京市建邺区“十佳阅读推广人”“十佳书香家庭”“十佳书香校园”“最美阅读空间”获奖代表颁奖。活动现场邀请知名作家，做庆祝中华人民共和国成立70周年和纪念渡江胜利暨南京解放70周年系列讲座。

同日 建邺区人民政府联合江苏省湖南商会、武汉大学长三角校友企业家联谊会共同举办“对话长三角、抉择新未来”企业家高峰论坛。建邺高新区与武汉大学长三角校友企业家联谊会签约。

24日 第一届长三角“法律+科技”大会召开。大会以“第一届长三角‘法律+科技’大会——河西·建邺法律服务产业园一周年回眸暨世界知识产权日活动”为主题，探讨“法律+科技”在释放行业管理潜力、激发创新活力和提升法律服务能力等方面的重要作用，通过实现“法律服务+产业+互联网的深度融合”，开创法律服务实体、服务资源与网络技术资源融合发展新格局。

25日 河西·建邺一季度数字经济总部项目签约暨创新金融生态发布仪式举行，签约数字经济总部、研发中心项目8个。会上，建邺高投集团下属2个招商服务公司挂牌，建邺首批12个智慧城市应用场景正式发布。

4月21日，建邺区世界读书日活动启动仪式 （湛康 摄）

5月

4日 2019南京城市定向赛（第四届）正式开赛，共有6000人参加。比赛分为15条线路，从建邺区南京奥体中兴东广场出发，还特别加入“城市因你不一YOUNG”的年度主题。本次选手报名费也将以参赛者个人名义全额捐赠给江苏省脱贫攻坚建档立卡户女性“两癌”（宫颈癌、乳腺癌）救助项目。

10日 新加坡·南京国际人工智能高峰论坛在新加坡·南京生态科技岛举办，近200人参加论坛。论坛签约多项智慧城市应用场景研发创新项目，发布新加坡·南京生态科技岛人工智能示范区应用场景，并向全球征集解决方案，新加坡创业行动社群（ACE）南京国际中心正式揭牌。

22日 南京市建邺区政府与腾讯公司在昆明腾讯全球数字生态大会签署合作协议，腾讯首个云启产业基地在新加坡·南京生态科技岛正式启动。

5月24日，南京东南国资投资集团与建邺区人民政府战略合作签约仪式举行　　　　　　　　　　（区政府办　供图）

作落实情况作交流发言。

29日　建邺区纪念建党98周年座谈会召开，会议回顾了中国共产党走过的98年光辉历程，展示建邺在党的领导下取得的发展成果。会上，区先进基层党组织代表、区优秀党务工作者代表、区优秀共产党员代表上台领奖，4名来自区不同领域的先进基层党组织代表、优秀共产党员代表作交流发言。

24日　南京东南国资投资集团与建邺区人民政府战略合作签约仪式举行，双方签署战略合作协议。

6月

4日　国际水协会（IWA）全球第二运营中心揭牌仪式举办。该项目是全球最顶尖水行业专业组织国际水协会的重要战略布局。

10日　2019全区防汛防旱工作会议召开。会议传达5月30日全市防汛防旱工作会议精神，结合建邺区当前防汛形势，对建邺区防汛防旱工作进行部署。建邺区水务局、各街道等责任单位向区长递交防汛防旱责任状。会上建邺区水务局、建邺区城管水务集团、江心洲街道就各项防汛防旱保障工

7月

15日　南京金鱼嘴基金街区揭牌暨河西·建邺重点项目签约仪式在金鱼嘴基金大厦举行。江苏省委常委、南京市委书记张敬华出席活动并为金鱼嘴基金街区揭牌。

16日　建邺区与WEWORK合作协议签约仪式举行，并在南京河西中央商务区注册成立南京区域总部。

20日　第十五届中国（南京）软博会建邺专场暨第十届中国国际软件质量工程峰会在南京国际博览会议中心举行，国际需求工程委员会中国分会在会上正式揭牌成立。

同日　2019河西·建邺音乐之夏在南京国际青年文化公园奥林匹克博物馆广场开

启。本届音乐之夏活动为期4周，8月11日落幕。2019河西·建邺音乐之夏主题系列文化旅游活动由4个部分组成，分别为“电音周”“国风周”“爵士周”和“流行周”。

26日　中共建邺区委十一届八次全体会议召开。会议回顾总结上半年工作，布置下半年任务。

8月

5日　江苏省委第二巡视组巡视南京市建邺区工作动员会召开。会前，江苏省委第二巡视组组长庄同保主持召开与建邺区委书记沈剑荣的见面沟通会，传达学习江苏省委书记娄勤俭近期关于巡视工作的讲话精神。会上，庄同保作动员讲话，对做好巡视工作提出要求。南京市委常委、市纪委书记、市监委主任刘月科就建邺区委接受巡视监督、配合和支持巡视工作提出要求。沈剑荣主持会议并作表态发言。

同日　江苏省委第二巡视组听取南京市建邺区委工作汇报会召开。区委书记沈剑荣向江苏省委第二巡视组汇报区委工作。

7日　江苏省委第二巡视组听取南京市建邺区委意识形态责任制落实情况专题汇报会召开。区委书记沈剑荣作区委意识形态责任制落实情况汇报。

8日　2019年“中国体育彩票杯”南京市“全民健身日”活动启动仪式在建邺区南京奥体中心东广场举行。“全民健身日”以“健康南京，你我同行”为主题，活动坚持“便民惠民”服务宗旨，活动现场进行工间操展演。

22日　建邺区组织新型研发机构集中签约暨创新联盟成立仪式。会上进行新型研发机构签约仪式，4家新型研发机构落户建邺区，并举行建邺区新型研发机构创新联盟授旗仪式。

25日　江苏法律服务国际合作论坛在建邺区南京国际青年会议中心举办。会上举行德国科勒及合伙人律师事务所和法国西蒙律师事务所南京代表处入驻河西·建邺法律服务产业园签约仪式，仪式分别在德国柏林和南京同步进行。

9月

11日　未来城产业峰会(创峰会·南京站)会议召开，阿里云创新中心(南京建邺)基地正式启动。

15日　江苏国际商品博览会开幕式暨全球商贸一站式交易服务平台启动仪式在建邺区举办。江苏国际商品博览会是促进上海与江苏区域协同发展的重要平台，也是沪外全国首家全球商贸一站式交易服务平台。

16日　河西·建邺“不忘初心、牢记使

命”主题教育动员部署会召开。会议对开展主题教育进行动员部署。根据南京市委统一部署，建邺区、河西管委会、河西国资集团参加第二批“不忘初心、牢记使命”主题教育，统一接受南京市委第二巡回指导组督导。

18日　2019河西·建邺金秋经贸洽谈会暨2019中国创投高峰论坛开幕式活动举办。洽谈会以“筑产业地标，建城市客厅”为主题，邀请近600名嘉宾参会，增添“中国创投高峰论坛”环节。共有56个项目签约。

同日　2019中国创投高峰论坛暨金鱼嘴基金街区发展年会分论坛在建邺区南京国际青年文化中心举办。论坛围绕创投发展、基金集聚等方面进行深入交流与分享，并安排创投专家恳谈会、主题演讲、圆桌讨论和创投生态展等活动。

21日　“华颂2019”诵唱实景演出举行。建邺区多家企事业单位及社区群众代表组队参演，约1000人参加活动。演出还邀请为新中国做出突出贡献的英模代表、劳模代表、道德模范、好人代表、三八红旗手等到现场。

24日　区委常委会、河西管委会党组开展“不忘初心、牢记使命”主题教育现场学习活动，参观雨花台烈士陵园和梅园新村纪念馆。

28日　区委、河西管委会、河西国资集团理论学习中心组“不忘初心、牢记使命”主题教育专题学习研讨开展。邀请江苏省委党史工作办公室原副主任赵一心讲授“走进党的历史　感悟党的初心”专题讲座，区委常委会、河西管委会党组、河西国资集团党委成员交流心得体会。

10月

1日　建邺区“同升国旗、同唱国歌”升旗仪式暨收看庆祝中华人民共和国成立70周年大会、阅兵仪式和群众游行实况活动举行。

10日　区委常委会、河西管委会党组、河西国资集团党委举办主题教育集中学习，集中学习为期5天。

16日　2019国际工程科技战略高端论坛暨第四届新加坡·南京生态科技岛国际水环境治理高峰论坛开幕式在建邺区举办。会议举行技术论坛、圆桌会议、“扬子江水奖”全球水技术挑战决赛。

23日　南京国科智算中心签约活动举行，南京市建邺高新技术产业开发区管理委员会和中科院虚拟经济与数据科学研究中心签署合作共建协议。

30日　区委“不忘初心、牢记使命”主题教育推进会召开。会上宣读《关于命名2019年区级党支部书记工作室和党员教育实境课堂示范点的决定》，通报主题教育专项整治开展情况。

31日　区委常委会主题教育专题调研成果交流会召开，区委常委依次交流发言。

11月

10日　2019南京马拉松暨全国马拉松锦标赛（南京站）在建邺区南京奥体中心起跑。赛事设马拉松（42.195千米）、半程马拉松（21.0975千米）和迷你健身跑（约5千米）3个项目，2.80万人参加。

11日　第四届紫金知识产权国际峰会建邺分论坛举办。分论坛以“知识产权助推国际性城市中心建设”为主题。论坛上签署南京知识产权创新基地战略合作协议，建邺高新区国家级知识产权服务园建设的战略合作协议。舜禹紫金·互联网产业知识产权维权联盟在论坛上正式启动。

14日　2019河西建邺青年周活动在国际青年文化公园的旁青奥村广场开启，活动历时11天。作为“文润河西，艺美建邺”主题系列活动之一，本次青年周融合文创、旅游、体育等内容，分为伍德吃托克潮流公园节和嬉加集2个板块。

15日　全球名校创业创投（南京·建邺）大赛暨名校校友经济高峰论坛活动举办，全球名校创客会创新联盟落地建邺。

28日　南京区块链产业应用协会揭牌仪式暨区块链技术创新与应用发展高峰论坛在建邺区举办。会议上举行南京区块链产业应用协会揭牌仪式，南京区块链产业应用协会和南京河西中央商务区管委会以及相关协会和产业签约仪式。

11月14日，2019河西建邺青年周活动在青奥村广场开启（区文旅局　供图）

12月

3日　“宁满意”工程进园区送政策送服务活动暨建邺OTO（线上到线下）政务客厅启用发布会召开。会议发布“宁满意”工程在建邺总体推进情况和建邺区“宁满意线下体验区”相关情况，邀请相关企业、群众以及在宁相关媒体代表实地参观“宁满意线下体验区”。

6日　建邺区委常委会“不忘初心、牢记使命”专题民主生活会召开。

7日　2019中国游戏行业年会暨2019中国（南京·建邺）数字文化产业发展峰会活动在建邺区举行。国内文化娱乐行业代表性领军企业300余人参加会议。中国文化娱乐行业协会游戏分会带领腾讯、网易等27家游戏企业联合发出《四中全会指方向、文化企业跟党走》倡议。

同日　2019中国电子游戏超级联赛（CGL）总决赛开幕式举办。中国电子游戏超级联赛自5月7日全国开赛，实现游戏游艺行业全面联合，覆盖31个省（自治区、直辖市）的273座城市，累计全国1345家经营场所参与赛事活动，全国累计331万选手报名参赛。

21日　2019南京建邺FTA（外籍人士服务中心）环球达人秀活动举行。除各国友人表演之外，活动现场举办“我眼中的新南京”外籍人士摄影大赛颁奖仪式、“我眼中的新南京”外籍人士摄影作品慈善义卖、南京市留学生板球联赛颁奖仪式、年度FTA杰出外籍志愿者颁奖仪式，以及以“汇聚全球精英·绽放锦绣建邺”为题的第一期“FTA友好大使”受聘仪式、FTA环球达人秀颁奖仪式。

25日　凝心“俱”力，赢“享”未来建邺区总部企业俱乐部揭牌仪式暨总部经济发展研讨沙龙举办。南京市首家总部企业俱乐部揭牌成立。

27日　江苏省委第二巡视组向建邺区委书记意见反馈会召开。区委书记沈剑荣签收反馈意见稿，江苏省委第二巡视组组长庄同保传达江苏省委书记娄勤俭讲话精神并反馈巡视意见。南京市委常委、组织部部长陆永辉讲话，区委书记沈剑荣表态发言。

同日　中国共产党南京市建邺区第十一届委员会第九次全体会议召开。会议晒出建邺区2019年成绩单，端出2020年一揽子民生计划。

同日　2020南京青奥艺术灯会开幕式举行。灯会以“倾城光影，璀璨建邺”为主题，在建邺区青奥文化中轴线启幕。青奥艺术灯会被打造成人们迎接新春的“新民俗”，同时突出滨江元素，本届艺术灯会除极具科技感的灯组装置和光影体验空间外，还贯穿“灯”“展”“演”三大系列近五十场活动，部分灯光装置保留并维护至2月8日元宵佳节。

28日　2019泛长三角区域金融中心发展论坛在建邺区举办。会上，南京、淮安、扬州、镇江、宿迁、泰州、芜湖、马鞍山、滁州、宣城十个城市地方金融监管局举行“泛长三角区域金融治理一体化战略合作”启动仪式，并围绕“区域金融服务区域经济”议题举行圆桌会议。

30日　建邺区融媒体中心启动暨央地联动江苏融媒体工作室入驻仪式举行。仪式上“江苏智媒体工作室”成立。

建邺概览

基本情况

【位置面积】建邺区位于南京市主城中部，中心位置位于北纬32°0′19″，东经118°43′34″，面积80.87平方千米。东、南紧邻外秦淮河和秦淮新河，西临长江，北止汉中门大街。

【历史沿革】“建邺”之名源于南京古地名。东汉建安十七年（212年），东吴孙权为建帝王大业，改秣陵县（今南京）为建业县。西晋太康元年（280年），武帝司马炎改建业为秣陵，并将其西南部划分为临江县。太康二年（281年），改临江县为江宁县，设秣陵县秦淮河以北为建业县。翌年，改建业为建邺，“建邺”之名由此开始。邺者，邺城，河南古地名，系司马氏发迹地，以建邺为名，寓不忘故土之意。隋、唐、宋、元时，区境先后隶属江宁县、归化县、金陵县、白下县。明、清两朝分属上元、江宁两县。太平天国时期，境内一度成为军政指挥中枢要地。民国元年（1912年），以秦淮河为界，河东、河西分属江宁市和江东乡。民国22年（1933年），南京开始设置区级建置，区境为第五区。翌年，秦淮河以西划归上新河区。1949年4月，境内解放。1950年6月南京重新划区，原第五区改称第四区，原上新河区改称第十一区。1955年8月定名为建邺区，1967年3月改为红卫区，1973年12月恢复现称。1978年，撤销街道革命委员会，恢复街道办事处。1984年，江东公社凤凰二队、凤凰三队、跃进生产队及上新河镇的凤凰西街、茶亭居委会所属地段划归建邺区。后经多次调整，至1995年4月，建邺区下辖朝天宫、止马营、安品街、莫愁湖、南湖、兴隆6个街道。2002年10月，南京市进行新一轮区划调整，划出朝天宫、止马营2个街道以及莫愁湖街道的部分地区，划入江心洲镇以及沙洲、双闸街道的部分地区，形成南湖、滨湖、南苑、兴隆、沙洲、双闸、江心洲7个街道。2012年6月，南湖、滨湖街道合并为莫愁湖街道，形成莫愁湖、兴隆、南苑、沙洲、双闸、江心洲6个街道，至2019年年底未变。

【行政区划】2019年，区辖莫愁湖、兴隆、南

表1　2019年建邺区街道社区一览表

街　道	社区数量（个）	社区名称	社区筹备组数量（个）	社区筹备组名称
莫愁湖街道	13	莫愁湖社区、水西门社区、长虹路社区、沿河社区、凤栖苑社区、明园社区、江东门社区、北圩路社区、艺苑社区、文体社区、蓓蕾社区、茶亭社区、兆园社区	0	—

续表 1

街　道	社区数量（个）	社区名称	社区筹备组数量（个）	社区筹备组名称
兴隆街道	12	仁河社区、积善社区、桃园居社区、月安社区、正达社区、金典社区、奥体社区、乐山路社区、香山路社区、苍山路社区、融侨社区、上新河社区	0	—
南苑街道	12	国泰民安社区、兴达社区、虹苑社区、爱达社区、健园社区、话园社区、鹭鸣苑社区、吉庆社区、庐山社区、怡康社区、泰山路社区、黄山路社区	0	—
沙洲街道	12	中城社区、科技园社区、中奥社区、中胜社区、双和园社区、中央商务区社区、清荷北园社区、金穗花园社区、莲花北苑社区、莲花南苑社区、莲花嘉园社区、中瑞社区	0	—
双闸街道	9	红旗社区、五星社区、双闸社区、天保社区、江南社区、双闸街社区、江湾社区、新亭社区、青奥社区	4	永初社区筹备组、新月社区筹备组、新河社区筹备组、吴候社区筹备组
江心洲街道	5	永定社区、白鹭社区、洲泰社区、洲岛家园社区、洲岛和园社区	2	洲岛紫园社区筹备组、洲岛绿园社区筹备组

（区方志办）

苑、沙洲、双闸、江心洲6个街道，63个社区，6个社区筹备组。其中，莫愁湖街道辖13个社区，兴隆街道辖12个社区，南苑街道辖12个社区，沙洲街道辖12个社区，双闸街道辖9个社区、4个社区筹备组，江心洲街道辖5个社区、2个社区筹备组。

【自然地理】地质地貌。境内地质形成于8亿年前的元古代震旦纪，经地壳大动荡，形成不同时期的石灰岩、白云岩、页岩、砂岩、砾岩等沉积岩层。境内地貌属于长江洲地，海拔4~10米。长江洲地地势低平，海拔4~7米，由沿江洲地和江心洲两部分组成，均处于长江洪水位以下，靠筑堤围圩挡住洪水。

气候。境内属北亚热带湿润气候区，四季分明，雨水充沛，春秋短、冬夏长，年温差较大，灾害性天气较少。春季（3—5月）以风和日丽的天气为主，多东北偏东风；夏季（6—8月）气温急剧升高，成为低压区，多东南风，天气炎热，6月左右受太平洋暖湿空气与北方冷空气交汇影响，形成一年一度梅雨季节；秋季（9—11月）受北方冷气团控制，形成干燥凉爽天气；冬季（12月至次年2月）受欧亚大陆气团影响，多偏北风，天气晴朗、寒冷、干燥。

土壤。境内土壤类型主要有地带性土壤和耕作土壤。地带性土壤为黄棕壤，耕作土壤主要有水稻土、潮土、菜园土。水稻土分布于沿江圩区（沙洲、双闸、江东等地），潮土分布于江心洲，菜园土分布于原江东东林、河南、兴隆等地。

水资源。区域边界水系东临外秦淮河和南河、南临秦淮新河、西临长江。境内水系交错，共有河流41条。其中，北部有南湖东河、南河北河等6条河流；中部有奥体北河、沙洲东河、沙洲西河、朱二河等11条河流；南部有莲花河、友谊河、双龙河等13条河流；江心洲区域有红卫河、横埂外河等11条河流。境内莫愁湖、南湖2个湖泊，水域面积分别为24.40万平方米、6万平方米，均位于区域东北角。

动植物资源。境内动物区系归属东洋界华中区的东部丘陵平原亚区，种类较丰富。境内广大水域里水草及芦苇是水生动物栖息和觅食的天然资源，成为鱼类生长、繁殖、索饵的重要场所。在长江南京河段已建的濒危动物栖息地保护区有2个，均涵盖建邺区段。其中，长江大胜关长吻鮠铜鱼国家级水产种质资源保护区涵盖夹江水域、长江豚类省级自然保护区涵盖梅子洲大江至潜洲水域。境内植物区系丰富，栽培植物被主要有蔬菜植物型、果园型、绿化型。蔬菜植物型主要是涉农街道栽培的露地蔬菜和设施蔬菜；果园型主要是江心洲街道经济林果；绿化型主要是沿江、绕城公路防护林，以及城市道路、小区绿化、公园广场等地。（区方志办）

【文化遗存】2019年，区内有文物保护单位12处14点。其中，国家级文物保护单位1处2点：侵华日军南京大屠杀死难同胞丛葬地（江东门、上新河）；省级文物保护单位1处：粤军阵亡将士墓；市级文物保护单位6处7点：国民党中央军人监狱旧址（恽代英烈士殉难处）（1处2点）、胜棋楼、太阳宫、江汉会馆旧址、赛虹桥、郁金堂及水院；区级文物保护单位4处：双闸遗址、王汉洲故居、华严庵、白敬宇眼药庄旧址。区内被列入国家级非物质文化遗产名录人的有1项：南京云锦木机妆花手工织造技艺；被列入市级非物质文化遗产名录的有2项：水八鲜饮食习俗、庞氏正骨法；被列入区级非物质文化遗产名录的有15项：莫愁女的传说、江心洲歌谣、建邺歌谣、楹联、泥塑、剪纸、南京白话、南京吆喝、南京云锦木机妆花手工织造技艺、南京朝中炒货技艺、江心洲韭菜种植习俗、江心洲农具习俗、水八仙饮食习俗、建邺区“五节”习俗、江心洲治水方法。

（区文化旅游局）

【城市地标】区域内有国内10大会展中心之一南京国际博览中心，2005年全国十运会、2013年南京亚青会和2014年南京青奥会主会场馆南京奥林匹克体育中心，亚洲最大剧院综合体江苏大剧院等大型文体活动、会议、展览空间；有侵华日军南京大屠杀遇难同胞纪念馆、南京云锦博物馆、莫愁湖公园等闻名旅游景点；特色滨江绿化公园群落、长江上首座观光步行桥南京眼等。

（区方志办）

【人口】2019年年底，全区常住人口50.56万人。户籍人口中总户数12.97万户，41.17万人。户籍人口中男性20.32万人、女性20.85万人，性别比为97.46。2019年户籍人口出生率8.37‰，死亡率4.91‰，人口自然增长率4.18‰。（区统计局）

【民族宗教】至2019年年底，全区共有回族、朝鲜族、土家族等39个少数民族，4500户、13742人，其中，回族3500户、10509人。全区现有合法批准的基督教活动场所6处，在册基督教信徒3000余人；天主教（以堂带点）场所1处，在册信徒80余人。有各类宗教教职人员21人，经登记的宗教场所7处。（区委统战部）

2019年经济社会发展状况

【经济规模】围绕"招商突破年"工作部署，坚定不移抓总部、抓创新、抓产业集聚，经济总量不断壮大，经济高质量发展稳定性和协调性增强。全年地区生产总值突破1000亿元；一般公共预算收入143.70亿元；服务业增加值超700亿元。全社会固定资产投资442.40亿元，社会消费品零售总额287.60亿元。

【经济结构】发布优化创新生态建邺16条，成立全市首家区级新型研发机构创新联盟，实现新型研发机构数量、质量双提升，签约建设12家、备案4家、公示2家，新增孵化和引进企业169家。在德国、以色列、新加坡挂牌设立建邺海外协同创新中心，新增科技企业410余家，新增高新技术企业93家，较上年净增长36%。全市新增2家独角兽企业均源自建邺。52个重大产业项目进展顺利，滴滴华东总部、360智慧科技等11家数字经济头部企业签约，其中9家已注册落地，数字经济已成为建邺鲜明产业标识。中新智慧城市示范区加快建设，依托阿里云打造城市大脑，中国人工智能学会江苏会员服务中心入驻运营，腾讯云启（南京）创新基地等11个项目签约。法律服务产业园集聚机构近100家、律师1200余人，每万人拥有律师数全省第一，德国科勒、法国西蒙2家知名境外律所入驻，实现全省零突破。园区国企市场化转型起好步，建邺高新区管理体制改革实质启动，确定一区多园运行机制。

【供给侧结构性改革】建邺区供给侧结构性改革深入推进，产业结构调整取得重大进展，金融业超过房地产业成为第一主导产业。建邺聚焦金融服务业和数字经济、布局人工智能未来产业，以金融业为代表主导产业地位不断巩固，2019年金融业在第三产业中占比达35%以上，成为全区经济增长主引擎。建邺区金融载体面积超过300万平方米，累计管理基金规模超900亿元。建邺区把强化金融支撑作为优化营商环境主攻方向，在创新金融生态方面作一系列创新探索，建立创新金融生态体系，打造“建邺金服”升级版，打磨南京金鱼嘴基金街区，推动包括江苏省政府投资基金集聚区在内的4个特色片区快速发展，致力于成为南京经济发展资本引擎、新型研发机构孵化企业催化剂、成长型企业孵化器、资本要素撮合平台。

【社会事业】2019年，建邺区新增城镇就业1.60万人、再就业7100人。新建农贸市场2家、改造13家，6类产品全溯源。残疾人城镇居民养老、医疗保险缴纳率100%，发放低保资金2349.90万元。建成中和村四期、生态科技岛二期安置房。新开办小学1所、幼儿园5所，新增小学学位2160个、幼儿园学位1890个。创成国家慢性非传染性疾病综合防控示范区，率先实现疫苗管理和预防接种全程溯源，家庭医生重点人群签约率89.70%，每千名常住老人拥有床位48张，护理型床位数占养老机构床位数比例86%。每万人拥有公共文化设施面积居全市前列，获评江苏省书香城市建设示范区、2019中国最受青睐会奖强区。莫愁湖公园创成国家AAAA级旅游景区。

【居民收入】群众生活更加富裕，全体居民人均可支配收入持续保持较高速度增长，2019年全区居民人均可支配收入62720.60元，比上年同期增加4929.60元，同比增长8.50%。按收入来源分，2019年全区居民人均工资性收入39308.10元，增长8.60%，占可支配收入比重62.70%；人均经营净收入6623.60元，增长6.70%，占可支配收入比重10.60%；人均财产净收入6648.70元，增长8%，占可支配收入比重10.60%；人均转移净收入10140.20元，增长9.80%，占可支配收入比重16.20%。

【市场物价】以维护市场价费秩序为工作主线，开展停车收费、转供电环节价格行为、涉企收费等专项检查，医疗服务价格重点治理，对于检查中发现普遍存在的问题责令各单位整改，在全区范围内较好规范价格行为，并结合实际，推动价格政策贯彻执行。设立34个监测点，做好粮油食品价格监测、主副食品价格监测、医疗能源价格监测、酒店宾馆住宿价格监测、基本药物价格监测和“价比三家”（价格部门发挥价格监测职能，采集3家以上不同经营者销售同规格与居民生活密切相关的重要商品和服务价格信息，利用报纸、网络、电视、电子显示屏等载体，定期或不定期向社会集中发布的一项重要公共服务工作）等6项监测工作。做好平价惠民工作，全年平价商店保持12家稳定运营，2019年春节、国际劳动节、端午节、中秋节、国庆节开展5场平价商店优惠券发放活动，惠及困难群众1.40万人次，政府投入惠民资金约130万元。（区发改委　区市场监管局）

中共建邺区委

综　述

【经济发展】2019年，区聘请海外创新使者和海外招商伙伴团队，签约亿元以上项目85个，签约项目投资总额830亿元，完成市对区年度目标199%，新增市级认定总部企业8家，实际利用内资181亿元，完成市对区年度目标297%，实际利用外资3.10亿美元。

【城市客厅建设】2019年，区统筹推进8大类150项城建项目，当年完成投资61亿元。莫愁湖公园成功创建国家AAAA级旅游景区，青奥艺术灯会吸引客流超过110万人次。“无尘街区”和“网红街巷”建设全面启动，城市居民小区生活垃圾分类覆盖率达100%。坚持生态与发展的协调共生，优化实施绿化景观精细化养护模式，打造11.20千米亲水临江、健身休闲最美滨江风光带。坚决打好污染防治攻坚战，全域落实河湖长制，全区黑臭水体整治达标率稳定在100%，空气环境质量在全市各板块中同比改善幅度最大。新建项目海绵城市建设达标率70%，城镇绿色建筑占新建建筑比例100%，居全市第一。

【民生服务】2019年，区广泛征集群众意见，10项重点民生实事全部顺利完成。开展规范办学及校园安全排查整治专项行动，成立全省首家家长学校教学研究室，在全省教育现代化建设水平监测中连续第5年位居全市第一。加快推进基层卫生服务中心建设，南京市第一医院河西院区等改造出新工程稳步推进，获“全国百强健走示范区”称号。建立全国首个“区块链+时间银行”。争创“国家全域旅游示范区”。

【从严治党】2019年，区开展“不忘初心、牢记使命”主题教育，常态化、制度化学习新思想和习近平总书记重要讲话精神，深入宣传宣讲党的十九届四中全会精神。全面接受江苏省委巡视政治体检，对自查发现问题即知即改、立行立改。严格落实意识形态责任制，开展庆祝新中国成立70周年系列活动，在全市主城区率先建成区级融媒体中心。结合党政机构改革、干部队伍结构优化，完成公务员职务、职级并行工作。探索形成“红色物业·同心共治”建邺模式，“五微共享社区”被评为2019中国改革年度优秀案例。给基层减负，集中整治形式主义、官僚主义，持续推进正风肃纪反腐。深入开展区委4轮巡察，实现社区巡察覆盖率100%。

重要会议

【区委全委会议】中国共产党南京市建邺区第十一届委员会第八次全体会议。7月26

7月26日，区委十一届八次全体会议召开　（区委办　供图）

日，中国共产党南京市建邺区第十一届委员会第八次全体会议召开。会议总结上半年工作，布置下半年任务。上半年，建邺区完成地区生产总值405亿元，增长8.80%，服务业增加值250.20亿元，增长11.70%，2项增幅均位列6城区第一。在民生福利方面，全区城镇居民医疗保险参保缴费6.50万人，补贴金额达7593.90万元。在深化“阳光惠民”监管系统建设中，全区27个民生项目纳入南京市“阳光惠民”系统，南京市、区共投入资金2.20亿元。新开办清润小学和5家幼儿园，新增幼儿园学位2500个。区、街、社区公共文化服务场所完善中，万人拥有公共文化设施面积3855平方米。建邺率先在全市建成基层医疗机构儿童康复中心。为4.40万名老人配备家庭医生，全区重点人群签约率达83.50%。下半年部署多个经济社会发展项目。

中国共产党南京市建邺区第十一届委员会第九次全体会议。12月27日，中国共产党南京市建邺区第十一届委员会第九次全体会议召开。会议落实中央经济工作会议和江苏省委十三届七次全会、南京市委十四届九次全会要求，总结全年工作，晒出2019年成绩单；部署2020年任务，端出2020年一揽子民生计划。

【区委常委会议】2019年，中共建邺区委共召开52次常委会议。

1月2日，第一次常委会议召开，传达学习江苏省委十三届五次全会、南京市委十四届七次全会精神。审议《南京市建邺区机构改革方案》（报审稿），研究有关干部工作。

1月21日，第四次常委会议召开，传达贯彻江苏省“两会”精神，传达《中国共产党纪律检查机关监督执纪工作规则》精神，研究2019年全区督查检查考核工作计划。审议《关于深入推进审批服务便民化的实施方案（报审稿）》，审议《关于开展建邺区优秀民营企业和优秀民营企业家评选工作方案（报审稿）》，研究有关干部工作。

2月27日，第八次常委会议召开，学习贯彻《中国共产党重大事项请示报告条例》精神，传达2月22日南京市委常委会会议精神，学习贯彻习近平总书记关于信访工作重要批示和全国信访局长会议、全省信访工作会议精神。审议《中共建邺区委常委会2019年工作要点（报审稿）》，审议《中共建邺区委常委会会议规则（报审稿）》，听取建邺区“十三五”规划实施中期评估有关情况汇报，听取长江办工作汇报，研究建邺区政务新媒体关停整合工作方案。审议《中共建邺区委2019年巡察工作计划（报审稿）》，审议《建邺区关于践行亲清新型政商关系的实施意见（试行）》，审议《建邺区全面从严治党区委主体责任和纪委监督责任清单（报审稿）》。

3月26日，第十一次常委会议召开，学习贯彻习近平总书记在全国“两会”期间重要讲话精神和《地方党政领导干部食品安全责任制规定》精神，传达3月25日南京市委常委会会议精神，传达学习习近平总书记对江苏响水天嘉宜化工有限公司“3·21”爆炸事故作出重要指示精神和全市安全生产工作情况，听取全区安全生产工作情况汇报，审议《关于全面开展安全生产隐患大排查大整治行动的紧急通知（报审稿）》，听取区河湖长调整建议方案汇报。审议《河西·建邺打造“国际客厅”三年行动计划（2019—2021）（报审稿）》，审议《建邺区信访积案大化解行动实施方案（报审稿）》，审议《建邺区支持民营经济健康发展实施意见（报审稿）》，审议《建邺区总部经济发展突出贡献个人和企业奖励暂行办法（报审稿）》，审议《关于组织机关干部奖励性健康疗养的方案（试行）（报审稿）》，审议《建邺区公务员及时奖励操作办法（试行）（报审稿）》。

7月19日，第二十八次常委会议召开，学习贯彻习近平总书记在中央和国家机关党的建设工作会议上重要讲话精神，传达7月12日、7月18日南京市委常委会会议精神，传达南京市委书记张敬华在全市镇街党（工）委书记政治能力建设专题培训班开班式上讲话精神。听取全区打好3大攻坚战工作推进情况汇报，听取全区2019年上半年国民经济和社会发展计划执行情况、推动长江经济带发展重点工作情况汇报。审议《建邺区进京越级访、进京非访专项整治“百日化解攻坚”行动实施方案（报审稿）》，研究科大讯飞合作协议相关事宜，审议《关于建邺区2018年财政决算（草案）的报告（报审稿）》《关于建邺区2019年上半年财政预算执行情况的报告（报审稿）》《南京市建邺区2019年地方政府债务限额和省转贷新增地方政府债券安排及区级预算调整方案（草案）（报审稿）》《关于2018年度行政事业性国有资产的专项报告（报审稿）》，审议《关于2018年度建邺区本级预算执行和其他财政收支的审计工作报告（报审稿）》，审议《关于区领导运用监督执纪“第一种形态”处置问题线索的实施办法（报审稿）》。

9月12日，第三十六次常委会议召开，学习传达江苏省安全生产第四巡查组巡查南京市工作动员会会议精神，学习传达全省“不忘初心、牢记使命”主题教育第一批总结暨第二批动员部署会会议精神。研究全区“不忘初心、牢记使命”主题教育有关事宜，审议《建邺区委关于开展“不忘初心、牢记使命”主题教育实施方案（报审稿）》《建邺区委常委会“不忘初心、牢记使命”主题教育工作方案（报审稿）》《建邺区主题教育任务分解清单（报审稿）》《建邺区委“不忘初心、牢记使命”主题教育领导小组建议方案》《建邺区委“不忘初心、牢记使命”主题教育领导小组办公室建议方案》《河西·建邺“不忘初心、牢记使命”主题教育动员大会建议方案》《区级领导社区联系点调整建议方案》《建邺区委常委、党员副区长党建联系点调整建议方案》，审议《区委“不忘初心、牢记使命”主题教育领导小组工作规则（报审稿）》《建邺区委“不忘初心、牢记使命”主题教育巡回指导组建议方案》《建邺区委“不忘初心、牢记使命”主题教育工作清单（报审稿）》。

12月25日，第五十一次常委会议召开，传达学习江苏省委十三届七次全会、南京市委十四届九次全会精神。研究区委十一届九次全会有关事宜，研究全会筹备工作情况、会议建议方案、《区委常委会2019年度抓党建工作报告（报审稿）》、《区委2019年重点工作完成情况报告（报审稿）》，研究《区委常委会工作报告（报审稿）》，研究《关于今年重大项目总结、明年重大项目部署和明年经济指标安排的说明（报审稿）》，研究《2019年全区经济社会发展完成情况报告（报审稿）》。审议《全区深入开展安全生产专项整治工作方案（报审稿）》《全区安全生产巡查方案（报审稿）》《江苏省巡查问题整改方案（报审稿）》《区安委会成员单位调整方案（报审稿）》《全区各有关部门安全生产职责清单（报审稿）》《关于进一步落实〈地方党政领导干部安全生产责任制规定〉工作清单（报审稿）》《区委常委会、区政府常务会每月议题建议方案（报审稿）》《安全生产专项整治行动动员部署会议方案（报审稿）》。研究《深化区纪委监委派驻机构改革的实施意见（报审稿）》，研究有关问责事项。研究区安委会办公室机构编制事宜，研究生态科技岛经开区建设工程质量安全监督站机构设置事宜，研究退役军人服务中心区外调人用编事宜。

12月28日，第五十二次常委会议召开，传达学习习近平总书记在《求是》杂志发表的重要文章《推动形成优势互补高质量发展的区域经济布局》、习近平总书记对做好“三农”工作的重要指示精神。传达学习12月25日南京市委常委会会议精神，传达学习12月21日南京市委常委会会议、12月18日南京市委研究2020年城建设计计划会议、12月18日全市安全生产专项整治行动动员部署会议精神。审议《区委常委会“不忘初心、牢记使命”专题民主生活会检视问题整改落实方案（报审稿）》，研究《建邺区加快提升省会城市功能和中心城市首位度贯彻计划（2019—2021）（报审稿）》，审议《建邺区2020年城市建设计划（报审稿）》，研究区十八届人大四次会议筹备情况、会议建议方案及《区人大常委会工作报告（报审稿）》；研究《区政府工作报告（报审稿）》；研究区十二届政协四次会议筹备情况、会议建议方案，执行主席名单，秘书长、副秘书长名单及《区政协常委会工作报告（报审稿）》，研究《区政协提案工作报告（报审稿）》；研究《区法院工作报告（报审稿）》；研究《区检察院工作报告（报审稿）》；研究《建邺区2019年国民经济和社会发展计划执行情况及2020年国民经济和社会发展计划（草案）编制情况的报告（报审稿）》，研究《建邺区2019年十项重点民生实事项目完成情况暨2020年民生实事编制情况（报审稿）》，研究《关于加强新时代人民政协党的建设工作的实施意见（报审稿）》《中共建邺区委关于新时代加强和改进人民政协工作的实施意见（报审稿）》，研究《建邺区2019年财政预算执行情况和2020年财政预算草案（报审稿）》，研究区“两会”人事有关事宜。

2月19日，建邺区机构改革动员部署会议召开　　（区委宣传部　供图）

【河西·建邺科技创新暨招商突破年动员大会】2月12日，在国际博览中心召开河西·建邺科技创新暨招商突破年动员大会。区委书记沈剑荣致辞，区委副书记、区长李晖发布区创新政策，会议进行重点项目签约、创新活动发布、视频寄语祝福、表彰兑现、“建邺创新使者”“建邺商贸促进使者”授牌等活动，区委书记沈剑荣及南京市相关部门负责人为“建邺区海外招商伙伴团队”授牌，区长李晖颁发科技和招商目标军令状，南京市副市长蒋跃建最后讲话。

【全区机构改革动员部署会议】2月19日，全区机构改革动员部署会议召开，全面部署和启动建邺区机构改革工作。会议传达《南京市建邺区机构改革方案》精神，区委书记沈剑荣讲话。全区机构改革总体要求是以习近平新时代中国特色社会主义思想为指导，全面贯彻党的十九大和十九届二中、三中全会精神，坚决贯彻落实习近平总书记关于深化党和国家机构改革重要论述，按照江苏省委、南京市委统一部署要求，从机构职能上把加强党的领导落实到各领域各方面各环节，统筹区街各层级、党政群各领域、机关事业各类型改革，优化机构设置和职能配置，构建系统完备、科学规范、运行高效机构职能体系，为高水平全面建成小康社会、高质量推进“强富美高”新建邺提供坚强有力体制机制保障。

【建邺区经济高质量发展大会】2月20日，建邺区经济高质量发展大会在国际博览会议中心召开，100余名各界代表参加会议。大会现场表彰全区优秀中国特色社会主义事业建设者、优秀民营企业、优秀民营企业家、经济贡献30强企业。获奖企业、部分企业代表发表获奖感言。南京大学原党委书记洪银兴应邀作“宏观经济形势的分析与高质量发展”专题讲座。

【南京金鱼嘴基金街区揭牌暨河西·建邺重点项目签约仪式】7月15日，在金鱼嘴基金大厦，举行南京金鱼嘴基金街区揭牌暨河西·建邺重点项目签约仪式。江苏省委常委、南京市委书记张敬华出席活动并为南京金鱼嘴基金街区揭牌。活动现场，北京基金小镇与区政府正式签约，共建北京基金小镇南京共享中心。现场共签约37个基金及管理机构项目、12个智慧城市项目以及4个总部项目。

【区“不忘初心、牢记使命”主题教育专题会议】9月16日，河西·建邺“不忘初心、牢记使命”主题教育动员部署会召开。会议由区委副书记、区长李晖主持，区委书记沈剑荣讲话，提出要聚焦主题主线、在学研查改上下功夫，坚持把学习教育、调查研究、检视问题、整改落实贯穿始终。南京市委第二巡回指导组组长孙家兴出席会议并讲话，指出要坚持负责人亲自抓，坚持摸底数强保障，坚持先学先查先改，为主题教育开局起步打下基础，各单位要紧扣主题主线、突出重点对象、发挥支部作用、突出分层分类、力戒形式主义抓推进，确保主题教育取得成效。

9月24日，区委常委会、河西管委会党组开展“不忘初心、牢记使命”主题教育现场学习活动。参观雨花台烈士陵园，现场瞻仰雨花台烈士纪念碑，现场举行重温入党誓词活动，并参观雨花台烈士纪念馆、梅园新

9月24日，区委常委会开展“不忘初心、牢记使命”主题教育现场学习活动 （区委宣传部 供图）

村纪念馆，南京市委第二巡回指导组成员参加活动。

9月28日，区委、河西管委会、河西国资集团理论学习中心组“不忘初心、牢记使命”主题教育专题学习研讨会召开。举办专题讲座，讲座由区委副书记李方毅主持，邀请江苏省委党史工作办公室原副主任赵一心做“走进党的历史、感悟党的初心”专题辅导。召开研讨会，会议由区委书记沈剑荣主持，区委常委、河西管委会党组、河西国资集团党委成员交流心得体会。

10月30日，区委“不忘初心、牢记使命”主题教育推进会召开。会议贯彻学习习近平总书记关于开展主题教育重要讲话和重要指示批示精神，贯彻中央和江苏省委、南京市委第二批主题教育推进会精神，了解区主题教育进展情况，听取意见建议，推动全区主题教育深入开展。会议宣读《关于命名2019年区级党支部书记工作室和党员教育实境课堂示范点的决定》，区委常委、纪委书记姜巧玲通报主题教育专项整治开展情况，沙洲街道党工委、区委教育工委、兴隆街道奥体社区海棠园第二网格党支部、江苏原力动画制作股份有限公司党支部、南京市建邺市政工程建设有限公司党支部书记依次交流发言。

10月31日，区委常委会“不忘初心、牢记使命”主题教育专题调研成果交流会召开。会议由区委书记沈剑荣主持，区委常委围绕建强网格党支部、推进拆迁扫尾攻坚、“红色物业”发展、信访积案矛盾化解、家庭医生签约服务、文明城市建设、激励干部担当作为、加强新的社会阶层人士统战工作、“双融双提”工程等主题，深度交流分享成果。

11月12日，区委常委会对照党章党规找差距专题会议召开。会议由区委书记沈剑荣主持，区委常委依次发言，紧扣《中国共产党章程》《中国共产党廉洁自律准则》《中国共产党纪律处分条例》等，逐条逐项深入检视剖析。每位常委发言后，其他常委开诚布公帮助查找问题、指出不足。

11月26日，建邺区“不忘初心、牢记使命”主题教育需区级层面协调解决问题交办会召开。会议由区委副书记李方毅主持。区各提交问题部门对相关问题作解释说明，各问题承办部门就问题处理进行表态，参会区委常委发言，区委书记沈剑荣最后讲话。

12月6日，建邺区委常委会“不忘初心、牢记使命”专题民主生活会召开。会议由区委书记沈剑荣主持。沈剑荣代表区委常委会作检视剖析，各区委常委开展自我批评，其他常委对发言人逐一提出批评意见，南京市委指导组负责人进行点评，南京市委常委、政法委书记徐锦辉讲话。（区委办）

组织工作

【概况】至2019年年底，全区共有基层党组织1042个，其中党委62个、党总支49个、党支部931个;党员25202人,其中2019年新增1123人、预备党员206人。

【干部思想政治建设】2019年,区在开展“不忘初心、牢记使命”主题教育,做好规定动作同时,广泛开展“四重四亮四查创四星”系列活动,设立“10”“30”“50”学习菜单,推出10期微党课、30个微课堂、50个微故事,增强学习教育实效。实行挂图作战,建立健全工作例会、舆论宣传、沟通衔接、指导清单、专项整治等5项工作机制,编发每日专报,刊发简报20期,发放学习资料6万余册,推动主题教育有序进行。在五微共享社区,建邺播报开辟主题教育专栏,及时反映工作进展成效、基层经验做法和优秀典型事例。突出巡视反馈意见整改落实,突出城市精细化管理、12345接诉即办、民生服务等,深入推进43项整改任务、167条整改措施落实工作,协调解决民生实事637件,解决发展难题140个,形成一批群众认可主题教育成果。

【干部选拔考核任用】2019年,区优化各部门负责人结构,树立基层一线用人导向,统筹考虑任职时间较长、资历较深干部,80后年轻干部,党外干部,女干部配备,正团职军转干部等,综合年度考核、日常了解掌握、征求相关负责人意见,选优配强正职岗位,补充副职岗位。落实南京市青年干部培养选拔计划,开展年轻干部专题调研,从全区优选200名左右年轻干部入库管理。贯彻落实干部鼓励激励、容错纠错、能上能下“三项机制”,研究制定“三项机制”回头看工作方案、优秀公务员健康疗养通知、公务员及时奖励实施办法等细化措施。做好全区年度综合考核工作,制定《建邺区考核工作委员会工作规则(试行)》《建邺区考核工作委员会办公室工作细则(试行)》《建邺区年度综合考核指标管理办法(试行)》《建邺区2019年度综合考核实施办法》。联合考核责任单位,对照江苏省、南京市高质量发展考核指标,制定分类考核实施办法,确定考核内容和分值权重,明确责任分工,持续做好考核指标进程监测工作。

【干部教育】2019年,区委组织部统筹全区干部教育培训工作,发放560套《全国第五批干部学习培训教材》。在西柏坡干部培训学院举办2期建邺·河西“不忘初心、牢记使命”主题教育培训班;组织120余名区管干部参加复旦大学区属国企经营管理人员综合能力提升培训班、南京市委党校“街道服务民营经济”专题研讨班、苏州“打造一流营商环境”专题培训班。举办全区中青年干部培训班。组织400名市管、区管干部进高校自主选学,抽调48名干部参加江苏省委、南京市委党校调训。

【干部监督检查】2019年,区严格执行领导干部个人重大事项报告制度,区管干部年度报告462人,报告率100%。按照10%比例对47人开展个人事项报告随机抽查，实施谈话提醒2人次、谈话诫勉4人次。严格执行干部选拔任用工作请示报告制度，坚持干部调整事前审核和职数预审制度，报告职数预审5批次，选拔任用事前报告2批次。坚持对拟重用及提拔干部开展重点抽查核实126人次。组织82名拟提拔非人大任免干部参加法律任前考试，覆盖率100%。对5名干部进行经济责任离任审计，2名干部进行任中审计，5名干部进行经济责任告知，1名干部同步开展自然资源资产离任审计。推动不担当不作为专项整治，结合干部调整、日常管理、监督检查方面情况，向南京市委报送典型案例3件。组织开展全区“三项机制”、不担当不作为典型案例收集整理工作，全区各单位共上报典型案例10件。

【基层党组织建设】2019年，通过区级联审联查，排查全区社区“两委”（社区共产党员支部委员会和社区居民委员会）负责人，完成对涉及黄赌毒、受到撤销党内职务处分社区“两委”成员清理工作，补齐配强负责人。集中整顿软弱涣散基层党组织，在10月底前按时完成6家非公企业党组织整顿工作，并进行验收评估，同时常态化开展软弱后进基层党组织整顿提升工作。区委组织部推进社区党建工作，落实“五聚焦五落实”（聚焦基本组织、基本队伍、基本活动、基本制度、基本保障，把党的全面领导、党的坚强力量、党的号召要求、党的纪律规矩、党的关心服务落实到基层）行动计划，构建全区网格化党建组织体系；落实社工薪酬体系，研究制定《建邺区社区党组织“星级化”管理办法》和社工身份党组织书记考核奖励办法，做好社区党组织书记培训；开展纪念建党98周年系列活动，2人被评为南京市优秀共产党员、2人被评为南京市优秀党务工作者，2个党组织被评为南京市先进基层党组织。区委表彰优秀共产党员50名、优秀党务工作者20名、先进基层党组织27个。打造党群服务广场和党群服务站，设置党建微阵地，规范社区为民服务专项资金使用管理；深

10月24日，建邺区社区党组织书记培训班开班　（冷雪宝　摄）

化社区党建，持续推进1个社区1个品牌创建；推动社区办公服务用房提档升级，形成一社一策；推动清理规范社区办公场所牌子乱象工作，落实基层减负。深化非公企业党建，聚焦互联网企业、律师行业等新兴领域党建，帮助福佑在线、大众书网分别打造“红色引擎”“红色键盘”党建项目；筹划启动律师党支部规范化建设计划，印发《全区组织工作服务支持民营企业健康发展相关举措》。打造红色物业，推动同心共治，提升基层治理水平，扩大物业公司党组织覆盖面，提升业委会成员中党员比例。

【党员发展与党员教育】2019年，区严把党员入口关，区委组织部协同公安部门对发展对象开展联审，实行发展党员分段分级审查制度，共发展党员200名。重点关注先进典型、困难党员、需教育引导特殊情况，动态建立先进典型、关爱帮扶信息库，节日期间共慰问党员群众900名。规范全国党员管理信息系统运行管理，制定党组织党员信息更新维护10条规定，要求转入党员签订承诺书，重点核查党员档案、违纪违法及宗教信仰等问题。同时，与区纪委联合打造反腐败宣教中心（建邺区党员干部教育基地），授牌10个支部书记工作室和党员教育实境课堂。深化远教站点标准化建设，出台标准化建设清单，推行“六个一”（参加一次爱国主义教育活动，开展一次青年志愿者服务活动，为回报父母、长辈做一件实事，开展一次社会调查，读一本好书，参加一项文体活动）远教工作法。加强机关、企事业单位、两新组织站点建设，在园区、街道、社区党群服务中心实现站点全覆盖，重点打造小区、公园、商场等远教广场，加强特色站点建设，在建邺书屋、九如城、人才大厦等单位同步配建站点，形成一批具有建邺特色远教基地。

【公务员管理】做好公务员招录工作，2019年度全区提供27个考录职位，总报名人数过万，审核通过7963人，缴费成功6351人。加大区职务与职级并行工作，摸清底数，严格按要求进行职级职数设置，对1057名在职公务员进行套转，套转工作平稳有序。做好公务员及时奖励及年度考核审核备案，建邺区报送6名公务员获得南京市政府授予嘉奖奖励，全区应有1951人参加2018年度考核，实际参加考核1940人。参加考核人员中被评为优秀等次327人、称职等次1551人，不定等次61人（其中试用期51人，处分期5人，立案调查未结案5人），不称职1人（处分期）。评为优秀等次人数占参加考核人数16.86%。48名连续三年优秀人员记三等功一次，及时兑现相关待遇。顺利安置57名军转干部，完成相关信息录入、区情教育培训和公务员登记备案工作。做好公务员任免调配，根据机构改革方案，会同区编办、区人社局、区财政局，为划转涉及25个单位95人办理完成转隶划转手续，确保转隶人员平稳过渡。

【人才工作】搭建全方位引才模式，全年开展各类招才引智活动 50 余场。2019 年度 10 人进入南京市科技顶尖专家现场考察环节，21 人申报南京市创新型企业家，70 人入选区级高层次创业人才引进计划，推荐 56 人申报市级高层次创业人才引进计划，入选江苏省双创人才 3 人、江苏省双创博士 5 人、南京市中青年拔尖人才 5 人。人才服务大厦自 3 月投入使用，接待各方考察团队参观 20 余次，承办各类创新创业活动 60 余场，涉及 3000 余人次，挂牌双创人才智库共建基地，获批市级人力资源服务产业园。高标准推进 2019 江苏省青年双创大赛和第四届全球名校创业创投（南京・建邺）大赛暨名校校友经济高峰论坛。持续完善建邺创服联盟，首批吸纳 40 余家成员单位，涉及 17 个门类。完成人才成果展厅调试和人才大数据平台开发。完成人才党委办公区设计、施工和设备采购工作，党务工作者入驻办公。做好人才政治引领吸纳，年度新吸纳 4 名人才及人才服务机构相关负责人担任区政协委员。

（区委组织部）

6 月 28 日，双创人才智库共建基地揭牌　　（洪红　摄）

宣传工作

【概况】全区志愿者注册数达 10.2 万余人，占全区常住人口 20% 以上。做好全民阅读工作，2019 年建邺区被评为江苏省第二批书香城市建设示范区，在全省测评中居民综合阅读率达到 97.60%，在全市排名第三。做好区内新办 2 家影院审批办理，加强对全区现有 9 家影院督查管理工作。做好影院和印刷企业安全检查，进行安全检查 4 轮次，对茂华印刷有限公司等企业做好 78 处安全隐患进行督促整改。完善全区扫黄打非站点建设，全区共有 57 个扫黄打非基层站点，其中街道 6 个、社区 51 个。发放 2019 年度影院补贴资金 36 万元。全区有印刷企业 10 家、出版物销售点 61 个。

【思想理论武装】2019 年，区结合第二批“不忘初心、牢记使命”主题教育，持续抓好区、街两级理论中心组学习，每月至少安排1次中心组学习。2019年共组织区委理论学习中心组集中学习50次、专题学习13次、交流讨论9次。通过深入创新性开展工作，建邺区委被评定为“南京市首批理论中心组学习示范点”。以

1月20日，城市客厅智库讲座暨河西·建邺理论学习中心组专题辅导
（区委宣传部　供图）

“学习强国”为重要平台支撑，在全区广泛开展理论学习教育，把习近平新时代中国特色社会主义思想转化为指导实践、推动工作的思想原动力。2019年全区“学习强国”覆盖率和参与度分别超过100%和80%。结合区委理论中心组学习，通过邀请知名专家，开展前瞻性创意性智库讲座，拓宽负责干部视野，为加快建设现代化国际性城市中心提供智力支撑。年初制定下发《关于做好理论学习中心组学习旁听巡学工作的通知》，坚持每月对各家党工委理论中心组学习情况进行巡学旁听。根据中巡组巡视反馈意见整改方案和江苏省、南京市、建邺区委巡视巡察发现共性问题整改要求，制定下发《关于进一步做好理论学习中心组学习旁听巡学工作的通知》，全面规范巡学旁听制度，并做好指导、督促、检查工作，旁听巡学覆盖全区所有党工委。各党工委按照党组织隶属关系，对本辖区、本系统下属单位党组织理论学习进行巡学旁听。坚持以习近平新时代中国特色社会主义思想为中心内容，引导广大基层党员学懂弄通做实习近平新时代中国特色社会主义思想，突出抓好6大专题，集中开展教育培训，用党的理论创新最新成果武装基层党员干部，引导广大党员干部认真研读，领会其精神实质。开展“那年那事——庆祝新中国成立70周年主题故事会”活动，被评为南京市2018—2019年度基层党员冬训工作创新项目。根据相关要求，报送“习近平新时代中国特色社会主义思想与中华优秀传统文化的多元融合”调研课题，组织广泛开展课题调研，深入挖掘新思想与传统文化相关现实素材，把24个节气、礼义廉耻、修身立命、仁爱报国、天下大同、隆礼重法、民

为邦本等传统文化元素，融合到习近平生态文明、政治生态、文化自信、核心价值、命运共同体、依法治国和以人民为中心思想理念中，最终形成“建邺模式”可复制可推广政治理论主题调研报告，得到广泛认可。

【意识形态责任制落实】1月31日和7月29日，区委常委会两次专题研究意识形态工作；3月29日和7月25日，两次召开意识形态领域情况分析研判联席会议，对全区意识形态工作进行全面分析研判；每季度召开意识形态工作推进会，制定《建邺区意识形态领域情况分析研判联席会议制度》和《建邺区意识形态领域情况分析研判联席会议成员单位职责分工》，明确全区意识形态工作责任制。持续加强对网络安全、文化市场、出版传媒、民族宗教、政法系统、教育系统等意识形态重点阵地管控，并针对庆祝新中国成立70周年重要时间节点，有重点、有导向加大对公开类讲坛、讲座、备案、管理等工作。10月，根据中央和江苏省、南京市委关于对各种讲坛、讲座、年会、报告会等阵地管理审批工作做重新规范，确保各类意识形态阵地安全可控。全面消除意识形态安全隐患，坚持对意识形态工作月报制度，在全区各街道、园区、机关各部门单位广泛开展意识形态风险点排查，举一反三、查漏补缺，全面排查制度执行方面存在问题，监督管理死角盲区和风险隐患，并做到立知立改、限时整改。根据江苏省委意识形态工作巡视要求，先后2次在全区各单位梳理汇总意识形态工作7大项31个重点问题，对巡视中发现相关问题做到立知立改，有措施有步骤有时间节点，工作成效较为明显。

【新闻舆论宣传】2019年，围绕庆祝中华人民共和国成立70周年主题，充分运用各级各类媒体资源，开展一系列新闻舆论宣传活动，联系央媒开展宣传，建邺国庆光影秀、居民观看阅兵式等内容先后3次被中央电视台报道，展示建邺形象。在《新华日报》《南京日报》分别推出庆祝新中国成立70周年建邺专版。围绕河西·建邺“不忘初心、牢记使命”主题教育，区委宣传部牢牢把握舆论导向，及时反映进展成效、社会反响、基层故事，加强全媒体报道力度，精心制作微党课系列新媒体产品，为“不忘初心、牢记使命”主题教育顺利开展营造良好的舆论氛围。继续完善并施行例行新闻发布工作制度，围绕区委、区政府重点工作，定期组织新闻发布会。围绕2019青奥艺术灯会、城建城管水务工作、政商关系“正面清单”、河西建邺图书艺术展、建邺城市生活季、南京创新周建邺活动、莫愁湖公园开园等重大主题共举行19场新闻发布会，做到重大消息专题发布、突发消息及时发布。紧扣全区重点工作、重要会议、重大活动节点，围绕招商引资、营商环境打造、智慧城市建设等各项重点工作，统筹传统媒体和新媒体平台，主动约稿、深度报道，在中央和江苏省、南京市主流媒体进行宣传报道，全方位、立体化宣传展示全区创新实干工作成效。全年在各类新闻媒体刊出报道2400篇左右。青奥艺术灯会、Slush南京等活动在《欧洲时报》《侨报》等海外媒体传播。加快融媒体中心建设，打造融媒体中心建邺模式。加强“建邺播报”内容策划，推出“最美视角、发现建邺”“剧在建邺”等专栏，并推出中、英文双语发布等特色内容，赢得网友好评。围绕2019青奥艺术灯会、江苏发展大会等重大主题和重大节点，策划推出“早安建邺”“一分钟看建邺”微视频大赛与视频征集活动，引导网友特别是青年网友共同参与，提升建邺城市形象。召开新媒体企业家座谈会，听取关于助推区新媒体产业发展意见。组织“新浪微博大V看建邺”活动。开展“70年，我与建邺共成长”网评大赛，壮大网上正能量。

【精神文明建设】2019年，围绕新中国成立70周年主题，推动核心价值观融入精神文化生活，区举办“华颂2019”大型实景演出活动、“老少同台——庆祝新中国成立70周年主题故事分享会”活动，“遇见南京，幸会建邺”周末音乐会、“文润建邺，剧在建邺”等文化活动，不断提升莫愁书院、24小时美术馆等建设和服务水平。组织第七届全国和江苏省、南京市道德模范，中国好人宣传推荐，陈德风获“全国道德模范提名奖”“江苏省道德模范”“南京市道德模范”称号，陈堃获“中国好人”“江苏好人”称号。加强动态管理，建立完善评选监督机制，做好文明单位、文明社区、文明校园推选工作。加强对群众反映和暗访发现问题反馈追踪，完善常态化长效化创建机制。加强宣传力度，在“建邺播报”微信群和微信公众号推出《文明建邺社区行》栏目，有14家创建单位成功申报省级文明单位，40家创建单位申报市级文明单位；以群众需求为导向，组织各街道志愿服务总站、区机关各部门常态化开展文明引导、环境保护、养老、爱幼、文化、助学、科技、诊疗等各类服务2000余场次。围绕“关爱长江，保护江豚志愿服务项目”“小青柠”志愿服务品牌，多次组织论

9月21日，“华颂2019”诵唱实景演出举行　（区委宣传部　供图）

证商讨和实地查看，修订完善服务阵地设计方案，加快“关爱长江，保护江豚志愿服务项目”建设。广泛开展“你是我的英雄”短视频征集、网上讲故事活动和清明奠英烈、向国旗敬礼等活动，引导中小学生缅怀英烈，珍惜幸福生活，努力学习，不断提高个人素质，做合格共产主义接班人。结合“八礼四仪”养成教育和“新时代好少年”选树宣传活动，引导青少年见贤思齐，自觉践行社会主义核心价值观，提高全区未成年人思想道德水平，南师附中新城中学马广轩同学入选“新时代江苏好少年”称号，一批未成年人分获江苏省和南京市新时代好少年荣誉称号。组织全民阅读工作培训，邀请江苏省阅读办负责人讲解全民阅读工作及考核办法，提高部门、街道、社区开展全民阅读活动工作水平。针对10月启动全省考核调查，通过“建邺播报”、区教育局和各中小学微信公众号，广泛宣传告知。与龙虎网合作开展“建邺区全民阅读提升计划”，继续打造“建邺书房”全民阅读品牌，加快新型阅读空间建设，发挥阅读组织作用，开展一系列丰富多彩阅读活动，全年共开展全民阅读活动500余场。

【新闻出版管理】2019年，区委宣传部做好与区文化和旅游局的工作职能划转。做好区内新办2家影院审批办理，加强对全区现有9家影院的督察管理工作。做好影院和印刷企业安全检查，职能划转后进行安全检查4轮次，对茂华印刷有限公司等企业78处安全隐患做好督促整改。完善全区扫黄打非站点建设，全区现有57个扫黄打非基层站点，其中街道6个，社区51个。发放2019年度影院补贴资金36万元。

（区委宣传部）

统战工作

【概况】2019年，区委统战部以加强党对统一战线工作集中统一领导为根本，不断增进思想政治共识，强化统战队伍建设，盘活统一战线资源，破解工作突出问题。弘扬优秀企业家精神，持续支持光彩事业，倡导非公人士承担社会责任，开展“迎春送温暖”“百企帮百村”“万企帮万户”活动，累计金额14余万元，并为2批次232名义务教育阶段困难儿童购买意外险和重疾险。组织新阶层人士认领20条微心愿，为困难家庭捐资捐物达4万元。引导民主党派开展慰问困难群众、博爱助学、“圆我校服梦”等活动，累计金额18.30万元。

【统战工作思想政治引领】2019年，区委统战部组织统战对象参加江苏省、南京市统战系统相关教育培训。区委统战部组织建邺区40名民主党派、无党派、非公经济和新的社会阶层代表人士赴遵义开展“重走长征路”理想信念教育，通过重温革命历史、弘扬革命精神，自觉加强对中国特色社会主义理性认同。在民主党派、无党派人士中开展“不忘合作初心，继续携手前进”主题教育，在党外知识分子中开展“弘扬爱国奋斗精神、建功立业新时代”教育，在非公有制经济人士中开展“守法诚信经营、坚定发展信心”主题教育活动，新的社会阶层人士中开展“凝聚新力量，筑梦新时代”主题教育活动。区工商联召开学习座谈会，传达学习习近平总书记系列重要讲话精神，邀请全国政协委员魏青松对关于减税降费、降低企业社保缴费负担、缓解企业融资难融资贵等一连串政策红利进行宣讲；召开2019年民主党派工作例会，通报建邺区经济发展情况，贯彻落实中央统战部就民主党派组织建设意见等相关文件精神，巩固政治思想基础。

【统战工作机制建设】2019年，区委统战部召开统战工作领导小组会议，审议《区委统一战线工作领导小组成员建议名单》《中共建邺区委统一战线工作领导小组成员单位职责分工》，研究制定《中共建邺区委统一战线工作领导小组工作规则（议事规则）》，健全区委统一战线工作领导小组工作规则，调整充实成员单位，落实主体责任。出台《区委常委与党外知识分子和新的社会阶层代表人士列名联系制度》《建邺区委2019年度政党协商计划》《建邺区委常委与党外代表人士联谊交友制度》，加强党外代表人士队伍建设。召开区新阶层联席会议，举办统战干部复旦大学理论培训班，形成全区懂统战、协力干统战合力。强化统战团体建设，召开建邺区工商联（商会）九届三次执委会，区新联会一届二次、三次理事会，区光彩事业促进会一届二次理事会议，优化调整人员结构，健全各项制度。指导成立南京市建邺区工程机械商会、南京市建邺区高邮商会，成立南京市建邺区欧美同学会并做好归国留学人员联谊会换届工作，增添统战团体活力。

【新的社会阶层人士统战】2019年，区委统战部打造实践创新基地，与河西中央商务区联合打造“新邺盟”基地，在同进大厦建设500平方米多功能空间，与兴隆街道联合打造“社邺盟”基地，获得南京市市级实践创新基地授牌，为新的社会阶层人士提供联系交友、培训学习平台，开展“建邺关新行”活动，走访4次20家企业、7名自由职业人员；开展“新联同心人”活动，联合凤凰网采访制作优秀代表人士事迹，并开展3期宣传；开展“同心大讲堂”活动，组织读书分享会、“青松话两会”活动；开展“法律助援团”活动，组织律师团基层法律服务周活动；开展“艺邺盟沙龙”活动，组织“台阁气象——明清状元书画展”“庆祝新中国成立70周年书画展”等活动。注重调研交流，接待广东省委统战部副部长李阳春一行到“新邺盟”调研指导，组织区新联会5名代表人士赴深圳交流学习新阶层统战工作。

【统战系统服务民营企业】2019年，区召开建邺区民营企业家座谈会，学习贯彻习近平总书记在民营企业座谈会上重要讲话精神，听取民营企业家意见建议，研究推动建邺区经济发展办法举措，建邺区工商联开通向区主要负责人反映民营企业诉求直报通道，协调解决企业反映问题。制定《建邺区委统战部关于建立促进非公有制经济健康发展“政企服务平台”联动工作机制实施意见》，与区23个部门建立“政企服务平台”联动工作机制，发挥经济统战职能，整合资源，营造民营经济健康发展环境，助力民营企业发展。分别与区税务局、区检察院、区发改委、区金融监管局组织减税降费税企交流活动及建邺区推进经济高质量发展政策体系、建邺高新进园保系列产品解读推介。

（区委统战部）

4月11日，建邺区民主党派及无党派人士座谈会召开　（区统战部　供图）

体制改革

【概况】2019年，区制定出台《中共建邺区委全面深化改革委员会2019年工作要点》，明确8大领域36项重点任务，强化统筹协调各项改革任务。坚持以改革创新驱动高质量发展，持续开展改革第三方评估，改革经验在《江苏改革简报》《南京改革》刊发。建立区负责人联系重点改革任务机制，每位区负责人牵头负责一项重点改革任务，每季度向江苏省、南京市报送党政主要负责人联系重点改革任务推进情况，并在全区通报。改革试点取得阶段性成效，在全省率先出台正面清单，厘清政商关系，在全省乃至全国树起建邺标杆。高新区改革成效显著，全国10强数字经济头部企业已有8家落户。出台《建邺区沙洲街道进一步深化综合行政执法体制改革工作试点方案》，推动区级层面行政资源优化整合。

【区级机构改革】2019年，区全面贯彻落实中央、江苏省委和南京市委关于深化地方机构改革决策部署，坚持把加强党的领导落实到机构改革全过程，完成区级机构改革任务。科学规范设置党政机构，贯彻落实改革工作精神，结合建邺实际，设置党委工作机关11家、政府工作部门26家，实现区主要机构设置同中央和江苏省保持基本对应、与市级机构改革有效衔接。全面实施转隶组建工作，完成12家组建和重新组建部门、17家职责调整部门转隶组建工作，以及15家涉改部门整合撤并工作。高效完成部门三定规定，严格执行江苏省、南京市党政机构改革指导精神，做到重点保障、成熟先行，顺利完成全区37家党政机关部门“三定”方案并予以印发。

【改革督查推进】2019年，区委改革办严格落实《中共建邺区委全面深化改革委员会2019年工作要点》要求，就区级层面承担的10项改革督查重点工作，细化责任分工，区委改革办协调各专项小组按照时间节点，牵头组织自查，查漏补缺。经济体制、社会治理与司法体制、生态文明体制、文化体制、社会民生、民主法治、纪律检查体制、党的建设制度8个改革专项小组采取定期联系指导、听取情况汇报、集中研究问题等方式，加强沟通对接，形成各负其责、齐抓共推改革落实的良好局面。结合中华人民共和国成立70周年契机，全面梳理全区改革成果，总结创新做法，形成经验材料，并以一事一例方式梳理典型案例，汇编成册，讲好建邺改革故事。

【行政管理体制改革】2019年，区推进街道、园区行政管理体制改革，认真学习贯彻各级关于加强基层政权建设要求和部署，学习借鉴经济发达镇行政管理体制改革做法，走访调研试点街道，探索深化街道管理体制改革路径。区推进园区规范化管理，规范生态科技岛经开区管理机构设置，完成经开区管委会三定规定编制工作。配合做好高新区改革相关工作。区推进审批服务便民化工作，牵头协调各相关部门，迅速推进《建邺区深入推进审批服务便民化的实施方案》各项任务，并按时高效落实南京市深入推进审批服务便民化工作专项督查整改要求。梳理区级行政权力事项，组织区各相关单位对行政权力事项进行梳理统计，确保机构改革后各部门行政权力有序运行。区推进相对集中行政许可权改革工作，印发《建邺区相对集中行政许可权改革工作实施方案》和《建邺区第一批集中至行政审批局事项清单》，做好划转事项、人员、运转流程等具体工作，保障区行政审批局实体运行。第一批划转至区行政审批局事项53项，涉及8个部门，人员12名。

【行政执法体制改革】2019年，区探索深化综合行政执法体制改革，认真贯彻落实南京市关于综合行政执法体制改革部署要求，创新和完善行政执法体制机制，持续提升基层

10月16日，沙洲街道召开改革试点工作启动会　（周悦　摄）

治理能力和治理水平。区委、区政府印发《建邺区沙洲街道进一步深化综合行政执法体制改革工作试点方案》，下沉资源、服务和管理到街道，理顺条块关系，强化街道统筹组织协调功能，破解看得见、管不着问题。加强对综合执法工作组织领导，坚持和完善区综合行政执法体制改革领导小组办公室例会制度。将综合行政执法改革纳入区委全面深化改革目标和区委、区政府督查重点项目，对工作中出现推诿扯皮、落实不到位、不履职等现象，严肃责任追究。加强监督管理，围绕加强事中、事后监管，协同区行政审批局对各街道综合行政检查执法工作运行情况开展系统运行评估并每月通报，鼓励各街道主动作为，履职尽责开展综合行政执法专项行动。

【街道特色改革第三方评估】9月、12月，区委改革办组织街道特色改革第三方评估工作。牵头召开改革第三方评估评审会，邀请专家学者以及江苏省、南京市相关负责人，组成评审专家组，采取双轮评估模式，充分发挥专家组专业优势，对街道特色工作进行评估，深入分析各街道特色改革工作推进情况，查找问题不足，提出针对性意见建议，加强与专业机构之间沟通合作，形成推进改革工作合力。

（区委研究室　区委编办）

机构编制管理

【概况】2019年，区委编办深入学习贯彻《中国共产党机构编制工作条例》，围绕区委、区政府中心工作，不断加强机构编制管理能力，提高编制服务保障水平。加强重点机构编制保障服务，做好2020年考试录用公务员用编保障及公务员职级并行编制保障工作。做好实名制管理和科级职数预审工作。做好机关事业单位实名制信息、工资统发系统维护更新，保障人员增减及时调整，确保机构编制实名制信息实时有效。落实科级干部职数预审和用编预审制度，严格审核程序。

【事业单位改革管理】区推进承担行政职能事业单位改革，按照“能转职能的不转机构，确需转机构的综合设置”改革精神，在全面清理职能基础上，将行政职能回归机关，完成4家涉改事业单位改革工作。做好事业单位信用等级评价工作，全区事业单位评价得分都在90分以上，122家应参加信用等级评价单位全部达到A级，并在“南京市事业单位监管与服务云平台信用等级评价系统”进行公示最终结果。开展事业单位法人年度报告书公示工作，全区共124家单位完成网上年度报告书申报并通过形式审核，完成率100%。做好机关、事业单位中文域名注册工作，为全区197个中文域名开展续费工作，实现中文域名注册率、网站开办主体资格复核率和网站挂标率3个100%要求。做好事业单位登记管理工作，共核准事业单位法人设立登记10家、变更登记27家、注销登记24家、证书补领2家，并同步做好7天双公示工作。依托国家事业单位管理系统，2019年度为党政机关办理统一社会信用代码证书变更22家，新申领统一社会信用代码2家。（区委编办）

老干部工作

【概况】至2019年12月31日，区委老干部局服务管理离退休干部共计81人，其中，副区级以上离退休干部41人、其他离休干部40人，其中易地安置离休干部7人。

【离退休干部政治建设】2019年，区委老干部局加强思想政治引领。认真组织开展好“不忘初心、牢记使命”主题教育，通过党校老师讲学、支部书记领学、学习读本送学、片区交流促学、实地参观助学等形式，增强思想政治引领实效性。举办离退休干部专题学习会10期、离退休干部党支部书记专题培训班2期，向离退休干部发送学习读本80余本。重视落实好老同志阅读文件、情况通报、参加重要会议、参观考察、走访慰问等各项政治待遇。

部署开展离退休干部党组织建设“五有一提升”（有领导班子、有组织活力、有作用发挥、有工作制度、有工作保障，提升组织力）工程，提升离退休干部党组织组织力。联合区机关工委下发《关于加强机关离退休干部党组织建设的工作意见》，主动加强部门对接，通过灵活设置党组织、细化“三会一课”、落实主题党日等要求，促进离退休干部党支部标准化规范化建设。针对离退休干部党员绝大部分生活在社区实际，联合区委组织部制定出台《关于推进社区离退休干部党建工作的实施办法》，使离退休干部党建工作向社区延伸。2019年组建社区离退休干部党支部22个、机关离退休干部党支部9个。全区已建立规范型、功能型离退休干部党支部59个，覆盖离退休干部党员2000余

6月19日，全区离退休干部党支部书记前往高淳区西舍村“抗日民主政府”教育基地参观学习　（汪元军　摄）

名，实现对老干部全方位、全天候、立体化教育管理和服务。

【离退休干部作用发挥】2019年，区委老干部局组织区级老负责人参观六合、句容等地工农业生产建设项目。以“银发生辉工程”为抓手，全区173个关心下一代组织、4046名“五老”（老干部、老战士、老专家、老教师、老模范）志愿者围绕区委、区政府高标准建设加快现代化国际性城市中心工作体系和区关心下一代特色品牌提升年目标发挥作用。

【离退休干部庆祝共和国70华诞系列活动】2019年，区结合“不忘初心、牢记使命”主题教育活动，在国庆节前走访老同志，开展送书、送学、送温暖活动。国庆前，“庆祝中华人民共和国成立70周年”纪念章颁发工作正式启动，区委负责人分赴老干部家，与他们促膝交谈，听他们讲述初心故事，为老干部颁发纪念章。利用红色资源，组织老党员重读入党志愿、重温入党誓词、重忆入党经历、重问入党初心。推出“五心行动”（初心行动、爱心行动、暖心行动、悦心行动、同心行动），号召各部门为离退休干部办实事、做好事、解难事，引导广大老干部为建邺经济社会发展贡献正能量。与莫愁湖街道、区老年书画研究会、南湖少儿书画班在莫愁湖公园共同举办“辉煌七十载，筑梦新时代”老少书画展，展览共征集区党政机关、企事业单位离退休干部书法、国画、篆刻作品180余幅。

【离退休干部服务】2019年，以服务保障为主，区委老干部局联合区卫健委、区财政局等部门，协同推进离休干部医疗保障工作，全部完成157名离休干部家庭签约服务，做到应签尽签。健全完善离退休干部困难帮扶机制，通过开展党内关怀、推进志愿服务、纳入社会救助、拓宽帮扶资金等渠道，为身患重病、空巢独居等有特殊困难老干部排忧解难。累计走访慰问离退休干部500余人次，发放慰问品、慰问金约20万元。加强老干部活动中心、老年大学建设，不断满足老同志精神文化需求；稳妥做好全区机构改革中离退休干部归属交接、管理服务等工作，确保老干部思想稳定、生活安定。

按照中共南京市委老干部局统一部署，建立健全“江苏省离退休干部服务管理系统”相关数据库，夯实信息化建设工作基础，各部门上下紧密联动，齐心协力，高标准完成全区行政事业单位730名离退休干部、60名工作人员信息采集工作，采集录入率达100%。参与、推动“江苏老干部”“南京老干部”“建邺区关工委”等离退休干部服务管理App，增强内容生动性和官微活跃度，将App打造成老干部掌上学习交流园地、服务管理平台和发挥作用渠道，推动老干部工作形态升级、模式优化。

根据江苏省《关于给离休干部发放高龄护工费补贴的通知》要求，自2019年1月1日起，在享受护理费基础上，给离休干部新增发放高龄护工费补贴。补贴标准为90周岁以上离休干部，每人每月1600元；80—89周岁离休干部，每人每月1300元；79周岁以下离休干部，每人每月1000元。为40名离休干部发放高龄护工补贴69万元。（区委老干部局）

区直机关党建

【概况】2019年，区级机关工委下属基层党组织53个，其中，党委4个、党总支5个、一级支部44个。共有党员2519名，其中，在职党员1618名、离退休党员901名。

【机关党的思想建设】2019年，按照区委统一部署，区直机关开展机关党员干部“不忘初心、牢记使命”主题教育，突出用习近平新时代中国特色社会主义思想武装头脑，结合区委巡视整改问题清单，查找和梳理个性化问题，制定工作方案，引导党员干部树牢“四个意识”（政治意识、大局意识、核心意识、看齐意识）、坚定“四个自信”（中国特色社会

9月19日，区举办学习强国知识竞赛决赛 （区机关工委 供图）

主义道路自信、理论自信、制度自信、文化自信），增强绝对忠诚、干事担当政治自觉。全面落实意识形态工作责任制，不断加强对机关意识形态工作督查指导，牢牢把握意识形态工作领导权，强化责任意识、阵地意识、忧患意识，加强分析研判和风险防控，抵制各种错误言论。推动“学习强国”App推广使用，不断提高覆盖率、参与度，举办庆祝新中国成立70周年“不忘初心、牢记使命”学习强国知识竞赛。专项活动入脑入心，认真落实江苏省委、南京市委、区委关于基层党员冬训任务、内容、时间和要求，突出抓好区级机关理论宣讲团队伍建设，开展宣讲团专题培训。在全区机关开展以“传承红色基因、牢记初心使命”党员寻访红色文化资源点为主要内容爱国主义和理想信念宣传教育活动。围绕“庆祝新中国成立70周年”主题，组织“践行初心使命，争当时代先锋”主题党日系列研讨活动，带领机关党员干部参观“共产党人的初心与使命”档案文献展等。

【机关党的组织建设】2019年，区深化机关党支部规范化标准化建设，根据中央《关于加强和改进中央和国家机关党的建设的意见》和《中国共产党支部工作条例（试行）》新精神、新要求，把抓好区级机关基层党支部标准化建设，作为2019年区级机关加强党建基本内容、管党治党基本任务、检验党建工作成效基本标准，并将《中国共产党党员教育管理条例》分解细化到“三会一课”等工作机制，形成《机关基层党支部标准化规范化建设工作手册》。组织指导区级机关各基层党组织开好党员负责干部民主生活会和组织生活会，严格党员负责干部参加双重组织生活会制度。根据机构、人事变化及时调整机关党组织设置，做到组织建设不留空白。

【机关基层党建工作】区召开2019年机关党建座谈交流会，开展区级机关党员思想情况调查问卷表，向区级机关征求对区委常委会

2月19日，区级机关党员干部冬训　（区机关工委　供图）

意见，摸底机关党员思想状况、党组织建设情况和工作意见建议，为机关党的全面建设和全面工作提供决策依据。优化智慧载体，全面升级建邺机关党建智慧平台，研发“建邺机关E党建”小程序，通过建立科学合理基层党建绩效过程评估体系，逐步实现机关党建由虚到实转变、由结果检查到过程控制转变，避免突击应付，减轻机关党组织工作压力。提升队伍水平，加强党务干部、党支部书记、“两新”党组织支委班子综合业务实训，分层次，分重点，通过集中培训、实践锻炼等形式，机关党务干部队伍素质整体提升。全年，共开展党组织换届选举、发展党员、党费收缴、党组织规范化建设等业务培训共5场。

6月28日，2019建邺机关“不忘初心、牢记使命、争当模范”七一表彰暨“微星光”故事会召开

【机关党建典型树立】2019年，区机关工委评选表彰2019年度先进基层党组织、区文明单位、区级机关巾帼文明岗等先进单位和103名优秀共产党员、优秀党务工作者。召开庆祝建党98周年“不忘初心、牢记使命、争当模范”活动、“微星光”故事会，引领机关党员干部“不忘初心、牢记使命、争当模范”，在全区机关营造出奋进担当、争先作为创优氛围。

表2　2019年区级机关工委“七一”先进表彰一览表

类别	获奖名单	表彰单位
先进基层党组织（8个）	区政协办党支部	中共建邺区委、区级机关工作委员会
	区委研究室党支部	
	区文化旅游局党支部	
	区审计局党支部	
	区纪委监委党支部	
	区教育局机关党支部	
	区卫健委机关党支部	
	区档案馆党支部	

续表 2

类别	获奖名单	表彰单位
优秀共产党员（67 人）	朱　旭　杨冬明　陈海东　呙国勇　宣　叶　张晓峰　杨　涛 袁荷兰　王姝丽　欧阳文湘　宫　程　张　曼　汪元军　张卫东 邵学群　毛　颖　石艳芳　杨　喆　洪　进　刘　艳　杨　浩 吴　军　胡维华　陆　歆　董砺欧　朱苏宁　邱海兵　和治伟 龚明祥　丁友军　王军毅　王君峰　薛　梅　王晓明　郭　璐 兰跃飞　顾　然　吕　杨　李　扬　陆　萍　陆海荣　江厚清 彭玉志　戴江山　徐　丽　刘相合　沈　燕　周宜璇　许炳军 童炳芳　王新绪　张　菁　吴赛玉　束庆芳　陶　蓉　吕道金 董春铭　瞿国锋　霍盼宁　张　芳　陈　烨　张存洁　夏　洁 曹海梅　徐　伟　丁　娟　王东明	中共建邺区委、区级机关工作委员会
优秀党务工作者（21 人）	仓楠楠　陈荣发　王文舒　蔡文婷　顾　青　骆　嵬　桂祈军 朱蓉蓉　翟荣伦　龚吉飞　宋文祥　许胜伟　马昌军　董行初 殷敏祥　尤文武　谢　晋　许艳波　郑　姞　顾竹珺　王　任	中共建邺区委、区级机关工作委员会

（机关工委）

【机关党的作风建设】2019 年，区直机关以学习贯彻《中国共产党纪律处分条例》《中华人民共和国监察法》等为重点，加大党纪法规宣传力度，以案为鉴，常态化开展警示教育。健全机关党内纪律监督，充分发挥机关纪工委监督作用，加强对机关党员干部纪律监督，及时了解掌握党员干部思想动态、廉洁自律等情况，发现和解决苗头性、倾向性问题，使监督无禁区、全覆盖。优化区域营商环境，针对集中整治打造一流营商环境不作为乱作为问题，区作风办联合区工商联邀请部分驻区企业代表组织实施优化营商环境问卷调查，倾听企业诉求、广泛征求优化营商环境意见建议，并按月编辑作风专报上报区委。推动机关服务基层作风转变，围绕中央基层减负年和区委招商突

4 月 3 日，区举行新一届作风监督员聘任仪式暨监督业务培训

（区机关工委　供图）

破年相关要求，聚焦检查考核过多过频、过度留痕等问题，在整治形式主义、官僚主义上做工作。紧盯重要节点、重点领域、重点人群，坚持抓常抓细抓长，采取日常检查、重点抽查、明察暗访等形式，加大对相关规定执行情况监督检查，采用月度推进、季度例会、半年评分方法，先后组织明暗访430余批次，发现窗口工作作风及办公秩序问题20余起，区作风办及时通报到问题单位并责令立即整改。共受理群众各类有效投诉23起，每个投诉调查处理情况都与投诉人或监督员见面。

【机关群团工作】2019年，区丰富机关文体活动载体，创新机关工会形式，用活机关篮球、足球、摄影、太极拳等兴趣小组，盘活趣味运动会等传统活动，扩大机关党员参与活动覆盖面，提升机关党员干部参与度。开展庆祝中华人民共和国70周年健步走、观看中华人民共和国70周年展等群众参与度比较高文体活动。真情关心关爱机关干部，深入调研了解，广泛听取意见建议，加大对机关干部生病慰问、生育关怀等，提升机关党组织活动吸引力。创新性开展机关优秀公务员奖励性健康疗养活动，先后组织80名优秀机关公务员前往厦门、桂林等地进行健康疗养，得到机关干部普遍好评。开展文化暑期非遗少年夏令营，先后有机关干部子女300人次参加活动，夏令营以各种非遗项目为线索，融知识性、趣味性、科学性为一体，得到机关干部和孩子们欢迎和高度评价。

【践行初心使命主题党日活动】7月22日，区级机关工委党支部组织开展践行初心使命主题党日活动。全体党员围绕“守初心、担使命，找差距、抓落实”总要求，结合“初心是什么、使命干什么、奋斗比什么”讨论、党员“四重四亮”活动，组织学习赵亚夫、王继才、张富清先进事迹，集中观看区先进典型风采展示片《初心未改，与优秀同行》等宣传片；开展“四重”活动，即重读入党志愿、重温入党誓词、重忆入党经历、重问入党初心，每位党员现场宣读《入党志愿书》核心内容，集体重温入党誓词、回顾入党经历等活动，引导党员铭记身份，牢记使命；组织初心研讨，区级机关工委党支部书记项莉首先发言，其他党员依次发言。

【七一表彰暨“微星光”故事会】6月28日，建邺区机关工委召开2019建邺机关“不忘初心、牢记使命、争当模范”七一表彰暨“微星光”故事会，5名遴选出的机关优秀共产党员现场分享他们立足本职、担当进取、奉献作为心路故事。通过分享方法来树立起可信可学可赶超典型标杆，引领机关党员干部“不忘初心、牢记使命、争当模范”，在全区机关营造奋进担当、争先创优的氛围，为机关党建注入动勃生机。会议表彰区机关先进基层党组织、优秀共产党员、优秀党务工作者，机关各党组织负责人及机关先进党组织、优秀党员代表共200余人参加大会。

（区级机关工委）

党校教育

【概况】2019年，区委党校全年共举办基层党员干部冬训骨干培训班、“招商突破年”专题培训班、街道服务民营企业专题培训班、中青年干部培训班、科级及职级公务员学习贯彻中国共产党第十九届中央委员会第四次全体会议精神专题轮训班、社区党组织书记培训班、非公企业党组织书记培训班等主题班次17期，培训学员2700余人次。同时，开展面向全区各部门、街道、园区及驻区企业各类对外培训126期，培训学员1.17万余人次。完成2018—2019年度南京市委党校立项课题3篇，申报通过南京市委党校2019—2020年度课题3个；完成南京市委党校专项课题2个；课题《南京打造“城市中央文化区”的战略路径》获评南京市第六届社科决策咨询成果二等奖。加大师资培养力度，安排年轻教师参加江苏省委党校、南京市委党校组织的各类培训10余场。

【理论宣讲创新】2019年，区委党校创新举措制定宣讲菜单，围绕习近平总书记在改革开放40周年庆祝大会讲话、新修订《中国共产党章程》、《中国共产党支部工作条例（试行）》、中华人民共和国成立70周年讲话精神，江苏省、南京市、建邺区全会精神，“不忘初心、牢记使命”主题教育等内容开设党性教育专题，制定习近平新时代中国特色社会主义思想、党史党建、意识形态、形势与政策等5大类39个宣讲菜单供基层单位选择。

【主题宣讲】区委党校结合2018—2019年全区基层党员冬训、“共话祖国好、奋进新时代”、2019年度“宣德堂”理论巡回宣讲、“不忘初心、牢记使命”主题教育等各类主题开展基层宣讲。全年深入机关、街道、园区和社区等基层单位开展主题宣讲活动共计120

10月30日，建邺区“宣德堂”理论巡回宣讲走进怡康社区

（吴国燕　摄）

场，受众人数达 8282 人次。其中，党员冬训宣讲 23 场，宣德堂理论巡回宣讲 61 场，基层党课 36 场。

【意识形态专题宣讲】2019 年，区委党校加强意识形态专题宣讲力度，发挥党校意识形态领域主阵地作用，将意识形态课堂延伸到街道、社区。2019 年，结合区情和基层宣讲特点，加大意识形态专题课程基层宣讲力度，在江心洲街道、沙洲街道、融侨社区、长虹路社区等街道、社区开展意识形态专题培训共 12 场，为基层单位做好意识形态工作指导。

【"招商突破年"专题培训班】3 月 19—20 日，区委办、区委组织部和区委党校经周密筹划、精心组织，在区委党校成功举办建邺区"招商突破年"专题培训班。区委书记沈剑荣出席开班仪式并作动员讲话，全区各部门、功能园区、街道主要负责人参加开班仪式，全区经济部门、功能园区、街道相关业务干部共计 220 人全程参加培训。在培训课程安排上，聘请南京市投资促进局有关负责人和区文明办、区科技局、区财政局、区投资促进局、区市场监管局、区税务局主要负责人，详细解读投资促进、招商、科技创新、文化产业扶持、税源税收和企业服务等方面最新政策，并将各政策解读课件汇编成册，做到学员人手一册；另在课程结束后，组织学员就培训内容进行书面测试，巩固提高学习效果。

【公务员专题轮训班】12 月 5—6 日，区委组织部、区委宣传部、区级机关工委、区委党校在区委党校联合举办建邺区科级及职级公务员学习贯彻中国共产党第十九届中央委员会第四次全体会议精神专题轮训班。本次专题轮训分 3 期进行，培训对象为全区机关部门、园区科级及职级公务员 900 余人，分别由区政府主要负责人和南京市委党校教授作宣讲辅导。区长李晖为第一期轮训班学员作中国共产党第十九届中央委员会第四次全体会议

12 月 5 日，区长李晖为第一期轮训班学员作党的十九届四中全会精神宣讲 （杨斌 摄）

6月24日，建邺区中青年干部培训班开班　　（杨斌　摄）

精神宣讲，各街道办事处、区政府相关部门负责人参加第一期轮训班学习。本次轮训是继河西·建邺理论学习中心组专题学习辅导后，面向全区科级及职级干部开展的专题轮训。

【中青年干部培训班】6月24日至7月5日，区委组织部和区委党校精心组织，成功举办建邺区中青年干部培训班。培训班分别在南京市委党校和北京大学开展教学活动，来自全区各部门、街道、功能园区49名中青年干部参加培训。在课程设置上以党性教育和理论教育为主，涵盖政治、经济、文化、社会管理等各领域内容，开设“习近平新时代中国特色社会主义思想”“加强政治建设，提高政治能力”“牢牢掌握意识形态工作领导权”“遵守党内法规与严守纪律规矩”“当前宏观经济形势分析与金融货币政策”“大国崛起与现代文化”等专题，邀请北京大学、中国社会科学院等知名专家教授授课。培训形式灵活丰富，开展学员微讲堂、演讲比赛、讨论交流等活动，赴雨花台烈士陵园、国家历史博物馆进行现场教学。

【义务送教到基层宣讲活动】2019年，区委党校做好南京市委党校开展义务送教到基层宣讲活动对接和组织工作，先后组织送教到兴隆街道、建邺区卫生健康委员会、庐山社区、融侨社区宣讲“新中国成立70周年与中国道路”“不忘初心、牢记使命”等专题共计4场。（区委党校）

建邺区人大

综　述

【区人大代表及组织机构】建邺区第十八届人民代表大会有代表201名。其中，一线工人、农民、专业技术人员56名，占代表总数的27.86%；党政干部代表75名，占37.31%；妇女代表74名，占36.82%；少数民族代表7名，占3.48%；非中共党员代表45名，占22.39%。

区人大设法制委员会、财政经济委员会、社会建设委员会、监察和司法委员会4个专门委员会，其中社会建设委员会、监察和司法委员会2个专门委员会为新组建；设常务委员会办公室、常务委员会研究室2个常委会办事机构；设教育科学文化卫生委员会、环境资源城市建设委员会、民族宗教侨务台湾事务委员会、人事代表联络委员会及预算工作委员会5个常委会工作委员会。

【区人大常委会工作概况】2019年，区人大常委会全年共召开常委会会议26次、主任会议21次；作出决议决定10项；听取和审议“一府两院”专项工作报告24项，计划、预算、审计等报告7项；组织专题视察9次，开展专题询问和执法检查各1次。

【定向定点视察】2019年，区人大常委会围绕全区中心工作、群众关心的热点难点问题，推动“双定”（定向、定点）视察走向深入，继续采取人大街道工委联合工作机构方式，选取全区餐饮油烟整治情况、城市街巷标准化精细化治理及无尘街区建设、老旧小区环境整治后长效管理、营商环境优化、养老服务体系建设、生态科技岛教育配套设施建设6个课题，开展新一轮定向定点视察检查。各“双定”视察组首次将代表专业组和代表小组结合，运用大数据分析、交叉检查等多种形式，共组织人大代表420人次参加“双定”视察24次，提出意见建议41条。其中在生态科技岛教育配套设施建设“双定”视察中，牵头召开座谈协调会并听取相关方面汇报7次，审阅建设规划3次，实地走访代表、群众300余人，收集整理建议100余条，阶段性调研报告经区委主要负责人批示后，送区政府研究处理。

【经济民生等领域专题调研】2019年，区人大常委会对经济新常态下招商引资和企业服务改革创新、河西·建邺法律产业园、民营经济发展等工作进行专题调研，支持全区加大招商引资力度，推动法律产业园建设，鼓励民营企业实现更有质量、更有效益的发展。专题调研国际化社区、莫愁湖西路妇女儿童友好国际街区建设情况、公共文化活动开展情况，农贸市场食品安全溯源及公示系统工作开展情况，建议区政府将落实民生实事项目与提升居民精神文化生活融合推进，提升群众幸福感和满意度。

【人事任免】2019年，区人大常委会坚持党管干部原则和人大依法任免有机统一，依法任免“一府一委两院”国家工作人员66人次，其中任命29人次，免职30人次，接受辞职7人次。因工作调动离开本行政辖区、个人原因、岗位调整等，接受1名南京市人大代表、15名区人大代表辞去代表职务。依法按程序补选南京市人大代表1名，区人大代表21名。许可对1名代表采取刑事强制措施和暂时停止其执行代表职务。认真做好被任免人员前期材料审核工作，开展任前法律知识考试，做好拟任职发言等材料审阅工作和任免档案登记存档工作。同时规范任免工作程序，任免工作庄重、严肃。听取区人大常委会任命8名国家工作人员报告履职情况并进行满意度测评。（区人大办）

1月3日，南京市建邺区十八届人大三次会议开幕　（区人大办　供图）

重要会议

【区十八届人大三次会议】1月3日，南京市建邺区十八届人大三次会议开幕。建邺区代区长李晖代表区人民政府向大会作工作报告。报告指出，2019年是加快建设现代化国际性城市中心攻坚之年。全区上下要在新一年工作中树立更高追求、推动更高质量发展。会议还通过《建邺区十八届人大三次会议选举办法（草案）》。

1月4日，南京市建邺区第十八届人民代表大会第三次会议第2次全体会议举行，听取区人大常委会工作报告、区人民法院工作报告、区人民检察院工作报告。

1月5日，南京市建邺区第十八届人民代表大会第三次会议举行闭幕式。李晖全票当选为建邺区人民政府区长，并向宪法进行庄严宣誓。会议表决通过各项决议，并对区人大代表优秀建议进行表彰。经票选，建邺区2019年10件重点民生实事项目也在当天公布。一是开办2所公办幼儿园，新增学位810个；推进莫愁湖小学、新城小学北校区扩建工程。二是新增改造老旧小区停车泊位 105 个；完成莲花北苑社区非机动地下停车库 1 处；新建小区便民充电站 8 个。三是推进养老护理型床位建设，护理型床位占养老机构床位数比例达 85%。四是完善电梯安全约束和事故赔偿社会救助体系，推行电梯安全责任保险，实现全区在册电梯 100% 投保，提高全区电梯安全水平。五是完成沙洲社区卫生服务中心扩建工程，完成南湖社区卫生服务中心实训基地建设项目。六是免费为 1.8 万名企业退休人员提供健康体检，免费为 3 万名食品及公共场所从业人员提供健康体检，免费为 1.05 万名育龄妇女提供"两癌"筛查。七是完成南湖中、西片区以及南苑片区污水管网改造工程。新建玉兰里 17~24 栋排水泵站。八是新增城镇就业 1.32 万人，实现再就业 4500 人；开展政府补贴性职业培训 3500 人次，帮扶就业困难人员 600 人。九是完成台晔路等 24 条背街小巷环境综合整治。十是完成天顺苑、水西门大街 354 号、鸿达新寓 3 个老旧小区共 13 幢房屋环境综合整治工程。

【区十八届人大常委会议】2019 年，区人大常委会全年共召开常委会会议 26 次。

2 月 27 日，建邺区十八届人大常委会召开第 16 次会议。区人大常委会主任杨春燕作《关于提请俞丽丽等同志职务任免的议案》。区人大常委会办公室主任拟任人选俞丽丽作为代表，向区人大常委会会议作拟任职发言。区委常委、区政府副区长夏晓燕作《关于提请董志波等同志职务任免的议案》。区政府办公室主任拟任人选董志波作为代表，向区人大常委会会议作拟任职发言。会议还表决通过 2 位区人大常委会委员辞职事项，并报区人民代表大会备案。

3 月 21 日，建邺区十八届人大常委会召开第 17 次会议。会议讨论通过《建邺区人大常委会 2019 年度议题及主要工作安排（草案）》；听取区政府 2019 年重大事项的报告；听取和审议区政府关于区"十三五"规划纲要修订情况报告；听取区人大预算联网监督工作推进情况报告；听取区政府 4 个专项审议意见落实情况报告并进行满意度测评；并进行相关人事任免。

4 月 23 日，建邺区人大常委会召开第 18 次会议。会议讨论决定有关人事任免事项。会议表决通过 4 人辞去区第十八届人民代表大会代表职务请求；会议表决通过孙小军区人民政府副区长任命；会议表决通过孔南钢区监察委员会副主任、祁勇区监察委员会副主任任命。

5 月 29 日，建邺区十八届人大常委会召开第 20 次会议。会议讨论决定相关人事任免事项。听取区人大常委会任命"一府两院"工作人员报告履职情况并进行满意度测评；听取和审议区政府关于抓好疫苗全程溯源管理、保障居民公共卫生安全情况报告。听取区政府 2018 年全区环境状况、环境保护目标完成及打好污染防治攻坚战落实情况并进行专题询问。

6月24日，建邺区十八届人大常委会召开第21次会议。会议讨论决定相关人事任命事项。邀请侵华日军南京大屠杀遇难同胞纪念馆馆长张建军对《南京市国家公祭保障条例》有关内容进行专题培训。

7月31日，建邺区十八届人大常委会召开第22次会议。会议审议区政府关于2019年上半年工作情况报告，听取和审议区政府关于2019年上半年国民经济和社会发展计划执行情况（含河西管委会项目）报告（书面报告）；听取和审议区政府关于2018年财政预算和其他财政收支情况审计工作报告，审查批准区政府2018年财政决算（草案），听取和审议区政府关于2019年上半年财政预算执行情况报告，表决通过《建邺区人大常委会关于批准建邺区2018年财政决算的决议（草案）》；审查和批准建邺区2019年地方政府债务限额和江苏省转贷新增地方政府债券安排及区级预算调整方案（草案），会议表决通过《建邺区人大常委会关于批准建邺区2019年地方政府债务限额和省转贷新增地方政府债券安排及区级预算调整方案的决议（草案）》。听取区政府关于行政事业单位国有资产管理情况报告，听取和审议关于《南京市水环境保护条例》执法检查情况报告。南京市人大建邺代表组代表向区人大常委会述职并进行满意度测评，依据南京市人大《关于组织市人大代表向原选举单位报告履职情况的办法》相关要求以及区人大年度重点工作安排。区人大常委会组成人员对7名代表履职情况发表意见，并进行满意度测评。

9月6日，建邺区十八届人大常委会召开第23次会议。会议听取和审议区检察院关于侦查监督工作报告，听取和审议区政府关于加强全区教师队伍建设情况报告，听取和审议区政府2019年城市建设重点项目推进情况报告，听取区人大常委会任命“一府两院”工作人员报告履职情况并进行满意度测评。

【区十八届人大常委会主任会议】2019年，区人大常委会召开主任会议21次。

2月13日，区人大常委会召开主任会议。会议通报区人大常委会党组民主生活会有关情况。各工作机构、办事机构根据会议要求，就近期工作安排进行逐一汇报讨论。

3月18日，区人大常委会召开主任会议。会议听取区人大常委会第十七次会议各项议题准备情况汇报。讨论2019年议题、区政府2019年需要报告重大事项、建邺“十三五”规划纲要修订情况、预算联网监督工作推进等议题准备情况，会议对各项议题分别进行讨论研究。

4月16日，区人大常委会召开党组扩大会暨主任会议。会议集中学习习近平总书记在参加首都义务植树活动时重要讲话精神和关于民政工作重要指示精神，传达区委书记沈剑荣在区委理论学习中心组学习会上对认真学习领会、抓好贯彻落实以上精神的意见。会议对《建邺区人大常委会关于全区生态环境报告的实施办法(征求意见稿)》《建邺区人大常委会关于专题询问全区2018年环境状况、环境目标完成情况及污染防治攻坚战工作开展情况的实施方案》《建邺区人大常委会关于〈南京市水环境保护条例〉执法检查实施方案》内容进行讨论。

4月28日,区人大常委会召开党组扩大会暨主任会议。会议集中学习习近平总书记在中共中央政治局第十四次集体学习时重要讲话精神。传达区委书记沈剑荣在区理论学习中心组学习会上提出的传承五四精神、强化政治引领要求。会议还讨论《建邺区人大常委会关于推行生态环境报告制度的实施意见(征求意见稿)》。

5月27日,区人大常委会召开主任会议。会议学习习近平总书记在全国公安工作会议上重要讲话精神、在亚洲文明对话大会开幕式上发表题为“深化文明交流互鉴共建亚洲命运共同体”主旨演讲精神。听取区人大常委会任命“一府两院”工作人员报告履职情况并进行满意度测评,听取和审议区政府关于疫苗全程溯源管理、保障居民公共卫生安全情况报告等议题准备工作进行汇报。

6月20日,区人大常委会召开主任会议。围绕城市精细化管理及垃圾分类工作进行视察并听取区政府相关工作情况汇报,与会人员实地察看南湖中片区环境综合整治项目施工现场,听取负责人介绍,详细了解综合整治推进情况,与过往群众进行交流。与会人员到江心洲洲岛家园悦江苑,对小区内垃圾分类情况进行视察,详细询问垃圾袋自助发放机、有害垃圾收集箱等设施使用、管理分配等工作落实情况,观看垃圾分类普及短片,了解悦江苑积分换物实行情况。视察结束后,区人大常委会主任会议专题听取区建设局、区城管局等相关单位负责人关于城市精细化管理及垃圾分类工作汇报。

7月1日,区人大常委会召开主任会议。集中学习习近平总书记视察江西、在推动中部地区崛起工作座谈会和在亚洲相互协作与信任措施会议第五次会议上重要讲话精神;传达学习《中共中央发出关于印发〈习近平新时代中国特色社会主义思想学习纲要〉的通知》精神以及《中共中央关于加强党的政治建设的意见》主要内容。区人大常委会办公室主任俞丽丽就“2019年市对区党建考核区人大工作内容责任分解表”向与会人员作介绍和说明。

7月29日,区人大常委会召开主任会议。会议研究区人大第二十二次常委会相关议题准备情况。各机构就区人大第二十二次常委会审议区政府关于2019年上半年工作情况报告、听取和审议关于《南京市水环境保护条例》执法检查情况报告、南京市人大建邺代表组代表向区人大常委会述职并进行满意度测评等8项议题准备情况进行汇报,会议对各项议题分别进行讨论研究。

8月5日,建邺区人大常委会召开党组理论中心组学习会暨主任会议。会议集中学习传达近期重要讲话及会议精神，包括习近平总书记在中共中央政治局第十五次集体学习时重要讲话精神、关于巡视工作重要论述；中央和江苏省委关于全面深化改革有关会议、中央和国家机关党的建设工作会议、江苏省委全会会议精神等 10 项内容。

9 月 3 日，区人大常委会召开主任会议。研究区人大第二十三次常委会相关议题准备情况。各工作机构就区人大二十三次常委会听取和审议区检察院关于侦查监督工作、区政府关于加强全区教师队伍建设情况、2019 年城市建设重点项目推进情况报告，听取区人大常委会任命“一府两院”工作人员报告履职情况并进行满意度测评 4 项议题准备情况进行汇报，并分别进行讨论研究。与会人员对 7 月 30 日中央政治局会议精神、习近平总书记视察甘肃重要讲话和在内蒙古考察并指导开展主题教育时重要指示精神进行集体学习。

11 月 26 日，区人大常委会召开主任会议。研究区人大第二十四次常委会相关议题准备情况。各工作机构就区人大第二十四次常委会听取和审议区法院关于金融审判执行工作情况、区政府关于代表建议办理情况、区政府关于审计意见落实整改情况报告，听取和审议区政府关于 2019 年区本级预算调整方案（草案）议案等 8 项议题准备情况进行汇报，并分别进行讨论研究。会议还对需区人大第二十四次常委会讨论决定区十八届人民代表大会第四次会议议程（草案）和相关人事任免事项进行研究。

人大监督

【计划预算执行监督】2019 年，区人大听取和审议区政府工作情况报告，审议区政府关于计划、预算以及决算情况报告，召开季度经济形势分析会，就营造良好营商环境、打造南京“城市客厅”等重点工作提出审议意见。协助区委制定相关文件，建立区政府向区人大常委会报告国有资产管理情况制度，听取区政府关于行政事业单位国有资产管理情况专项报告、关于 2018 年国有资产管理情况综合报告。加大审计结果转化应用，听取区政府关于 2018 年财政预算和其他财政收支情况审计报告、关于审计意见整改情况报告，督促政府及审计部门加强跟踪检查，严肃财经法纪。加快预算联网监督系统开发建设，在街道设立查询点，实现区人大与财政国库集中支付系统连接以及部门预算执行情况实时查询和预警等功能使用，推动区人大预算审查监督重点向支出预算和政策拓展。组织代表对街道、部门预算执行情况预先审查和跟踪审查 37 场，实现预算监督全覆盖。

【主导产业发展监督】2019 年，区人大坚持把营商环境打造、重点产业发展作为工作重点持续加以推进，专题听取区政府关于科技创新暨研发机构建设推进情况、中新智慧城

8月7日，区人大视察科技创新暨新型研发机构建设
（区人大办　供图）

市示范区建设情况、全区网络交易市场监管情况报告，专题视察全区侨港资企业发展、全区产业及重大项目推进情况，建议打造一流营商环境，形成科技创新以及人工智能产业集聚效应，推动主导产业健康快速发展。

【城市品质提升监督】听取和审议区政府2019年城市建设重点项目推进情况报告，实地查看国泰民安片区环境综合整治、南湖片区改造等项目施工现场，提出加强高位协调、保证施工质量、加大项目储备审议意见。听取和审议区政府关于城市精细化管理及垃圾分类工作推进情况报告，建议提高群众参与意识，梳理存在困难矛盾，做好集中攻关。结合代表重点建议督办，专题视察河西地区人防工程建设管理及世茂金鹰地下连接通道等建设工程实施情况、全区重点工程建设项目及断头路建设推进情况，召开座谈会8次，现场督办会3次，汇总代表、群众意见建议40余条，为政府推进相关工作提供决策参考。

【民生保障改善监督】探索“群众提、代表决、政府办、人大评”民生实事办理工作机制，对区十八届人大三次会议期间人大代表票决10类民生实事项目实行区政府负责人领办和区人大负责人督办制度，对26个分项涉及的13个部门和企业集团不定期开展走访调研和座谈交流21次，在区人大常委会主任办公会上听取实时推进情况汇报，在区人大常委会上对年度民生实事办理情况进行满意度测评，推动政府民生实事项目落在实处。听取区政府关于特色民族项目创建工作情况报告，建议抓好民族特色基地及示范点建设，推动民族特色工作常抓常新。

【社会热点问题监督】2019年，区人大出台《建邺区人大常委会关于推进生态环境报告制度的实施意见》，将监督下沉、延伸至街道层面，6个街道全部实行生态环境年度报告制度，共收集意见建议86条。在区人大常委会上，听取区政府2018年全区环境状况、环境保护目标完成及打好污染防治攻坚战落实情况报告并进行专题询问，区政府分管负责人和6个政府部门主要负责人现场应询，12个街道部门列席会议，通过专题询问，直击全区环境保护短板。针对疫苗安全问题，听取和审议区政府关于抓好疫苗全程溯源管理、保障居民公共卫生安全情况汇报，建议政府加强监管，守护百姓生命健康。关注全区教师队伍建设情况，建议强化规划引领和顶层设计，提升教育教学整体水平。

【法律实施监督】2019年，为保障宪法和法律法规实施，所有区人大常委会任命国家工作人员就职时一律进行宪法宣誓。上下联动开展《南京市水环境保护条例》执法检查，成立3个专业调研组和6个街道调研组分赴相关街道、部门深入调研，整理12345政务热线中群众反映集中涉水问题400余个，对区政府突出环境问题清单中涉及水治理18条河湖及污水管网工程进行重点检查，推动区水环境保护和建设工作。集中听取区政府关于《区人大常委会〈残疾人保障法〉执法检查报告》《南京市住宅物业管理条例》等4个常委会议题整改落实情况报告并进行满意度测评。对区政府《投资建设项目监督管理办法》等3个规范性文件进行备案审查。

把经济社会发展中重大问题、法律法规实施中难点问题和执法工作中突出问题作为司法监督重点，听取和审议区法院关于金融审判执行工作情况报告，建议创新工作机制，加大执行力度，维护金融秩序。听取和审议区检察院关于加强侦查监督工作报告，建议加强宣传力度、强化责任担当、提升监督实效。结合扫黑除恶专项斗争、人民陪审员履职状况、法院金融审判等年度重点工作，组织人大代表126人次旁听区法院案件庭审及区检察院听证活动12场，参加区法院普法进校园、区检察院护航民企发展等活动5次，帮助代表更好地了解和促进工作，不断提高司法工作质量。全年共接待涉法涉诉信访人员30余人次，接受南京市人大转办和交办区政府、区法院信访件8件，做到件件有着落，事事有回音。

发挥南京市人大在区设立的6个立法联系点作用，注重引导人大代表和人民群众在联系点参与有关法治建设座谈会和论坛等活动，为上级人大立法更加接地气提供群众声音。参与《江苏省宗教事务条例（修订草案）》《南京市教育督导条例（草案）》《南京市长江桥梁隧道条例（草案）》《南京市养老服务条例（草案）》《南京市社会信用条例（草案）》等多部地方性法规立法调研活动，协助配合南京市人大开展2020年立法项目和立法意见征集工作，及时反映基层群众立法需求和意见建议。（区人大办）

代表工作

【人大代表“五进”活动】2019年，区人大常委会按照代表机关建设要求，在总结以往代表联系群众经验做法基础上，依托区人大街道工委，围绕了解社情民意、为民排忧解难，创新开展以“进选区、进家室、进平台、进窗口、进热线”为主要内容的“五进”活动。制定《关于开展人大代表“五进”活动的实施

9月17日，区人大代表视察区“互联网＋政务服务”体验区、区政务服务大厅、“12345”政务服务热线中心 （区人大办 供图）

意见》。区人大代表全部注册五微共享社区微信公众号，并亮明代表身份，主动了解社区群众所需所想所盼；组织区人大代表向选区选民报告履职情况并接受测评60人次；在区政务服务中心设置代表联系点，建立接待登记台账等制度，市区代表进联系点窗口接待群众70余人次；与12345政务热线平台建立大数据共享机制，为代表开展执法检查、“双定”视察等活动提供有针对性数据分析资料。全年共组织南京市、建邺区两级人大代表3224人次开展“五进”活动498次，发挥代表在掌握民情、倾听民声、反映民意等方面作用，逐步探索出一条新时期加强代表和群众联系的建邺路径。

【代表建议办理】2019年，为落实区政府负责人领办、区人大负责人督办、区人大街道工委跟办、区人大代表参办机制，区人大对16件代表建议进行重点督办，邀请代表全过程参与建议办理。分别召开区人大常委会主任会议和区人大常委会议，听取区政府关于代表建议办理情况报告。针对代表建议办理过程中出现的17件代表基本满意件和不满意件，区政府负责人高度重视，选择其中3件邀请代表和承办部门进行实地视察、现场督办，通过回头看和二次办理工作，17件代表基本满意和不满意件全部转为满意件，代表们对区政府正视问题、及时整改举措给予充分肯定。对代表建议中涉及党群部门的9件建议，区委主要负责人亲自批办，逐一明确承办部门和具体要求。代表提出的185件建议全部办结，满意率100%，其中解决采纳134件，办成率72.40%，推动一批群众关注民生问题得到有效解决。

【代表培训】2019年，区人大有针对性地组织人大代表开展学习培训工作，分2批在杭州举办履职能力提升培训班，机关、街道、园区、社区以及企业120余名人大代表参加，培训班采取学习授课、现场教学和实地考察相结合方式，课程安排紧凑，研讨交流热烈。通过集中培训，为代表们静下心来学习、沉下心去思考起到很好的引导作用，使代表们思想上有新启发，认识上有新提高，眼界上有新拓宽，并将学习成果转化为依法履职责任和能力。 （区人大办）

建邺区政府

综　　述

【概况】2019年，全年地区生产总值突破1000亿元，一般公共预算收入143.70亿元，继续保持较高速度增长。组织开展2019两岸企业家紫金山峰会、第二届江苏发展大会暨首届全球苏商大会等重大活动，区域经济社会高质量发展取得显著成效。

开展基金招商、资本招商、中介招商，以清科、投中等头部基金排行榜机构优选基金，以基金优选成长型企业；与天集产城公司组建合资招商公司，创新市场化招商手段；与36氪等20余家专业招商机构合作，获客渠道有效拓宽。探索"园区（街道）+专业运营机构+社会载体业主"联合运营的"园中园"模式，落户"悦江东"等7个"园中园"。实行招商项目全程实时管理，签约亿元以上项目85个。江苏省政府投资基金集聚区、南京金鱼嘴基金街区相继启用；当年新增基金管理人及机构超百个，落地及在手基金规模超千亿元；全区备案基金管理机构数量及管理基金规模均居全市第一。出台全省首个区级《规范政商交往的正面清单》。德国科勒及合伙人律师事务所、法国西蒙律师事务所南京代表处入驻建邺，实现江苏境外律师事务所入驻零的突破。推出创新金融生态系列产品，"建邺高新进园保"帮助轻资产、科技型企业解决融资瓶颈。

推进迎宾菜市场地块等低效用地再开发。编制完成新增停车设施、打通断头路等3年行动计划，结合人防等设施建设，改扩建4个停车场，新增969个车位，启动奥体大街、嘉陵江东街等断头路建设。深化文明城市创建，完成30条背街小巷、5.20万平方米老旧小区整治以及3.20万平方米建筑立面出新。新建餐厨垃圾处理站3座，形成日处理4万千克以上餐厨垃圾运营体系，城市居民小区生活垃圾分类覆盖率100%。新建项目海绵城市建设达标率70%，城镇绿色建筑占新建建筑比例100%，居全市第一。建立重点片区点位长制度，加强建筑工地和渣土运输管控，南京市下达的燃气锅炉低氮改造任务全部完成。高标准完成全国人大常委会执法检查和生态环境部黑臭水体整治专项检查迎查工作。清理整治长江岸线，加快建设江心洲大江侧滨江风光带。全域落实河湖长制，采取生态治理DBO模式治水，黑臭水体整治达标率稳定在100%，7条国、省、市考河道实现长治久清。

新开办1所小学、5所幼儿园，教育现代化建设水平监测成绩全省第二、连续5年全市第一。推进国家卫生城市迎复审工作，创成国家慢性非传染性疾病综合防控示范区。"15分钟健康服务圈"初步形成，率先实现疫苗管理和预防接种全程溯源，家庭医生重点人群签约率89.70%。加快建设莫愁湖西路儿童·家庭友好国际街区。获评江苏省书香城市建设示范区。举办2019青奥艺术灯会，开展文化活动1100余场、全民阅读活动520余场次。推进全域旅游创建，莫愁湖公园创成国家AAAA级旅游景区。获评2019中国最受青睐会奖强区。

【区政府常务会议】2019年，区政府共召开26次常务会议。

2月21日，第1次区政府常务会召开，研究双和园办公区接入区纪检监察内网事宜，研究《建邺区2019年河湖水质提升工作方案》，研究《建邺区2019年城市管理工作实施意见》，研究《建邺区优化营商环境实施意见》，研究建邺区“十三五”规划修订情况。

2月28日，第2次区政府常务会召开，研究《河西建邺精致客厅、绿色客厅三年行动计划》，研究《建邺区信访积案大化解行动实施方案》，研究《建邺区支持民营经济健康发展实施意见》，研究《建邺区项目引荐培育服务奖励暂行办法》，研究《建邺区移动办公套餐办理工作方案》，研究2019年度建邺区党政机关公务用车配备更新计划，研究咪咕互娱娱乐有限公司、苏酒集团江苏财富管理有限公司、中海油销售江苏有限公司政策兑现事宜，研究南京紫金投资集团与建邺区政府战略合作事宜，研究《建邺区投资建设项目审计监督办法》，研究《建邺区2019年审计计划草案》。

3月7日，第3次区政府常务会召开，研究《建邺区全面加强生态环境保护坚决打好污染防治攻坚战实施意见》《建邺区打赢蓝天保卫战实施方案》，研究落实南京市委、市政府关于社区工作者薪酬待遇问题，研究与江苏省证监局载体置换相关情况，研究区政府与渤海银行南京分行关于小微企业融资风险代偿金项目合作事宜，研究与腾讯云启基地协议签订事宜。

3月14日，第4次区政府常务会召开，研究2018年度区双百制考核奖励发放事宜，研究《河西·建邺打造“国际客厅”三年行动计划（2019—2021）》《建邺区总部经济发展突出贡献个人和企业奖励暂行办法》《关于〈南京市住宅物业管理条例〉定向定点视察检查建议书落实情况的报告》《关于专题询问涉及的专项资金问题整改情况的汇报》《关于区政府2019年拟向区人大常委会报告的重大事项》《关于通过医联体建设，全面提升基层医疗服务能力审议意见落实情况的报告》《关于区人大常委会〈残疾人保障法〉执法检查有关意见建议落实情况的报告》，研究相关经济指标。

3月28日，第5次区政府常务会召开，研究区卫健系统编内人员招聘计划，研究值班带班相关事宜，研究《建邺区创建“中新智慧城市示范区”推进方案》。

4月4日，第6次区政府常务会召开，听取全区扫黑除恶专项斗争情况汇报、近期安全生产隐患大排查大整治行动情况汇报，研究《2019年建邺区防范和处置非法集资等

精神，听取全区食品安全工作汇报，研究全区城市危险房屋消险治理专项工作，研究《关于建邺区关于加快“园中园”建设发展的实施意见》，研究江苏英华供应链项目、蜂巢互联全国研发总部项目落地事宜，研究高新区管理体制改革、沙洲街道综合行政执法体制改革事宜，研究“第四届全球名校创业创投（南京·建邺）大赛暨名校校友经济高峰论坛”有关事宜，研究《南京市建邺区人民政府与深圳市智慧城市研究会战略合作框架协议》。

10月17日，第20次区政府常务会召开，研究《建邺区推动长江经济带发展工作要点》《建邺区深化信用体系建设改革，推进“信用＋营商环境”融合建设实施方案》《建邺区部分片区环卫保洁市场化项目采用PPP模式的实施方案》，研究2019年度建邺区企业专家工作室评审工作有关事宜，研究国资集团与市文投及河西国资集团共同组建滨江文化发展公司事宜、国资集团与南京市体育产业集团及河西国资集团共同组建南京健康科技集团有限公司事宜，研究河西·建邺法律服务产业园建设推进有关事宜。

10月30日，第21次区政府常务会召开，研究2019年两岸企业家紫金山峰会属地保障工作方案、2019南京马拉松赛城市运行保障工作方案、建邺区住宅小区建设“美丽家园”三年行动计划，研究质量强区及知识产权相关工作、建邺区经济建设重大项目贯彻国防要求工作计划，研究《建邺区区管企业负责人综合业绩考核及薪酬管理办法》。

11月7日，第22次区政府常务会召开，区政府党组进行主题教育专题调研成果交流，听取“国家全域旅游示范区”创建工作推进情况，学习传达《南京市配合中央扫黑除恶督导组“回头看”工作实施方案》通知精神，研究南京海峡云科技园项目有关事宜，研究优必选科技华东总部项目落地、南京大学校友集聚区有关事宜，研究清理规范面向基层创建示范活动有关事宜，研究法律服务产业园表彰奖励有关事宜。

11月14日，第23次区政府常务会召开，研究区属国企改革有关事宜，研究精金花园项目有关事宜，研究咪咕互娱政策兑现事宜，研究事业单位养老保险及工资业务事宜。

11月21日，第24次区政府常务会召开，听取关于人大代表建议办理情况汇报，研究2020年灯会有关事宜，研究国控点无尘片区环境保障考核标准及奖惩办法，研究建邺区足球场地设施建设实施方案，研究建邺溧水开展伙伴园区基金合作有关事宜，听取高投集团成立及运行情况汇报，研究审计意见落实整改情况报告、关于加强内部审计工作意见、关于强化经济责任审计发现共性问题整改工作方案有关事宜，研究2019年本级预算调整工作、2018国有资产管理综合报告、行政事业单位国有资产存在问题整改情况有关事宜。

12月2日，第25次区政府常务会召开，研究江苏省对区、南京市对区考核指标，研究建邺高新区改革推进情况。

12月20日，第26次区政府常务会召开，研究2019年全区经济社会发展目标完成情况和2020年目标计划安排情况，研究2020年民生实事安排，研究《建邺区加快提升城市功能和中心城市首位度贯彻计划》，研究《政府工作报告》；研究2020年城建计划，研究《关于2018年财政预算执行情况和2019年财政预算草案的报告》，研究英伟达项目有关事宜。（区政府办）

政务服务

【概况】2019年，区行政服务中心办理行政审批服务事项81270件，办结率99.95%，群众满意度99.83%。

【政务服务体系建设】2019年，区行政审批局指导6个街道50个社区构建“互联网+”政务服务，搭建起区、街道、社区3级政务服务体系。将低保办理等105余项与群众密切相关政务服务事项全部整合纳入街道（社区）便民服务中心，就近办理。集中为企服务事项，在人才大厦打造OTO政务客厅。集中为民服务事项，在兴隆街道打造全南京首家街道级24小时自助政务服务旗舰店，为企业人才和群众提供全天候、定制化、智慧化政务服务。继续完善《建邺区群众全生命周期办事一册通》，对群众个人办事涉及行政审批和公共服务事项进行再梳理再修订，新增上学类和工作类事项35项、创业类事项8项。针对社区群众普遍反映便民服务管理不规范、街道（社区）办事指南不规范、窗口人员释疑随意性较大等问题，汇总编制《街道（社区）便民服务事项办事指南》，让群众一看便知。组织街道（社区）办件人员业务培训，推进基层政务工作人员向全科、专职转变。

【政务服务环境优化】2019年，区行政审批局改善大厅硬件设施，打造开办企业“一窗受理”服务专区，办事人只需提供一套完整

12月3日，“宁满意”工程进园区送政策送服务活动暨建邺OTO政务客厅启用发布会召开（区行政审批局 供图）

材料，即可在专区窗口完成开办企业市场准入、公章刻制、银行开户、税务发票申领等流程，企业开办实现常态化一日办结。新增C厅人脸识别系统，新设自助办理台、人大代表接待站，完成五星级母婴室验收。落实OSM（On Site Management，现场管理系统）现场标准化管理，从着装佩戴、物品摆放、上下班考勤等细微处着手，统一标准，加强管理，建成着装得体、秩序正规、放置有序、礼仪文明窗口队伍形象。转变用工方式，以市场化方式购买专业化窗口服务。修订完善《政务服务中心窗口人员请销假制度》《建邺区政务服务中心窗口工作人员管理考评办法（试行）》等规定。组织全科业务培训，严格窗口人员月度和进驻部门、街道绩效考评，构建起系统人员使用、考核、评价体系，促进服务质量提升。窗口共收到感谢信、锦旗等各类表扬12次。

【一窗通办政务模式】2019年，区行政审批局编制一链通办清单，梳理与企业经营、群众生活密切相关重点领域和高频办理事项，探索推进29项政务服务事项实现主题式一链办理。按照“一次告知、一表申请、一套材料、一窗受理、统一出证、一次办结”原则，优化整合分散在不同部门关联事项，编制《建邺区一件事“一链通办”事项清单》。完善办事指南，升级打造“建政一点通”2.0版建邺区网上政务客厅，在个人办事板块新增“我要创业”一链通办指南，手把手为创业新手提供12类企业开办导引。精简办理流程，在政务大厅新设一件事一窗受理窗口，统一收取相关申报材料，通过内部流转分发、并联审批模式，变一事多流程为多事一流程，为群众提供套餐式服务，真正实现只到1个窗口就能办理相关联多个事项，减少办事企业、群众跑腿次数。以开1家快餐店为例，只需到1个窗口即可办理全部手续，营业执照、食品经营许可证、店招店牌备案、建设工程竣工验收备案、开业前安全检查、建设项目环境影响登记表备案等6个环节一次办结，实现4证齐发，审批时间减少67%，效率提高2倍以上。深化全科政务改革，全面推行“一窗通办”。重构窗口功能，再造线下政务大厅办事流程。根据企业和群众需求以及大厅办件实际，分别设置3种形式“一窗通办”窗口。设置“分类一窗”，将商事登记和公共服务类事项分别整合至法人类和公民类小全科窗口，窗口每人掌握约150个事项，实现高频事项一窗办理。设置“综合一窗”，所有政务服务事项集中至1个窗口办理，实现真正意义上全覆盖全方位全科受理。窗口人员能熟练受理300项高频事项，掌握约500项常办事项。设置“全链一窗”，以办成1件事为目标，打通企业开办各环节，实现全闭环全链条服务。

【放管服改革】2019年，为落实行政审批制度改革要求，成立区政府推进政府职能转变和“放管服”（简政放权、放管结合、优化服

6月13日，江苏省政务办调研区政务服务工作（区行政审批局　供图）

事项20项，完成2项"一机通"（热点事项自助办理）南京市试点工作，开发"一指通"（动动手指轻松办理）网上政务客厅，开辟6个板块"一栏通"（特色项目开辟专栏）。"一事通"（强化帮办代办功能）、"一城通"（全市无差别办理）、"一网通"（一次注册，全网通行）完成阶段性工作。统筹协调

务）改革协调小组及区审改办，全面开展简政放权、放管结合、优化服务等各项工作。强化权力清单动态管理，形成10大类4258项权力清单。分别赋权生态科技岛经开区、建邺高新区行政审批事项58项和10项，实现企业办事不出园区。推动生态科技岛9项区域评估，区域内工程建设项目审批全面实现50个工作日办结目标。推动创新和完善"不见面审批"服务标准，不见面审批占比高达98.93%。105项事项能够就近办、马上办。推动宁满意工程，主动对接上级部门，协调区相关部门，抓好工程推进。"一门通"（进一扇门，办所有事）事项、人员进驻率均达到南京市要求，梳理出个人"一证通"（身份证号码为唯一标识）事项103项、企业"一照通"（电子营业执照代替证件）事项9项，开通"一链通"（开发套餐式服务）

"互联网+监管"建设，共编辑监管目录清单601项，检查实施清单585项。监管目录清单认领数量和检查实施清单编制数均为主城区第一，行政检查实施清单完成率位列南京市第一。

【12345政务热线】2019年，区行政审批局延伸搭建考核系统前期软硬件基础，指导部分承办单位使用。组织14场600余人次业务培训，对办单成绩差、满意度低重点单位开展一对一定点帮扶，全面提升全区一线承办人员办单水平。综合运用各方力量，牵头解决60余项疑难事项，其中区负责人签批22件、现场会办30件，配合南京市级单位解决20件。注重热线数据分析成果运用，运用大数据技术对油烟扰民、道路设施、营商环境、学校建设、养老机构、小区出新6大类

民生热点诉求事项进行专题数据分析汇报。加大监督检查力度，开展重复号码投诉自查自纠活动，排查涉嫌作假工单，对办理过程及答复脚本不规范、不严谨承办单位下发督查函7件，移送线索排查数据6次，共办理12345政务热线投诉5.60万余件，全年结果满意率平均值为92.10%。

【代办服务】2019年，区全面梳理，形成南京市级重大项目代办服务清单，区相关部门主动对接南京新媒体大厦、金鹰世界、新城吾悦广场、世茂国际广场二期项目等实施主体，在送服务、送政策上门基础上，了解项目进度及代办需求，宣传区招商引资及产业扶持优惠政策。采取南京市、建邺区（园区）接力代办服务模式，在各层级范围内为项目申报方提供咨询、指导、协调、代办服务。协同园区开展开办企业套餐服务近70余件。有序推进工程建设项目并联审批，为10余家单位提供并联审批系统申报协调，为10余家项目单位提供申报咨询指导，成功激活近20余家单位法人空间。

【网上政务客厅打造】2019年，聚焦智慧城市示范区建设打造网上政务客厅，区依托阿里云搭建“云尚建邺”政务全景平台，提取区政务服务和12345政务热线重点数据指标，实时向企业和群众公开，督促职能部门提高后台审批效率，更好地服务企业和群众。深入拓展AI、人脸识别技术运用，探索实时监控大厅人流量、窗口办件等待情况，根据实际需求灵活增减窗口，及时介入提供个性化服务，优化企业和群众办事体验。升级打造“建政一点通·联享指引平台”2.0版本，整合政务实体大厅系统、虚拟大厅系统、建政一点通系统、电子证照库系统、智能联享系统、全节点查询系统、综合预警系统等7个板块，把可查可询与可视可办结合，实现网办像网购一样便捷。

【政务信息】2019年，区编制九大领域政务公开事项目录，梳理出权力清单1151项，责任清单1151项，公共服务清单74项，出台区级政府政务公开基础目录和专题目录，并将教育、医疗、社保等群众关心的热点领域信息纳入。区加强政务信息报送和宣传，区政府办向南京市政府办公厅报送要情和简讯455篇、调研材料32篇，被国务院办公厅刊物采用4篇、江苏省政府办公厅刊物采用9篇、南京市政府办公厅刊物采用140篇，获江苏省负责人批示3次，其中《协同推进政务公开创新与政务服务改革提升群众获得感》得到批示并全省推广。

【政务督查】2019年，区相关部门加强全区督查检查考核统筹管理，精简督查事项同时提高精准度。对重点事项持续跟踪督查，建立督查事项日历，实行周报和月报制度，定期开展回头看。对金鱼嘴基金街区、莫愁湖公园、八百亩地块等重点事项开展现场督查。全年办理南京市、区负责人批示件、交办件 701 件，办理人民来信、区长信箱 165 件，编辑督查专报 30 期。

【政务公开】2019 年，根据机构改革职能调整和江苏省、南京市部署要求，区及时完善政府网站运行管理机制，成立区政府网站管理工作领导小组，强化内容建设和信息发布审核，落实“人工 + 智能”定期巡网。加大政务新媒体整合力度，会同区网信办建立工作联动机制，对照上级要求关停注销 60 家，保留政务新媒体。落实日常管理责任，做好安全防护和内容保障。加强政务公开推进落实，发布政府信息 1958 条，制作解读材料 46 篇，开展征集调查 62 期，直接受理并办结依申请公开办件 52 件。围绕群众参与，开展政务公开主题宣传活动，如“百场法治电影进社区”“应急演练观摩会”“明厨亮灶进校园”“减税降费”“市场检验一扫就知道”等专题宣传活动，增强试点工作影响力和群众获得感。

【建议和提案办理】2019 年，区坚持重大事项向区人大及其常委会报告、向区政协通报制度，高质量办理人大代表建议 174 件、政协提案 122 件，满意率 100%。

（区政府办　区行政审批局）

对口扶贫

【概况】2019 年，区扶贫协作与对口支援工作对象主要为淮安市淮安区、重庆市万州区、西藏墨竹工卡县扎雪乡、新疆伊宁市、辽宁鞍山铁西区 5 个地区。根据南京市对口支援领导小组印发《2019 年南京市对口帮扶对口支援对口合作工作计划》编制《2019 年建邺区对口帮扶对口支援对口合作工作计划》，各项工作按照要求有序推进。

【淮安市淮安区对口扶贫】2019 年，南京市下达挂钩淮安市淮安区扶贫工作，区与淮安市淮安区人社局签订《精准扶贫协作交流框架协议》，在淮安区举办针对淮安高校毕业生

5 月 12 日—14 日，区发改委赴淮安市淮安区，实地走访考察扶贫工作推进情况

（区发改委　供图）

专场招聘会。将2018年度帮扶资金500万元拨付至江苏省委驻淮安区帮扶工作队设立专项账户，由江苏省委帮扶工作队统筹安排使用，派驻2名帮扶干部在淮安2个贫困村开展帮扶工作，年度全部13个帮扶项目均完工。

【重庆市万州区对口扶贫】2019年，重庆万州对口支援任务按照南京市发改委对口支援处通知要求，区已将2019年度帮扶资金50万元拨付至重庆市万州区移民局账户，由万州移民局制定并实施帮扶项目计划。

【西藏墨竹工卡县扎雪乡对口扶贫】2019年，区发改委已与西藏墨竹工卡县扎雪乡帮扶工作前方工作组对接，将2019年度帮扶资金30万元拨付到位，按前方工作组指导制定帮扶计划。

【新疆伊宁市对口扶贫】2019年，新疆伊宁市结对工作按照南京市对口支援处工作要求已落实到沙洲街道中城社区，8月，区委常委、常务副区长王国平一行实地考察调研，并拨付到位30万元帮扶资金。

【辽宁鞍山铁西区对口扶贫】2019年，辽宁鞍山铁西区对口扶贫工作在宁鞍对口合作大框架下，建邺区与鞍山市铁西区继续加强现代服务业对接，加强智力合作和人才队伍交流合作，在信用体系建设、口岸建设和营商环境建设等方面加强交流、取长补短；安排2批鞍山市铁西区工作人员到区交流学习营商环境、招商引资等相关工作经验。（区发改委）

信息化建设

【概况】2019年，区推进“中新智慧城市示范区”建设工作，推进“1+6”产业政策（“1”是《关于促进全区产业高质量发展的暂行办法》；“6”是以暂行办法为依据制定专项扶持政策，包括《建邺区扶持金融业和资本市场发展暂行办法》《建邺区关于促进南京金鱼嘴基金街区股权投资机构发展的若干措施》等）智能匹配查询平台建设，“1+6”产业政策智能匹配应用开发，督促相关部门制定产业政策细则，对政策进行拆解，推进政策网上智能查询及推送。南京市建邺区综合管养设施及排水管网普查与建库项目获中国地理信息产业协会2019年中国地理信息产业优秀工程银奖，“中国南京建邺”政府门户网站获得2018年度中国政务网站领先奖。

【应用场景落地推进】2019年，在河西·建邺一季度数字经济总部项目签约暨创新金融生态发布仪式上，区发布首批“江心洲数字孪生岛、智慧农贸市场、智能小区、智慧社区、智慧养老、智慧健康、智慧停车、智慧生态、智慧灯杆、智慧商圈、智慧园区、智慧监管”等12个重点应用场景，面向全球征集

"云尚建邺"智慧城市展示中心　　（区信息中心　供图）

应用场景解决方案，根据场景特点鼓励企业和社会力量以不同方式参与，通过政府购买服务和市场化运营相结合方式，形成良性合作模式。在二季度集中签约仪式上，城市大脑、智慧基础设施、视频图像智能分析平台、智慧校园、智慧交通、融媒体中心等项目顺利签约。江心洲数字孪生岛"智慧智立方"，双闸五矿金岚德菜场、江心洲好邻里菜场等智慧农贸市场，鸿达新寓及天生苑智能小区、莫愁湖三角四园智慧社区试点，南苑街道智慧养老试点，江心洲智慧基础设施等场景顺利建成，智慧生态、智慧监管、视频图像智能分析平台、智慧校园、城市大脑、智慧健康、智慧停车、智慧灯杆、智慧商圈、智慧园区等应用场景按序时推进。

【信息化建设示范工程】2019 年，在基石工程方面，区信息中心协助运营商加速基站建设，推动 5G 网络全覆盖，"云尚建邺"政务云升级，安全支撑平台、标准规范体系等项目启动建设。在创联工程方面，推进数字党建、城市运行、生态环境、社会治理、公共服务、营商环境等 6 类示范工程建设，五微共享社区、融媒体中心、智慧工地、智慧管线、智慧水务、智慧防汛、雪亮工程二期、智慧法院、智慧旅游、公共法律服务一期等项目顺利完成建设。在数联工程方面，物联感知平台、大数据分析平台基本完成建设，产业服务平台、BIM+CIM 平台完成建设方案编制。在智联工程方面，和阿里云、浩鲸科技签订城市大脑战略合作协议并完成方案编制。

【信息化创新试点】2019 年，区围绕基层综合执法改革要求，以沙洲街道为试点，全面推进智慧建邺综合行政执法改革一体化平台建设，实现"四个一"（一个网格、一支队伍、一个平台、一个体系）改革目标。围绕行政审批综合改革，依托协同办公平台推进"审管衔接"平台建设，助推行政审批改革落地。围绕全区机构改革工作，全面做好部门调整后的网络、通信保障。围绕国家档案馆"电子文件单套制"改革试点，区信息中心与区档案馆一起争取南京市档案馆支持，作为南

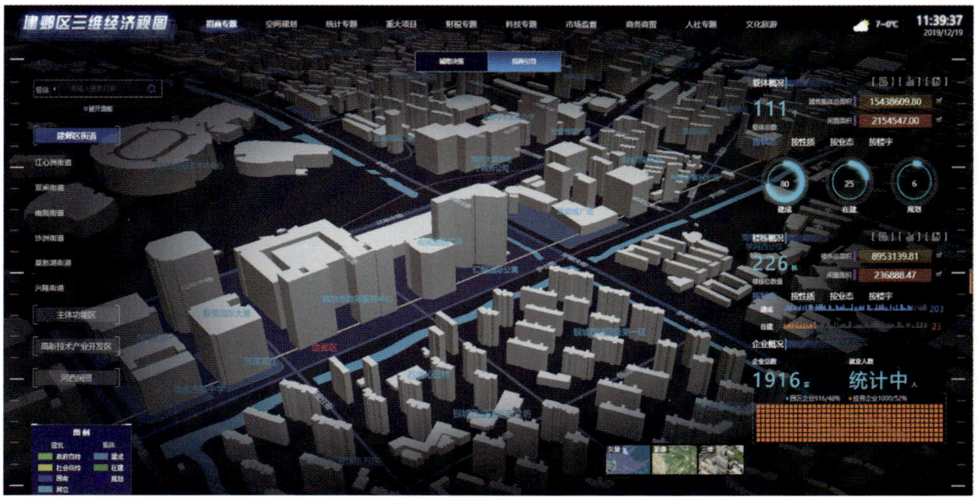

建邺区三维经济视图　　（区信息中心　供图）

风险企业筛查、企业扶持政策智能匹配等场景中应用，牵头编制空气质量分析报告300余份，协助编制《建邺区大数据专报》，推进三维经济全景、企业画像和金融监管等项目建设，做好数据资源开发利用。

京市5家“电子文件单套制”改革试点单位之一，协调南京市区块链联盟成员单位进行试点方案编制。

【数据治理研究】2019年，区信息中心与区委研究室开展课题调研，完成《高水平建设智慧城市示范区，增强高质量发展动能支撑的思考》调研报告，为区域高质量发展提供坚实理论支撑。开展数据治理研究，完成《中新智慧城市示范区大数据治理推进指南》编制，不断优化数据治理体系。

【数据资源开发利用】推进基础地理信息时空云服务平台、政务大数据中心、物联感知平台、视频监控图像综合分析平台等基础支撑平台建设，强化各类政务数据和物联感知数据归集和共享，确保区内已建和在建系统数据全部接入区级平台。对接南京市大数据局、南京市信息中心，推动电子证照区块链节点在建邺落地。加强大数据在污染防治、

【基层手机政务软件清理整合】2019年，按照南京市大数据局要求，区信息中心与区相关单位沟通协调，形成区基层手机政务软件（微信公众号、小程序及手机App）整合优化工作方案。按照应合尽合原则，清理关停使用率较低和超出职责范围的手机政务软件，关停、整合手机政务软件69个，占总数的76.60%；优化整合必要手机政务软件，保留手机政务软件21个。

【风险企业大数据排查】2019年，充分使用大数据排查风险企业，区信息中心对“乐伽公寓”等新型平台类公司使用大数据分析，摸排出疑似风险企业47家、重点疑似问题企业12家，对疑似风险企业园区进行上门走访核实，发现明显问题企业4家。按照区主要负责人要求，形成风险排查长效工作机制，定期梳理监测。（区信息中心　区发改委）

外事和港澳台及侨务事务

【因公出国出境管理】严格执行2019年南京市因公临时出国（境）工作新政策，贯彻《关于调整全区领导干部外出请假流程通知》，实行分级审批制度。着重围绕“生根计划”“创新名城建设”“国际招商”“智慧城市”等主题，做好年度出访计划并保障团组出访手续办理。2019年全区因公临时出国（境）执行数共计59人次，自组团5个。其中，党政出国27人次，企事业出国25人次，赴港澳7人次。

【外事交流活动】2019年，区组织开展“走近留学生·宣介新南京”建邺区专场活动。完成日本福冈县职员研修所所长一行到访、比利时特姆塞市市长回访等外事接待任务。圆满完成中新人工智能高峰论坛、Slush中国2019大会、2019南京创新周、2019年中国工程院高端论坛暨第四届新加坡·南京生态科技岛国际水环境治理高峰论坛等全区大型涉外经贸活动外事支持工作。

【港澳台交流】5月，由建邺区委统战部邀请港澳青年创业人才南京考察团成员到建邺参访交流，考察团成员就所关心问题与区委组织部、区科技局、区投促局及功能园区进行互动支流，取得良好效果。

1月，建邺区政协主席庄立应邀率团赴台进行为期6天参访交流。2月，台湾中天电视台亚洲台总监黄婷一行3人到建邺区，为“魅力东方——百工大挑战”栏目挑选采访素材，中天电视台一行参观台资企业永丰银行经营场所及员工活动区域，实地查看明基医院挂号大厅、门诊部，和2家企业高管进行详细沟通，就采访如何开始、重点宣传方向等要素进行交流并达成一致意见。2月，在“2019宁台幸福社区交流汇”开幕式暨专题论坛上，建邺区沙洲街道中城社区与台湾高雄市楠梓区仁昌里签约结为友好社区。2月，台湾高雄市楠梓区里长代表团一行30余人参访建邺区台资企业涵碧楼酒店和全国侨务示范社区沙洲街道中胜社区。8月，区政协副巡视员罗春寿率团赴台湾新北市、高雄市进行基层交流。

【侨务工作调研】3月，区政协副主席刘雯禾率民族宗教港澳侨台和外事委员会调研兴隆街道奥体社区以及全国侨务示范社区沙洲街道中胜社区，委员们实地查看社区“侨之家”建设情况，参观为侨服务设施。5月，南京市侨联党组书记毛银玲率队调研建邺区社区侨务工作，南京市侨联党组书记参观兴隆街道奥体社区“侨之家”，观摩“侨之声”古筝艺术团现场授课，在沙洲街道中胜社区，南京市侨联党组书记参观“国家级侨法宣传角”“中胜侨苑”，了解社区“侨之家”建设和使用情况。7月，区人大常委会专题调研全区侨资企业等发展情况，听取企业对营商环境的意见建议。

【台胞服务】2019年，区召开建邺台协新春联谊会、台商中秋联谊会，加强在宁定居台胞和常住台商联谊交流。推动宁台各领域交流合作走向深入，深化两岸经济社会融合发展，增进两岸同胞情谊和认同。走访区内台资企业，详细了解企业在生产经营活动中遇到的困难，并及时予以解决。协调解决台胞及其眷属、台企在子女入学入托等方面困难和问题，帮助台胞子女3人出具入学证明。各街道、社区也纷纷开展各类联谊活动，为台胞台属、提供各种便利服务。

（区政府办　区委统战部）

7月26日，中胜社区侨联成立　（区统战部　供图）

退役军人事务管理

【概况】2019年，完成区退役军人事务局转隶组建、退役军人服务体系建设、退役军人信息采集、光荣牌颁发、士兵保险接续、军转干部和退役士兵移交安置、年度双拥工作序时推进、优抚对象和无军籍职工服务保障、落实退役军人权益维护等工作，让退役军人有更多荣誉感、获得感、归属感。以国庆70周年“纪念章”颁发活动为契机，在南京双拥App、“五微”党建、建邺播报等平台，广泛宣扬全区退役军人典型和“最美退役军人”，陈德风获得首届“江苏最美退役军人”称号。

【退役军人社会保险信息统计】2019年，区退役军人事务局根据要求分3个阶段梳理统计1978年起符合政府安排工作退役士兵相关信息。完成查阅和梳理1978年起，安置城镇退役义务兵和符合政府安置退役志愿兵（士官）原始介绍信和移交安置单位档案台账，确定基本人员信息。将基本人员信息与2017年2月采集退役人员数据相关台账进行比对，核查人员信息。将手工台账与电子台账（2005开始有电子台账）进行比对，最终确定上报有关人员基本信息。

【退役军人服务体系建设】2019年，区退役军人事务局根据《关于印发南京市退役军人服务中心（站）建设实施意见通知》精神，结合区情实际，先后召开协调会3次，书记专题会1次、区政府常务会1次，形成《建邺区退役军人服务中心（站）建设实施意见》，并按要求落实到位。合理设置区退役军人服务中心，按照标准设置接待咨询、权益维护、帮扶救助、就业指导等岗位，悬挂工作流程、职责，制作“建邺区退役军人服务中心”牌匾。根据区情实际创新街道、社区退役军人服务站建设，突出人员设置，结合退役军人事务工作和人武工作共同属性，完善从入伍到退伍人员闭环管理服务机制，街道退役军人服务工作分管负责人兼任街道人武部部长，街道退役军人服务站站长兼任街道人武部副部长，同时配备2名以上政府购岗专职工作人员。社区退役军人服务站站长由社区副书记或副主任兼任，并按社区退役军人服务对象500人左右配备一名政府购岗专职工作人员。社区退役军人党员数达7人以上成立社区党委领导下退役军人党支部。明确场所设置，街道退役军人服务站设置专门办公、接待和活动场所，街道便民服务大厅设退役军人服务窗口及退役军人到访接待室，接待室张挂接待工作流程，接待窗口有相应宣传资料供取阅，

9月23日，区长李晖（左一）给区军休所人员颁发庆祝中华人民共和国成立70周年纪念章
（沈波　摄）

提供一站式、窗口式、标准化、规范化的综合服务。

【双拥共建】2019年，区调整优化双拥工作领导架构，结合机构改革和转隶组建，对区双拥工作领导小组进行调整优化，成立区拥军支前军地协调小组及支前办公室。制定下发《2019年双拥工作要点》，在南京市创建全国双拥模范城九连冠考评之时，围绕双拥共建机制、重大主题宣传、军民共建活动、落实办实事举措、设立慈善拥军基金等11个方面进行分解细化，列出目标任务清单，明确序时推进路线。精心组织建军节系列拥军活动，建军节期间，集中开展走访慰问共建部队、“军营一日”活动、退役军人军属专场招聘会、文艺慰问演出和书香建邺进军营等系列拥军活动。在走访慰问共建部队时，按照驻地部队全覆盖、外联共建全辐射原则，由区委主要负责人带队，分成3个小组对共建部队进行走访慰问。区长李晖带区委、区人大、区政府、区政协负责人到中国人民解放军国防科技大学国际关系学院开展“军营一日”活动。严格落实拥军优属政策，落实《南京市军人子女教育优待规定》，对军人子女入学、入托给予照顾。根据部署，做好事业单位身份随军家属和社区工作者公开定向招聘工作，定期对无工作单位随军家属发放生活补贴，6月制定下发《关于建立健全困难退役军人及其他优抚对象“一本账”制度》通知，摸清困难人员底数，做好建档立卡工作，加大帮扶救助力度。与江苏紫金农村商业银行签订“拥军优抚合作协议”。

【军转安置】2019年，区退役军人事务局对全区各单位2019年军转干部安置需求进行调查摸底，对各单位需求进行分类、汇总、上报。在军转安置过程中，秉承专业对口优先、立功受奖和艰苦边远地区服役优先等原则，统筹考虑各单位需求，向承担任务重、民生服务量大、机构改革变动较大单位和部门倾斜，注重发挥军转干部专业特长，把各部门工作要求、实际需求与军转干部专业特长相匹配，尽可能做到人尽其才、人岗相适，从而推进军队转业干部人才资源优化配置，实施精准化安置，提供精准化服务。设身处地推进退役军人就业创业，工作中始终将退役军人就业创业帮扶工作作为做好经常性服务重要内容之一，为他们提供政策咨询、就业信息，并通过专场招聘、个别推荐等形式为退役军人开辟就业创业门路。深入调研摸底，对区退役军人创业情况和企业吸纳退役军人就业情况进行摸底，对部分创业成功退役军人进行走访调研，了解企业基本情况，掌握企业用人需求，主动为企业和退役军人牵线搭桥。区退役军人事务局联合驻区企业，走进武警某部，开展“送政策进军营、助就业建新功”活动，为百余名官兵进行就业创业和优抚政策宣讲，为官兵退役后就业创业提供指导帮助。落实政策，做好日常服务管理，落实自主择业军转干部相关待遇政策，充分利用年审登记、体检、医疗报销等多种时机，耐心细致做好自主择业军转干部日常服务管理工作。同时，做好2019年度自主择业军转干部和自主就业退役士兵报到工作，推出报到登记一站式服务，即在建邺区退役军人服务中心设立退役士兵报到登记、党组织关系接转、预备役登记、就业创业咨询等十余个窗口，将多项服务合一。

【优抚安置政策落实】2019年，区落实优抚安置政策，发放企业退休人员专项慰问金，下岗失业志愿兵（士官）生活补贴，并组织开展短期技能培训。组织开展优抚对象和无军籍职工免费健康体检，对部分困难退役军人家庭进行走访和帮扶，发放慰问经费。实行优抚标准自然增长机制，逐年提高各类优抚对象抚恤补助标准，发放各类优抚经费和生活补贴，义务兵家庭发放优待金和大学生奖励金，发放无军籍职工生活补贴，提供退役军人医疗保障。

【退役军人权益】2019年，区做好退役军人及其他优抚对象信访稳定工作，深入开展矛盾问题化解攻坚，维护好退役军人合法权益。通过分析区涉军领域重大风险，把握工作重点，做到应对措施、方法有针对性实效性，从而杜绝矛盾和安全隐患发生。

（区退役军人事务局　区人武部）

信　访

【概况】2019年，建邺区人民来访接待中心共接待群众来访598批次2660人次，同比批次下降69.90%，人次下降25.60%。区信访局受理办信总量为1123件次，同比上升164%，按期受理及办结率均为100%。建邺区获江苏省信访工作先进区、南京市信访工作先进区、全市中共十九大安保维稳和国家公祭活动信访保障工作先进集体等称号。

【包案化解与接下访】2019年，区信访局统筹安排区负责人包案化解及区党政负责人接访下访工作，明确将区党政负责人所包信访积案作为负责人接下访重点对象，按照“初信初访优先安排接待，愿望强烈优先安排接待，诉求有合理成分优先安排接待”原则进行安排，变群众上访为负责人约访下访。在区信访局牵头组织协调下，区党政负责人全年共接访下访137批次172人次，区负责人包案化解信访积案47件；各街道、事发责任部门和街道接待信访者1318人次。

【信访积案化解】2019年，区推进信访积案大化解、百日攻坚行动，区、部门、街道、社区各级单位做好接访、下访、会办、包案和化

7月26日，全区信访积案化解“百日攻坚”行动动员部署会召开
（区信访局 供图）

解工作，国家信访局、江苏省信访局交办4大攻坚战信访案件3件，全部结案。南京市“迎国庆70周年，保全市信访稳定”专项行动交办信访案件13件，已化解并向南京市报结12件，化解率92.31%，结案率100%。区联席办年初下交信访积案103件，其中已化解48件，化解率46.60%。各单位自排化解60件。全区累计化解信访积案110件，占积案总数67.48%。

【信访督查督办】2019年，区强化专项督查，成立专项督查组到相关责任单位逐案督查责任落实情况、化解情况，明确化解路径和办法。加强督办件办理，上报国家、江苏省、南京市督办件9件，区负责人批示督办件11件，全部按期办结。注重落实跟踪，按期上报信访工作责任制落实情况，多次受到南京市信访局表扬。编发专项通报4期，对督查情况进行通报；编发信访简报10期，对信访情况及信访积案化解情况进行通报；编发信访月报10期，定期对群众到区访情况进行通报。（区信访局）

【接访中心提档升级】2019年，区信访局落实基础设施升级改造，接访中心全面升级，建成集接待登记、事项查询、法律咨询、心理疏导、信访答复等一门式的接待窗口。将接待区域划分为综合接待大厅、法律咨询室、心理疏导室、来访接待室、区领导接待室等功能区域，设置宣传册取阅栏、政务公开信息栏，配备取号机、储物柜、饮水机、安检机等便民服务设施，引导到访群众依法合理表达诉求，窗口形象一新。落实工作人员挂牌上岗的要求，制订工作考核细则，促进接访秩序的规范，提高接访工作的质量。

政协建邺区委员会

综　述

【政协委员概况】政协建邺区第十二届委员会由16个界别组成，委员中，中共委员93名，占委员总数的42.33%；非中共委员124名，占委员总数的57.67%。8个民主党派均有成员参加，共有委员74名，占委员总数的34.10%，其中，民革19人、民盟15人（其中1人为中共预备）、民建9人、民进9人、农工党5人、致公党9人、九三学社6人、台盟2人（其中1人为中共党员）。无党派人士50名，占委员总数的23%。妇女委员85名，占委员总数的39.20%。少数民族委员8名，占委员总数的3.70%。政协建邺区第十二届委员会设立专门委员会6个，分别为提案委员会、文史（学习）委员会、城市建设与社会法制委员会、经济科技委员会、教卫文体委员会、民族宗教港澳侨台和外事委员会，常务委员26名。

【区政协工作概况】2019年，区政协组织召开主席会议11次，常委会议4次，专委会与有关部门对口工作会议20余次。区政协组织12场"协商民主在基层"主题活动，在6个街道打造"委员之家""有事好商量·协商议事室"，引导委员走入基层参与社区活动。依托建邺"五微共享社区"平台，建立8个线下和开通35个线上"委员工作室"，组织认领群众"微心愿"60余个。

（区政协办）

重要会议

【区政协第十二届委员会第三次会议】1月2日，中国人民政治协商会议南京市建邺区第十二届委员会第三次会议在建邺区机关大礼堂开幕。全区共有217名区政协委员，出席大会开幕式共有216名。全体委员列席区人大第十八届三次会议，听取区人民政府工

1月2日，中国人民政治协商会议南京市建邺区第十二届委员会第三次会议召开
（区政协　供图）

作报告。区政协根据会议议程，组织召开政协各讨论组临时党支部书记会议；先后组织召开第15次、16次区政协常委会议，通过大会有关事项；召开提案审查会议，会议期间共收到提案145件，其中集体提案5件、委员提案100件、委员联名提案40件。

1月5日，在圆满完成各项议程后，政协建邺区第十二届委员会第三次会议闭幕。大会选举曹曙为政协建邺区第十二届委员会主席，增选唐坤为政协建邺区第十二届委员会常务委员。大会还审议通过政协建邺区第十二届委员会第三次会议提案审查委员会关于提案审查情况的报告，审议通过政协建邺区第十二届委员会第三次会议决议。

【区十二届政协常委会议】区十二届政协2019年召开常委会议6次。

2月27日，区十二届政协十七次常委会议召开，审议通过《区政协2019年度工作要点》《区政协2019年度主席会议、常委会议议题安排》《区政协2019年度课题调研计划》；协商通过有关人事安排；通报南京市建邺区机构改革情况。

5月28日，区十二届政协十八次常委会议召开，会议围绕优化全区营商环境工作，视察区行政审批服务大厅和金融城二期项目建设现场，听取相关工作情况介绍。

7月31日，区十二届政协十九次常委会议召开，听取区政府上半年国民经济和社会发展目标任务执行情况通报，研究审议《探索建立第三方机构评价考核机制，促进建邺营商环境再提升》重点课题调研报告。

11月8日，区十二届政协二十次常委会议召开，专题视察区物业管理工作情况，进行协商讨论。会议视察康怡花园、莲花北苑，现场听取物业管理情况介绍。会议对全区物业管理工作给予充分肯定，并提出加大政府监管、细化物业管理标准、科学引入市场化手段等意见建议。

12月20日，区十二届政协二十一次常委（扩大）会议召开，组织全体政协委员对全区2019年度国民经济和社会发展主要目标任务完成情况进行视察，并征求委员对2020年建邺区10件重点民生实事安排建议。委员们先后视察南河综合整治工程，南京金鱼嘴基金街区、连尚文学公司、泰悦城康养中心及南京市思泽路幼儿园。

12月30日，区十二届政协二十二次常委会议召开。会议听取区纪委党风廉政建设和反腐败工作情况通报并进行协商讨论。

【区十二届政协主席会议】2019年区十二届政协召开主席会议10次。

2月27日，区十二届政协二十三次主席会议召开，协商讨论《区政协2019年度工作要点（讨论稿）》《区政协2019年度主席会议、常委会议议题安排（讨论稿）》《区政协2019年度课题调研计划（讨论稿）》；协商通过有关人事安排。

8月22日，区十二届政协二十九次主席

会议召开，听取区重大项目招商引资工作情况通报。会议期间视察金鱼嘴基金街区、网易有道信息技术（北京）有限公司江苏分公司以及阿里巴巴江苏总部，现场听取有关情况介绍。

9月26日，区十二届政协三十次主席会议召开，现场视察高端会展中心打造工作，听取打造南京都市圈会展中心工作情况通报，听取区政协提案委《河西建邺会展经济发展对策研究》课题调研报告，进行协商讨论。

10月29日，区十二届政协三十一次主席会议召开，听取区中新智慧城市示范区创建工作情况通报，进行协商讨论。会议期间视察江岛科创中心、新加坡创业行动社群南京国际中心，现场听取有关情况介绍。会议还对区政协民族宗教、港澳侨台和外事委关于《建邺区科技人才企业成长环境与制度需求的调研分析》调研报告进行讨论。

11月27日，区十二届政协三十二次主席会议召开，围绕课题调研内容，与会人员针对“优化青奥艺术灯会主题内容，增进城市客厅魅力”“促进建邺区金融科技产业融合，助推南京创新名城建设”“关于建邺‘国际客厅’核心区建设的有关思考”等课题进行讨论。

（区政协办）

政协履职

【协商议政】2019年，区政协印发《年度重点协商活动安排》，围绕文化教育、优化营商环境、主导产业高质量发展、民族宗教事务管理、城市管理和环境保护等议题，组织召开主席会议11次，常委会议4次，专委会与有关部门对口工作会议20余次。依托委员之家、委员工作室、社区议事会、民情恳谈会等载体，围绕打造“三角四园”微环境、奥体新城小区绿化、加强国际社区建设、长江沿线

3月25日，建邺区政协委员加入“五微共享社区”启动仪式举行

（区政协　供图）

生态环境保护等议题，开展12场协商民主在基层主题活动，推进政协协商与基层协商有效衔接，畅通各界群众利益诉求表达渠道，提升基层协商质量和水平。

3月25日，建邺政协智库举行揭牌仪式　　（区政协办　供图）

【课题调研】专门召开2019年度调研工作会议，交流特色做法和成功经验，对2019年度调研工作进行部署，形成《优化提升环卫管理精细化体制机制研究》《探索建立第三方机构评价考核营商环境》《建邺区科技人才企业成长环境与制度需求分析》等调研报告，得到区委、区政府高度重视。先后围绕“打造南京‘城市客厅’，城市精细化管理再对标再提升”“建邺区区域竞争力的短板、瓶颈与突破方向”等主题，进行研讨交流，形成并上报《咨政专报》8期、《委员之声》6篇。

【委员视察】3月14日，区政协城市建设与社会法制委员会组织委员视察区江心洲街道垃圾分类工作。委员们先后视察仁恒绿洲新岛小区垃圾分类置物架及共享菜篮建设使用情况，以及洲岛家园社区悦江苑智能回收垃圾箱及自动发袋机运行情况，听取江心洲街道办事处关于垃圾分类工作情况通报，并就垃圾分类工作进行协商讨论。

3月21日，区政协民族宗教和港澳侨台外事委员会组织委员视察区侨务工作。委员们先后视察兴隆街道奥体社区和沙洲街道中胜社区，参观社区侨务工作室，了解社区侨务工作室建设和运行情况并观看中胜社区侨务工作宣传片，听取区侨务工作情况介绍。

5月17日，建邺区政协城市建设与社会法制委员会组织开展专项监督视察活动。委员们先后现场视察南湖中片区环境综合整治情况，听取区城建集团《关于南湖中片区环境综合整治工作》通报和区建设局、区房产局、莫愁湖街道《关于水西门大街153号1、2幢出行隐患问题协调解决方案》，并就有关工作落实情况进行协商讨论。

5月29日，区政协经济科技委员会组织20余名委员，就区“科技产业持续发展主题”，视察小米集团南京项目。委员们先后参观小米有品商城、小米集团江苏分公司，分别听取集团公司负责人情况介绍，委员们围绕科技产业发展、科技企业模式创新等问题进行协商讨论。

6月13日，区政协城市建设与社会法制委员会组织委员和区政协重点课题调研组部分成员视察区城管局城市精细化管理工作。委员们先后视察水西门大街精细化管理和江汉河无尘街区工作推进情况，听取区城管局区城市精细化管理及无尘街区工作情况通报，并就有关情况进行协商讨论。

6月13日，区政协教卫文体委员会组织委员视察区青年创业就业工作情况。委员们先后实地视察硬腿子工作室、中俄青年创业发展中心、镁客网及区社会组织创新中心，视察中听取相关企业运作模式和发展现状。

8月23日，区政协城市建设与社会法制委员会组织委员视察河西·建邺法律服务产业园。委员们视察河西·建邺法律服务产业园核心集聚区，参观盈科（南京）律师事务所，听取区司法局作《河西·建邺法律服务产业园建设情况通报》，并就有关情况进行协商讨论。

12月3日，区政协组织文史（学习）委员会、经济科技委员会部分委员视察莫愁湖公园运营管理情况。委员们现场听取有关情况介绍，对公园改造建设以及运营管理情况给予充分肯定，并就打造数字莫愁、创新宣传方式，开展图书、讲座进公园等提出一些建议和合作意向。

【民主监督】2019年，20余名政协委员担任党政职能部门特约监督员和作风评议员，为促进部门工作发挥作用。区政协委员充分利用区政协常委会议、主席会议、视察调研等平台，提交反映社情民意信息91篇。以推动人民生活高质量为专题召开议政性主席会议，聚焦城市环境卫生管理、餐饮油烟扰民整治、老旧小区出新、黑臭水体治理、小区物业管理等热点问题，回应群众关切。

5月17日，区政协专项监督会议召开　　（区政协办　供图）

8月2日，区政协重点提案督办会议召开　　（区政协办　供图）

【提案办理】围绕全区高质量发展、高标准加快建设现代化国际性城市中心目标，以及人民群众普遍关注热点、难点问题，全年共收到提案160件，经审查立案138件，其中，集体提案5件、委员提案133件。其中，城建城管类占34.10%，民生综合类占27.50%，科教文卫类占20.30%，经济建设类占18.10%。立案提案分别交由39家单位办理，全部办复。提案所提问题已经解决或基本解决占82%，年底正在解决或列入计划逐步解决占10%，作出解释或转工作参考占8%。提案者对办理工作满意度为100%。

围绕激发经济发展活力，打造产业、科创和人才建设高地，委员们提出提案45件，立案办理40件。《推动建邺区主导产业高质量发展》《发挥建邺区城市中心的优势，加快推进产业升级》《打造具有核心竞争力的文化创意产业》等提案，立足推进供给侧结构性改革，挖掘经济转型升级新动能，推动产业结构优化，研究提出具有前瞻性对策建议，为推动区域经济持续健康发展提供参考；《优化经济环境，助推中小民营企业健康发展》等提案，区发改委、区金融监管局等相关部门认真研究，在起草出台《建邺区优化营商环境实施意见》中予以采纳，并配套制定政府服务清单和优化营商环境受理业务目录，建立企业问题会办制度，推动区民营企业发展环境优化；针对《优化创新创业生态，扶持高技术企业发展》《将建邺区打造成南京市研发中心核心基地》等提案，区科技局、区金融监管局深入开展政策宣传，帮助科技企业对接政策，同时注重提供资金扶持，打造“建邺高新进园保”一系列企业融资产品，为促进区科技进步与产业融合发展提供支撑；《加强海外高层次人才引进，持续优化人才服务，打造全省知名的国际人才集聚区》等提案，推动《建邺区关于进一步优化创新生态的若干政策措施》出台，为提升区人才服务质量发挥作用。

围绕打造现代化国际性城市中心，提升城市客厅精致、绿色、智慧、国际标准和品质，委员们提出提案46件，立案办理37件。《加强建邺区滨江生态环境保护》《进一步提升建邺区水环境质量》等提案，为区水务局编制《建邺区2019年河湖水质提升工作方案》提供参考；《关于规范社区垃圾分类的建议》提案，区城管局研究采纳，并通过完善垃圾分类收运专线和扩大工作覆盖面，推进垃圾分类工作落实；《加速启动AI应用场景建设计划》《加大智慧停车系统推广力度》《持续加强全区智能化公共安全视频监控建设》等提案，区政法委、区信息中心等部门高度重视，吸纳对策建议，为促进区智慧化建设发挥助推作用；《加快国际化城市“文化微景观”建设》《加强河西南部现代社区建设》《提升建邺现代化风貌和国际化水平的建议》等提案，得到区商务局、区文旅局等承办单位重视，并被纳入规划，有序推进。

围绕重点民生领域幸福感和满意度提升，委员们深入街道、社区调查研究，着眼民生关切，提出提案69件，立案办理61件。《关于区域内公共资源向义务教育阶段学校有限度、有计划开放的建议》提案，区教育局及时统筹，与相关驻区单位沟通，并在年度德育工作经费中设立专项补助经费促进发展；针对《加强基层卫生服务，提高人民幸福满意度》《进一步规范就医检查行为，防止重复医疗的建议》等提案，区卫健委加快推进“基层首诊、双向转诊、急慢分治、上下联动”医改试点工作落实，促进整体服务能力提升；区民政局吸纳《加快养老服务业发展》《进一步均衡社区及居家养老供需资源并提升服务水平》等提案建议，出台《建邺区促进养老服务业发展扶持办法》、创新时间银行等服务机制，促进养老服务业新发展；《提高老旧小区出新质量》《进一步加强物业服务企业和业主委员会有关工作的建议》等提案，及时反映关系群众切身利益重要问题，区房产局认真梳理，并推动相关工作改进，提升群众满意度。 （区政协办）

中共建邺区纪委

建邺区监委

综　　述

【概况】2019年，区纪委监委把“两个维护”作为根本政治任务，围绕重点强化政治监督，对领导干部利用名贵特产特殊资源谋利开展专项整治。与69家单位签订党风廉政建设主体责任书，与各级党组织主要负责人谈话133人次。严把选人用人政治关、品行关、作风关、廉洁关，回复党风廉政意见142批3447人次，任前考试及廉政谈话86人。

【纪检监察体制改革】2019年区纪委监委健全完善工作机制，严格按照南京市纪委监委请示报告事项清单，及时向南京市纪委监委和建邺区委请示汇报重大事项、有关案件，既报告结果又报告过程。落实党中央关于深化派驻机构改革决策部署，完善派驻纪检监察组与监督检查室协同工作机制，推动派驻机构职能拓展。对区级机关纪监工委进行更名，调整部分派驻纪检监察组监督范围，将区属国有企业集团全部纳入监察监督范围，实现监察职能全覆盖。做实派出监察员办公室工作，推动规范有效履职，2019年区监委2个派出监察员办公室专项监督135次，立案31件31人次。贯彻执行《中国共产党纪律检查机关监督执纪工作规则》《监察机关监督执法工作规定》，落实江苏省纪委监委、南京市纪委监委制度体系，严格规范使用调查措施，建立区监委和区公安分局、区检察院、区法院协作配合机制，完善办案程序、证据标准衔接机制，确保职务犯罪案件诉出去、判下来。加强巡察机构与纪检监察、组织、审计等部门协作，制定出台《加强巡察与审计工作协作配合的实施办法》。实施“巡察＋监察”赋能增效工程，建立“巡察机构＋监察员办公室＋街道纪工委”一体化督促整改机制，打造“不走的巡察组”。区委前9轮巡察移交问题线索办结167件，推动立案审查55人，给予党纪、政务处分42人，督促被巡察单位和相关职能部门建立完善风险管控制度731项。

重要会议

【区纪委十一届四次全会】2月1日，中共建邺区第十一届纪律检查委员会第四次全体（扩大）会议召开，区委常委、纪委书记、监委主任侯峻代表区纪委常委会作工作报告。会议回顾2018年全区纪检监察工作，与各街道、功能园区党工委和区城建集团负责人签订2019年党风廉政建设责任书，总结改革开放40年全区纪检监察工作，明确2019年主要任务，提出要强化思想理论武装，坚守纪律监察初心使命；加强党的政治建设，坚决破除形式主义、官僚主义；深化体制机制改革，构建全面覆盖权力监督格局；做实做细监督职责，运用精准思维提升监督效能；持续深化政治巡查，发挥巡查利剑作用；保持惩腐高压态势，削减存量遏制增量；维护群众切身利益，持续整治民生领域腐败问题。

【区纪委常委会】2019年，区纪委召开常委会议34次。传达学习南京市纪委《关于贯彻落实省纪委〈关于严肃整治领导干部利用名贵特产类特殊资源谋取私利问题的实施意见〉的通知》，审议《建邺区关于践行亲清新型政商关系的实施意见（试行）》，审议《建邺区全面从严治党区委主体责任和纪委监督责任清单》，研究有关案件工作，研究江苏省委巡视汇报材料，研究有关问责事项，研究干部处分事宜。

2月1日，中国共产党南京市建邺区第十一届纪律检查委员会第四次全体会议召开　（区纪委　供图）

监督执纪

【监督问责】2019年，区纪委监委共发出纪律检查建议书、监察建议书22份，确保监督不仅有实效，而且有长效。开展政治生态监测评估，制定出台《建邺区2019年度政治生态监测评估工作实施方案》，通过汇集巡视巡察、纪检监察和相关部门专项考核结果，把握政治生态趋势性变化。坚持惩前毖后、治病救人，宽严相济、分类处置，精准运用监督执纪“四种形态”。共谈话函询297件次，同比增长34.40%；处理332人次，其中，运用第一至第四种形态处理分别为281件、36件、2件、13件，分别占比84.60%、10.90%、0.60%、3.90%，监督执纪由惩治极少数向管住大多数拓展。加大对函询结果抽查核实力度，对如实说明的予以采信并向本人反馈结果。强化精准问责有力问责，认真贯彻新修订的《中国共产党问责条例》，完善问责情形和程序。对全面从严治党“两个责任”落实不到位、履行管理监督职责不力，坚持从严问责、坚决追责。全区党内问责28起，问责

年共接待95批次6000余名党员干部参观教育。

巡视巡查

【政治巡查】2019年，区纪委监委落实落细巡察工作主体责任，发挥政治监督作用，全年8次召开常委会、3次召开书记专题会，学习巡视巡察重要文件和讲话精神，研究巡视巡察整改工作，听取区委巡察工作汇报。坚持发现问题、形成震慑不动摇，全年完成3轮巡察，常规巡察8家区管单位，延伸巡察社区32家、基层站所11家，区管单位巡察覆盖率71.40%，对社区巡察覆盖率96.70%。工作中进行个别谈话802人次，查阅账册资料9706份（册），处理信访件15件，下达《立行立改通知书》33份。共发现问题718个，移交问题线索42条，提交专题报告6篇。

【巡察工作规范化建设】2019年，区委巡察机构把规范化建设作为一项基础性工作，落实好上级部署要求，对照中央、江苏省委巡视期间专项检查以及讲话精神，深入自查自纠存在问题，制定完善工作制度17个，巡察工作制度化、规范化、科学化水平稳步提高。实施“巡察+监察”赋能增效工程，加强巡察与纪检、监察、组织等部门协调沟通，构建科学、严密、有效监督网。强化对整改情况统筹协调和跟踪督促，规范区委巡察整改工作，前8轮巡察反馈问题整改率达97%。加强业务培训和实践锻炼，不断提高巡察干部履职能力。

（区纪委　区监委）

12月2日，十一届区委第十轮巡察工作动员部署会召开

（区纪委　供图）

民主党派

人民团体

民主党派

【概况】2019年，8个民主党派除台盟外，其余7个民主党派在区均有基层组织，有4个总支、3个基层委员会、38个支部，全区民主党派成员915人。

【民革建邺区总支】2019年，民革建邺总支完成总支委员会换届工作，8月成立社会法制与参政议政委员会，11月民革建邺首个“中山博爱之家”揭牌。民革建邺总支带领总支委员走进企业，走进江宁民主党派之家，与温商新生代联合会交流互通，与溧水综合支部开展共建活动，并赴洪泽与民革洪泽支部共建举行“牢记初心使命，博爱情溢校园”公益活动。建邺民革市政协委员提出的《关于强化农贸市场食品安全监管的建议》成为南京市政协副主席督办重点民生微提案。民革建邺总支提案获得政协南京市建邺区第十二届第四次会议优秀集体提案。5月29日，民革建邺综合二支部党员到南京市社会儿童福利院看望孤残儿童，并开展公益捐赠活动。6月5日，民革建邺各支部与莫愁湖街道10个社区签订结对共建友好协议，并在活动当天举行博爱敬老活动，向辖区困难老人送上慰问品与慰问金。6月26日，民革建邺经贸二支部在结对社区莫愁湖街道文体社区参加领取微心愿活动。

【民盟建邺区基层委员会】2019年，民盟建邺区基层委员会共有中华中学支部、莫愁职校支部、南京市高等职业学校支部完成换届，南师附中新城初中支部成立。全年区人大、区政协民盟代表们向区人大、区政协上报各类人大建议、政协提案20余篇，其中，3篇被评为优秀提案，5篇社情民意信息被采用。民盟建邺区基层委员会分别于5月18日和5月19日，在江心洲街道和沙洲街道，

4月11日，建邺区民主党派及无党派人士座谈会召开　（区统战部　供图）

举行2场大型社会服务活动，并在活动中慰问困难群众和民工代表。全年，民盟建邺区基层委员会困难帮扶活动11次。

【民建建邺区总支】2019年，民建建邺区总支深入会员黄粤宁、冉经红企业了解情况，召开企业座谈会，了解企业问题和困惑，向民建南京市委员会提交《聚焦民营企业发展，促进政商亲清交往》调研文章。对莲花小学10名女童开展爱心捐助活动，捐款1万元；“四源工程——圆我校服梦”助学活动，为安徽寿县板桥镇清真小学及毕墙村陈店小学共142人定向捐赠校服404套以及若干学习用品共计10.35万元；4月与民建马鞍山直属二支部结对，围绕“水清岸绿产业优长江经济带建设”调研。总支与建邺区沙洲街道5个社区结对共建，组织7名律师成立律师工作站，于9月29日在沙洲街道4个社区挂牌。

【民进建邺区基层委员会】2019年，民进建邺区基层委员会就区委统战部调研课题《建邺区水环境存在的问题与建议》和《民族传统文化在共建中的实施与发展》等走访调研，研究成果全部结题并上报；就《加强教育统筹工作力度，推进教育优化均衡发展》在区政协十二届四次会议上做交流汇报。参加民进江苏省委、南京市委统战部开展的“深入学习研究习近平总书记关于加强和改进统一战线工作的重要思想”主题征文活动；参加南京市政协开展的庆祝新中国暨人民政协成立70周年系列活动，报送征文；会内多名语文教师参加叶圣陶研究会与江苏省叶研会联合举办的“如何提高课堂教学实效”研讨会，开展理论研讨活动。会员胡卓然作为南京民进参政党理论研究会成员承担民进中央课题“70年多党合作经验研究”。响应中共南京市委“践行新思想·争做新贡献”调研活动，形成《深度整合利用大数据资源，构建长江大保护生态眼监管系统》调研成果。民进建邺区基层委员会全年撰写社情民意10余篇；提交联名提案1份，个人提案4份；各类简讯8篇。全年发展会员5名。民进南京市中华中学支部获得民进全国先进基层组织称号，居小秋获得民进全国组织建设先进个人称号；民进南京市建邺区机关一支部获得民进全省组织建设先进基层组织称号；新城中学怡康分校支部获得民进南京市组织建设先进基层组织称号；张国庆、刘军、陆军等会员获得民进南京市组织建设先进个人称号。继续参与“穿越2000公里的爱”系列活动，中华支部共计捐献冬衣223件，约1.20万元。

【农工党建邺区综合支部】2019年，农工党建邺区综合支部与奥体社区结成共建社区并多次对泰山路社区进行社区共建调研。支部发挥以医疗卫生系统为主党员优势，参与社区活动。2019年参加奥体社区2019家庭文化节活动和奥体社区第五届文化艺术节暨首届中外文化交流活动，为社区居民开展疾病诊治和健康咨询；为泰山路社区居民开展预防金融诈骗培训。多次为奥体社区、桃源居社区和积善社区贫困家庭捐款捐物。支部继续捐助 2 名贫困学子桃源居吴同学和积善新寓吴同学。在农工党南京市委组织第二批“重塑笑颜”行动中，支部派出党员志愿者服务手术儿童。

【致公党建邺区综合支部】2019 年，致公党建邺区综合支部共提交提案和建议 12 篇。致公党建邺区综合支部结对南苑街道庐山路社区和兴达社区，支部及时对社区进行走访和调研，重点了解社区建设难题、困难群众需求。在调研走访基础上，召开支部专门工作会议，研究商讨爱心共建方案。5 月，支部接待致公党湖北省委会、江苏省委会赴“致公之家”开展调研座谈活动。6 月 2 日，举办“爱心大手拉小手”专题活动，部分支部党员代表带着全体支部党员爱心到社区，将书包等学习用品，捐赠给家庭困难、品学兼优孩子，并观看孩子们拓展训练汇报表演。10 月 19 日在建邺区莫愁湖街道兆园社区开展送医送药进社区活动，活动联系和邀请南京市第一医院支部、南京市中医院支部多位医学专家进行现场义诊，支部购置一批药品，对现场居民免费发放。落实建邺区委统战部“微心愿”认领活动，暑期主动联系受助对象和她所在社区，为其提供暑期勤工俭学帮助并承担学费。

【九三学社建邺区基层委员会】2019 年，九三学社建邺区基层委员会提交各类提案 10 份，提交社情民意 10 篇，2 人分别被聘为建邺区减税降税监督员和区政协专家委员会成员。9 月完成建邺支社和明基医院支社换届工作。继续发挥好“九三专家工作站”作用，专家工作站作为技术支持单位帮助红杜鹃农业生态园成功举办“红杜鹃文化艺术节”和“红杜鹃梦幻灯光节”，帮助江宁湖熟园区推广粮油绿色高质高效生产技术。九三学社南京明基医院支社组织社员中医疗专家在金湖中医院、和县人民医院和建邺区滨湖社区服务中心等基层医疗机构开展专家门诊，在建邺区南苑社区病房开展定期查房工作；与长江路小学校方联合举办“关爱儿童，携手同心”支教活动。帮助其建设隔离室，还签订定期更换急救箱，定期安排健康讲座协议；与沙洲街道科技园社区结对共建，组织医疗专家为科技园社区民众开展义诊，并对该社区因病返贫困难户结对帮扶。九三学社建邺支社完成与莫愁湖街道茶亭社区结对共建工作，同社区 10 户贫困户进行座谈，了解他们的困难，并送去慰问金，对行动不方便困难户上门慰问；参加“茶亭红哨”家门口服务社区平台启动仪式，开展志愿服务；与莫愁湖街道江东门社区结对共建，参加江东门社区恽代英文化宣传活动；认领 4 个微心愿，为 4 位妇女及儿童完成心愿，购买学习用品、读书卡、电饭煲、行李箱等送上门。

（区委统战部）

3D数字游戏艺术师技能竞赛，为推动区域内数字影视、游戏、动画人才培养发挥作用。

建邺区总工会

【概况】2019年度，建邺区工会新增建会31家，会员增加5100人；建邺区工会建会数597家，会员114474人；工会数增长5.40%，会员增长4.60%。江苏省原力动画、南京越博李占江劳模工作室、南京福佑卡车等单位获"江苏省工人先锋号""江苏省示范性创新工作室"称号，包忠伟、王国强、高建明等人获"南京市五一劳动奖章"称号；落实《建邺区新时期产业工人队伍建设改革方案》部署要求，整合工会系统内外教育资源，为职工提供菜单式、个性化培训，帮助广大职工成长成才。持续开展"大众创业、万众创新"立功竞赛活动，在中国传媒大学南广学院举办2019年南京市职工职业（行业）技能大赛

【职工服务】2019年，区总工会对全区近600名困难职工进行慰问帮扶，发放款物近90万元，为身患癌症困难劳模捐款3.1万元，为近2000名职工、困难职工、劳模办理互助互济保险。为江心洲街道、沙洲街道、南苑街道、兴隆街道工会开展订单式职业技能、创业培训，解决近300名职工就业。联合江东商贸区总工会承办南京市2019就业援助月活动启动暨"春风送岗"大型综合招聘会，提供近700个工种、2万个工作岗位。为11名贫困学子助学圆梦。组织100余名职工、10名劳模参加南京市总工会组织的疗、休养。从源头参与企事业单位改制工作，规范企业职代会程序，新签订集体合同企业82家，区总工会联合园区、街道工会举办以"尊法守法、携手筑梦"为主题劳动法律培训14场，累计服务职工1100人次。发出春季邀约1000余份，规模企业集体协商建制率达90%以上，女职工专项保护协议签订率达96%以上。建邺市政工程建设公司、景宏园林公司分别获南京市2018年度"安康杯"优胜单位和优胜班组称号。

3月1日，全市工会就业援助月启动暨"春风送岗"大型综合招聘会召开在建邺区　（区总工会　供图）

【新时代职工文化建设】2019年，区总工会落实《南京市职工宣传思想文化建设意见》，开展“庆‘五一’暨‘新中国成立70周年’”系列活动，举办首届职工才艺、歌唱大赛，1000余名职工参加比赛。组织全区600余名职工开展登山活动。组织200余名企业职工参加南京市庆祝新中国成立70周年合唱与朗诵大赛、学党史国史工运史爱党爱国建新功知识竞赛，获优秀组织奖。与南京市文化宫联合开展周周乐广场放映活动10场次，参与职工5万余人。各级工会组织开展丰富多彩文化活动，机关工会开展趣味运动会，河西CBD总工会开展“我爱CBD”系列活动，江东商贸区工会开展“回顾党建历程，展望工作愿景”主题演讲比赛，莫愁湖街道工会开展“职工大讲堂——走进消防”，基层工会组织活力增强。

【基层工会组织建设】2019年，全区各级工会组织落实党建引领机制作用，区总工会对江苏省原力动画、苏交科、中建四局、顺钦集团、中央商务区科技企业孵化器、西祠文化创意园等一批企业和创业载体进行走访，对街道、功能园区内25人以上近1000家非公企业进行摸底调查，制订《建邺区2019基层工会工作目标任务》，推动南京核医学中心、南京雪开贸易有限公司、江苏普旭软件信息技术有限公司等30家有影响非公企业建会，新增会员3000人。落实“25人以上非公企业组建‘回头看’和八大群体入会专项行动”，互联网企业南京福佑卡车成立工会组织经验被全国总工会肯定。召开区总工会七届三次、四次全委（扩大）会议，及时替补七届委员会委员，指导新城房产经营集团成立工会组织，指导河西CBD、双闸街道、机关工会主席、副主席补选工作。组织工会协理员参加江苏省、南京市、建邺区业务培训40人次，推动非公企业建会及会员信息采集工作。同时，加强与相关部门联系，整合资源推进基层工会组织和规范化建设，全区基层工会组织建设水平和活力得到新提高。

【工会活动】3月1日，区总工会在河西万达室外广场成功举办全市工会“就业援助月”

9月26日，建邺区庆祝中华人民共和国成立70周年歌唱比赛举办
（区总工会　供图）

启动暨“春风送岗”大型综合招聘活动，南京市总工会党组书记、常务副主席孙强，江苏省总工会权益保障部部长臧铁柱，南京市总工会副主席刘辉，区委常委、副区长夏晓燕，区人大常委会副主任、总工会主席汤志平，区人社局副局长陈晓东参加启动仪式。此次活动致力于落实南京市委、市政府关于创新名城总体要求，加强对城市下岗失业人员、在宁务工人员、困难职工子女、青年大学生就业创业服务。招聘会包括职业介绍、技能培训、普惠活动、创业贷款、家政服务、咨询服务等方面。163家企业带来700余个工种2万个岗位，现场意向安置就业达1000余人。

9月26日，为庆祝新中国成立70周年，充分展现建邺广大职工群众朝气蓬勃、奋发有为、开拓进取良好精神风貌，建邺区庆祝新中国成立70周年职工歌唱比赛在国际青年文化中心南京保利大剧院举行，全区职工用合唱形式来歌唱新中国、歌唱新时代。本次合唱比赛建邺全区共有15个单位、30首曲目参赛，16首曲目进入决赛并获奖。

10月19日，2019年度南京市职工职业（行业）技能大赛3D数字游戏艺术师技能竞赛，在中国传媒大学南广学院举行，来自全市近200名参赛选手进行相关技能大比拼，在选手规模和专业度上都创新高。本届竞赛突出3D数字艺术师职业技能特点，注重技能操作，专业涉及数字艺术行业，包含影视、游戏、动画等行业领域关于3D美术全流程制作。来自南京市各区选手，经过理论和实际技能操作两项竞赛，最终产生一等奖1名、二等奖2名、三等奖3名，分别被授予“南京市五一劳动奖章”“南京市技术能手”“南京市五一创新能手”称号。（区总工会）

共青团建邺区委

【概况】2019年，建邺区共有团员13312人，基层团干部1776人，团总支5个，团支部606个；新发展团员681人，占青年总数1.50%，推优入党人数7人。区团委做好青年思想道德、青年教育、青年就业创业等10个领域41项具体工作，牵头筹备建邺区青年工作联席会议，协调全区15个有关部门作为成员单位，制定工作机制，并召开联席会，把青年工作摆在更加重要的位置，不断提高服务青年能力和水平。

【青少年思想引领】2019年，团区委深入开展“青年大学习”行动，组织全区各级团员青年围绕习近平新时代中国特色社会主义思想，以及习近平总书记在五四运动100周年、新中国成立70周年、中国少年先锋队建队70周年等时间节点发表的重要讲话精神，集中参与线上主题团课28场，组织宣讲会、学习交流会、寻访研学等形式学习活动173场，参与人数近3万人次。深入开展“争做新时代好队员”“红领巾寻访新中国伟大足迹”“国旗下的演讲”“我和队旗合个影”等主题活动。举办团干部、少先队辅导员、社会组织负责人各类专题培训班5场。加强网络宣传，创新运营新媒体平台。团区委官方微信发布445篇推文，阅读量约32.10万元；微博发布信息2844条，阅读量约208.50万元；微信新增粉丝1.10万余人，微博新增粉丝1000余人。同时，在微信、QQ平台上组建“青春建邺后援会”等兴趣社团，拉近共青团与青年距离，持续做好思想引领工作。

【青少年文化内涵建设】2019年，团区委参与举办“少年中国”国风音乐节，近3000名青年参与，线上直播点击量逾2000万次。“青春建邺”两微平台上发起“你最喜欢的国风音乐”话题引发全国青年热评，微信阅读数超1.20万次，留言超3200条，微博阅读量超10万次，留言及转发达1000余条。举办第九届世界华语辩论锦标赛，超过5300万人次通过《人民日报》客户端和《人民日报》微博观看比赛，留言数量超过7万条。充分运用新媒体手段，拍摄《我人生的第一堂团课》《我和我的祖国》快闪，《我是城市客厅小主人》红领巾寻访等视频，在学习强国App、交汇点移动新闻客户端、南京教育频道等媒体投放，传播社会主义核心价值观，增强青少年爱国主义情怀。

【青年创业就业服务体系构建】2019年，区实施“大学生进机关进企业进社区”计划，面向区内各机关部门、街道及园区企业募集优质实习岗位604个，团区委主动匹配各用人单位岗位需求及学生专业特点，线上线下累计录用大学生468人，帮助大学生提升就业能力，也为区各用人单位引进优秀人才积累资源、开辟渠道。持续开展“青眼看建邺”活动。联合高校举行企业交流、社区走访、创业园区参观等体验活动，让在宁高校大学生走出学校、走进企业、了解社会。全年共举办活动8场，参与大学生人数1300名。举办“青春心向党·建功新时代”新青年说系列活动3场，以不同创业主题为核心，通过经验分享、覆盖在宁高校学生2500人次。

4月27日，团区委在金鹰世界举办五四快闪活动　　（陈玉婷　摄）

【团组织建设】2019年，团区委推行团支部工作清单制度，开展团支部星级评定和整理整顿工作，梳理存在问题，抓整改落实。做好学社衔接工作，依托“智慧团建”系统集中开展学校毕业学生团员组织关系线上转接工作，减少学生团员毕业后失联现象，接收毕业生团员2614名，转出毕业生团员1208人。推进新兴领域团建工作，在团区委指导下，南京明基医院成功召开第一次团员代表大会，并授予其大学生“三进计划”（进机关、进企业、进社区）实习基地称号。全区新建超80家非公企业、社会组织团组织，新增团员3405人。

【团建品牌项目建设】2019年，团区委完成第四季、第五季“青梦起航”公益创投项目，累计引入22家社会组织项目落地，开展活动450场，服务约2.5万人次。推进“双积双评”线上平台建设，积分入团成果率先在全省试点推广，并于9月在全区中学完成线上投入使用。申报团省委“10100”创新创优项目8个，其中“洲岛青年微讲堂”团建项目入选江苏省“10100”创新创优立项项目。

【青少年志愿服务】2019年，为做好江苏发展大会属地保障工作，团区委先后3次组织200名河海大学志愿者参与完成嘉宾引导、乡贤林植树及秩序维护工作。开展保护母亲河志愿服务行动，成立“河小青”志愿服务总队和“河小青”红领巾志愿服务队，定期开展巡河、生态环保课题研究，增强青少年保护水资源、保护河湖意识。与南京五瑞创新研究院签约共建青少年治理塑料污染环保教育基地，选拔10名少先队“诵读学传”宣讲团成员、1名共青团员作为全区青少年代表向社会各界发起倡议，宣传生态环保知识，用行动担负起环保重任。

【困境青少年帮扶】2019年，团区委对口支援西藏自治区墨竹工卡县扎雪乡，以当地建档立卡贫困学生为帮扶对象，为9名学生提供1万元爱心助学金。深入淮安市淮安区仇桥镇中心小学开展对口帮扶工作，针对当地实际需求，在少先队队伍建设、阵地建设、青少年思想引领等方面形成长效合作机制，并捐赠3万元项目帮扶资金。实施“圆梦行

11月1日，团区委赴淮安市淮安区开展对口帮扶　（黄嘉琳　摄）

动”“暖冬行动”，对23名困境青少年进行一对一帮扶，帮扶资金共7800元。针对150余名困境青少年、重点青少年，打造“心阳光”关爱基地，开展“心阳光”公益小课堂等活动，并在暑期举办“童享阳光·希望有约”公益夏令营及公益暑托班，为特殊群体健康成长营造良好环境。

【团员青年技能竞赛】11月19日，团区委赴南京市将军山中学参加2019年度南京市中学中职学校微团课大赛，建邺团区委所选送南湖第二中学周存秀、南京外国语学校河西初级中学刘雅婧获教师组特等奖，南京外国语学校河西初级中学吴锦程获学生组一等奖，建邺团区委获优秀组织奖。2位优秀教师有幸进入省级决赛，并于11月29日“菁菁杯”第四届江苏省中学中职微团课决赛中荣获特等奖。

12月4—6日，在徐州市云兴小学城东校区举行2019年江苏省少先队辅导员少先队活动辅导技能展示活动。区致远外国语小学分校大队辅导员王文君获江苏省少先队活动案例比赛项目小学组特等奖。南师附中新城初级中学老师陈旭获江苏省少先队活动案例比赛项目初中组一等奖。2位大队辅导员均获少先队基本理论测试项目特等奖。

【队前教育8课时活动】3月，建邺区少工委开展全区队前教育8课时——“红映在心里，心向着太阳！”队前教育活动，帮助一年级新生在参与过程中实现文化认同，增强小同学们对少先队向往，规范他们行为。根据一年级预备队员年龄特点和心理特征，建邺区各校开设多种途径少先队知识学习新途径：队前教育8课时启发、红领巾小小辅导员讲解、家庭辅导员熏陶、智慧云课堂巩固等，来讲解少先队知识。（团区委）

建邺区妇联

【概况】2019年，全区女性人数208468人，妇联组织数151个，女性社会组织数43个，女干部人数457人。区妇联推出倾情礼赞新中国、巾帼建功新时代专题宣传，庆祝中华人民共和国成立70周年主题宣传，在“建邺半边天”微信公众号刊发信息140期，发布各类消息450余条，累计图文总阅读量为11.80万人次。

【儿童·家庭友好国际街区建设】2019年，围绕政策友好、空间友好、文化友好、服务友好4个维度，立足妇女、儿童和家庭需求，江苏省、南京市、建邺区三级妇联联动探索打造莫愁湖西路儿童·家庭友好国际街区。制定战略规划，明确建设标准，将政策、资金、服务、文化聚焦街区。以空间友好规划街区布局，主动将儿童友好元素融入城市规划、道路建设、小区出新、公园改造等各项工作，

7月30日，全省妇女儿童工作会议暨莫愁湖西路儿童·家庭友好国际街区现场会召开
（区妇联 供图）

为老城微更新、微改造注入新内涵，借力莫愁湖公园修葺之际，6000余平方米儿童悦享空间建成投用。推进中国儿童友好社区试点单位创建，10个社区通过预审。同步启动产业调整，主动对接阿里巴巴等龙头企业，以"互联网+"思维推动友好街区项目高质量发展。筹建友好街区联盟，广泛发动社会资源、女性社会组织、巾帼志愿队伍，以需求定项目，为妇女儿童和家庭提供精准服务。广泛开展儿童议事会、莫愁小导游等各类活动，鼓励和吸纳儿童全程参与友好街区建设。注重从导语、标识、公共设施、文化氛围、主题活动上充分体现儿童·家庭友好文化气质，形成街区鲜明文化特色。推出"让一条街记住你""建邺，给孩子一个友好空间"等系列宣传，线上线下征集并借莫愁湖公园开园发布街区LOGO，多渠道、立体化宣传儿童友好城市理念和街区品牌。

【妇联执委履职体系建设】2019年，区妇联制定出台《建邺区妇联第十一届执委履职工作意见（试行）》，将70名区妇联执委以街道为单位进行分组，要求执委坚持做到亮执委身份、亮工作内容、亮品牌项目，不断提高自身履职水平和服务能力。各街道已组织开展3轮、18场执委小组活动，搭建妇联执委沟通交流、相互促进良好平台。

【社会服务平台建设】2019年，区以建邺区半边天女性社会组织服务中心为核心，"儿童议事会"和"微家服务促成长，香山红枫一家亲"2个项目入围2019年度省级妇女儿童公益社工服务项目，"心灵守望生病家庭心理关爱"项目、"书香妈妈社区阅享空间"建设项目等11个微创投项目通过中期评估。先后在河西中央商场、江东商贸管委会、科技园管委会组织开展大型公益交友活动，共服务单身青年800余人次。以"巾帼加油站"综合服务项目为抓手，持续推进园区女企业家服务站建设，为民营经济发展营造更好发展环境，为园区职场女性搭建更好的服务平台。联合区人社局开展迎三八架金桥春风送岗大型招聘会，为女性提供200余个就业岗位。

【家庭文明建设】以“寻找最美家庭,献礼70华诞”为主题,开展寻找建邺区2019年度“最美家庭”活动,全区共表彰孝老爱亲等9类、85户“最美家庭”,其中王恩惠、李金华等7户家庭被评为南京市“最美家庭”。举办亲子共读暨书香妈妈培养活动,联合区阅读领导小组办公室评选出区阅读推广人1名、“书香家庭”4户,营造“书香家庭”“书香校园”浓厚阅读氛围,朱莉、刘平波2户家庭当选江苏省文明家庭。正面引导,推进家庭文明载体建设。探索互联网时代对家庭教育带来的机遇和挑战,在建邺半边天微信公众号开设“声声分享”有声栏目,通过发布“法眼看婚姻系列”“育儿分享系列”“红色家书系列”等知识及案例宣讲,在家庭教育、妇女权益保护、主题教育等方面起到良好宣传效果。开展家庭文明硬件载体建设,加大家庭新风教育,莫愁湖街道水西门社区家庭档案指导服务中心揭牌,莫愁湖街道水西门社区家长学校被推荐为全市示范性社区家长学校。

【巾帼志愿服务】2019年,区妇联以建邺区“一家亲”巾帼志愿服务联盟为平台,号召全区各巾帼志愿服务队开展“邻里守望·姐妹相助·与爱同行”巾帼志愿服务,为妇女儿童办实事、解难事。区妇联组织开展“妈妈的爱巧手圆心愿”建邺区妇联2019年母亲节暨“姐妹相助·与爱同行”巾帼志愿服务活动,帮助20户单亲贫困母亲和孩子实现微心愿。

【妇女儿童合法权益维护】2019年,区妇联利用“三八”国际劳动妇女节、《中华人民共和国反家庭暴力法》施行3周年、“六一”国际儿童节等重要时机,区广泛开展三八维权周、反家庭暴力宣传等活动,宣传《中华人民共和国婚姻法》《中华人民共和国妇女权益保障法》《中华人民共和国反家庭暴力法》《中华人民共和国未成年人保护法》以及男女平等基本国策,促使广大妇女儿童学法、守法、用法。做好法律援助,不断提升妇女儿童维权服务能力。做好困难妇女群众帮扶慰问,定期走访慰问单亲贫困母亲。加强与区法院、区检察院、区公安分局、区司法局等专业维权部门联系合作,处理好涉及家庭暴力等问题信访工作,共接待人员18人次。开展“宁姐工作坊进社区”活动,深入基层为240余名居民群众送去法律知识讲座。协调社会力量,维护妇女在婚姻中合法权益。委托女性社会组织南京市莫之愁社会工作服务中心定期在区婚姻登记处驻点,每周2天为婚姻出现问题的当事人提供法律咨询、调解、婚姻拯救服务,共接待调解263对涉婚男女,调解和好56对。

【妇女先进典型打造】2019年,区举办“凝聚‘她’力量、逐梦新时代”“三八”国际劳动妇女节109周年纪念大会,表彰方艳等4位南京市三八红旗手、建邺区社会福利院等4家南京市三八红旗集体,在建邺半边天微信公众号开辟专栏加强对先进典型宣传。建邺区政务服务中心被评为2019年江苏省巾帼文明岗，孙俊杰被评为江苏省2019年巾帼建功标兵，健园社区健园书房入选南京市首批宁姐阅读示范空间，南京创邦企业管理有限公司获得南京市巾帼创业创新孵化示范基地称号，推荐辣时花开生活社负责人金星参评中国好网民江苏榜样。

【妇儿教育】2019年，以南京师范大学附属中学新城小学北校区为试点，区开展性别平等进课堂、性别平等征文等活动，推动性别意识主流化。开展母亲学堂、亲子教育课堂、儿童心理发展矫正等专题教育沙龙，辐射家长、儿童近千人次，引导建邺女性树立终身学习理念，促进其子女教育理念提升，培育良好家庭环境。

【妇联组织建设】2019年，区妇联推进妇女微家和妇联执委工作站建设，把妇女微家打造成为基层妇联组织宣传党的路线方针政策阵地、传播科学文化知识课堂、联系妇女群众纽带、服务妇女群众窗口，全区已建成妇女微家59个。按照哪里有妇女哪里就有妇联组织和妇女工作的要求，推进“四新”领域妇联组织建设，成立“四新”领域妇联组织58家。举办区妇联系统三级干部培训班暨半年工作推进会，来自街道、系统、园区160名妇女干部参加培训，包含“当前社会思潮与国家意识形态安全”“营造蓝色家文化”“女性公益项目的设计与操作”等培训课程。

【区妇联十届八次执委（扩大）会议】3月28日，建邺区妇联召开十一届二次执委（扩大）会议，会议完成区妇联十一届执委替补工作，并选举彭卫芳为新一任妇联主席，同时审议通过《建邺区妇联第十一届执委履职工作意见》，区妇联主席彭卫芳对意见进行解读。

【“亲子共读暨书香妈妈培养活动”启动仪式】4月16日，区文明办、区妇联、区教育局、区文旅局联合在南苑幼儿园开展以“点燃阅读激情 书香溢满家园”为主题“亲子共读暨书香妈妈培养活动”，当日启动仪式约300

4月16日，建邺区亲子共读暨书香妈妈培养活动举行

（区妇联　供图）

续表 3

科普阵地	级别	创建名称
科普示范社区	国家级	莫愁湖街道福园社区（后与原凤栖苑社区合并为凤栖苑社区）
		兴隆街道奥体社区
		南苑街道吉庆社区
	省级	兴隆街道正达社区
		沙洲街道中奥社区
	市级	莫愁湖街道明园社区
		兴隆街道月安社区
科普示范街道	市级	南苑街道
防震减灾科普示范学校	省级	双闸中心小学（现为莲花实验学校小学部）
		南湖二中
		南师附中新城初中
		莫愁湖小学
		中华中学附属小学

（区科技局）

建邺区工商联

【概况】2019 年，区工商联新发展会员 14 个，新建商会组织 2 家，共有会员 2489 家。

【工商联组织建设】2019 年，区工商联加强组织建设，召开建邺区工商联（商会）九届三次执委会，增补副主席、副会长、常委、副秘书长和执委，优化队伍结构，健全完善工商联机构和各项制度，提高工商联整体工作能力和服务水平。加强商会建设，指导成立南京市建邺区工程机械商会、南京市建邺区高邮商会，走访南京市建邺区响水商会、建邺区金陵国际家居商会等商会，了解商会建设情况，听取商会意见建议，对商会作用发挥和党组织建设提出指导意见，提升商会服务会员水平。走访调研企业，深入工商联常执委及新增会员企业调研，宣传民营企业发展政策，听取意见建议，解困难问题，协调解决相关问题。

【区高邮商会成立】8 月 2 日，南京建邺区高邮商会举行成立大会。区委常委、统战部部长姜巧玲，区委统战部副部长、工商联党组书记樊谊参加会议。高邮商会会员包括智能制造、餐饮酒店、医疗健康、环保科技、建筑工程、传媒设计等多个行业 120 余家会员企业。12 月 29 日，高邮商会成立党支部成立。

（区委统战部）

法治

政法委与综治

【概况】2019年，区委政法委完成国庆安保和国家公祭日属地保障任务。召开领导小组会议，强化反恐意识，压实反恐防恐工作责任。落实风险点排查防控化解机制，开展专项行动，打击通信网络诈骗犯罪，排查整治群租房隐患。推进扫黑除恶专项斗争，落实安保维稳工作。严厉打击违法犯罪，做好社会面整体防控。提升网格工作服务化制度化水平及网格员职业化水平，打造品牌特色和网格治理建邺模式。全面开展出国（境）行前教育。严把安全保密关，开展企业访谈、网格员培训、中小学国安主题教育工作，组织政法干部参观国安教育馆，举办国安主题影片展映，在侵华日军南京大屠杀遇难同胞纪念馆设立流动宣传栏。

【平安建邺建设】2019年，区完善打防管控一体化、立体化社会治安防控体系，加大雪亮工程建设进度，全区实现视频监控点全覆盖，同时，发挥平安联盟作用，加大对主街大道、背街小巷、重点部位巡逻防控力度，提高街面见警率，做到白天见警察、晚上见警灯，挤压犯罪空间，让人民群众感受到安全就在身边。加强对学校、幼儿园、医院等重点场所、部位安全防范；完善特殊人群救治管理服务工作机制；对全区水电油气单位、涉危单位、易制毒化学品单位、寄递业网点、印刷业单位、旅馆、歌舞洗浴场所开展滚动式排查，堵塞安全漏洞、压降风险隐患，严防严控重大公共安全事故发生。树立大平安理念，把工作触角延伸到维护政治、经济、文化、生态安全等各个领域，把工作着力点从打击、防范、管控拓展到服务、治理、建设等各个环节，以民生改善促进社会平安，围绕群众最急需教育、就业、医疗、养老、住房、环保、交通和食品药品等民生问题，列出项目、定出目标，确保办成平安护民10件实事。

【扫黑除恶专项斗争】2019年，区委政法委把开展扫黑除恶专项斗争作为重大政治任务，纳入年度平安建设考核，问题线索和黑恶积案实现“双清零”。举办专题宣传活动130余场，发放《致全区人民群众一封信》6万余封、《扫黑除恶应知应会读本》千余册，开设举报热线、网站、邮箱，公布奖励政策。对黑恶势力关系网、保护伞一查到底，案件查办与打伞破网、打财断血同步。加强政法单位与银行、金融、税务、审计等部门协作，加强信息互通，建立长效机制。开展对黄赌毒和黑恶势力听之任之、失职失责，甚至包庇纵容、充当保护伞问题专项整治行动，黄赌毒、黑恶势力违法犯罪得到有效遏制。

【风险防控专项行动】2019年，区开展社会矛盾和安全隐患大排查大整治行动，围绕防范

7 月 16 日，建邺区社会矛盾和安全隐患大排查大整治工作推进会召开

（区政法委 供图）

化解重大风险攻坚总目标，对全区重点领域风险点进行分析和评估，按照风险程度划分为红、橙、黄 3 级，建立风险防控 4 项机制，严格落实信息研判、风险评估、部门协同、防控责任要求。通过信访积案大排查大化解专项行动和百日攻坚专项活动，落实负责人包案、限时推进等措施，推动信访积案化解取得成效。同时，开展生产安全隐患排查和消防风险治理等专项整治行动。通过打击通信网络诈骗犯罪专项行动，实现通信网络诈骗发案及人民群众财产损失"双下降"，抓获违法犯罪嫌疑人及破获案件数量上升"两降两升"目标。排查整治群租房隐患，协调对全区出租房屋特别是群租房开展全面摸排整治，实现出租房及居住人员数见底、风险隐患查清、突出矛盾整改到位、房屋租赁市场秩序规范、出租房长效管理机制建立。

【网格化社会治理机制创新】2019 年，区在社区建党委、网格建党支部、楼栋建党小组组织架构基础上，推进红网格建设。全区 598 个综合网格均实现网格内党组织全覆盖、党建活动率达 100%；均建立网格内网格员公示、党员志愿登记等机制，把党组织优势转化为基层网格治理效能。把提升居民群众满意度和公共安全感作为主攻方向，形成社区干部 + 党建网格长 + 志愿者网格化党建模式，赋予网格党员政治引航员、邻里守望者、社区啄木鸟 3 项重要角色，强化为民服务常态化，发挥党员先锋模范作用。健全工作领导小组，推动网格工作制度化、规范化、标准化，建章立制、以点带面、科学推进，形成跟踪、督促、通报、整改全闭环达标工作流程。明确各职能部门参与网格化社会治理工作内容、要求和考核办法，完善信息上传、平台处置和工单流转等功能，推进一张网建设。针对全区 6 个街道存在网格创建规范达标率不高等问题，组建队伍对全区 106 个网格开展调研，累计召开 35 场座谈会，收集网格员意见 80

余条，23名区级部门负责人走进网格体验一日网格员工作。配齐配强专职网格员，确保所有网格达到一格一员要求，根据3大类21项任务清单，提高专职网格员专业技能，累计组织10批网格员培训。挂牌成立南京网格学院建邺分院，建立专职网格员人才孵化基地。开展全区最美网格员评选活动，发挥先进典型示范引领作用。完成区、街联动指挥平台，建立街道网格化工单流转机制，建成两级网格化服务管理中心建成。培育兴隆街道乐山路社区7+N工作模式、双闸街道党建联盟、沙洲街道中央商务区社区春雨驿站、中城社区四治模式和江心洲街道洲岛家园五联工作法等党建品牌。开展全区红网格评选活动和优秀案例报送活动，推广一批经验做法、典型案例，网格工作社会影响力扩大，网格员巡查服务工作开展率提升。

【安保维稳】2019年，区委政法委牵头对全区金融、环保、物业、租赁、拆迁等问题，建立跨部门会办协调机制，发挥牵头调处作用，开展现场业务指导、司法协调（含人民调解）、宣传、后勤保障等工作。开展源头预防、信息预警、属地稳控、警信协作等措施，对社区服刑人员、安置帮教人员落实精准矫正和疏导教育措施。保障17项市级以上重大活动顺利举办。累计完成稳评项目13个，保障南京市、区多项重大项目顺利推进。

（区委政法委）

法治政府建设

【概况】2019年，建邺区加大法治政府建设，完成区级机构改革，做好政府信用建设。推进“放管服”改革、行政审批改革，提升政务服务内涵。加大执法监督，推进行政执法规范化建设，不断提升依法行政水平。围绕社会和谐稳定，不断推进社会治理工作。

【行政决策机制完善】2019年，年初开展全区重大行政决策事项申报工作，对被列入目录的《建邺区2019年义务教育入学实施办法》《建邺区2019年老旧小区环境整治工程》等事项及时进行公示，决策过程中开展风险评估、专家论证、公众参与等工作。学区划分组织家长座谈、小区出新开展居民座谈，为政府决策提供参考依据。

【规范性文件管理】2019年，区政府制发《建邺区规范性文件管理规定》，对全区规范性文件法制审核进行规范化管理。编制区规范性文件制定计划，并对1件规范性文件进行修订。开展评估工作，提高规范性文件质量，保证规范性文件制定合法性和科学性。开展多领域规范性文件专项清理。全年审核规范性文件1件，区政府和部门其他文件22件，规范性文件备案率和及时率均100%。

【法制审查】2019年，区引入法律产业园内优秀律所、律师充实政府法律顾问力量，编制完成《建邺区行政合同审查操作标准》并制定《建邺区政府合同合法性审查工作规范》。共审查区政府行政合同54件，部门合同11件，区政府法律顾问委员会为区政府提供法律服务156件次，参加行政应诉案件43件次，参与行政复议案件32件次。

【行政执法规范化】2019年，区全面推进“三项制度”（行政执法公示制度、执法全过程记录制度、重大执法决定法制审核制度）落实。制发建邺区“三项制度”文件，并将“三项制度”落实情况纳入依法行政考核和绩效考核，全区各行政执法部门基本建立本单位“三项制度”体系，建成建邺区“三项制度”公示平台，上线运行。重点执法单位均采取配备执法记录仪的方式，进行行政执法全过程记录，区城管局为基层一线执法人员配备具有实时定位、传输信息的4G执法记录仪，区卫健委开展多次“移动执法记录仪”使用集中培训。区各行政执法单位均能落实内部法制审查制度要求，区应急管理局指定2人进行兼职法制审核，区市场监管局明确重大行政处罚决定由法制科予以审核，审核人员均具有法学学士学历或硕士学历，并在下设的6个分局均配备法制员。加大执法监督工作力度，对全区行政执法主体进行清理，共确定36个执法主体，并将结果向社会公示。开展执法证件换领工作，换证681件，新办证42件。以“三项制度”落实情况为重点开展2次执法检查和2次全区案卷评查工作，将评查结果分别向执法主体进行通报。

【行政复议】2019年，区相关部门高度重视行政复议应议工作，行政复议答复书法理得当、观点明晰、证据依据充分。特别是行政机关负责人能参加行政复议听证，通过面对面方式，主动化解行政争议。全年行政机关负责人参加行政复议听证率96%。全年审结的行政复议案件中，通过和解、调解撤回申请致复议终止7件，占审结案件总数26%。深入推进“阳光复议”，提高办案质效，增强行政复议公信力。

【法治宣传】2019年，区严格落实区政府及其部门负责人集体学法制度。区政府常务会议组织学习《中华人民共和国宪法修正案》。开展《中华人民共和国水污染防治法》《中国共产党党组工作条例（试行）》学习，扫黑除恶专项斗争专题学习会专题授课，新修订《中华人民共和国公务员法》专题授课。针对机关干部组织开展专题法律培训，提高干部法治建设能力。开展法治走基层系列宣传活动，举办“法治惠民·12348在行动”“尊法守法·携手筑梦”大型主题法治宣传活动，建设并启用区法治宣传教育中心。拍摄《小强学法——宪法篇》动漫，举办“不忘初心、牢记使命”大型主题教育暨法治宣传文艺展演活动。 （区司法局）

公　安

【概况】2019 年，建邺公安分局围绕新中国成立 70 周年大庆安保维稳和基础工作攻坚，坚持政治建警、改革强警、科技兴警、从严治警，深入推进扫黑除恶专项斗争和双轮驱动战略，公安工作和队伍建设实现新发展。2019 年，先后有 18 个集体、96 名个人获得南京市公安局及以上荣誉，荣立集体二等功 2 个、个人一等功 2 个、个人二等功 3 个，高等次荣誉在主城区公安分局中最多。

【治安防控体系建设】2019 年，区依托巡特警大队、警务工作站、派出所 24 小时值守及 2 辆武装巡逻车、10 辆冲锋车、15 辆街面常态巡逻车动态防控，建强全区快速响应机制，提升应急处突效能。坚持屯警街面、动中备勤，区公安分局整合联动 232 家单位、6000 余名保安打造平安联盟，建立具有建邺特色群防群治新模式，不断提高见警率、管事率和公开震慑力，辖区连续 6 年保持发案下降，发案数主城区最低。

【社会治安维护】2019 年，区将维护校园安全摆在突出位置，在全区 91 所中小学、幼儿园建立常态化模式公安护学岗，建强一键式报警等技防设施，全面提升校园安全防范水平。5 月，全国校园安全工作经验交流现场会在区召开，《新闻联播》对建邺经验予以特别报道。针对河西南部偷倒渣土垃圾问题突出现象，联合城管部门开展专项打击整治，坚决遏制偷倒问题多发频发势头。针对食品药品、环境污染、制售假犯罪等群众反映强烈问题，加大打击惩处力度，2019 年累计抓获相关犯罪嫌疑人 162 名，守护群众“菜篮子”、“药罐子”和清水蓝天。

【平安联盟联勤联动】9 月 4 日，区召开平安

5 月 17 日，全国校园安全工作经验交流现场会召开　（区公安分局　供图）

联盟现场会暨新中国成立70周年安保动员部署会。为推动群防群治工作，提升社会面见警率、管事率。在区委政法委支持下，区公安分局按照3个警务站辖区划分，逐个区域推进，系统规划社会面安保力量，形成联勤联动工作合力。全区已整合联动232家单位、6000余名保安人员加入平安联盟联勤联动工作机制，全部统一配备电台、服装，建立具有建邺特色群防群治新模式，不断提高见警率、管事率和公开震慑力，2019年刑事案件发案数同比下降13.10%，发案总量主城区最低，多家外地同行到区调研先进经验，赢得一致好评，新时代枫桥经验建邺样本平安联盟初显成效。

【违法犯罪惩处】2019年，区坚决防止金融领域风险向政治领域传导，持续开展扫楼行动，累计排查金融企业3万余家，依托采集平台标注1723家，其中重点风险企业70家。加大对新型网络传销、非法集资等犯罪惩处力度。2019年，共立案查处各类经济犯罪案件38起，抓获犯罪嫌疑人203名；查封各类房产55处，厂房土地5处、车辆15辆，追缴退还款项4997.88万元。妥善做好爱福家、付融宝、候鸟健康等涉众型经济案件侦办工作。

区深化扫黑除恶专项斗争，坚持扫黑、除恶、治乱同步推进，深入推进“霹雳”“清风”系列专项行动。破案攻坚效能显著提升，共接收各类举报线索277条，办结210条，其中中央督导组下交23条线索全部办结。共打掉黑社会性质组织1个（提起公诉），恶势力犯罪集团4个（一审判决3个，提起公诉1个），涉恶团伙46个，破获涉黑恶案件220起，抓获涉黑涉恶犯罪嫌疑人562人，同比分别上升44.74%和33.33%；查扣各类涉黑涉恶资产1.10亿余元。刑事案件破案率达37.20%。缴获枪支41支、铅弹729发、管制器具440把、毒品1417.73克。中央扫黑除恶第17督导组督导反馈问题后，分局新破获涉黑涉恶案件58起，抓获犯罪嫌疑人163人，新增查扣各类涉黑涉恶案件资产3600余万元。全区21家涉赌电子游戏机室全部被取缔，22家桑拿洗浴按摩场所全部纳入常态化管理。

区组建机关合成行动队，建强巡特警大队维稳专业力量，全天候待命备勤、维稳处突。对全区42家反恐重点目标逐一落实反恐责任，督促落实技防、物防、人防措施，开展多轮次滚动排查，确保绝对安全。加强专案打击，破获非法持有宣扬恐怖主义、极端主义物品案，抓获犯罪嫌疑人3人。

【道路交通安全管理】2019年，为确保建邺市民出行畅通，展现建邺“城市客厅”良好交通形象，建邺交警四大队不断优化道路通行秩序，深入推进畅行计划，细化路口路段管理措施，道路综合管理能力提升。部分人流量密集十字路口逐步安装行人及非机动车违章人脸自动识别系统，检查标志标线是否清晰醒目，对路口路段行人过街、机动车和非机动车分离、人车分离等安全设施进行完善，早、晚高峰等重点时间段，加大警力进行指挥疏导和调控。加大安全隐患整治查处力度，对行人、非机动车违法进行曝光处罚，累计违章5次以上交管部门约谈违章人，违章严重者列入失信人员名单。从10月12日开始，按照江苏省公安厅开展道路交通安全“百日整治”行动要求，建邺区对“两客一危”（是指从事旅游包车、三类以上班线客车和运输危险化学品、烟花爆竹、民用爆炸物品道路专用车辆）运输企业开展全面深度安全检查，同时开展高危车辆严重违法集中攻坚，严查严处渣土车、混凝土搅拌车等工程运输重点车辆闯红灯、超速超载、涉牌涉证等违法行为，建立渣土车黑名单制度，坚决根治交通安全隐患。

1月27日，首届“青奥艺术灯会”安保工作现场　（区公安分局　供图）

【重大活动安保】2019年，面对日益增多高规格会展会议，区认真落实主场主责，完成江苏发展大会、青奥艺术灯会等各类大型活动安保任务489项951场次，均实现安全无事故。万人以上规模活动57项143场次，占全市50%以上。完成侵华日军南京大屠杀遇难同胞纪念馆安保任务，累计接待参观人员57.60万余人次，仅10月3日当天参观人数达13.40万人，创单日历史最高纪录。

【公安基层基础工作】2019年，区公安分局开展为期3年基础工作攻坚，深化网格化社会治理创新，将警务工作融入全区792个网格，用足用好社区民警工作经费，实现事在格中办、人在格中管、信息在格中采。深入开展矛盾纠纷大排查大化解工作，不断弘扬新时代枫桥经验，打造一批枫桥式派出所。强化新业态监管力度，创新智能门锁系统，安装率达100%，破解日租房、网约房、胶囊旅馆管理难题，实现以锁管房、以锁管人。深入开展寄递、印刷业整治，对全区72家寄递业网点、106家印刷业单位开展不间断、滚动式排查。在63家寄递网点安装慧寄递系统，严格落实寄递网点收寄验视、实名登记、过机安检3个100%。深入开展安全生产排查整治工作，严管严控20家水电油气单位、52家涉危单位、61家易制毒化学品单位、646户群租房和6543家“九小场所”，落实安全责任，实现全流程监管，堵塞安全漏洞、压降风险隐患。为全区九小场所、独居老人家中安装烟感报警器5900套，有效提升火灾防范能力。

【公安便民服务】2019年，区公安分局深化“放管服”（简政放权、放管结合、优化服务的简称）改革，优化全区大型活动申办流程，在南京国际博览中心专门设立大型活动审批服务站，对年会、学术论坛类活动，由审批制改为备案制。坚持简政放权，推进不见面审批和网上办、就近办、一次办，形成青奥境外人员管理服务之家等特色服务品牌，打造15分钟便民服务圈。（区公安分局）

法 院

【概况】2019年，区法院全年受理各类案件24765件，其中新收20896件（刑事613件、民商事14310件、执行5973件），同比增长35.34%；结案20281件（刑事604件、民商事13839件、执行5838件），结收案比为97.10%；员额法官人均结案460件，位居全市前列。区法院被评为全省法院第十三届“金法槌”杯案例组织工作先进单位，区法院刑庭被评为全国法院认罪认罚从宽制度试点工作先进集体，区法院家事庭获评南京市妇联“巾帼文明岗”，1名法官获评2019年度全市法院系统“最美法官”称号。

【刑事案件审判】2019年，区法院严厉惩处重点领域犯罪，充分发挥刑事审判惩治和预防犯罪职能，审结各类刑事案件604件，判处被告人842人，其中判处3年以上有期徒刑151人。参与非法金融活动专项治理工作，受理非法集资案件34件，涉及集资参与人17.40万余人，涉案标的365.50亿元，审结9件19人。重点惩处故意伤害、聚众斗殴等严重危害社会公共安全和影响群众安全感犯罪，审结案件154件163人。加大对抢劫、盗窃、诈骗等多发侵犯财产犯罪打击力度，审结案件165件205人。严惩破坏生态环境犯罪，审结非法收购、运输、出售珍贵、濒危野生动物、野生动物制品和污染环境等犯罪案件64件144人，涉及被告单位8家，判决赔偿生态环境损害费用123万元。深入开展扫黑除恶专项斗争，围绕扫黑除恶专项斗争重大部署，加大惩处力度，审结江苏省扫黑办挂牌督办涉黑社会性质组织犯罪案件1件17人。审结恶势力犯罪集团案件2件16人，寻衅滋事等13类犯罪案件50件87人。依法查封、保全涉黑恶案件被告人房产9套、现金98.40万元，判处罚金总额282.90万元。坚持宽严相济刑事政策，适用

整合，按期完成区法院内设机构改革，机构数量由18个精简为11个，科学配置人力资源，机构职能得到优化。在诉讼服务中心设立非诉讼服务中心分中心，整合人民调解、行政调解、律师调解、仲裁等非诉讼纠纷化解方式，将矛盾纠纷有效化解在诉前。推进案件繁简分流，在立案庭、道交庭、南湖法庭组建民事简易案件审判团队，在执行指挥中心设置快执团队，分流审执结简易案件6838件，占全院结案数33.70%。落实智慧法院项目建设，完成诉讼服务中心人脸识别报警系统、网络服务器升级改造，全面推行电子卷宗随案生成，便利当事人、代理人和社会各界快捷查阅需求。“江苏微法院—微执行”等智慧执行系统均已建成使用，执行事务性工作规范化水平明显提升。政法办案协同平台新增法律援助及社区矫正信息化系统，流转刑事案件504件。全省非法金融活动信息监测平台投入使用，通过平台移送区扫黑办涉嫌套路贷虚假诉讼案件65件。落实审判监督管理改革，明确院长、庭长审判监督管理权责清单，制定下发《院庭长案件监督管理办法（试行）》，确保院长、庭长依法全面履行审判监管职责。院、庭长办案常态化，办结案件13370件，占结案总数65.90%，示范带头作用得到发挥。制定《审判高质量发展321专项行动方案》，刊发审管通报82期，优化案件节点管理，严格审查审限变更程序，健全完善违法审判责任追究制度，确保有序放权与有效监督相统一。

【法院监督体系建设】2019年，区法院主动接受人大监督，向区人大常委会专题报告金融审判工作1次，配合区人大法制委开展人民陪审员专题调研座谈会1次，办结区十八届人大三次会议代表建议2件、区人大常委会批转信访件6件。做到代表联络常态化，邀请代表视察调研座谈35人次，旁听庭审8场113人次，向代表及时推送官方微信，让代表充分了解、支持法院工作。主动接受政协监督，认真接受政协民主监督，办结提案2件。邀请委员视察调研、旁听庭审26人次。主动接受检察监督，支持检察机关依法履行法律监督职责，落实检察长列席审判委员会制度，办结检察建议20件。主动接受社会监督，裁判文书上网16133份，执行信息公开6258条，网络庭审直播5337场，3起涉黑恶案件网上点击观看庭审人数合计超过12.50万人次。认真办理12345工单224件，及时联系率99.62%，综合满意度93.86%；办结院长信箱来信137件，做到件件有回复，事事有回应。

【惠民未成年人法律援助工作站入驻揭牌】1月10日，在江苏省法律援助基金会资助下，江苏博事达律师事务所成立全省首家惠民未成年人法律援助工作站。工作站专门为困难家庭和孤残家庭提供法律服务。5月29日，“惠民未成年人法律援助工作站入驻区法院”揭牌仪式在建邺区法院举行。江苏省法律援助基金会常务理事长宋家新、南京市

9 月 24 日，建邺区法院莫愁湖景区旅游巡回法庭揭牌成立
（区法院　供图）

法院未成年人及家事案件审判庭庭长周侃、建邺区司法局局长严兴中、博事达律师事务所主任周连勇、建邺区法院常务副院长张革联等以及民一庭法官出席揭牌仪式。揭牌仪式上，惠民未成年人法律援助工作站负责人、律师朱敏向与会负责人介绍工作站情况。

【区法院旅游巡回法庭揭牌】2019 年，为推进建邺区“国家全域旅游示范区”创建工作，区法院决定在南京市莫愁湖景区设立旅游巡回法庭。9 月 24 日，区法院在莫愁湖景区举行旅游巡回法庭揭牌仪式，区法院党组副书记、副院长张革联，南京市法院民一庭副庭长栗娟，区文旅局副局长王建功，区建设局副局长陈万文，南京市莫愁湖管理处主任杨志军等出席揭牌仪式，区法院、区文旅局、莫愁湖管理处相关人员及 10 家旅行社代表参加揭牌仪式。揭牌仪式后，参加活动负责人以及法官同多家旅行社代表进行座谈，就旅游行业常见问题及纠纷预防与化解方法进行充分交流。区法院旅游巡回法庭坐落于莫愁湖景区内，主要受理辖区内各景点涉及旅游交通、住宿、餐饮、导游、景点观赏或其他相关服务的旅游合同纠纷案件，旅游过程中发生人身损害、财产损害纠纷案件，旅游经营活动中旅游产品纠纷、强买强卖等损害游客利益案件，及其他法院认为需要旅游巡回法庭处理案件。（区法院）

检察院

【概况】2019 年，区检察院服务保障防范化解金融风险，坚决打好防范化解金融风险攻坚战，严厉打击非法集资等涉众型犯罪。举办全国性金融检察论坛，围绕“金融风险防控”形成高质量调研成果，发布白皮书和典型案例，为党委、政府决策建言献策。推进扫黑除恶专项斗争，出庭支持公诉刘某某等 17 人组织、领导、参加黑社会性质组织案等，督促公安机关跟踪、追缴黑社会性质组织财产 80 万余元。扫黑除恶专项斗争法治宣传

1月10日，陈某等11人涉恶势力犯罪集团案件出庭办理

（区检察院　供图）

强烈犯罪，起诉17件27人。打深化民生领域行政执法与刑事司法衔接工作，办理破坏环境资源犯罪案件15件23人，办理张某等人销售有毒、有害食品案等危害食品药品安全犯罪案件21件38人。对23件农民工讨薪案件支持起诉，依法帮助讨薪28万元。坚持“应救即救”“应救尽救”原则，依法开展司法救助。加强未成年人司法保护，坚持“教育为主、惩罚为辅”原则，办理未成年人犯罪案件。与广西、四川等地检察机关联合开展附条件不起诉异地帮教工作，涉罪未成年人1人复学、4人就业。落实《中华人民共和国最高人民检察院检察建议书》要求，区检察院主要负责人担任中小学法治副校长，通过定制式普法等形式，开展首届全省青少年法治宣传教育周等专题活动，“法治进校园”活动覆盖全区师生1万余人。

覆盖6个街道，群众知晓率提高。与区工商联等单位联系，通过调研走访、举办法治讲座等形式，搭建检企服务平台，促进民营企业合规经营、预警风险。惩处侵犯民营企业合法权益犯罪，办理侵犯知识产权犯罪案件9件25人。区检察院获“全国检察宣传先进单位”“南京市先进基层党组织”等称号。

【刑事犯罪检察】2019年，区检察院受理提请批准逮捕案件270件425人，依法批准逮捕案件238件371人，案件数同比分别上升31.70%、32.90%。受理移送审查起诉案件611件927人，依法提起公诉555件814人，案件数同比分别上升3.90%、2%。完善监察调查与检察审查有机衔接机制，办理区监察委移送审查起诉案件6件9人。

【民生案件检察】2019年，区检察院惩处电信网络诈骗、侵犯公民个人信息等群众反映

【检察监督】2019年，区检察院加强侦查监督，监督立案6人，监督撤案9件，纠正漏捕20人，纠正漏诉11人，纠正侦查活动违法22件。加强刑事审判监督，对刑事裁判提请再审抗诉3件，提出二审抗诉2件，纠正刑事审判活动违法2件。开展刑事执行监督，纠正羁押监管环节违法14件，办理羁押必

要性审查案件65件，对不需要继续羁押提出解除或变更强制措施建议20件，维护在押人员合法权益。推进社区矫正检察监督，书面纠正违法2件，建议收监执行1人，防止脱管漏管。推进公益诉讼检察，开展法治宣传，提高群众对公益诉讼知晓度，拓宽公益诉讼线索来源，受理线索142件，立案15件，办理诉前程序案件13件。开展食品药品安全领域从业资格禁止令和校园周边食品安全专项监督活动，发出诉前检察建议5份。拓展公益诉讼办案范围，会同区文化旅游局对王汉洲故居等文保单位保护情况开展专项监督，督促相关部门履职。

【检察体制机制改革】2019年，区检察院结合区域发展特点，增设金融检察部门，配备具有法学、金融复合教育背景办案人员，提升专业化办案水平。推动司法办案扁平化管理，突出员额检察官主体地位，使“谁办案谁负责、谁决定谁负责”司法责任制落实到位。“捕诉一体”机制运行良好，实施“捕诉一体”办案机制，一类案件或一个案件批捕、起诉由同一部门或同一检察官负责。整合审查逮捕、审查起诉职能，检察官介入案件、引导侦查及时高效，实现捕诉无缝衔接。通过随机分案、办案质量评价等内部监督机制，确保检察权依法规范行使。全面推行认罪认罚从宽制度，适用认罪认罚案件430件593人，适用率达77.50%。加强值班律师工作，确保犯罪嫌疑人认罪认罚真实自愿，维护其合法权益。加强与区法院沟通，提高量刑建议精准度，量刑建议采纳率达98.50%。探索“全流程简化”速裁办案模式，制订分类简化操作指引，相关做法在全国会议上作交流发言，获最高人民检察院推广。

【“一步到庭”办案模式在全国会议上交流】4月12日，全国检察机关贯彻落实认罪认罚从宽制度电视电话会议在最高人民检察院召开，全国四级检察院在各会场参加会议，最高人民检察院副检察长陈国庆主持会议。作为全国唯一一家基层院代表，区检察院副检察长李勇在主会场向全国检察机关交流认罪认罚工作经验，介绍“一步到庭”及“两类三层多种”办案模式主要做法。认罪认罚从宽制度改革试点期间，结合辖区案件特点，创新速裁程序“一步到庭”办案模式，被南京市委政法委在全市推广，并在全国检察机关认罪认罚培训班上进行经验交流。2019年以来，在“一步到庭”办案模式基础上，进行深入体系化探索，针对不同案件类型分类简化，探索实践“两类三层多种”多元化办案模式，实现刑事案件繁简分流。其中，“两类”主要是按照犯罪嫌疑人认罪与否，分为认罪案件和不认罪案件；“三层”是针对认罪案件，再分为普通程序简化审理、简易程序和速裁程序；“多种”是将上述3类程序再进行细分，如以不同法定刑为界线，区分为有期徒刑3年以上和3年以下简易程序案件、有期徒刑1年以上和1年以下速裁程序等，分别适用不同节约化办案模式，实行多元化审查起诉证据标准和多元化出庭模式，最终实现多元化全流程简化。

11 月 28 日，第三届金融检察论坛举办　　（区检察院　供图）

【“建检君说法工地行”活动】9 月 26 日，区检察院第一检察部、第五检察部（民行）、第六检察部（政研室）干警走进中铁十四局南京地铁 2 号线西延工程土建项目部开展“建检君说法工地行”活动。在活动现场摆放扫黑除恶专项斗争、公益诉讼宣传展板，向工友们发放宣传单页，介绍扫黑除恶专项斗争意义、典型案例及群众举报方式，结合检察机关公益诉讼职能，介绍生态环境保护、食品药品安全、安全事故责任等方面法律知识，鼓励大家向检察机关提供相关线索，增强依法维护自身合法权益意识。现场活动结束后，项目管理方和干警进行座谈。

【第三届金融检察论坛】11 月 29 日，第三届金融检察论坛在区金鱼嘴基金大厦举办。论坛由《中国检察官》杂志、南京市人民检察院、建邺区人民政府、东南大学法学院、区检察院等单位联合举办。论坛主题是“金融风险防控暨非法集资犯罪司法前沿问题”，最高人民检察院检察委员会委员、一级高级检察官聂建华，江苏省人民检察院党组成员、副检察长蒋永良，国家检察官学院副院长、《中国检察官》杂志社社长徐鹤喃，《中国检察官》杂志社副总编辑姜昕，南京市人民检察院党组副书记、副检察长潘科明，区委副书记、区长李晖，东南大学法学院副院长单平基等出席论坛。全国各地专家、学者、论文作者、检察机关代表等 50 余人参加论坛活动。区检察院党组书记、检察长于刚发布区人民检察院金融检察白皮书暨典型案例，由办案检察官向媒体通报 4 起集资诈骗、非法吸收公众存款典型案例相关情况，提醒广大社会公众拒绝高息诱惑，远离非法集资。

【检察机关开放日活动】4 月 25 日，区检察院举办劳动者“五一节”走进检察机关开放日活动。江苏省、南京市级劳动模范，建邺区人大代表、人民监督员、检风监督员、特约检察员、社区干部、律师代表等 20 余人走进区检察院，观看 2018 年度检察工作宣传片《不

忘初心 守望正义》，通过参观，看到检察院设有检察长接待室、律师接待室、听证室等，老百姓可以直接参与进来，既是解决问题重要渠道，也是法治宣传重要途径。此次检察开放日活动，消除检察机关神秘感，增进检察机关与社会民众联系，展现检察机关良好形象。（区检察院）

司法行政

【概况】2019 年，区司法局共办理新行政执法证件 45 人，换证 672 人，审查区政府行政合同 45 件。加强行政应诉复议工作，2019 年，区政府行政机关负责人出庭应诉率达 92.30%，区政府有关部门及单位行政机关负责人出庭应诉率达 100%；行政复议听证率达 92.30%，高行政复议决定书上网公开率达 100%，有效化解行政争议，促进行政机关行政能力水平提升。区司法局被表彰为“全省司法行政系统先进集体”，受到通报表扬。

【依法治区】2019 年，区级机构改革之后，及时组建新依法治区工作机构，成立由区委主要负责人任主任的区委全面依法治区委员会。举行依法治区办公室揭牌仪式，及时研究部署推进全面依法治区各项工作，形成统筹协调、上下联动、协同高效、一体推进依法治区工作体系。出台《区委全面依法治区委员会 2019 年工作要点》《2019 年法治建邺建设十件实事》，召开深化法治江苏建设工作年度监测评价工作推进会，全区依法治区各项工作有计划、有步骤推进。以法治创建为抓手，组织开展以“三项制度”（行政执法公示制度、执法全过程记录制度、重大执法决定法制审核制度）落实情况为重点和重点领域执法监督活动，促进执法人员严格规范公正文明执法。探索推进行政执法权限和力量向基层延伸和下沉的方式和途径，强化街道统一指挥和统筹协调职责，综合行政执法体制改革纵深推进。开展法治政府建设示范创建活动，“基于互联网技术的智慧调解小助手”申报省级示范项目。举办“中国梦·法治路·社区行”法治南京建设走基层大型活动建邺区专场启动仪式，通过百场法治电影进社区、在楼宇广场播放微视频“小强学法”（宪法篇）、法治文化基层行等法治建设走基层系列活动，不断提升群众对法治建设知晓率、参与率、满意率。

【法律服务产业园建设】2019 年，区举办首届长三角“法律 + 科技”大会、第五届国际商事仲裁创新研讨会、江苏法律服务国际合作论坛等，提升法律服务产业园知名度和影响力。研发建设“云尚律政”法律服务共享平台，通过基于大数据下智能分析和智能精准匹配，形成政府、社区、企业和专业律师有效对接。成立江苏省欧美同学会法律工作专业委员会，打造涉外法律服务精英队伍，

8月25日，法国西蒙律师事务所驻南京代表处入驻建邺法律服务产业园签约仪式举行 （区司法局　供图）

为国际化城市客厅建设汇聚法律人才力量，法律服务产业园集聚各类法律服务机构100家，大型律师事务所、品牌律师事务所超过20家，律师1200余人，全区万人拥有律师数达26人，居全省首位。组建国际法律服务中心，发挥盈科全球法律服务联盟现有网络、资源及服务能力，并协调产业园内法律服务机构及其海外资源参与，向企业提供一站式和菜单式法律服务。引进外国律师事务所驻华代表处，实现江苏境外律师事务所入驻零突破。

表5　2019年建邺区建设河西·建邺法律服务产业园先进集体和先进个人一览表

类别	获奖名单	表彰单位
建邺区建设河西·建邺法律服务产业园先进集体（16个）	江心洲街道	中共南京市建邺区委员会 南京市建邺区人民政府
	区发改委	
	区司法局	
	区投促局	
	区信息中心	
	高新区（科技园）	
	江苏圣典律师事务所	
	江苏博事达律师事务所	
	江苏天哲律师事务所	
	北京市金杜（南京）律师事务所	
	北京市盈科（南京）律师事务所	
	北京金诚同达（南京）律师事务所	
	上海市锦天城（南京）律师事务所	
	上海市协力（南京）律师事务所	
	汇业（南京）律师事务所	
	北京市炜衡（南京）律师事务所	

续表 5

类别	获奖名单	表彰单位
建邺区建设河西·建邺法律服务产业园先进个人（158 名）	公务员： 林　海　韩中华　杨冬明　吴非非　于吉磊　程骏驰　马红岩　白雪飞 陈　坦　邰晓进　刘天保　胡　浩　雷　声　李家琼　刘晓静　程润秋 赵骎骎　王友济　王艳艳　李　磊　欧阳文湘　王铎羲　骆　嵬　戴珂妍 万　涛　吴　畏　姜静波　吉泽昊　陈　玲　陈伊然　宋　玲　曹琼琼 王志红　赵爱军　戴前军　陈　德　翟荣伦　袁永星　马长山　刘　臻 李云云　严兴中　杨建勇　唐盛春　陈永红　佴宝良　崔少华　丁友军 徐　丹　曹　姬　丁永玉　孙　震　杨　榕　薛　峰　孙　燕　王军毅 水玉超　裘建良　杨武忠　徐　松　高海松　类成龙　陈友军　李　璇 董晋进　王　敏　彭玉志　薛景彬　李贵荣　吕晶晶　袁伟斌　刘红芹 胡培培　曾瑜琦　周　茵　向开英　邵爱菊　赵春明　戴宏静　赵元岭 董　兵　王久云　张佐良　朱延琴　李　宁　潘　崟　董立峰　陈小龙 饶思虎　马小平　邱建忠　何云鹏　李征峰　马　辉　董　刚　胡习彪 朱　磊　余贞勋 非公务员： 马笑匀　顾婕妤　陈　伟　张明远　叶　菲　解宇昊　王小君　洪　炜 贾政和　周小红　吉星宇　沈　飞　朱　林　左　锋　许郭晋　李远扬 王文德　倪同木　奚　庆　张宇坤　周连勇　姚　彬　马鹏程　余帮喜 邵　忠　蒋达芬　张　慧　张　浩　赵　鸣　栾云根　李晶晶　谢满林 钱　宙　张志华　晏德熙　赵冬玲　马　健　汪桂荣　张　钺　陈明荣 罗利军　谢开顺　曹　骏　陈　宇　王　勇　蒋海军　王　诚　董家友 杨秀英　宋　昱　黎宗美　陈健华　伍舒娅　田　沁　赵彩姣　邓　健 冯群敬　王　璐　王梦蚺　万　飞	中共南京市建邺区委员会 南京市建邺区人民政府

（区司法局）

【均等普惠公共法律服务体系建设】2019 年，区全面推进区、街道、社区三级公共法律服务中心（站）建设，突出法律援助、人民调解、法律咨询基本职能，推动律师、公证、安置帮教、监所远程视频探视等服务进驻实体平台，共建成区、街道、社区公共法律服务中心 48 个，实现三级实体平台全覆盖。推动 60 余名法律顾问参与规范性文件、重大合同、重大行政决策合法性审查、重大区域突发性事件处理和协调，2019 年共参加信访接待和非诉调解 1600 余人次，为区政府重大决策提供法律服务 200 余次。在各司法所服务窗口设立公证协办点、法律援助代办点、仲裁业务联系点、行政复议联系点、立法民意收集点，提供便民一站式法律服务。在各社区推行社区、律师事务所、社会组织法律服务模式，建立社区法律顾问微信群 44 个，为社区居民群众提供线上线下高效优质法律服务。

【法律援助】2019 年，区推进法律援助全覆盖，扩大法律援助范围，确保更多困难群众通过法律手段维护自身合法权益。确立市民化管理、亲情化服务、人性化维权工作理念,摸索出一套符合建邺实际的管理与服务办法,延伸法律援助服务到外来务工人员。发挥12348热线作用,为居民群众提供线上咨询解答、线中热线接答、线下窗口接待"三位一体"法律咨询服务。2019年,区法律援助中心共办理法律援助案件1169件,12348热线咨询2800余人次,接待解答咨询1900余人次,电话咨询620余人次,网上咨询15人次,为弱势群体挽回经济损失980余万元。

【矛盾纠纷排查化解】2019年,区推动社会治理体系和治理能力现代化,加大矛盾纠纷排查化解力度,围绕重大敏感节点,组织开展全方位、全覆盖社会矛盾纠纷大排查,全面掌握本地区各类矛盾纠纷情况、特点。对排查出问题线索,落实化解责任,加大化解工作力度,确保将矛盾纠纷及时化解在基层、化解在萌芽状态。全年共排查3156次,接待来访群众6000余次,受理纠纷总数4010件,调处率100%;调解成功4010件,调解成功率100%。特别是组织律师调处青桐园、中华紫鑫广场、正大茶叶城、积善新寓地下停车位纠纷等重大物业纠纷11起,维护社会和谐稳定,工作得到社区居民充分赞扬。

【社区矫正规范化建设】2019年,区司法局推进社区矫正规范化建设,以功能场所标准化、执法管理规范化和监督管控信息化"三化"建设为目标,打造社区矫正中心。中心划分为综合办公区、执法监管区、教育帮扶区三大基本功能区块。在帮扶区域设心理咨询室、心理测评室、沙盘治疗室,并根据社区矫正中心各功能区域特点,通过图片、标语等形式进行软装修,突出矫正文化内涵。全区社区服刑人员共计214人,无一人重新违法犯罪。

【首届长三角"法律+科技"大会】4月24日,由《法制日报》社、南京市司法局、南京

4月24日,第一届长三角"法律+科技"大会在建邺区召开 (区司法局 供图)

市建邺区人民政府联合主办，南京市律师协会和河西·建邺法律服务产业园共同承办的第一届长三角“法律+科技”大会在建邺区召开。大会以“第一届长三角‘法律+科技’大会——河西·建邺法律服务产业园一周年回眸暨世界知识产权日活动”为主题，探讨“法律+科技”在释放行业管理潜力、激发创新活力和提升法律服务能力等方面重要作用，通过实现法律服务+产业+互联网深度融合，开创法律服务实体服务资源与网络技术资源融合发展新格局，营造良好法律行业发展环境。南京市副市长孙建友、法制日报社副总编辑张国庆、南京市建邺区区长李晖在会上致辞，江苏省司法厅副厅长王君悦、南京市司法局局长黄永祥、南京市建邺区副区长王国平、法制日报社经济信息中心主任罗荣、中华全国青年联合会常委张毅、中国中小企业协会副会长梅向荣、中华全国律师协会知识产权委员会副主任游闽键、江苏省律师协会会长薛济民等8位嘉宾共同启动河西·建邺法律服务产业园研发的法律服务共享平台“云尚律政”上线仪式。上海交通大学法学院院长孔祥俊、北京大学法学院副院长薛军分别作“创新与知识产权保护”和“全球互联网时代法律与科技”主题演讲。中华全国律师协会、中国中小企业家协会、中国知识产权发展联盟、中国产业互联网发展联盟以及相关院校法学院等有关部门负责人、全国知名法律科技企业及全国知名律师事务所代表等350余人参加活动。

【“云尚律政”共享法律服务平台开通】4月24日，由河西建邺法律服务产业园承办的首届长三角“法律+科技”大会在建邺区召开。建邺区“云尚律政”共享法律服务平台现场开通。建邺打造“云尚律政”共享法律服务平台，实现“法律服务+产业+互联网”深度融合，创新线上信息网络与线下中心服务相结合法律服务供给模式。作为全国首个法律大数据可视化与透明化互联网法律服务共享平台，重点为党委政府、社区群众和中小型企业提供高端优质法律服务。平台依托“五微”党建社区服务微信平台17万用户群，为建邺社区居民提供免费、专业、便捷法律服务。平台针对中小企业在工商、财税、知识产权、融资等领域法律服务需求量特点，将企业和专业律师形成对接，提供配单、预约、互动、交易及评价一站式服务。“云尚律政”平台还以“云尚建邺”阿里云资源池和大数据支撑平台为依托，为全国各地中小企业用户提供零距离法律服务。

【河西·建邺国际法律服务中心启动】8月25日，江苏法律服务国际合作论坛在南京国际青年会议中心举行，标志着河西·建邺国际法律服务中心正式启动，德国科勒及合伙人律师事务所和法国西蒙律师事务所也在建邺设立代表处，江苏实现境外律师事务所入驻零突破。河西·建邺法律服务产业园此次引进国际律所更好整合国内外资源，为中外企业投资发展提供快速高效服务，同时也有

8月25日，河西·建邺国际法律服务中心启动　（区司法局　供图）

利于国内外法律服务机构合作交流，促进国内律师事务所加强涉外法律服务人才培养，提升自身在国际法律服务市场上竞争力。签约仪式结束后，还举行国际法律服务论坛。印度律师协会候任主席、德国科勒律师事务所负责人、以色列 LIPA MEIR &CO. 律师事务所合伙人等与会嘉宾围绕“全球一小时法律服务圈”作精彩主题演讲。

【“两法衔接”联席会议座谈会】9月5日，建邺区“两法衔接”（行政执法与刑事司法衔接）联席会议座谈会召开。区司法局、区公安分局、区检察院、区市场监管局、区金融监管局、区税务局、南京市烟草专卖局建邺分局等单位参加会议，讨论通过《关于建立市场经济领域违法犯罪案件行政执法与刑事司法衔接工作机制的实施意见》，对市场经济领域案件移送查处工作予以规范。市场经济领域一直以来是建邺区“两法衔接”案件较为集中领域，案件办理过程中也存在证据收集不规范、移交流程不完善等问题，针对工作中存在问题，建立提前介入机制，执法机关拟移送案件和证件材料同时报区检察院备案，区检察院提前派员参与处理，会商评估移送结果，固化完善证据，对侦查活动及时开展监督。完善取证沟通机制，对行政执法机关在查处违法行为过程中取证相关要求予以完善，对涉及取证合法性的，及时与公安机关、检察机关沟通，确保证据可作为刑事诉讼证据使用。加强会商机制，定期召开案件研讨会，对重大案件，由行政执法部门发起，区检察院和区公安分局召集专题研讨会，对案件办理情况集中讨论，推进问题解决。

【“中国梦、法治路、社区行”法治建设走基层系列活动】10月29日，“中国梦、法治路、社区行”法治建邺走基层活动启动仪式在南京市建邺区和平法治文化广场顺利举行。启动仪式在《我和我的祖国》快闪表演中拉开序幕，百余名居民齐聚广场，现场节目融合法治元素，用各类形式为群众带来新法治知

10月29日，“中国梦·法治路·社区行”法治南京建设走基层大型系列活动建邺区专场启动　　（区司法局　供图）

识。其中，说唱《法治梦，中国梦》、小品《撑腰》、快板《扫黑除恶》赢得现场观众一致好评。活动现场发布建邺区法治工作情况、社会食品安全信息、社会治安信息、建邺区莫愁湖街道为民办实事信息等相关内容，并穿插法治建设满意度现场测评、法治成果展示，设置法律知识有奖竞答环节。

【“百场法治电影进社区”活动】11月1日，建邺区委依法治区办、区司法局在建邺区南苑街道集庆社区举行“百场法治电影进社区”活动启动仪式。本次活动是按照南京市委依法治市办、南京市司法局下发《开展“中国梦·法治路·社区行”法治建设走基层活动通知》要求开展的法治建设走基层系列活动之一，全区共选出100个人流密集小区、广场、商场、工地等场所放映普法宣传片和法治电影，普及与社区群众工作生活息息相关婚姻家庭、预防犯罪、人民调解等法律知识，丰富社区群众法治文化生活，使社区群众在潜移默化中增强法治意识，筑牢建邺区法治文化建设宣传阵地。

【动漫《小强学法·宪法篇》宣传放映】2019年，区司法局在《中华人民共和国宪法》公布施行37周年之际，制作动漫《小强学法·宪法篇》在全区进行播放。这是按照南京市委依法治市办、南京市司法局要求开展“中国梦·法治路·社区行”法治建设走基层系列活动内容之一，《小强学法·宪法篇》用简单易懂语言和文字宣传宪法，使群众在大众传媒中潜移默化学到宪法知识，增强法治意识，筑牢建邺区法治文化建设宣传阵地，推动建邺区法治工作再上新台阶。　　（区司法局）

仲　裁

【概况】2019年，区人社局坚持以构建和谐劳动关系为导向，牢固树立“仲裁为民、为民仲裁”理念，不断完善仲裁服务，优化办案流程，完善案件登记、受理、处理、信息汇总统计工作。完善各项制度，采取小组审核裁决文书制度，每份裁决书至少有3人核稿，并将生效裁决书上网公示，主动接受上级和群众监督，办案质量明显提升，全年未发生被南京市中级人民法院撤销案件。全年共处理劳动争议案件2071件，其中受理立案1140件，比2018年同期上升24%，涉及金额6013.52万元；结案率为98%，调撤率为80%，一裁终局占裁决案件63%，网上运行率100%，各项指标均超额完成全年目标任务。

【网上调解】2019年，区人社局加强信息技术运用，充分发挥网络平台作用，将网上调解服务平台打造成劳动者维护自身合法权益快速通道、绿色通道，通过12333调解平台共受理案件643件，调解成功率为81%。

【劳资纠纷调解】2019年，区人社局加大对企业调解委员会业务指导，充分发挥企业自身调解功能，通过企业自我完善，将矛盾化解在企业内部，特别是针对群体性用工矛盾，做到提前预警、提前预防、提前介入、提前调解“四提前”，有效化解南京足生堂企业管理有限公司、南京星沅文化娱乐发展有限公司等企业群体性劳资纠纷。

【裁审衔接】2019年，区人社局强化与法院裁审衔接，对矛盾突出、积怨较深的当事人，联合区法院共同调解，既增强说服力，也节约时间成本，让“重调解、慎裁决”落到实处，2019年共联合调处案件139件，超过全部立案案件10%，企业和劳动者双满意程度明显提升。

【仲裁服务】2019年，区人社局全面贯彻人社部和江苏省、南京市关于开展窗口单位改进作风专项活动要求，完善窗口行风建设长效管理机制。为农民工、“三期”（孕期、产期、哺乳期）女职工、工伤职工、残疾人等特殊群体开通绿色通道，指导他们接受法律援助，并优先调解、优先受理、优先审理、优先裁决。审慎处理集体争议，并视具体情况及时与劳动监察、人民法院进行沟通，快速响应，发挥各家优势，形成合力，调解结案，全年处理8起10人以上案件，有7起案件调解结案。（区人社局）

军事

区人武部

【概况】2019年，区人武部坚持把安全工作列入党委议事日程，定期组织安全检查和安全形势分析，重大节日安排安全隐患排查，发现问题及时整改。深入开展“学法规、用法规、守法规”活动，强化号令意识、纪律意识。开展谈心交心活动，准确掌握干部职工思想动态。加强人员、车辆、枪弹、信息和财经管理，严格对涉密计算机及网络的使用管理。及时了解社会舆情和涉军敏感信息，高度警惕和防范不法分子渗透破坏。

【政治工作】2019年，区人武部坚决贯彻军委主席负责制，开展“传承红色基因、担当强军重任”和“不忘初心、牢记使命”主题教育，把讲政治作为开展工作的出发点和根本落脚点，把抓建备战作为讲政治最好体现，时刻用强军思想武装头脑、指导实践、推动工作。

【战备训练】区人武部坚持把练兵备战放在中心位置，认真学习贯彻军委文件精神。围绕应急应战要求，组织修订完善应急应战行动预案，结合重大节日和上级重大军事活动，组织民兵应急分队紧急拉动。4月，统筹年度军事训练工作，制定年度军事训练计划，区政府、区人武部联合行文下发训练计划，硬化训练指标，明确相关要求。坚持按纲施训，组织军事训练大纲业务辅导，组织民兵参加江苏省、南京市、建邺区抗洪抢险、防化救援、防空、网络攻防、森林防火等业务培训，组织专武干部和民兵开展实战化训练，应急应战能力得到锻炼和提升。5月，区专武干部参加江苏省组织的专武部长集训，在考核中取得县（市、区）综合成绩和人员评先评优双第一，江苏省委组织部、江苏省人社厅、江苏省军区政治工作局、江苏省军区动员局在全省联合通报进行表彰，有关做法在《中国民兵》杂志第7期进行刊发。9月，组织区民兵国旗班参加区“华颂2019”中华人民共和国成立70周年实景演出，10月1日，参加区委、区政府庆祝中华人民共和国成立70周年升国旗仪式。11月19—25日，成建制组织应急分队民兵到南京市国防教育基地集中轮训备勤，圆满完成任务。2019年，区人武部被南京警备区评为军事训练先进单位。

【民兵组织】2019年，区人武部坚持查短板破解难题、统资源提质增效、研方法分类抓建、闯新路实现转型。区政府、区人武部联合行文明确年度整组任务。通过各级团结协作和共同努力，圆满完成民兵编组。为高标准迎接军委国防动员部全国民兵调整改革检查验收抽查，分层分类3次组织民兵应急连、排实装拉动点验，锻炼和提升分队应急能力。区民兵网络攻防分队参加全省组织网络攻防业务集训，获得全省第3名好成绩。

加强基层规范化建设，以莫愁湖街道、兴隆街道为试点，推进基层武装部规范化建设提档升级。区人武部、区发改委、建邺高新区联合组织军民融合建设专项调研，形成专题研究报告，梳理基于建邺“数字经济＋金融”主导产业，推进军民融合发展战略在建邺落地发展思路。借力“智慧建邺”建设东风，按照基层武装工作和民兵建设需求，研发“智慧武装”信息平台，与智慧建邺相关平台实现部分数据底层融合，在兴隆街道武装部组织试点，形成初步成果。

【征兵工作】2019年，区人武部注重工作总结梳理，加强征兵工作形势分析、发展预测和工作统筹。5月，绘制形成年度征兵工作统筹计划图，挂图按时间节点推进工作落实。5月24日，召开年度征兵工作领导小组和区征兵工作会议，分管区负责人全程一线指挥、动态调度征兵工作，强力推进兵役登记、征兵宣传、体格检查、政治考核、审批定兵、役前教育训练等各个关键环节，坚守廉洁征兵底线，确保无退兵。大学生比例92.20%，应届毕业大学生比例24.40%，确保兵役征集质量，圆满完成年度新兵征集任务。2019年，区人民政府征兵办公室被南京市人民政府征兵办公室评为征兵工作先进单位。

【国防教育】2019年，区人武部坚持把国防教育纳入党委中心组学习，纳入年度工作整体规划，邀请专家教授辅导讲课，讲授周边安全形势，加强意识形态教育，强化国防意识，努力形成军地、社会、学校齐抓共管“大国防教育”格局。区人武部协调在政府网站开设国防教育专栏，实时发布武装、双拥和国防教育等工作动态。依托江苏武警总队、解放军国际关系学院、南京大屠杀遇难同胞纪念馆、驻地部队等，建立主题不同、特色鲜明国防教育基地。结合区情打造“双拥文化长廊”“河西·建邺国防园”，开展形式多样国防教育。结合区现代化国际性城市中心高质量发展建设要求，弘扬爱国主义精神，增强全民国防观念，促进和巩固国防建设。11月8日，在金陵中学实验小学举行悬挂全军十大英模画像进校园活动启动仪式，为全区16所中小学赠送十大英模画像，组织国防教育图片进大、中、小学巡回展。区民兵代表胡文哲参加南京警备区庆祝中华人民共和国成立70周年系列文化活动——“祖国在我心中”演讲比赛，获得二等奖。开展“传承红色基因、担当强军重任”主题教育，以“赞颂伟大成就、弘扬时代精神”为主题，组织开展“我奋斗、我精彩”岗位建功主题实践活动。

（区人武部）

人民防空

【概况】2019年，区人防办按照“长期准备、重点建设、平战结合”要求，聚焦人防建设与城市建设、人防工程与民生工程融合发展，对标找差、履职尽责、创新实干，完成各项目标任务。

【指挥通信建设】2019年，区人防警报器维护管理及鸣响率100%。完成区人防专业队伍整组任务。做好防空警报器安装与维护管理工作，检查维护警报器156台次，多媒体警报器52台次。全年组织警报管理人员培训120人次。较好完成“九一八”事变纪念日和南京大屠杀死难者国家公祭日警报鸣放保障任务。

【人防法制宣传】2019年，区人防办强化人防宣传教育力度，充分利用防灾减灾日、全民国防教育日、国家公祭日等纪念日或重要时机，深入推进人防宣传教育进机关、进学校、进社区、进企业、进家庭，开展宣传活动20余场，印发宣传资料2万份，张贴或悬挂标语100余幅，发放人防应急救援包1.50万套。12345热线妥善解决群众诉求56件。利用媒体开展人防宣传工作，在《中国人民防空》《金陵瞭望》等杂志刊登发表区人防工作。

【人防工程维护管理】2019年，区人防办落实安全管理责任制，与区域人防工程管理和使用单位签订安全生产目标责任书，签订率100%，开展消防应急演练，全面提升辖区居民安全意识和应急对应技能；开展安全生产大排查大整治大执法行动56次，2019年全区人防工程安全无事故；全年培训人防工程管理单位及区人防办工作人员近220人，更好提高人防工程维护管理人员管理能力及管理水平，维护管理备案率100%，年检合格率、优良率均达到南京市人防办下达目标任务。

【人防行政审批】2019年，区人防办主动服务阿里巴巴江苏总部项目、洋河酒厂总部项目等重大项目，与企业面对面交流对接，给予审批政策解读，开辟项目预审通道，提供一站式审批服务。2019年，区人防办办理结建和易地人防工程许可累计30件，标注16件，竣工备案14件，人防易地建设费征收审核共33件。实现基础数据库信息共享，用数据跑代替企业跑，方便企业办事，提升政务服务水平，在区属范围内率先实现内网审批系统与政务服务系统成功对接和运行。（区人防办）

区域经济

综　述

【概况】2019 年，全区地区生产总值增长 8%；服务业增加值增长 9%；一般公共预算收入增长 22.80%，区本级完成 100 亿元；扶持新型研发机构，累计兑现扶持资金近 2300 万元。

【经济运行监测】2019 年，区加强工业信息化领域经济运行监测和跟踪，按月对企业相关指标推进落实情况实施动态监测，确保区各项指标按序时进度完成。做好各类项目申报上报，跟进落实上级部门要求，及时了解各类项目申报条件、渠道，指导企业结合实际申报，确保申报项目顺利通过、扶持政策有效落地。共组织 23 家企业申报获得 2019 年南京市工业和信息化发展专项资金和 2019 年南京市创新型企业培育资金项目 1485 万元。

【主导产业】金融业：区域内已集聚各类金融及准金融机构超过 600 家，新增股权投资基金 44 支，总规模超 330 亿元，新增股权投资管理机构 49 家。科技服务业：全区各类科技服务机构总数超过 500 家，高新技术企业 154 家。全区新型研发机构已孵化和引进企业 116 家。人工智能产业：腾讯财付通江苏公司、新加坡创业行动社群 ACE 中新联合创新研究院等项目完成注册登记；腾讯云启创新基地、华泰 AI+ 金融大数据研发中心等十余个项目成功签约；土星信息电力无人机巡检影像人工智能系统获评首届江苏省人工智能十佳优秀创新产品；驭道数据发布全国第一个重点营运车辆主动安全智能防控系统系统性规范标准体系等。建设南京金鱼嘴基金街区，打造泛长三角区域乃至全国具有影响力基金管理机构总部基地，集聚毅达资本、华泰紫金等清科集团和投中集团榜单排名机构近 20 家，江苏省政府投资基金、“一带一路”产业基金，沿海产业基金等一批百亿级基金，以及注册规模 50 亿元南京市创新投资集团等各类产业基金。初步形成集基金评级、基金孵化、基金服务为一体的良好生态体系。

表 6　2019 年河西·建邺重大项目一览表

项目名称	建设内容及规模	总投资（亿元）	2019 年计划投资（亿元）	2019 年形象进度	责任单位
▲阿里巴巴江苏总部	总建筑面积约 85 万平方米，建设阿里及生态办公、新零售商业枢纽、人才租赁公寓、智慧连廊、交互核。重点打造阿里巴巴江苏总部，开展智能制造计划、软件产业技术创新、智慧城市建设、金融综合服务平台建设等	81	4	基坑开挖	河西指挥部 招商处 区发改委 高新区

续表 6

项目名称	建设内容及规模	总投资（亿元）	2019 年计划投资（亿元）	2019 年形象进度	责任单位
△小米科技华东总部	总建筑面积 33.89 万平方米，其中地上 23.8 万平方米，地下 10 万平方米，主要建设小米之家和小米有品，包括办公、商业，以及地下停车场	5		前期相关手续	河西指挥部计划处 区发改委 高新区
△金鹰世界	总建筑面积 91.8 万平方米。功能为商业、办公、酒店	72	9	酒店装饰完成，办公楼施工完成	江东商贸区
△新城吾悦广场	总建筑面积约 21 万平方米，规划为商业、办公	50	10	完成地下室施工，办公楼进行主体结构施工	江东商贸区
△世茂国际广场二期	总建筑面积约 63.95 万平方米，建设商业、办公、酒店等	84.50	10	商业部分进行桩基围护施工，土方开挖；公寓、写字楼主体结构施工	江东商贸区
江东 15 号地	总建筑面积约 8.27 万平方米，规划为商业、办公、基层社区中心及图书展览	10	1	办理前期手续	江东商贸区
世茂与金鹰地下连接通道	连接段通道北接世茂待建地下通道，南接所街地下步行系统	0.46	0.40	完成通道主体结构	江东商贸区
△建邺科技创新产业园	总建筑面积约为 110 万平方米，其中地上 73 万平方米、地下 37 万平方米。建设加速器、孵化器、中试用房、总部基地、人才公寓	60	3	幕墙工程施工，装修工程施工	高新区
△龙湖商办大楼	总建筑面积约 38 万平方米。建设商业服务和商务办公	49	15	主体施工	高新区
阿里云创新中心	该项目以阿里巴巴云计算有限公司的云服务平台为技术支持，是阿里云第一个自营的创新中心，以技术、产业、服务为三大基石，致力于打造南京市的创新圣地，规模约 2.2 万平方米	0.50	0.50	完成装修及技术和服务支持，产业入住	高新区
人才服务大厦	该项目致力于打造全省一流的人才服务平台，从人才户籍的注册办理等政务服务，高端人力资源公司的入驻，到欧美同学会，双创协会等高端人才资源的集聚，总建筑面积 3.05 万平方米	0.50	0.50	完成装修及技术和服务支持，产业入住	高新区
边城体育总部大楼	占地 10.65 亩，容积率 5.0，限高 100 米。总建筑面积约 5.1 万平方米。内容为办公、技术研发及辅助配套用房	2.50	0.30	基本完成建设	高新区

续表 6

项目名称	建设内容及规模	总投资（亿元）	2019 年计划投资（亿元）	2019 年形象进度	责任单位
基金大厦	总建筑面积 4.2 万平方米，其中地上 19 层 3.15 万平方米、地下 2 层 1.05 万平方米。为基金公司集聚办公提供多种需要，打造办公中心、路演中心、服务中心等功能中心	0.50	0.50	集聚基金公司等金融机构	高新区
创盛路、创意路道路工程	创盛路东起西城路，西至云龙山路段，长约 450 米，16 宽米城市支路；创意路分两段，牡丹江东街至梦都大街段（380 米长）及楠溪江东街至河西大街段（350 米长），总长约 730 米，宽 28 米城市支路	0.93	0.35	实施创意路至河西大街桥梁	高新区
△南京汇金中心	总建筑面积 110 万平方米。其中，A 区拟建商务办公、酒店及商业的 4 幢超高建筑，B 区拟建 2 幢超高层商务办公楼，C 区建 1 幢商务办公楼	60	1	B 区地下部分施工，实施桩基工程	河西中央商务区
△正荣财富中心	总建筑面积 46 万平方米。分为 A、B 两个地块，建设商业配套设施	40	5.60	商务楼主体施工	河西中央商务区
△德基南京世界贸易中心	总建筑面积 44 万平方米。建设 4 幢塔楼，一幢裙楼组成的综合体	37	3	A 幢幕墙安装完成和内部装修	河西中央商务区
△新鸿基国金中心	总建筑面积 38 万平方米。包括一座高达 290 米地标性办公及五星级酒店塔楼、两座服务式办公塔楼、一座大型商场裙楼，建成后将成为南京地标性物业	20	1	T1 主体结构封顶，T2、T3 精装修	河西中央商务区
△国泰君安金融大厦	总建筑面积 12.3 万平方米，其中地下建筑面积 3 万平方米，拟建高度约 120~150 米大楼	20	1	主体结构施工	河西中央商务区
△华新城商业广场	购物中心商业面积 30 万平方米，另含 2 栋 5A 级写字楼，1.6 万平方米中央绿地及下沉式广场，致力于打造一座城中之城	32	4.20	2 栋办公楼主体施工	河西中央商务区
△南京金地中心	总建筑面积 44.9 万平方米。建设幼儿园、办公和商业	40	1.50	C 地块二期地下工程施工	河西中央商务区
△南京新媒体大厦	总建筑面积约 15.5 万平方米。其中，地上 9.68 万平方米，A 栋 5.19 万平方米，B 栋 3.58 万平方米，C 栋 0.92 平方米；地下 5.82 平方米。主要建设内容包括业务用房、新媒体中央厨房、演播厅、商业、剧场及杂技团等排练场馆	16	6.50	建筑结构封顶，同步开展设备安装	河西中央商务区

续表 6

项目名称	建设内容及规模	总投资（亿元）	2019 年计划投资（亿元）	2019 年形象进度	责任单位
△洋河股份总部大楼	总建筑面积约 8 万平方米，其中地上 5 万平方米、地下 3 万平方米，主要建设办公、会议、研发、产品展示、餐饮、住宿等设施	6	1	地下部分工程施工	河西中央商务区
△金融城二期	占地 97.5 亩。拟建项目总建筑面积约 80 万平方米。拟建超高层建筑 5 栋，其中地上建筑面积约 50 万平方米，地下建筑面积约 30 万平方米	100	10	西区幕墙完成，内装工程完成 30%；东区桩基及地连墙工程完成，地下结构完成 50%	河西中央商务区
未来水中心	建设国际水生态科技综合体，总建筑面积约 19.8 万平方米	15		完成规划方案设计	生态科技岛
安全、职业卫生与环境研发中心	建设安全科创中心、大数据中心、安全与环境产品研发中心和建筑智能化工程技术研究中心，地上建筑面积 4000 平方米	6		进行方案设计	生态科技岛
新加坡·南京生态科技岛三期经济适用住房	占地面积约 160 亩，总建筑面积 39 万平方米。其中，地上 28 万平方米，地下 11 万平方米	14.33		取得施工许可证	生态科技岛
△新加坡·南京生态科技岛经济适用住房（二期）	总建筑面积 57 万平方米，其中地上建筑面积约 44 万平方米，地下建筑面积约 13 万平方米	27	1	E 地块竣工交付	生态科技岛
夏苏鲁科创中心	拟建总建筑面积约 4.2 万平方米，主要建设内容为研发大楼、地下车库及其他配套用房等	2.30	0.50	主体结构封顶	生态科技岛
江心洲沿江环境综合整治	实施航顺船厂、白鹭砂场、来顺船厂范围内绿化景观施工	0.47	0.47	实施航顺船厂、白鹭砂场、来顺船厂范围内绿化景观施工	生态科技岛
△仁恒国际广场	总建筑面积 16.8 万平方米。建设商办、研发的城市综合体	24	4	进行室内外装修	生态科技岛
△江苏绿溢大厦	总建筑面积约 7.52 万平方米，地上总建筑面积 5.44 万平方米，地下总建筑面积 2.08 万平方米，包含 2 栋高层办公及 1 栋商业裙房	6.20	1	主体结构施工	高新区

续表 6

项目名称	建设内容及规模	总投资（亿元）	2019 年计划投资（亿元）	2019 年形象进度	责任单位
河西南部高中	占地 102 亩。总建筑面积 10.9 万平方米，其中地上建筑面积 6.8 万平方米，地下建筑面积 4.1 万平方米。建筑限高 24 米。容积率 1.00，建筑密度 26.68%，绿地率 40.13%。共包含普通教学楼、报告厅等，开办 16 轨 57 班高中校	8.15	3	主体结构封顶	区国资集团
华山路邻里中心	该社区中心位于河西中部地区的西北部，占地约 17 亩，拟建面积约 5 万平方米。主要建设内容为社区中心（含基层社区服务中心）、卫生服务机构、城市养护管理中心和地下车库等	4.04	0.80	主体结构施工	区城建集团
莫愁湖公园清淤工程	对 450 亩莫愁湖湖体进行综合治理，进一步提升水质环境，包括湖体清淤（约 36 万立方米）、岸坡加固、水生态修复等	0.90	0.20	清淤完工	区城建集团
续建沙洲派出所	沙洲派出所复建，包含派出所及综合执法用房，建筑面积约 1.58 万平方米	1.60	0.16	前期准备工作及施工进场准备	区城建集团
水环境整治提升	续建南河综合整治工程（建邺段），河西中部地区雨污体系全面梳理，泰山路（应天大街—怡康街）地下箱（管）涵清疏排查，中部河道清淤回头看，南湖南河河道清淤及驳岸修复，南湖东河河道清淤及驳岸修复等	3.40	2.50	开工	区水务局 区城管水务集团
国泰民安片区整治	湖西街道路整治，厂圩街街巷整治，康泰街街巷整治，康泰东街街巷整治，厂圩南街街巷整治，集庆门大街沿街立面整治（湖西路至南湖路段），湖西街沿街立面整治（集庆门大街至所街段），南湖路沿街立面整治（集庆门大街至所街段），所街（河道北侧）沿街立面整治（湖西街至南湖路段）等	3.40	3.40	完工	区新城房产集团
新城科技园学校	该项目位于新城科技园内，占地约 31.5 亩，该项目定位为一所九年一贯制学校，拟建规模 12 班小学、9 班初中，总建筑面积约 2.4 万平方米	1.87		办理前期手续	区教育局
新城小学北校区扩建项目	占地 18 亩，拟建面积约 2 万平方米，主要内容为 3 轨 18 班小学校舍及附属配套设施	1.70	0.50	完成基础施工，局部区域封顶	区教育局
建邺区中新智慧城市示范区	围绕“基础设施、智慧管理、智慧服务、智慧产业”等领域，重点实施“八大工程”	0.50		完成中新智慧城市示范区建设前期研究，启动部分项目	区信息中心

续表 6

项目名称	建设内容及规模	总投资（亿元）	2019 年计划投资（亿元）	2019 年形象进度	责任单位
建邺区社会福利院	床位 300 张，总建筑面积 1.46 万平方米	1.50	0.50	竣工交付	区民政局
△南京国际博览中心三期	总建筑面积 38.59 万平方米，建设展馆和多层次的物业配套（酒店、写字楼、商业）	38.68	20	基本完工	河西指挥部计划处
△中和村经济适用房（四期）	总建筑面积约 30 万平方米，其中地上建筑面积约 24 万平方米、地下约 6 万平方米	22	1.80	完成交付	河西指挥部计划处
▲河西鱼嘴金融集聚区	该项目拟建设南京地标超高层办公用房项目以及相关配套设施，代建地上、地下道路，总建筑面积 123.8 万平方米（地上 88.8 万平方米，地下 35 万平方米）	150	20	桩基工程实施，地下室建设	河西指挥部计划处
仁恒江湾城社区中心	项目总用地面积 10.2 亩，总建筑面积 2.7 万平方米，主要用于建设居住社区级服务中心，为项目周边居民提供设施先进、布局合理、配套齐全、功能完善的公共服务设施	2.62	0.30	完成负一层顶板浇筑	河西指挥部计划处
△奥体邻里中心	总建筑面积约 6 万平方米，其中地上建筑面积约 3.2 万平方米、地下约 2.8 万平方米	5	2	土方开挖、地下三层主体结构完成、地上主体结构封顶	河西指挥部计划处
南京国际医院	总建筑规模约 15.5 万平方米，地上 10.5 万平方米，地下 5 万平方米，规划床位 501 张。南京国际医院项目由中美医疗健康集团与美国联盟医疗国际部（Partners Healthcare International）共同打造	20	1	开工建设	河西指挥部计划处
△华侨城欢乐滨江	总建筑面积 56.78 万平方米。建设办公，商业、文化旅游项目、商业配套用房，旅游设施	100	30	所有地块全部进入建筑主体施工	河西指挥部计划处
△渭河邻里中心	总建筑面积约 7.9 万平方米，其中，地上建筑物面积 4.7 万平方米、地下建筑物面积约 3.2 万平方米	8	2.50	完成桩基及基坑支护施工，完成地下室结构施工及基坑回填	河西指挥部计划处
海峡城社区服务中心	占地 39 亩，总建筑面积 10.8 万平方米，建设内容包括街政管理中心、社区服务中心、派出所、社区卫生服务中心、老年公寓、文化活动中心等	7.78	0.45	竣工验收	河西指挥部计划处
河西新城市政道路建设	河西南部地区秦新路道路、规划三号支路南延、新鸿基周边市政道路、华新城周边市政道路、华山路开工建设，总长约 6.5 千米	10	2	开工建设	河西指挥部计划处

（▲为江苏省重大项目、△为南京市重大项目）

（区发改委）

【服务业】2019年，成立建邺区推进“一带一路”（“丝绸之路经济带”和“21世纪海上丝绸之路”）建设工作领导小组，制定《建邺区高质量推进“一带一路”建设工作实施方案》，梳理出区高质量推进“一带一路”建设重点项目36个。规划河西南部总部集聚区空间布局，打造全市、全省标志性国际化窗口区域及国内外重量级企业总部入驻首选地。制定《2019—2020年新增总部企业行动计划》，360智慧科技、小米有品、江苏恒宝等3家企业经南京市政府认定为市级总部企业。做好大众创业万众创新有关工作，组织策划双创周系列活动，营造浓厚创新创业氛围，拓展大众创业万众创新工作新局面。2019年，区2家独角兽、2家瞪羚企业入围南京市独角兽、瞪羚企业榜单。双创活动周期间，区共组织安排14场活动，880人次参加。做好永定水梦小镇建设推进工作，有序开展小镇河道整治、道路建设、景观绿地等基础设施建设。产业载体建设稳步推进，科创中心已投入使用，国际水生态创新中心、国恒大安全等项目完成摘牌，香港英达全球公路养护科教研发中心规划设计方案完善中，江苏省基础测绘中心已开工。产业项目加快植入，国际水协会第二全球运营中心签约入驻。

【重大项目】2019年，区落实各级负责人挂钩联系重大项目制度，搭建各联系挂钩小组与项目之间桥梁，有效推进项目建设。江苏省委常委、省纪委书记、省监察委员会主任蒋卓庆挂钩联系阿里巴巴江苏总部项目；徐锦辉、胡洪、冉华3位南京市负责人分别联系奥体邻里中心项目、阿里巴巴江苏总部项目、鱼嘴金融集聚区项目。重视重大项目日常管理工作，坚持日常性到重大项目现场走访了解项目建设情况，每月25日定期搜集整理重大项目投资额、形象进度和项目3个方向图片，形成通报报送区负责人，发送各责任单位。在18个市级重大项目现场安装摄像头，项目动态可在“我的南京”App实时查看，在云尚建邺开发重大项目管理系统平台。举办全市一季度重大产业项目集中开工现场会河西·建邺分会场活动。从全区遴选11个重点重大项目，成立重大项目服务专班，每个专班2~4人。突出帮扶确保一批项目顺利推进。阿里巴巴江苏总部项目进展顺利，增加人才公寓等生活配套设施建筑面积方案获南京市政府批准，顺利开工。小米项目5月21日顺利摘牌。华新城商业项目华采天地5月18日开业。一批项目顺利竣工，2019年经南京市认定竣工项目11个，其中，江苏省、南京市重大项目4个。

【工业企业技术创新】2019年，区开展工业设计中心认定，组织南京行狐集团有限公司申报并通过2019年江苏省工业设计中心认定，南京边城体育用品股份有限公司工业设计中心通过江苏省复核。组织开展2019年创新产品目录申报工作，掌控网络科技、星邺汇捷、越博动力等24家企业申报41个创新产品目录。组织推荐企业申报2019年南京市企业重点研发项目计划，中冶华天等16家企业33个申报项目入选《2019年南京市企业重点研发项目计划》；组织越博动力成功揭榜关键核心技术攻关任务。组织工业企业资源集约利用绩效综合评价，对越博动力等9家企业开展工业企业资源集约利用绩效综合评价，激励企业创新发展，促进企业提质增效。

【企业服务】2019年，区提高服务企业水平，建立企业问题清单和政府服务清单，针对性地形成一诉一案式政府服务清单，进行表单化显示，列出解决举措、落实进度、完成状态等信息，有效解决企业问题。完善挂钩联系服务企业制度，梳理重点企业58家，开展区负责人集中走访企业活动。开展惠企政策宣传及重大活动保障工作。制定出台《建邺区支持民营经济健康发展实施意见》《建邺区鼓励支持区域载体运营的暂行办法》等文件。通过举办政策宣讲会、上门宣传、点对点推送等多和渠道宣传，共向园区和企业发放政策宣传资料400余份。（区发改委）

金　融

【概况】2019年，全区新引进金融类机构122家，新增各类股权投资机构167家，认缴基金规模1173亿元，开展金融招商推介14场、资本市场培训4场、融资对接活动6场、政策宣讲活动13场等。全区累计集聚金融类机构超600家，其中，金融法人总部15家、省级以上金融机构总部117家、各类股权投资机构超400家。全区备案基金管理机构101家，占全市30%，备案管理基金规模893亿元，占全市43%，均居全市第一。

表7　2019年建邺区金融机构数量统计一览表

序号	机构类型	数量（单位：家）
1	银行	20
2	证券机构	32
3	保险机构	45
4	期货机构	20
5	准金融机构	101
6	股权投资机构	400
7	小额贷款公司	3

（区金融管理局）

表 8　2019 年建邺区入驻保险区域总部及一级分支机构一览表

序号	企业名称	入驻地址	入驻时间
1	中国出口信用保险江苏分公司	江东中路 230 号华泰证券广场 3 号楼 5~6 层	2017.12
2	华安财产保险股份有限公司江苏分公司	江东中路 311 号 2101 室	2008.1
3	都邦财产保险股份有限公司江苏分公司	江东中路 311 号 05 幢 20 楼	2008.3
4	永安财产保险股份有限公司江苏分公司	奥体大街 68 号新城科技园国际研发总部园 4A 栋 13 楼	2010.4
5	浙商财产保险股份有限公司江苏分公司	奥体大街 177 号环宇广场社区办公楼 3 楼	2011.3
6	安达保险有限公司江苏省分公司（原丘博保险）	新地中心二期 1106 室	2011.5
7	瑞再企商保险有限公司江苏分公司（原太阳联合保险）	庐山路 188 号 1209、1210、1211 室	2011.7
8	泰山财产保险股份有限公司江苏分公司	江东中路 359 号国睿大厦 A 区 9~10 楼	2011.12
9	美亚财产保险有限公司江苏分公司	庐山路 188 号 3904 室	2012.1
10	安盛天平财产保险股份有限公司江苏分公司（原天平汽车保险）	国睿大厦 2 号楼 12 楼	2012.6
11	中国平安人寿保险股份有限公司江苏分公司	庐山路 188 号 5006、5007、5008 室，51 楼，52 楼	2012.10
12	紫金财产保险股份有限公司江苏分公司	金融城 8 号楼 1 楼	2012.12
13	紫金财产保险股份有限公司南京分公司		2013.6
14	长安责任保险股份有限公司江苏省分公司	江东中路 359 号国睿大厦 1 号楼 A 区 19 楼	2014.6
15	长江财产保险股份有限公司江苏分公司	庐山路 188 号 2601、2607~2608 室	2016.12
16	史带财产保险江苏分公司	庐山路 188 号 1012 室	2017.1
17	中国大地财产保险股份有限公司江苏分公司	南京市奥体大街 68 号南京新城科技园国际研发总部 3 幢 19、20、21 层	2018.4
18	海峡金桥财产保险股份有限公司江苏分公司	新地二期 1302~1303 室	2019.2
19	和谐健康保险股份有限公司江苏分公司	奥体大街 69 号 06 幢 703 室	2007.1
20	建信人寿保险有限公司江苏分公司	江东中路 156 号 4 幢 4~5 层	2008.6
21	信泰人寿保险股份有限公司江苏分公司	同进大厦 5 单元 6、7 楼	2010.11
22	英大泰和人寿保险股份有限公司江苏分公司	庐山路 188 号 1201~1206、1212、501、502 号房	2010.10
23	中英人寿保险有限公司江苏分公司	庐山路 188 号 802~809 室	2010.11
24	友邦保险有限公司江苏分公司	庐山路 188 号 15 楼	2010.12
25	富德生命人寿保险股份有限公司江苏分公司	庐山路 188 号 47 楼	2011.11
26	东吴人寿保险股份有限公司江苏分公司	联强大厦 30 楼江东中路 289 号 3001、3004、3005、3006 室	2012.11
27	中银三星人寿保险有限公司江苏分公司（原中航三星人寿）	嘉业国际城 4 栋 801、802 室	2014.3

续表 8

序号	企业名称	入驻地址	入驻时间
28	新光海航人寿保险有限责任公司江苏分公司	新地中心一期 908 室	2014.7
29	幸福人寿保险股份有限公司江苏分公司	江东中路 289 号联强国际 37 层	2014.8
30	阳光人寿保险股份有限公司江苏分公司	江东中路 315 号 901~912，915~919 室	2015.2
31	国华人寿保险股份有限公司江苏分公司	新地中心二期 1901、1902、1903、1904、1912 室	2015.8
32	弘康人寿保险股份有限公司江苏分公司	新地中心二期 602、603 室	2016.4
33	天安人寿保险股份有限公司江苏分公司	庐山路 188 号 22 楼	2016.8
34	利安人寿保险股份有限公司江苏分公司	雨润国际广场 B1 座 1401 室	2016.7
35	安邦养老保险江苏分公司	庐山路 188 号 4001 室	2018.5
36	光大永明人寿江苏分公司	河西大街 66 号明星国际商务中心写字楼 A 座 601~606 室	2018.5
37	恒大人寿保险有限公司江苏分公司	庐山路 188 号 31 楼	2018.10
38	国联人寿保险股份有限公司江苏分公司	庐山路 248 号金融城 4 号楼 21 楼	2019.1
39	海峡金桥财产保险股份有限公司江苏分公司	新地中心二期 1302~1303 室	2019.2
40	长城人寿保险股份有限公司江苏分公司	金融城 8 号楼 15 层	2019.3
41	泰康人寿保险有限责任公司江苏分公司	庐山路 168 号 2201~2212 室	2019.6
42	远见保险代理有限公司江苏分公司	汉中门大街 65 号星湖饭店 6 层	2019.6

（区金融管理局）

5 月 21 日，第二届江苏发展大会暨首届全球苏商大会“金陵故乡行”金融专场活动座谈会召开　（区金融监管局　供图）

【金融政策】2019 年，区制定出台《关于促进南京金鱼嘴基金街区发展的若干措施》《建邺区产业发展基金管理办法》，修订《建邺区科技创新基金管理办法》。不断完善金融产业发展扶持政策体系，对产业发展实行精准有效扶持，扶持对象多元，涵盖金融机构、准金融机构、金融专业服务机构、股权投资机构；扶持内容丰富，涵盖入驻一次性奖励、购租房支持、经济贡献奖励、人才奖励等方面；扶持周期延伸，涵盖企业初创期、成长期、成熟期等发展全过程。优化基金运作制度，推动基金集聚，完善服务体系。

【“建邺金服”品牌打造】2019年，为打造“建邺金服”品牌，区发布创新金融生态“3·6·1”系列产品，即“3类基金、6大金融产品、1个基金街区”（“3类基金”是指区科创基金、产业发展基金及智慧城市基金，“6大金融产品”包括初贷保、增额保、过桥保、助贷保、补贴贷、政府采购贷，“1个基金街区”指南京金鱼嘴基金街区），为区内企业提供全覆盖、全过程金融支撑。建邺高新进园保系列产品深化与6家银行合作，通过专题宣讲会、金洽会、招商对接会等活动累计开展宣讲活动18次，完成11批优质企业申报入库工作，累计入库企业超300家，推动区内企业获得流动资金及贷款超3亿元，有效缓解企业融资难、融资贵、融资不畅问题。为配合推进建邺区园中园建设，提升区空置社会载体运营效率，满足专业运营商在载体运营过程中装修资金需求，牵头推出园中园装修贷。

【基金街区打造】2019年，为完善支持政策，区出台《建邺区关于促进南京金鱼嘴基金街区股权投资机构发展的若干措施》，扶持基金企业发展，加速基金集聚。7月，金鱼嘴基金街区正式揭牌运营，初步形成集基金评级、基金孵化、基金服务于一体的生态体系。构建基金示范服务体系，针对行业特点，在街区打造2大空间、3项服务、4大中心。2大空间包括为基金管理人提供优质共享办公空间及会议中心GP空间；3项服务即政务服务、企业服务、管家服务，为企业提供落户开办、政策指引、投融资对接及托管等一条龙服务；4大中心即资本培训中心、会议路演中心、银行结算中心及企业金融支持中心。形成落户开办、政策指引、投融资对接等全方位服务。推动基金集聚，引进监管机构、行业协会入驻基金街区，带动区域基金产业快速发展规模效应，形成良好发展态势。扩大影响力，全年定期举办各类活动，更高频、更精准、更有效对接顶尖投资机构，聚集投资机构，提升金鱼嘴基金街区在全国创投圈影响力，打造南京经济发展资本引擎。

【金融产业培育及资本市场发展】2019年，区开展金融招商推介、银企对接等规模超百人活动8场。与河西中央商务区管委会联合举办南京河西金融集聚区北京推介会，承办2019泛长三角区域金融中心发展论坛。会同南京市金融办、紫金投资集团等赴台湾招商，加强项目拓展与合作。联合建邺高新区在上海、北京召开基金公司座谈会，并赴北京基金小镇考察调研。在一季度数字经济签约仪式、南京金鱼嘴基金街区揭牌仪式及2019年区金洽会上，与53家股权投资机构签约合作。新落地民生证券股份有限公司江苏分公司、中国中投证券有限责任公司江苏分公司、广发期货有限公司江苏分公司等 18 家持牌金融机构。推进区内企业利用多层次资本市场，组织南京金海威国际供应链管理股份有限公司参加江苏省金融监管局举办的赴港上市工作推进会；组织区内 27 家次企业参加南京资本市场学院 2 次关于科创板上市专业培训；组织区内 5 家企业参加深交所 2019 年第二期公司债及资产证券化业务培训（南京专场）。紫金农商行完成上市，南京测绘院上市申请被中国证监会受理。

【金融风险防范和化解】2019 年，结合区防范和处置非法集资等非法金融活动风险工作形势，区制定《2019 年建邺区防范和处置非法集资等非法金融活动工作方案》，明确 2019 年全区金融风险防范工作重点任务，开展 3 大行动、深化 4 项机制。在机构改革基础上，强化处非工作架构和人员保障，推进各项工作责任和措施落实。突出风险监测，严控增量风险。加强风险监测预警，利用第三方数据平台，将 12345 平台投诉、非法集资奖励热线信息等纳入预警线索来源，做到风险早发现、早识别。实施处非举报奖励措施，率先在全市制定《建邺区非法集资举报奖励实施办法》，设立 24 小时举报电话，掌握更多风险信息。建立商事注册会商制度，对于金融类企业，详细核查其风险情况，严把市场准入关，2019 年共对 196 家金融类企业进行研判会商。做好金融领域扫黑除恶工作，先后 4 次开展全覆盖式专项走访排查整治工作，组织在全区范围内开展全面排查非法放贷、打击套路贷专项行动等。突出风险处置，消除存量风险。及时核查风险线索，针对江苏省、南京市交办，群众举报等方式发现的风险线索，及时采取约谈、限期整改等措施化解风险。开展存量风险销号，针对已录入江苏省非法金融活动监测预警系统存量风险企业，通过逐条梳理、会商研判，累计处置风险企业 385 家，风险销号率 68.40%。有效处置重点风险企业，按照一案一专班要求，做好投资人接待和诉求

11 月 15 日，建邺区防范非法金融宣传活动举行 （区金融监管局 供图）

回应工作，根据要求，以P2P机构清退为主要工作方向，区剩余4家P2P机构已于12月底按要求完成线上业务清退。突出宣传警示，筑牢群防群治网。集中宣传与日常宣传并举，在做好重大节日集中宣传工作同时，推进宣传工作制度化、常态化。立足传统阵地，开拓全新渠道。运用微信公众号等新媒体加大宣传力度。做好各类宣传活动，区先后开展大型广场宣传活动15场，参与群众6000余人，充分调动各个社区力量，举行宣讲活动47场，发放宣传折页、手册约1.2万份，发放宣传品9000份，累计参与超万人。

【属地金融监管规范】2019年，区针对地方金融监管体系，明确监管职责清单，摸清注册区企业54家，其中，小贷企业3家、融资担保企业9家、区域性股权市场1家、典当行6家、融资租赁企业23家、商业保理企业10家、交易场所2家。加强专项检查，做好日常监管。组织园区和中介机构先后开展监管评级、年审、换证等工作，梳理上报一批未实质开展金融业务和失联企业，完成5家典当行、2家融资担保公司和1家再担保公司年审工作，完成2家小额贷款公司年度监管评级，完成对移交管理的10家商业保理企业和27家融资租赁公司专项排查，并对6家未实质性开展业务保理公司提出良性退出。对辖区2家交易场所进行整顿，南京石化合约交易中心已停止相关业务，金陵文化交易中心市场活跃度较低，日交易量几乎为0。

【企业金融服务平台建设】2019年，区与南京紫金投资集团合作共建南京市中小微企业金融支持中心，推动南京联交所入驻，为中小微企业提供一站式综合金融服务。加大江苏省综合金融服务平台推广使用力度，全区注册企业超过600家，成功放款超过100笔，总金额超3.1亿元。成立区转贷互助基金领导小组，推动区内企业申请使用转贷基金，区共使用90笔，转贷金额近6亿元。

（区金融监管局）

电子商务

【概况】2019年，区完成商务部对国家电商示范基地考评工作，建邺区获得江苏省、南京市电子商务示范基地挂牌。先后引进伟森家居、军霞体育、集盒信息科技、匈牙利贸易促进局南京代表处、侠客行电商众创空间、阿里神鲸办公空间等有代表性企业和机构。

【电子商务示范基地建设】2019年，区电子商务产业扶持政策优化，产业方向更明确，加大对跨境电商扶持力度，有货、行狐2家电商企业获评省级电子商务示范企业，7家企业获评市级电子商务示范企业，沙洲街道中奥社区获评江苏省电子商务示范社区。建邺区被商务部认定为全国首批国家电子商务示范基地。

【电商产业推介会】为推进蓉宁两地电商产业融合发展，宣传南京建邺以江东商贸区为核心电子商务产业集群，拓展蓉宁两地产业对接渠道，4月17日，南京市建邺区电子商务专场推介会在成都丽思卡尔顿酒店举行。推介会由南京江东商贸区管委会主办，南京电子商务协会承办，建邺区莫愁湖街道、兴隆街道、南苑街道协办，得到四川省电子商务协会、成都市电子商务企业协会、成都市跨境电子商务协会支持。南京江东商贸区管委会主任郑知邦、四川省电子商务协会秘书长徐晔、南京电子商务协会秘书长杨杰以及100余位电商企业代表出席会议。郑知邦介绍江东商贸区区位优势，金鹰商贸集团总裁助理王林介绍金鹰世界已与全球知名联合办公空间WEWORK达成战略合作，可以提供8000余平方米办公载体。在听取推介后，四川小蜜蜂维保汇信息技术有限公司王金莲也向与会者分享南京开展业务计划，并咨询人才招募等问题。会场入驻意向踊跃，对接工作同步展开。

【中国产业互联网（江苏）研究院揭牌】9月26日，由中国互联网协会、建邺区人民政府、驻宁高校和江苏大中型企业等共同发起成立中国产业互联网（江苏）研究院（筹）正式揭牌，意向入驻建邺高新区。该项目依托中国产业互联网研究院设立，内设综合管理中心、研究咨询中心、合作推广中心、交流服务中心、创业孵化中心等机构。以江苏省互联网协会为区域合作交流服务载体，以江苏互联网产业聚合服务平台为对外信息服务平台，集聚区域核心龙头项目资源，探索培育“互联网制造”发展模式，打造产业互联网领域权威研究咨询、实验基地、服务支撑平台，服务支撑产业互联网建设。

【南京电商生态链虚拟产业园建设】2019年，建邺高新区依托小米有品全国总部落户，利用小米有品丰富生态链企业优势，集聚互联网头部企业上下游关联企业入驻，共同打造江苏省内首家南京电商生态链虚拟产业园。作为一种创新模式，南京电商生态链虚拟产业园通过电商平台支持、金融政策赋能，以便利方式和优质企业服务，吸引电商生态链企业集聚。在占用少量办公场地前提下，南京电商生态链虚拟产业园使得以网络销售为主电商平台生态链企业可以快速集聚。入驻虚拟产业园企业无须整体落户，可以将与头部企业相关联业务率先落地，并享受与园区其他企业同等产业优惠政策。利用公共配套与服务体系，园区扶持企业成长，在工商、财税、法律、知识产权和资金资质申报、人力资源服务等方面提供服务，促进企业实体落地，形成虚实结合特色园区。此外，建邺高新区在园区着重挖掘高成长性企业，推动企业销售总部、区域总部落户园区，并发挥金融集聚区优势，在投资方面进行重点关注和布局，根据大数据分析生态链母公司发展情况，快速为企业定量，确定评分等级及信用额度，满足园区新设公司个性化融资需求，从而孵化培育独角兽、上市公司。建邺高新区已落实科技创新综合体B区总面积约3000平方米办公空间资源,进行载体支持。一期共享空间面积约1500平方米,规划建设虚拟产业园展示区、园区企业服务区、共享会议室、共享洽谈区、共享沙龙区、移动办公区和少量固定办公区;二期成长空间面积约1500平方米,供实体办公企业使用。

【阿里巴巴南京中心入驻】作为建邺区政府与阿里巴巴共同打造的创新载体,1月11日,阿里巴巴南京中心正式入驻建邺高新区。入驻当日,建邺区委书记,南京市河西管委会主任、党组书记沈剑荣会见阿里巴巴集团合伙人、资深副总裁、首席客户官吴敏芝一行,双方就阿里巴巴南京中心及阿里巴巴江苏总部发展进行深入研究和洽商。双方一致同意加速阿里巴巴江苏业务和生态链企业向阿里巴巴南京中心归集,加快培育阿里生态圈,带动区域创新创业氛围,打造有层次城市产业梯队。包括天猫、口碑、本地生活、大麦网、飞猪等阿里巴巴在江苏业务团队也实现陆续搬迁。阿里巴巴南京中心成为阿里巴巴集团业务线办公集聚地,同时,也导入与阿里在宁业务相关强生态企业。阿里巴巴南京中心以大数据、物联网、软件开发、新零售、新贸易作为产业基石,以王牌双创活动为活动基石,以神鲸智慧办公为智慧空间基石,充分利用阿里江苏总部、阿里经济体生态和相关创新业务落地,形成产业导入与持续运营。阿里巴巴第一个完全自主运营阿里云双创中心也落户南京中心,借力阿里云双创中心创培、创会、创赛运营基础,实现其对于全国独角兽企业和阿里系创业者的吸引与孵化,从而为产业导入及孵化运营保驾护航。

【外贸电商合作】4月18日,区电子商务协会、江东商贸区管委会、企业服务中心等一行20余人到谷道科技成都技术总部参观考察。谷道科技首先通过企业宣传片及全球搜MG动画生动展示谷道科技发展面貌及技术水平。谷道科技CEO蒲竞超表示全球搜上线9周年,凭借着优质服务和效果,已累计服务超5000家外贸企业。自2018年签约中国国际电子商务中心起,全球搜继续深耕技术、改善服务,2019年第一季度新合作企业数量再创历史新高,续费率35%。与会人员对谷道科技在科技创新和外贸营销推广方面取得成绩表示认可,随后座谈会上,双方就依托谷道科技强大研发实力和技术实力为跨境电商行业培训专业人才、服务咨询、工具落地应用等诸多领域合作展开对话交流。

(区政府办　区商务局　江东商贸区管委会)

会　展

【概况】2019年,区共举办大型国际性展览会议23个,3万平方米以上展览面积约

98.40万平方米，全年展览总面积162万平方米。成功举办第六届中国（南京）国际节能与新能源汽车展览会、2019中国（南京）广告产业博览会、第六届中国移门与定制家居博览会、2019年全国半导体大会、2019南京国际度假休闲及房车展览会、第十五届中国（南京）国际软件产品和信息服务交易博览会、2019国际生态环境新技术大会、2019南京创新周、2019全球软件大会、世界半导体大会、2019国际工程科技战略高端论坛暨第四届新加坡·南京生态科技岛国际水环境治理高峰论坛等众多大型会议、论坛。区已连续9年获中国会展产业大会组委会授予的“中国十佳会展名区”称号；被中国会展高峰论坛组委会评为“新中国70周年·中国最佳会展产业集聚区”；被中国会展行业年会组委会评为“2019年度中国最具影响力会展名区”，并获得中国会议产业大会组委会授予的“2019中国最具青睐会奖强区”称号。

【自主品牌展会品质提升】2019年，“中国移动门博览会”通过国际展览业协会（UFI）认证，成为UFI国际认证展会，展会承办方南京标雄展览展示有限公司正式成为UFI会员单位；南京国际博览会议中心、南京国际青年会议酒店于2月分别成为国际大会及会议协会认证会员。主动对标找差，向广州海珠区，浙江杭州江干区、萧山区等展会较发达地区学习取经，确定工作目标。重点就提升项目国际化品质、扩大项目国际交往功能、提升展城融合度等开展调研，为完善政策整体规划，优化会展发展环境提供决策依据。提升2019中国（南京）广告产业博览会、第六届中国移门与定制家居博览会、2019年全国半导体大会、2019国际（南京）智能制造大会等品牌展会影响力。做好宣传推介，拓展联系渠道，与国际、国内知名会展组织和机构建立联系渠道，加快会展业国际国内合作步伐。充分利用国际、国内平台和媒体作用，及时宣传河西·建邺会展活动。强化服务，提升保障水平，由区会展办牵头相关部门建立服务保障联动机制，细化工作分工，明确工作重点，加强工作协调；在做好日常服务保障工作基础上，重点做好对大型、重点展会服务保障工作，赢得展会活动各方好评；及时帮助展览企业解决困难和问题。

【第六届中国（南京）国际节能与新能源汽车展览会】3月22—24日，第六届中国（南京）国际节能与新能源汽车展览会暨高峰论坛在南京国际博览中心举办。展会规模1.40万平方米，搭建节能与新能源技术转化、新能源企业交流合作、新能源汽车销售推广综合平台，推进节能与新能源汽车产业进步和发展。展会吸引宝马、比亚迪、东风悦达起亚、上汽荣威、吉利等众多国内外新能源汽车品牌、造车新势力及新能源汽车产业链上下游企业参展。展会分新能源汽车整车展区、物流车展区、充电设施及相关配套产品展区、

气候变化、生物多样性保护与修复、长江水生态保护、土壤污染风险管控和修复、水专项产业化成果宣介等专题，组织召开20余场研讨会，并举办环保技术和产业交流对接会。大会同时举办长江下游打好长江保护修复攻坚战生态环境科技成果推介活动。在征集江苏、上海、浙江科技需求基础上，筛选一批以水专项等科研项目为主环境科技成果进行现场展示。成果展示区面积约3000平方米，通过模型、实物、视频以及展板等方式展示水污染防治、大气污染控制、海洋环境保护等多个领域上百项环境科技成果。中国环境科学研究院、生态环境部对外合作与交流中心、生态环境部南京环境科学研究所等49家技术支持单位开展科技成果现场宣介，并与地方管理部门、企业等进行面对面对接洽谈。

【南京国际博览中心获全球展览业协会官方认证】11月5日，建邺区内南京国际博览中心正式通过全球展览业协会认证，成为UFI国际认证展馆之一。UFI是国际展览行业最重要国际组织之一，通过其认证的对象通常会被国际会展业认可为具有较高品质，南京国际博览中心能够获此认证正是因为展会活动质量及服务水平得到肯定。南京国际博览中心借助UFI认证权威性和影响力，强化规范化管理和国际化发展，推进“互联网+展馆”建设，打造“智慧云展馆”，形成集会议展览、酒店餐饮、办公商业、旅游文化为一体的博览综合体，全面提升场馆平台高度，促进南京会展业升级发展。

【中国国际进口博览会沪外常年展项目正式落户】11月7日，南京市跨境电商进口商品采购洽谈会在上海国家会展中心举行，南京市建邺区政府与上海国际进口交易服务有限公司、江苏省盐业集团有限责任公司正式签署《关于一站式进口交易服务平台江苏区域项目的投资协议》，郭元强、蓝绍敏等江苏省及南京市负责人见证签约仪式，由此中国国际进口博览会溢出效应在江苏实现实质落地。上海国际进口交易服务有限公司和江苏省盐业集团有限责任公司强强联合优势互补，共同出资在南京市建邺区成立江苏省国际进口博览会交易服务股份有限公司，项目采用中国国际进口博览会“6天+365天”专业服务常年展模式（按照商务部要求建立），实现参展一周、服务一年，经营产品涵盖进口食品、服饰、日用保健品、珠宝玉石、高端智能化装备等商品。建邺区为项目落地发展提供完善保障，项目选址南京国际博览中心1号馆。 （区商务局）

房地产

【概况】2019年，建邺区加大房地产开发投资力度，商品房销售持续增长。加强房地产市场监管，推进老旧小区整治、房屋租赁管理、物业管理等城市客厅打造和民生服务保障重点工作。全年房地产业增加值98.45亿元，比2018年增长12.90%。

【土地挂牌出让】2019年，区共完成挂牌地块7宗，出让面积共229333.33平方米，总出让金额82.66亿元。其中，经营性用地江心洲2宗，出让面积61133.33平方米，出让金额28.60亿元；新城科技园1宗，出让面积2.86万平方米，出让金额20.40亿元；河西3宗，出让面积80466.67平方米，出让金额88亿元；科研用地挂牌1宗，出让面积59333.33平方米，出让金额2亿元。

【房地产投资】2019年，全区房地产开发投资完成343.80亿元，比2018年增长1.10%，房地产投资占全社会投资比重77.60%。

【房地产开发】2019年，区房地产施工面积1112.40万平方米，比2018年下降3.20%，其中，新开工面积95.90万平方米，比2018年下降56.70%。竣工面积134.60万平方米，比2018年下降21.80%。

【商品房销售】2019年，建邺区商品房市场总体呈现“供应微降、成交增长”态势。全区商品房上市119.69万平方米，比2018年下降11.31%，成交147.10万平方米，比2018年增长8.10%，金额335.12亿元，比2018年下降14.40%。其中，商品住宅上市65.22万平方米，比2018年下降21.63%，成交75.39万平方米，比2018年增长11.29%，金额289.51亿元，比2018年增长16.03%，成交均价38403元/平方米，比2018年增长4.26%。

【二手房市场】2019年建邺区二手房成交60.42万平方米，比2018年增长21.50%，金额216.03亿元，比2018年增长27.72%。其中，二手住宅成交58.38万平方米，比2018年增长24.01%，金额212.66亿元，比2018年增长29.02%，成交均价36427元/平方米，比2018年增长4.04%。

【房屋租赁社区化综合管理】2019年，推广运营社区化综合管理，落实“房产+公安”模式，针对房屋租赁监管难度大情况，区房产局会同区公安分局共同研发“建邺区出租房社会化综合管理”系统，与区公安分局联合组织召开多次培训会议，对全区街道、社区网格员、中介机构门店负责人进行业务培训，明确系统操作流程，分配工作任务。同时，与公安人员联合对辖区内房地产经纪机构、住房租赁企业上门巡查，宣传推行房屋网签备案制度，扩大租赁合同范本使用覆盖面，提高房屋租赁备案率，落实网格化制度，逐步建立出租房屋长效管理机制，为流动人口精准化管理创造条件，尽可能保障出租房屋安全。全年新增房屋租赁备案6200户，代征房屋租赁税款5253万元，筹集租赁房源5.50万平方米。

【房地产市场监管】2019年，区房产局与第三方机构合作，解决数据来源、市场行情动态分析等难题，定期对本区房地产市场土地供应、开发建设、房屋销售等情况进行综合分析，形成按月上报机制，全面掌握全区房地产运营情况，提供高质量分析报告。时刻注视市场动态，加大市场监测和巡查力度。对苗头性问题，通过与企业约谈、发放整改通知书等方式及时处理和纠正，全年共约谈房地产经纪机构、租赁企业、长租公寓20余家，现场签发《限期改正通知书》7份，维护房地产市场秩序。

【物业管理】2019年，区房产局组织街道开展物业管理专项检查，检查物业小区399个次，开出48份整改通知单，及时督促整改。加强老旧小区长效管理，组织检查132个老旧小区，进行星级评定，落实区级专项资金考核奖补。8个项目物业区域备案，10个项目物业服务合同备案，6个项目被评为省级示范项目，8个项目申报南京市示范小区，26个项目申报平安优秀小区。组织参加区、街道物业管理联席会议43场，成功化解莱蒙水榭春天小区物业交接等矛盾。开展物业服务领域创建国家文明城市和迎接国家卫生城市复审工作，督促物业服务企业做好物业管理区域内防汛、群租、消防等安全隐患排查整治工作。审核办结住宅专项维修资金使用申请819件，共拨付资金3740万元。组织街道物业科和社区相关工作人员物业管理专业培训4次210人次。

【房屋拆迁管理】2019年，区房产局推进科技园小学地块环境综合整治等项目拆迁扫尾，共完成29户村民、16套小产权房、17家工企单位搬迁，完成江苏省、南京市督办长江岸线整治和长江经济带发展重点工作拆迁扫尾任务，保障安置房建设等民生重点工程。做好行政、民事案件办理和司法协调工作，配合法院执行案件26起，处理行政、民事案件25起，协助司法机关调档24起，完成科技园小学地块环境综合整治项目5户征

4月9日，江心洲街道拆迁扫尾动员部署工作会召开　（刘红亮　摄）

收补偿决定程序。集中精力开展拆迁信访积案化解工作,共化解积案52件。全年无重大群体性事件发生。（区房产局）

旅　游

【概况】全区共有旅行社40家,旅行社分公司19家,旅行社服务网点50家。江苏省星级旅行社10家,其中,四星级旅行社4家、三星级3家、二星级2家、一星级1家。高等级酒店10家。根据建邺区全域旅游监测平台数据,2019年全区访客总量2840.41万人次,占南京访客总量18.93%,平均停留时长1.73天。莫愁湖公园成功创建AAAA级旅游景区。

【旅游资源】建邺旅游资源丰富,区内莫愁湖历史悠久,为六朝胜迹,有"江南第一名湖""金陵第一名胜"等美誉,"莫愁烟雨"被列为"金陵四十八景"之首。区内南京云锦博物馆是中国唯一的云锦专业博物馆,主要展示以南京云锦为代表的中国民族织锦艺术,是"新金陵四十八景"之一。南京云锦木机妆花手工织造技艺被列入联合国人类非物质文化遗产名录、国家级非物质文化遗产名录。区内侵华日军南京大屠杀遇难同胞纪念馆是全国首批爱国主义教育基地、全国重点文物保护单位、国家一级博物馆、国家AAAA级旅游景区。自2014年12月13日起,纪念馆作为南京大屠杀死难者国家公祭仪式固定举办地,向全世界传递"铭记历史、珍爱和平"的声音。随着河西建设发展,现代气息浓厚的新城景观也成为建邺一大亮点。较著名的有:河西商务会展—体育文化休闲旅游区,含南京奥体中心、南京国际博览中心、青奥中心双塔楼、"南京眼"步行桥、南京奥林匹克博物馆、江苏大剧院、保利大剧院、金陵图书馆等体育文化旅游资源;滨江风光带,沿扬子江大道南北延伸,含南京绿博园、南京奥林匹克博物馆、青奥轴线、鱼嘴湿地公园等景点。区内共有公园9座,分别为莫愁湖公园、南湖公园、滨江公园、河西中央公园、南京绿博园、青奥森林公园、国际青年文化公园、河西城市生态公园、鱼嘴湿地公园,是市民休闲旅游好去处。

【旅游消费】根据银联渠道游客刷卡及扫码消费监测数据分析,2019年建邺区旅游消费总额199.07亿元,对建邺区消费贡献度为30.62%,对南京市旅游消费贡献度为8.12%。按照旅游消费行业分类排名:"购"的旅游消费90.18亿元,对建邺区行业消费贡献度为18.54%,对南京市购行业旅游消费贡献度为5.88%;"食"的旅游消费22.31亿元,对建邺区行业消费贡献度为22.31%,对南京市食行业旅游消费贡献度为13.76%;"住"的旅游消费21.18亿元,对建邺区行业消费贡献度为100%，对南京市住行业旅游消费贡献度为19.26%；“娱”的旅游消费18.36亿元，对建邺区行业消费贡献度为14.53%，对南京市娱的旅游消费贡献度为14.17%；“行”的旅游消费1.84亿元，对建邺区行业消费贡献度为33.85%，对南京市行业旅游消费贡献度为2.12%；“游”的旅游消费0.15亿元，对建邺区行业消费贡献度为43.11%，对南京市游行业旅游消费贡献度为1.96%；其他的旅游消费45.05亿元，对建邺区行业消费贡献度为33.16%，对南京市其他行业旅游消费贡献度为10.26%。

【《南京市建邺区文化旅游发展总体规划2019—2035》编制】2019年，区完成《南京市建邺区文化旅游发展总体规划2019—2035》编制工作。区文旅局按照《南京市建邺区文化旅游发展总体规划2019—2035》推进计划，基于建邺区文体旅资源分布和文体旅产业现状，结合建邺区打造现代化国际性城市中心总体定位，强调世界眼光、全球视野、国际标杆，组织编制团队历时2个月全面摸底、4个月系统编制、10余次沟通会议、50余处实地勘查、百余人次沟通访谈，采取现场调研、协调召开会议、组织材料收集等方式，带领、帮助、督促编制团队按照工作进度，按时编制完成规划工作，形成规划成果。

【国家全域旅游示范区创建】2019年，区建立健全创建体制机制，研究制定《建邺区“国家全域旅游示范区”创建工作考核办法》，推进区“国家全域旅游示范区”创建工作。科学编制创建规划计划，完成《建邺区文化旅游发展总体规划（2019—2035）》《建邺区全域旅游发展规划》《南京建邺区全域旅游营销策划案》编制，形成《建邺区全域旅游发展2019年度行动计划方案》，明确创建任务清单、工作标准、责任单位和时间节点，区各项创建工作均按计划按时有序推进。全域旅游集散中心项目，位于江东门纪念馆三

9月6日，区召开《建邺区全域旅游发展规划（2019—2025）》评审会
（区文旅局　供图）

期，项目已完成集散中心装修和布展施工图设计、工程挂网招标和评标工作。全域旅游标识标牌系统项目，已经完成全域旅游户外导视标牌整体布点方案设计，最终确定更新近80块道路交通标识牌，并就标牌现场布点安装与南京市交管局、区城管局等部门进行多轮沟通。全域旅游智慧运营监测中心系统建设，已完成平台搭建，已上线运营，被评为2019年度江苏省数字文化和智慧旅游优秀项目。全面启动创建台账编制，根据《国家全域旅游示范区验收标准（试行）》等相关标准文件，制定建邺区国家全域旅游示范区台账编制框架，梳理各部门需要提供台账基础资料清单，编制以区文旅局牵头2个评分项制作台账模板，供各单位参考，并到相关部门沟通台账资料问题。深化旅游厕所革命，完成年度民生工程任务，区新建、改建旅游厕所11座，全部于项目计划时间内完成工程并投入使用，已现场验收并完成全国旅游测试管理系统信息更新及百度地图标注工作。

【国际知名会奖旅游目的地打造】2019年，为扩大区会奖旅游影响力，树立目的地品牌形象，区文旅局组织区内企业参加各类展会及推介会，组织建邺会奖旅游联盟召开2019年第一、二次会奖旅游交流会，联盟内酒店、场馆、会务公司等成员单位参加交流会。与中青旅（江苏）国际会议展览有限公司举办乐游建邺·全国PCO专家考察洽谈会活动。区会奖旅游联盟成员单位代表分别在深圳、成都、北京、青岛、德国法兰克福参展、拜访客户，宣传推介区相关会奖资源，拓展当地市场，提高南京建邺国际知名度。邀请区内驻扎企业以及深圳、成都、北京、上海专家、买家到区，举办推广活动、安排参观考察，深入推介区会奖资源。组织联盟成员单位参加在上海国际会议中心举办的2019中国会议与商务旅行交易会、“厚积薄发共生共赢”2019酒店行业专家分享会。举办首届南京会议奖励旅游大会，有39个来自国际、国内展商参加配对，受邀买家81家，包括8位国际买家，共完成608场配

5月7日，2019中国会议与商务旅行交易会召开 （区文旅局 供图）

平明显提升。通过政策扶持和资金奖励引导华采天地商场、新鸿基商场等大型商贸服务企业招商，引进高端品牌，为把圆通商圈打造成南京市新国际化现代化商业中心奠定基础。政策扶持企业发展，为商贸企业争取优惠政策和奖励资金，为符合奖励条件商贸企业申报相关奖励资金，通过兑现奖励政策，推动区商贸企业发展壮大。鼓励促销拉动消费，7 月举办建邺区消费促进月活动，11 月举办南京市美食节闭幕式暨建邺打卡赛，协调区内大型零售企业开展促销让利活动，拉动经济作用明显。

【批发零售】2019 年，全年区实现社会消费品零售总额 294.74 亿元，累计增幅 5.30%。批发和零售业实现增加值 64.55 亿元，可比价比 2018 年增长 3%。

【标准化菜市场建设】2019 年，区商务局根据商务部《标准化菜市场设置与管理规范》，制定《标准化菜市场验收评分细则（试行）》，高质量完成区标准化菜市场建设。针对以往薄弱环节，动员迎宾集贸市场、飞茂菜市场进行改造。迎宾菜市场改造 300 平方米水产区，安装垃圾池、充电桩等。全区 21 家农贸市场，全部达到标准化农贸市场标准，市场达标率 100%。位居全市前列。改善场地环境和设备设施，将菜市场出入口、通道、停车场、地面、墙面、空间分区设置等场地环境作为验收重要指标，促进改善给排水、供电、通风、垃圾处理、安全、冷冻冷藏和营业等设备设施。保证卫生状况，环境卫生方面，保证地面干燥、清洁，无异味，有专职保洁人员并及时清理；设施设备卫生方面，保证操作台、养鱼池、公厕等日常清洁；人员卫生方面，保证人员无传染性疾病、穿戴整齐卫生、操作规范。严格规范商品管理和经营管理，对进货管理、肉菜追溯、入市检测、劣品清退、禁营项目、零售加工、商品销售等进行严格规范。对管理制度、台账记录、质量管理、证

11 月 5 日，国家市场监管总局食品安全总监王铁汉（左三）带队检查坤晨新安农贸市场
（区市场监管局　供图）

照管理、价格管理、计量管理、人员管理、信用管理等进行定期考核与监督，保证经营管理规范有序。

【肉菜追溯系统运行管理】2019年，区商务局定期召开肉菜追溯工作推进会，强化运行监管，每天安排专人查看数据上传情况，发现问题及时通报，督促及时整改到位，提高工作针对性和有效性。扩大追溯覆盖面，年度新安装518台追溯秤，增补35台香山秤。全区21家农贸市场，全部安装肉菜追溯系统。带好信息员队伍，提高业务水平。定期上门走访，提高信息费奖补标准，激发工作热情。全年采用现场观摩交流方式对信息员培训5次，提高信息化操作水平，确保其能够准确、及时、科学上报数据。加大宣传力度，以肉菜流通追溯宣传月活动为契机，加强宣传培训，利用菜市场宣传栏、电子屏滚动宣传肉菜追溯重要意义，悬挂横幅标语40余条。

【老字号申报】2019年，区商务局做好老字号申报工作，协助经营状况良好，具有较强可持续发展能力商贸企业做好中华老字号申报工作，先后协助中烟集团南京卷烟厂、魏洪兴食品申报省级老字号。

【商业预付卡监管】2019年，区商务局严格落实《单用途商业预付卡管理办法（试行）》《江苏省消费者权益保护条例》规定，对辖区内发卡企业进行监管，防范资金风险，保证人民群众消费安全。加强执法检查，不定期检查辖区内已发卡备案企业执行制度落实情况，摸底了解应备未备情况，一经发现，立即责令其办理备案。把握重点监管，对重点行业、重点企业进行重点监管，尤其是百姓投诉较为集中的美容美发、健身会所等企业，将不稳定因素消除于萌芽状态。联合南京市商务局执法支队开展执法行动2次，约谈江心洲一家健身、伽美健身、师徒美容美发、金陵印象等4家企业。（区商务局）

经贸合作

【概况】推动“一带一路”对外经济合作，区充分利用外经工程优质企业龙头作用，持续推动外经外贸融合发展。2019年，实现“一带一路”外贸进出口19亿元，比2018年增长15%。

【外资及港澳台资利用】2019年区引进谧空间信息科技、苏交科工程检测咨询、福佑商业保理、优飞数科科技、楠西医药科技等41家外商及港澳台商投资企业，有货（江苏）商贸等5家企业增资；引进外商投资地区总部1家，申报认定南京市外资总部企业1家。全年实际使用外资及港澳台资3.10亿美元，全部投资现代服务业，引进外资及港澳台资质量显著提升。

【对外贸易】区引进英华供应链、中商投供应链项目、江苏国际进口交易服务股份有限公司等新业态项目。全年实现外贸进出口总额超92亿元，推动区域开放型经济高质量发展。实现外贸进出口增速在全市主城区排名第二。全区进出口实绩企业301家，其中进出口额2000万元以上企业83家，实现进出口额68.90亿元人民币，占全区总量83%。与2018年相比，进出口总额2000万元以上企业总数增加1家，比2018年增长5.37%。在2019年外贸承压外部负环境影响情况下，全区外贸支撑企业基础工作得到巩固和加强。

【"一带一路"建设参与】2019年，区搭建组织体系，结合区工作实际，成立建邺区推进"一带一路"建设工作领导小组。制定实施方案，从推进创新名区建设、打造中新智慧城市示范区和引领促进人文交流角度出发，研究编制《建邺区高质量推进"一带一路"建设工作实施方案》。完善重点项目库，将高质量推进"一带一路"建设工作项目化，形成"一带一路"重点项目库，包括基础设施建设、产业投资、经贸合作和人文交流在内4大类36个重点项目，加强对项目跟踪服务，加快项目推进建设，将项目推进制度等落到实处。组织保障南京市第一届"一带一路"研讨沙龙活动，服务"一带一路"建设，加强建设企业、中介服务机构间交流与合作。

【江苏国际进口交易服务股份有限公司落户】2019年，江苏国际进口交易服务股份有限公司落户建邺，9月，江苏国际商品博览会正式开幕，项目投入实际运营。作为江苏地区全球商贸一站式交易服务平台，常年提供进口商品保税展示交易及综合服务。

【对外贸易经营者备案服务】2019年，区深化行政备案工作，为企业提供及时高效行政服务。承接南京市对外贸易经营者备案下放工作，严格按审批备案工作要求，公开程序，承诺办结时间。2019年，共完成备案234件，新办137件，变更89件，补办2件，注销6件（无结果件）。（区商务局）

功能园区

江苏南京生态科技岛经济开发区

【概况】江苏南京生态科技岛经济开发区（以下简称生态科技岛）位于江心洲，规划面积10.19平方千米，东至长江夹江堤、南至花园路和果园路、西至长江主江堤、北至梅子洲洲尾。2012年9月，经江苏省人民政府批准，同意新加坡·南京生态科技岛园区为省级经济开发区，定名为江苏南京生态科技岛经济开发区。新加坡·南京生态科技岛项目是由中共江苏省委、江苏省人民政府与新加坡贸工部共同推动，南京与新加坡共同开发建设的对外经济技术合作中规模最大整体合作项目，总投资规模1000亿元以上。根据规划，生态科技岛将建成国家级“生态科技城、低碳智慧岛”，年均税收贡献30亿元以上，带动就业5万人，建成居住建筑面积270万平方米、配套建筑面积60万平方米、产业建筑面积270万平方米，实现绿色建筑覆盖率100%、综合绿化覆盖率70%，打造低密度、高品质、生态型、智慧型研发功能区和现代生活区，成为南京市经济社会发展一个亮点和增长极。

2019年，生态科技岛完成地区生产总值13.30亿元，比2018年增长14.16%；实现服务业增加值13.13亿元，比2018年增长19.25%，占地区生产总值比重98.72%；完成固定资产投资36.15亿元，为目标任务的106.32%；区域内实现社会消费品零售总额0.90亿元，增速为5.50%；新增“四上”企业（规模以上工业企业、资质等级建筑业企业、限额以上批零住餐企业、国家重点服务业企业）入库5家，完成年度目标任务100%。全年引进落地基金规模2亿元，签约基金募集规模52亿元，完成年度目标任务108%。累计完成新增注册登记企业380家，完成年度目标143.40%；签约项目投资总额78.60亿元，完成年度目标104.80%；亿元以上签约项目10个，完成年度目标100%；实际使用内资15.90亿元，完成年度目标109.70%；引进总部企业4家，完成年度目标133%。全年完成外贸进出口总额约2000万美元，为年度目标的473%。

【招商引资】2019年，生态科技岛坚持周周有南京市外招商、月月有江苏省外招商、季季有国外招商。落实理事会精神，成立新加坡招商中心，通过孵化引进14个涉新项目；智立方等4大载体开园，新签约科大讯飞等亿元项目10个；举办江岛国际半程马拉松赛、第二届中新人工智能高峰论坛、江苏发展大会分会场活动、2019国际工程科技战略高端论坛暨第四届新加坡·南京生态科技岛国际水环境治理高峰论坛等多场重量级活动11场次。率先在全省启动压覆矿产、地质灾害危险性、环境影响、节能区域、地震、文物6项区域性评估。

【体制机制改革】2019年，为推进公共服务全集成，组建江岛政务服务中心，推进服务双重管理考核，实施全岛文体活动统筹联办。推进社会治理一张网，协同打造品牌社区、智慧社区和和谐社区，形成工作合力，攻坚3项国家级创建目标。推进城市管理，按照一支队伍、一体化管理思路，加强行政管理联动执法，实施城市精细联动管理，推动安全生产网络互补。推进环保生态，坚守全岛发展底线，做到生态监管、治水及防汛和落实河长制等3方面协同。

【环境综合提升】2019年，为解决阻碍科技岛规划发展安全区问题，园区先后9次专程专人赴长江委，沟通协调梅子洲防洪保护区问题。因为紧靠水源地而导致迟迟不能开业的江岛新天地项目，通过反复与南京市环保局沟通协调，联系第三方摸索解决路径，江岛新天地水源地已列入南京市调整计划。2019年共涉及7个重大项目，其中市级重大项目2个。为保障各项工程建设实施，联合区房产局、区房产集团、江心洲街道、中新公司组织拆迁扫尾攻坚，全年共完成民房拆迁31户，小产权房17户，工业企业14户。按照长江大保护要求，全岛环境整治坚持高标高质，开展11个重点部位环境整治项目，完成环境整治82.70万平方米，亮化江堤22.40千米，建成道路38.80千米，开放滨江风光带210.80万平方米。

【第四届新加坡·南京生态科技岛国际水环境治理高峰论坛】10月16日，第四届新加坡·南京生态科技岛国际水环境治理高峰论坛在生态科技岛举办，中国工程院环境与轻纺工程学部曲久辉、张偲、刘文清等14位院士，以及美国、英国、德国等10余个国家院士、专家和学者300余人与会。论坛开幕和主旨发言部分，中国工程院院士、清华大学环境学院特聘教授曲久辉等6位受邀行业专

10月16日，第四届新加坡·南京生态科技岛国际水环境治理高峰论坛开幕
（生态科技岛办　供图）

11月23日，第二届中国AI+创新创业大赛总决赛暨第二届中国AI+创新业峰会在生态科技岛举办　　（生态科技岛　供图）

家、学者分别围绕水环境综合治理、聚焦低碳水生态与水环境系统构建主题，并结合中新南京生态科技岛生态绿色发展和水科学产业导入讨论具体化实践策略，梳理创新产业导入路径，助力产业集聚效应形成发表主旨演讲。论坛上，国内外水科学领域顶级院士专家、中外水技术创新平台机构代表和企业代表们以水环境治理领域的前沿尖端技术为切入口，同时就数字水务、高品质饮用水技术和全球水创新经验分享等热点及需求展开对话与讨论。

【第二届中国AI+创新创业大赛总决赛暨第二届中国AI+创新业峰会】11月23—24日，2019第二届中国AI+创新创业大赛总决赛暨第二届中国AI+创新业峰会在生态科技岛举办。国内外院士专家，人工智能等科技企业、科研机构，清华大学、北京大学等著名高校、优秀参赛队伍等150人参加活动。大赛以“创新驱动未来，智能改变现在”为主题，围绕人工智能技术创新应用，聚焦自然语言处理、特征检索、文字识别、智慧金融、智能驾驶、智慧安全等热门技术与行业应用，共开设9大赛道，挖掘一批优秀“AI+”创新项目。大赛4月启动，相关高校、企业、科研单位，以及个人从业者参赛，收到近1000份参赛作品。华为、京东、百度、科大讯飞、前海微众银行等企业以及清华大学等知名高校深度参与。

（生态科技岛办）

南京建邺高新技术产业开发区

【概况】南京建邺高新技术产业开发区（简称“建邺高新区”），2017年12月组建，位于南京拥江发展核心区域，规划总面积10.85平方千米，是江苏省、南京市重点打造泛长三角区域金融中心核心功能区，先后被授予“国家火炬计划移动互联特色产业基地”

“全国版权示范园区（基地）”“国家检验检测高技术服务业集聚区”“国家广告产业园区”等国家级示范园区称号。建邺高新区以建设数字经济总部高地为目标，按照“金融和科技服务业 + 人工智能”主导产业定位，聚焦“数字经济总部 + 金融科技生态链”，加快布局新一代智能产业。

2019 年，完成地区生产总值 410 亿元；固定资产投资 75.86 亿元，完成目标的 138%；一般公共预算收入 20.75 亿元，完成目标的 100%；实际利用外资及港澳台资 1.36 亿美元，完成目标的 151%；外贸进出口的 26.29 亿元，完成目标 105%；签约项目投资总额 331.40 亿元，完成目标的 221%；实际使用内资 48.27 亿元，完成目标的 322%；亿元以上签约项目 31 个，完成目标的 224%；软件业务收入 111 亿元，完成目标的 163%；有效发明专利拥有量 924 件，完成目标的 114%；PCT 专利申请量 31 件，完成目标的 207%；新增备案新型研发机构 6 家，完成目标的 200%；引进金融及准金融机构 7 家，完成目标的 117%。建邺高新区（全口径）实现科技服务业营业收入 339 亿元，在南京市 15 个高新园区排名第二。重大项目进展顺利，阿里巴巴江苏总部开工建设，小米科技华东总部正式揭牌，建邺科创园基本完成外立面施工。获批首批省级“创业投资集聚发展示范区”、省级“双创示范基地”、省级“数字众创社区”。

【招商引资】2019 年，建邺高新区聚焦“数字经济总部 + 金融科技生态链”，加快布局新一代智能产业，突出总部集聚，引进滴滴、优必选、36 氪、中科闻歌、蜂巢互联等一批数字经济总部项目，首都城投、电信智慧家庭、江苏省规划设计集团等区域总部相继落地。强化优质项目引领，引培独角兽企业 2 家、培育独角兽企业 1 家。创新招商引资新模式，引导社会资本参与高新区建设，建成全省首家电商生态链虚拟产业园。推进活动招商 25 场次，Slush 南京、阿里云创新峰会等产生良好虹吸效应，有效提升招商质效。

10 月 17 日，蜂巢互联全国研发总部签约暨入驻仪式举行

（区委宣传部　供图）

表 9　2019 年建邺区技术先进型服务企业一览表

公司名称	所属园区
江苏原力动画制作股份有限公司	新城科技园
南京联迪信息系统股份有限公司	
江苏省舜禹信息技术有限公司	

（高新区管委会）

【体制机制改革】2019 年，建立建邺高新区党工委统一领导下一区多园分工负责机制，构建统筹在建邺高新区管委会、运作在集团的管理运行机制。制定 8 个方面改革内容，其中，一区多园运行机制改革、园区管理架构改革、园区运行机制改革、干部人事制度改革、绩效考核制度改革、薪酬激励制度改革稳步推进。完成建邺高新区管委会人员选聘工作。改革工作在全市形成良好示范和引领作用。

【招才引智】2019 年，建邺高新区对接南京邮电大学王永进教授团队、南京理工大学陈钱教授团队，推动世界级科研成果转化落地。围绕主导产业优化创新生态，阿里巴巴全国首家自营创新中心——阿里云创新中心正式入驻。全面推动校友经济建设，南大校友经济集聚区全面启动。生根出访成果丰硕，挂牌德国“南京市海外协同创新中心”，建成“建邺以色列协同创新中心”，国际创新资源加速落地。高端人才加快集聚，5 名顶尖专家参加国家重点人才工程评审。

【营商环境优化】2019 年，建邺高新区发挥区域金融集聚优势，创新金融生态，优化建邺金服环境，为企业提供全覆盖、全过程金融支撑。落实推动创新金融生态“建邺高新进园保 3·6·1”系列产品，累计受理贷款 103 家次，受理申请额度 8 亿元，认定“高薪补贴贷”入库企业白名单 107 家，为科创型企业提供全覆盖金融服务。金鱼嘴基金街区成功揭牌，建邺产业母基金、科创基金正式运作，专业化服务机制不断创新。引进国际知名德国科勒和法国西蒙律所，实现“法律服务 + 产业 + 互联网”深度融合，优化法治营商环境。

【省级创业投资集聚发展示范区获评】10 月 30 日，江苏省发改委举办江苏省首届创业投资发展峰会，2019 年江苏省创业投资企业竞争力提升行动计划及创业投资示范载体建设工程名单揭晓。建邺高新区成为首批认定的省级创业投资集聚发展示范区。市创新投、毅达、盛世金财、邦盛、星合等一批入驻建邺高新区企业被授牌省级创业投资品牌领军企业、省级创业投资示范企业。

【"互联网虚拟产业园"建设】2019年，建邺高新区与小米科技华东总部共同打造江苏省首家"互联网虚拟产业园"。小资源撬动大集聚，入驻企业无须整体落户，而是将与头部企业相关联业务率先落地，即可享受同等产业优惠政策。在占用少量办公场地前提下，快速集聚电商平台生态链企业。形态向虚服务向实，利用公共配套与服务体系，为落户企业提供办公工位及工商财税等服务，形成虚实结合特色园区，共提供办公载体约3000平方米。量身定制融资服务，发挥金融集聚区优势，挖掘企业经营发展沉淀数据，为企业提供个性化融资服务。小米科技生态链头部企业华米、绿米落户，集聚30家以上生态链企业。

【未来城市产业峰会（创峰会·南京站）举行】9月11日，以"智城一派，引领未来"为主题未来城市产业峰会（创峰会·南京站）在南京国际博览会议中心举行，本次峰会由建邺区人民政府主办，建邺高新区、阿里云、飞猪、菜鸟、钉钉联合协办，微链承办。峰会举行阿里云创新中心（南京建邺）基地启动仪式，宣布智慧城市赛道明星班学员集结。峰会针对前沿科技、产业生态、城市发展等方面，通过主题演讲、圆桌论坛等形式，围绕智慧生活、智慧医疗、新消费、大数据、人工智能等议题展开分享与探讨。峰会现场，高投资本、银杏谷资本、创世伙伴资本、基石资本、英诺天使基金、众为资本等20家投资机构加入智慧城市投资联盟。

【建邺高新区溧水高新区伙伴园区签约】1月26日，在区机关举办建邺高新区溧水高新区伙伴园区签约仪式。活动由建邺区委副书记、区长李晖主持，区委常委、常务副区长李方毅介绍双方高新区合作情况，南京市科技局局长洪礼来致辞，南京建邺高新技术产业开发区管委会与南京溧水高新技术产业开发

1月26日，建邺高新区、溧水高新区伙伴园区签约仪式举行

（区委宣传部　供图）

消费品零售重点企业座谈会，了解掌握企业发展中存在问题以及面对市场压力所做应对措施，共同探讨加快企业发展思路。利用区消费促进月活动，加强与投促、商务、发改等部门沟通联系，对接金鹰世界等重点载体招商，给予支持和帮助；用足政策，对分支机构、大个体经营户转为企业法人，按税收返还政策给予奖励，催生企业发展内在动力。

【“园中园”招商模式运作】2019年，江东商贸区成立社会载体招商服务中心，提高社会载体资源整合运营能力，及时了解掌握企业流动情况，动态掌控载体空置面积信息。针对江东商贸区缺少自有载体现状，创新尝试“园中园”（开发区产业集聚承载体）运作模式，同江苏悦办公科技有限公司签订合作协议，在香江华建租赁载体共同打造悦江东数字经济产业园，打造建邺首个“园中园”项目。定时服务对接，在谋划“园中园”招商同时，不断完善园区服务，做到每周至少2次对接，及时收集园区运营中困难需求并及时协调解决。联合职能部门不定期召开“园中园”服务对接会，及时送服务上门，实现政府、业主、营运方等3方共享共赢局面。

【税源属地化管理】2019年，江东商贸区组建企业属地化管理工作组，深入企业采集基础信息，对梳理出来异地企业建立台账资料，实行一户一档。为企业开办全流程代办服务，开辟绿色通道，完成利青春户外拓展、好语贸易、宸美管理咨询等11家企业开办全流程代办工作，基本实现开办企业3个工作日内办结，让企业落地省时省力。以产业扶持作为工作重点，用足产业扶持政策，协助6家企业申报文化旅游、软件信息等项目，多渠道宣传建邺产业政策，推进园区营商环境不断优化，构建亲清政商关系，支持民营企业发展，促进企业主动落户江东商贸区经营发展。

9月18日，江东商贸区第一个“园中园”项目——悦江东数字经济产业园签约仪式举行　（江东商贸区　供图）

【经营风险防范】2019年，江东商贸

区加强源头控制，通过严把准入“三关”（审查、监督、研判）、网上征信核查、上门走访面谈、第三方风险评估，从企业迁入源头上堵住风险。悬挂警示标语和摆放标识牌，服务走访企业时发放印制警示标语各类物品，强化宣传效果，提高群众金融风险防范意识。集中排查整治，联合万象美物业对万达商务区7幢写字楼宇进行扫楼排查，各楼栋、各楼层责任到人，对现存企业进行建档登记，对空置办公房进行梳理，对办理装修手续时到场业主进行防范金融风险教育及连带法律责任提示。联合核查清理，与兴隆街道、滨江派出所、江东警务站、区市场监管局兴隆分局及万象美物业合力形成交叉排查网络，及时联合第三方审核机构对风险企业进行核查。在总存量76家风险企业中，成功化解处置43家，剩余存量32家，其中，24家风险库企业搬离、5家列入观察名单持续关注、剩余3家继续深入走访排查。

【第三方服务引才】2019年，江东商贸区在提升第三方引才奖励标准基础上，充分利用第三方服务与招才引智小分队外出引才机会，与上海交通大学、复旦大学、华东理工大学等高校进行人才项目对接。举办江东人才双创政策对接会，人才引进成效显著。江东商贸区管委会与第三方专业机构合作在汉中新城落地新江东人才基地，为人才企业提供低成本工作空间、网络空间、社交空间和资源共享空间，为创业人才提供创业培训、投融资对接、商业模式构建、团队融合、政策申请、工商注册、法律财务、媒体资讯等全方位创业服务体系。（江东商贸区管委会）

河西中央商务区

【概况】南京河西中央商务区位于南京河西新城区中心位置，占地22平方千米，核心区占地4平方千米，核心区总投资近560亿元人民币，总建筑面积900万余平方米，吸引包括世界500强等在内4200余家企业入驻。河西中央商务区是江苏省和南京市倾力打造的泛长三角区域金融中心核心功能区和总部集聚区。先后被授予“国家电子商务示范基地”“江苏省现代服务业集聚区”“江苏省创业投资集聚发展示范区”“江苏省金融改革创新试点区”“江苏省科技金融服务中心”“江苏省政府投资基金集聚区”等称号，获得“南京市金融创新奖”“南京市五一劳动奖状”“南京市双创立功竞赛先进单位”等荣誉表彰。

河西中央商务区已集聚各类金融及准金融机构超660家，法人总部15家，包括大陆首家台资银行法人总部永丰银行、江苏省内首家外资银行法人总部菲律宾首都银行、首家外资保险法人总部韩国乐爱金保险、首家内资财险法人总部紫金财险、首家民营银行江苏苏宁银行、全省唯一区域性股权交易市场江苏股权交易中心等。省级以上金融一级分支机构117家。其中，银行类金融机构20家，保险类金融机构44家，证券期货类金融机构49家，非银行类4家。各类产业基金、股权投资、创业投资机构超400家，备案基金管理人共100家，累计管理基金规模超900亿元，占全市管理基金规模约40%，为全市第一。

2019年，地区生产总值192.46亿元，实现增幅8%；一般公共预算收入45.89亿元，完成年度目标100%；全社会固定资产投资215亿元，完成年度目标95%；服务业增加值188.6亿元，完成年度目标100%；社会消费品零售总额增长6%；外贸进出口总额39.3亿元，完成年度目标102%；服务贸易进出口总额0.99亿美元，完成年度目标102%。签约项目投资总额299.78亿元，完成年度目标199.85%；实际使用内资额73.15亿元，完成年度目标266%；亿元以上签约项目数34家，完成年度目标242.86%；实际利用外资及港澳台资0.88亿美元，完成年度目标125.80%。

【招商引资】2019年，河西中央商务区引进WEWORK南京区域总部、福佑商业保理、中恒国信企业管理集团有限公司北京尚公（南京）律师事务所等优质项目；对接南京区块链产业应用协会，就总规模50亿元南京区块链应用产业基金进行洽谈；引进华泰期货南京分公司等14家省级金融一级分支机构；整合江苏省政府基金片区、东南基金汇片区、南京市科创基金片区、特色基金片区这4大片区资源优势，引进疌泉集成电路产业等基金21支、航天科工投资基金管理等管理人29家；新增独角兽企业2家。创新统计模式注重经济调度，充分利用第四次经济普查成果，新增名录库企业1280余家，强化对包括地区生产总值、固定资产投资、社会消费品零售总额等8个经济指标在内307家企业数据统筹运用，重点跟踪120余家规模以上企业，按6个行业对限上269家规模以上企业分进任务分解，瞄准目标做好

11月15日，河西中央商务区管委会接待南京区块链产业应用协会一行
（河西中央商务区管委会 供图）

经济指标预测和调度。运用产品服务实体经济，立足公益平台、共享服务原则，辅导企业用好江苏省综合金融服务平台和南京市区级特色金融产品，完成江苏省综合金融服务平台接入企业290家；落实建邺高新进园保工作，推荐入库企业28家，其中初贷宝18家、助贷宝7家、授信企业3家；推进创新金融生态建设，南京市转贷互助基金使用27笔、使用金额8504万元。举办互鉴互利、创新合作、共筑行业新生态证券业同业创新合作暨招商交流会、上海·南京河西中央商务区基金业发展分享会、2019科创板百城论坛（南京站）活动、金融大咖进园区活动，2019中国投资年会（南京）投资人峰会、举办南京区块链产业应用协会揭牌仪式暨区块链产业高峰论坛，丰富行业内涵强化业界交流。

【科技人才创新培育】2019年，河西中央商务区集聚科技顶尖专家1人入选，完成年度目标100%；培育创新型企业家1人入选，完成年度目标50%；高层次创业人才市级5人，完成年度目标250%，区级6人，完成年度目标85.70%。新培育高新技术企业16家，完成年度目标133.33%。实现高新技术产业产值45亿元，完成年度目标102.20%。新增科技企业115家，完成年度目标115%。实现科技服务业总收入42亿元，完成年度目标102.40%。有效发明专利拥有量198件，完成年度目标104%。PCT专利申请量9件，完成年度目标300%。技术合同成交额3.60亿元，完成年度目标102.30%。签约新型研发机构2家，完成年度目标100%。新增备案新型研发机构1家，完成年度目标100%；新增孵化引进企业31家，完成年度目标103%。

【营商环境优化】2019年，河西中央商务区做好店小二全流程优化企业开办，重点落实创业创新环境评价开办企业优秀范例培育工作，为企业核名、注册、刻章、开户、纳税等全流程提供服务，为区范例企业开辟绿色通道，确保在0.50个工作日内办结本部门行政审批事项，先后完成40余家优秀范例。借助问题清单全方位落实企业服务，全年累计走访重点企业500余户，有效掌握企业经营状况，做好新入驻企业和成长性企业动态跟踪，重点对接华泰证券、苏宁银行等40余家省级下放重点金融和总部企业，对年税收百万元以上233户企业明确责任到人。落实走民企送政策不走样要求，先后兑现各类产业政策项目50个、总金额798万元，建立园区主要负责人点对点对接服务机制，先后为390家企业解决实际经营困难，构建和谐健康亲商环境。聚焦重大项目助推城市国际化，推进“一带一路”建设、长江经济带发展、长三角区域一体化发展等战略实施，盯紧重大项目投资计划和形象进度。把控商办载体运营情况，推进总部、金融、科技、文创及其他中小企业项目落地集聚。提升企业诚信形象和市场竞争力，推荐园区8家企业申报区级信用管理贯标、1家企业申报市级信用管理贯标示范企业；制定信易兑工作方案，通过企业信用信息公示系统向社会公示园区信用承诺书，倡导企业承诺守法经营、履行社会责任，15 家企业签订信用承诺书，8 家企业提供企业征信报告。

【品牌形象提升】2019 年，河西中央商务区与江苏省中小企业公共技术服务协会和江苏和卓管理咨询有限公司共建“探拓智能产业加速中心”、与南京道群孵化器管理有限公司合作共建“道群互联网大健康科技孵化中心”、与中钢集团南京新材料研究院有限公司合作共建“中钢协信新材料科创中心”、与建邺区统战部共建“‘新邺盟’新的社会阶层代表人士实践创新基地”，开展“科创金服”品牌活动 14 场，创服联盟举办讲座、培训、分享等活动 25 场。塑造品牌形象传播核心价值。制作新版河西中央商务区招商形象宣传片、河西中央商务区招商手册，展示河西中央商务区现代化、国际化、高端化以及人文关怀的城市中心形象；完成公园整体升级项目，着重进行亮化效果营造、景观美观化设计，提升城市功能品质；在关键地段 LED 大屏、微信朋友圈等广告载体，广泛宣传河西中央商务区国际化营商环境、服务环境、人文环境、生活环境及社会主义核心价值观。

【综合管理】2019 年，河西中央商务区全面落实“党政同责、一岗双责、齐抓共管、失职追责”安全生产责任体系，制定《河西中央商务区核心区物管（商管）公司安全生产工作考核意见》，聘请 15 位辖区安全生产监督志愿者，引进第三方专业安全管理服务机构，督促检查相关企业完成隐患整改工作；开展应急救援演练 24 次，安全生产隐患大排查大整治专项行动检查企业（商家）234 家，排查发现事故一般隐患 256 项，整改 256 项，整改率 100%；做好重要节日、会议应急工作；多管齐下，做好特种设备监管。加强风险防控，维护区域金融稳定。通过走访、电话约谈、第三方数据平台查询等方式，对登记迁入（新设）企业进行初审，共有 187 家企业申请新设或迁入，其中 168 家企业同意，19 家企业决定暂缓；加强与市场监管等多部门协作，推进风险企业销号，共有在册风险企业 165 家，已排除 111 家，销号率 67.30%；紧盯区内 8 家 P2P 平台动态，做好区域风险管理；利用河西中央商务区文化广场户外大型 LED 屏循环播放防范非法集资公益广告片，累计制作悬挂横幅 10 面，张贴处非告知书 100 余份，制作设置宣传展板 8 块。

【2019 南京河西中央商务区商会经济论坛暨年会】1 月 11 日，“筑梦河西，商行天下”2019 南京河西中央商务区商会经济论坛暨年会盛典活动举行。本次年会盛典共有 130 余人参加且参会者 80% 以上为企业创始人和主要负责人。本次论坛特邀嘉宾江苏省人民政府参事、教育部长江学者特聘教授、南京

大学商学院院长沈坤荣带来“中国经济：年终观察与前景展望”主题演讲。江苏紫金农村商业银行股份有限公司行长汤宇分享紫金银行成功上市历程，并与参会者分享企业发展、上市经验。

【创融江苏常态化路演新材料专场路演活动】3月7日，由河西中央商务区管委会和江苏股权交易中心主办，建邺科技创新创业金融服务中心、南京河西中央商务区商会协办的“创融江苏”常态化路演新材料专场路演活动举行。炽光新材、库凌科、英思达、新美光、华格新材等5家路演企业，52家创投机构、私募基金和银行等专业机构到现场参加活动。活动由南京河西中央商务区管理委员会副主任靳璐致辞，5个路演项目公司代表分别作演讲，投资机构就企业股权结构、生产成本、产品技术优势、销售渠道和国内外对标竞争对手占有率等问题与路演企业家进行充分沟通。

【上海·南京河西CBD基金业发展分享会】5月30日，由南京河西中央商务区管委会主办的上海·南京河西中央商务区基金业发展分享会在上海成功举办。本次活动邀请上海凯风创投、国药中金公司、上海峰瑞资本等多家上海基金业知名创投机构、股权投资机构合伙人、负责人参加。建邺区副区长王国平出席会议并向与会嘉宾介绍建邺区整体概况及金融发展情况，河西中央商务区管委会主任蒋仲群在推介环节重点介绍河西中央商务区发展优势和基金特色成效。各位业界人士交流发言，畅谈企业发展、基金落户脱虚入实相关经验做法等。本次活动旨在响应南京市市长蓝绍敏专题调研基金街区工作时提出的推动基金业集聚发展号召，加深与上海金融业紧密联系，促进合作，精准聚焦股权投资、创业投资企业，吸引更多优质头部机构、优秀企业到河西中央商务区考察洽谈、投资兴业，提升河西中央商务区基金业集聚发展竞争力。

【“创享未来，智成卓越”云暨移动应用孵化平台联合路演】6月18日，由河西中央商务区管委会主办，“C++青创空间”及小鹿创萌联合协办的“创享未来，智成卓越”云暨移动应用孵化平台联合路演活动举办。本次活动以“汇聚双创活力，澎湃发展动力”为主题，选定6家已获得天使轮或A轮公司走上路演舞台，向到场嘉宾展示其创业理念、经营思路、发展成果和对未来的畅想。在河西中央商务区管委会扶持下，“C++青创空间”逐步建立“企业—投资机构”合作渠道，搭建优质企业获得投融资平台，吸引优质创新创业项目落地，助力园区创新创业生态圈长久发展。

【2019中国投资年会（南京）投资人峰会】9月19日，2019中国投资年会（南京）投资人峰会在金奥费尔蒙酒店举行。参加本次峰会有金融、科技、招商等相关主管部门负责

人，著名经济学家、股权投资机构知名投资人、行业领军创新企业、中介服务机构、媒体记者等300余位行业专家代表，共同探讨如何带动南京市金融资本发展，并实现由南京市快速发展辐射、助力长三角区域优势产业创新发展使命，峰会发布“投中榜”年度投资人榜单。

【江苏省政府投资基金集聚区启用暨入驻企业合作签约仪式】11月30日，江苏省政府投资基金集聚区启用暨入驻企业合作签约仪式在建邺区举行。江苏省政府投资基金集聚区自成立起，已与232个主体开展合作，发起设立基金49支、出资参与基金4支，各相关子基金已投资落地项目582个，投资金额526.56亿元，总投资2354.52亿元。河西中央商务区管委会配合江苏金财投资有限公司变更工商税务属地，加强双方合作，争取更多优质项目落户河西中央商务区。

【2019泛长三角区域金融中心发展论坛】12月28日，主题为“守护金融安全，加速区域融合”的2019泛长三角区域金融中心发展论坛在江苏南京举行。法制日报社党委书记、社长邵炳芳，南京市建邺区人民政府区长李晖，中国证券投资基金业协会协调地方检查部总监黎明，南京市人民政府副市长冉华等出席并先后致辞。南京市地方金融监督管理局局长刘永彪主持论坛。中国银行业协会首席经济学家巴曙松、中国政法大学民商经济法学院教授张子学在论坛上作主题演讲。会上，南京、淮安、扬州、镇江、宿迁、泰州、芜湖、马鞍山、滁州、宣城等10个城市地方金融监管局举行“泛长三角区域金融治理一体化战略合作”启动仪式。行业人士围绕论坛主题分别给出各自领域经验分享，并围绕区域金融服务区域经济议题举行圆桌会议。金融领域约400人参加此次活动。

（河西中央商务区管委会）

经济管理

综　　述

【概况】2019年，区优化营商环境，成立区优化营商环境工作领导小组，制定《建邺区优化营商环境100条落实推进工作方案》《建邺区优化营商环境实施意见》《关于进一步优化创新生态的若干政策措施》等一系列文件。推出政商关系正面清单、"建邺16条"等内容，构建既清且亲新型政商关系和营商环境诚信体系。加强总部经济发展，规划河西南部总部集聚区空间布局，制定《2019—2020年新增总部企业行动计划》；建立健全生态链招商、园区招商、市场化招商等机制，在北京举办"吹响总部经济集结号"专题招商，不断提升区总部企业投资吸引力；成立总部企业俱乐部，解决总部企业发展中难题，助力总部企业集聚和发展；组织总部企业研讨沙龙活动，为企业提供沟通交流平台，为企业排忧解难、助力提升。

表10　2019年建邺区招商活动一览表

活动名称	活动时间	主导产业	产业类别二级
2019南京院士大讲堂暨长三角人工智能产业论坛	1月12日	无	
建邺区科技创新暨招商突破年动员大会	2月11日	无	
小米有品合作伙伴大会	3月29日	现代服务业	现代物流与高端商务商贸
河西·建邺一季度数字经济总部项目签约暨创新金融生态发布仪式	4月25日	无	
第一届长三角"法律+科技"大会河西·建邺法律服务产业园一周年回眸暨世界知识产权日活动	4月24日	无	
新加坡·南京国际人工智能高峰论坛	5月10日	无	
Slush南京2019科技创新大会	6月27日	现代服务业	金融和科技服务
南京金鱼嘴基金街区揭牌暨建邺区重点项目签约仪式	7月15日	现代服务业	金融和科技服务

（区投促局）

【产业发展政策】2019年，区持续完善配套产业发展政策，建立与财政承受能力相匹配建邺区产业高质量发展政策，形成1个统领政策加6个专项政策"1+6"产业协调发展政策体系，持续加大对金融、科技、人工智能主导产业政策扶持力度。发布创新金融生态系列产品，为区内企业提供全覆盖、全过程金融支撑。推动建立政策智能匹配查询平台。基于大数据和人工智能政策共享服务平台，以国家政策、公开信息数据为依托，通过对企业精准画像和政策专业解读进行精准匹配和多维度语义标识，推动建立政策智能匹配服务，加大政策宣传力度、简化政策兑现流程、提高政策兑现效率。

【富民增收】2019年，根据《建邺区关于聚焦富民促进城乡居民增收的实施意见》和《建邺区2019年聚焦富民促进城乡居民增收重点任务》，区居民人均可支配收入比2018年增长8.5%，实现再就业人数、新增高技能人才数、引进高层次创业人才、新增个体工商户等指标超额完成年度任务。深入贯彻江苏省、南京市富民增收工作任务，研究富民工作贯彻落实和政策承接，围绕提高区富民增收水平开展深入调查研究，在实施路径与政策举措等方面取得突破。同时，严格实行督查通报制度，坚持季度分析经济运行形势，将经济指标作为检验民生改善的重要依据，严格责任落实，建立联席会议制度，定期分析富民增收形势，及时解决存在问题，形成推进工作常态机制。通过实施重点民生工作和开展为民办实事2条主线，结合2019年国民经济和社会发展计划，经区委、区政府研究排定涉及均衡教育发展、促进居民增收、完善医疗服务、提高保障水平、改善居住条件、提升城市品质、保护生态环境、开展便民服务、丰富文体生活、强化公共安全等10个方面民生实事30项，并列入政府工作报告。1月5日，由区人大代表从30项民生实事项目名单中票选出最贴近老百姓生活，惠及面广、受益面宽，民众有实感的10项重点民生实事，由区政府重点督办。

【区“十四五”规划编制】2019年，区开展前期重大课题研究，组织全区相关部门、园区，围绕关系建邺“十四五”时期发展全局和长远重大问题以及改革发展过程中面临重点难点问题，开展建邺区“十四五”规划前期重大课题研究。全区共对15个课题开展研究，已完成《“十四五”时期建邺区经济社会发展基本思路》第三轮修改稿。做好与建邺区“十三五”规划及江苏省、南京市规划衔接。组织人员参加南京市有关会议、培训，学习领会江苏省、南京市关于规划编制工作要求。梳理建邺区“十三五”规划发展目标、任务路径与建设发展成果，做好承上启下和承前启后工作。初步梳理区未来5年经济社会发展面临突出问题，以及对经济社会发展主攻方向和战略重点考虑，并向南京市发改委提交拟纳入南京市“十四五”规划基本思路重要事项。全面梳理重点专项规划，共梳理出涉及产业发展、功能园区建设、城市建设、公共服务、生态环保、优化营商环境等6个方面24项专项规划，相关责任单位也制定规划编制工作计划，明确单位具体负责人和编制单位，推进专项规划编制工作。

【长三角一体化工作】2019年，区发改委认真学习研究江苏省和南京市关于长三角一体化发展行动计划征求意见稿，提出增加区部分项目建议。加强与上级有关部门沟通对接，对共识度高、牵引作用大重大项目、试点政策、核心技术、顶尖人才，争取支持优先在区布局，为建邺融入长三角一体化发展格局争取政策扶持。开展深入调研，梳理分析优势和短板，组织力量撰写长三角区域一体化国家战略下南京建邺高质量发展定位及路径课题，为更好融入长三角一体化发展打下基础。根据南京市推进长三角一体化发展年度工作计划任务分解表梳理涉及区相关目标任务。

【长江经济带重点工作】2019 年，区调整完善长江经济带工作组织架构，4 月底成立推动长江经济带发展重点工作推进办，实行实体化运作。起草长江经济带发展有关工作制度，明确长江经济带相关单位内部分工，建立工作联络制度、信息报送制度和督查考评制度，推动各项工作任务落实。做好项目跟踪推进工作，主动与各职能部门和相关单位联系，跟踪了解进度，督促推进工作。拟定《2019 年建邺区推动长江经济带发展工作要点》，确定年度重点工作、任务分解。“百项提升工程”推进情况。区承担“百项提升工程”项目 4 个，河西管委会承担“百项提升工程”项目 1 个，分别为江心洲大江侧绿化景观项目、江心洲大江侧中段沿江环境综合整治项目、江心洲洲头公园沿江环境综合整治项目、河道水环境提升项目和滨江风光带彩色化项目。2 个项目已完成，1 个项目完成 2019 年度计划，另 2 个项目正常推进。长江岸线整治情况，区市级以上长江岸线保护利用项目共 12 项，其中 9 项已拆除取缔，2 项已完成整改。剩余 1 项棉花堤码头—旗杆码头项目，进入基础开挖和混凝土浇灌防波墙阶段。区级项目共 2 项，梅清船舶服务公司位于江堤外、影响长江岸线违建已拆除并覆绿；潜洲违法建筑执法程序依法推进中。督促生态环境问题整改销号。区涉及生态环境问题为玉林船厂整治 1 个项目，5 月已完成对玉林船厂违建拆除整改。8 月底该项目已向南京市生态环境局申请销号。推动沿江闲置房产处置利用，区河西地区共涉及滨江闲置房产 3 处 2.25 万平方米，江心洲闲置房产 1 处，地上建筑面积 2.86 万平方米。通过加大招商和复合利用力度，滨江 2 处闲置房产已达成初步招商、租赁合作意向。落实一江两岸相关工作。按照南京市规划与自然资源局编制的《南京一江两岸地区规划编制工作方案》，完成涉及行政区鱼嘴湿地公园城市客厅项目规划编制工作。项目梳理，报送近、中期项目共 4 个。（区发改委）

财　政

【概况】2019 年，区按照“稳增长、促改革、调结构、惠民生、防风险”总体部署，发挥公共财政职能，落实减税降费政策，加大资金统筹力度，有效保障创新名城建设、主导产业发展、民生实事落实和城市品质提升等各项工作推进。全年实现一般公共预算收入143亿元（含南京卷烟厂），较2018年增长22.20%。上划南京卷烟厂后，区本级一般公共预算收入突破100亿元，增幅位居全市第二。

【税源属地管理】2019年，区坚持税源属地工作例会制度，综合运用工商、税务力量，依靠功能园区和街道合力，推进税源属地工作。全区未属地企业实现税源属地28户，税收规模达1.47亿元。面对税务机构改革后房屋租赁税源管理出现新情况、新问题，区财政局主动出击，联合街道，对全区涉及租赁税企业进行大规模排查梳理，累计走访和核查企业71家，全区7家规模未属地企业已实现6家租赁税属地，入库税收近1000万元。

【税源服务】2019年，全年区财政局共走访服务企业100余人次，通过服务延伸，推进国金集团落地建邺，注册资金达100亿元，同时也促进其他企业问题解决。

【预决算管理与执行】2019年，区依法推进预决算核查和批复工作，夯实预决算公开基础。推进预决算信息公开，组织全区预算单位做好2018年度部门决算、2019年部门预算公开工作，提高预决算信息公开工作质量和水平。加强信息交互，提高预算执行质量。组织对口部门单位开展预算执行分析报告试编工作，加强各部门与财政信息交互，促进单位内部财事有机融合，财务与业务科室相互配合相互督促，避免以前因岗位割裂、信息阻断产生各类问题，有利于盘活存量资金，充分发挥财政资金最大效益。完善重大项目执行监控机制，落实各项民生政策，推进社会事业发展，保障全区重点工作目标任务，做好教育、社保、就业、卫生、文化、社会治理等公共服务保障。支持创新名城建设，围绕创新名城要求，统筹资金充分保障，协同区科技局、区发改委、区人社局等单位，作好创新名城支出进度汇总、上报。对上级兑现资金，在第一时间内拨付到相应单位，督促各单位及时完成支付。强化预算单位账户监督，保障库款

5月29日，全区预算绩效管理专题培训会召开　（区财政局　供图）

安全运行。加强库款余额管理，合理控制库款水平，保持库款规模稳定，研究探讨引入库底余额控制机制、参与银行准入机制和存款分配机制，引导银行加大支持地方经济发展投入。组织开展全区预算单位资金存放检查，系统盘点和梳理预算单位银行账户和资金存放，严格审核区财政和预算单位银行账户开立、变更、撤销等工作，指导预算单位按规范、按要求设置银行账户。

【政府债务风险防控】2019 年，区贯彻落实关于政府性债务管理政策要求，以“三个确保”（确保不发生政府性债务风险，确保不新发生违法违规融资行为，确保债务规模和债务率得到有效控制）为目标要求，正确处理稳增长和防风险关系。规范确定债务规模，防范债务风险，根据全区建设发展需要和区级财力情况，坚持量力而行、量入为出原则，落实财政承受能力论证，合理确定全区债务规模。落实化解责任，化解债务，依托债务监管平台，做好债务风险防控，全面统筹财力，盘活存量资金，落实政府债务化解责任，有效推进存量债务化解。区政府债务未超出南京市核定并经区人大常委会批准限额。

【财政规范化管理】2019 年，区为加强行政事业性国有资产管理，动态了解国有资产变动情况，及时发现并有针对性解决问题，安排专人完善流程，认真组织资产年报和资产月报编报审核工作，8 月，组织开展专项资产盘点工作，各行政事业单位根据盘点任务和要求，对单位存量复印机、便携式计算机、一体机等资产进行逐一核对查验。履行全年财监计划，开展各项日常和专项监督检查，涉及 9 个项目、40 家单位。处理 5 起政府采购投诉，审核政府采购需求 1108 项，实施网上竞价采购 517 项，政府采购结果数据录入备案 936 项，审核 2019 年政府采购预算。组织全区预算单位参加全国“闻政杯”政府购买服务知识竞赛等活动。组织全区 21 家一级预算单位，对 2019 年度预算中所有区级专项资金 35 个项目，计 17.90 亿元开展绩效目标申报，并将评价结果，按时在江苏省预决算信息公开平台发布。扩大绩效重点评价范围，选取商务商贸产业发展专项资金、为民服务专项资金、河道养护、智慧建邺专项等 11 家单位 6 个区级专项，聘请第三方中介机构进行财政重点绩效评价。组织预算绩效管理改革相关知识培训。结合建邺实际，制定并印发《建邺区全面实施预算绩效管理三年（2019—2021 年）行动计划》。5 月 20 日起，组织开展区属会计人员信用信息采集工作，通过广泛宣传、市区联动、做好服务等措施，推进信息采集工作顺利实施，累计采集 5871 人次。认真开展代理记账机构换证及年度备案工作，全区代理记账机构按时完成年度备案登记事项 26 家，因办公地点变化迁出代理记账机构 1 家，经审核审批新增 13 家。组织开展行政事业单位内部控制报告编报工作，并对各单位上报数据进行汇总分析，全面总结全区行政事业单位内部控制建设工作，查找不足，制定整改措施。9月24日，在全区范围内举办行政事业单位内部控制专题培训会，参训人员220人。

【财政体制改革】2019年，区根据新政府会计制度要求，对资产管理系统进行改造，以满足资产管理工作需要。按新旧制度衔接有关规定对2018年之前资产进行折旧补提；在现有固定资产6大类资产基础上，增加无形资产、公共基础设施、政府储备物资登记模块，同时对资产分类代码进行扩充，以满足新增加几类资产管理需要。对现有折旧功能进行升级改造，以满足新政府会计制度要求，同时实现与财务系统对接，财务系统可直接从资产系统获取每期折旧数据；拓展资产管理信息系统功能，研发网上公物仓模块，实现在全区范围内进行资源统筹调剂，推进国有资产共享共用，提高资产使用效率。根据区机构改革方案精神和工作部署，指导和协助相关单位完成预算资金调整划转工作，制发《关于做好区级机构改革有关国有资产管理工作的通知》，规范资产科学合理配置，确保全区机构改革工作顺利进行和机构正常有序运转。做好全区国库集中支付核算和指导工作，同时继续深入推进国库集中支付改革，按照统一部署，2019年财政实拨和直接支付业务电子化正式上线运行，提升国库集中支付运行效率和安全性，并为授权支付电子化奠定基础。（区财政局）

税务

【概况】2019年，区累计完成各项收入464.04亿元，比2018年增收88.74亿元，增幅23.64%。其中，税收收入407.15亿元，社保及非税收入56.90亿元。

【组织收入】2019年，区税务局加强统筹，组织税收收入，强化分析，提升税收预测水平，根据区税务局组织收入特点制定收入预测分析制度、建立层级预测管理机制；重点关注直接影响组织收入因素，如政策变动、评估入库、纳税人窗口较大金额开票等特殊情况；注重日常分析，研判税收增减因素，全面分析组织收入工作不利因素和有利条件，分税种、分经济类型、分行业开展税收分析。累计完成市级税收收入349.24亿元，比2018年增收52.97亿元，增幅17.88%。累计完成区级总收入208.93亿元（其中省管户59.04亿元），比2018年增收29.23亿元，增幅16.26%。完成区级公共财政102.16亿元（其中省管户27.65亿元），比2018年增收15.65亿元，增幅18.10%，完成区政府目标任务101.30亿元，完成101.02%。

【减税降费】2019年，区税务局建立机制，成立减税降费工作领导小组，下设9个工作组。

【出口退税】2019年，区税务局以集中管理为契机，组建出口退税应对线，将区内生产型出口企业全部划转至第一税务所（重点税源所）管理，出口退税风险任务也集中至第一税务所进行应对；严格按照要求设置出口退（免）税管理岗位，按照相关规定配备人员，各岗位人员各司其职、相互监督制约；日常进行执法风险提醒，并多次将风险管理业务作为集中学习和专题研讨主题，提高干部风险意识和专业水平。综合运用分类等级评定、疑点审核、出口函调、专项应对等手段，打造组合拳，叠加闭环防范风险。将541户出口企业评定结果上报并进行公示，11月起按月进行动态复评，动态评价出口企业分类管理等级；制作简明版函调指引，对核查内容和复函格式进行规范，准期复函率100%；高质量完成专项风险应对任务，对62户重点企业进行全景式扫描，选取5户风险企业进行深度数据分析并上报，共取得成效24.03万元，有成效率首次达100%。

【社保费征收】2019年，区税务局针对辖区内245家机关事业单位进行养老保险费征收情况调研，完成机关事业单位养老保险相关数据采集和测试工作；在社保费正式划转前对辖区内机关事业单位进行培训辅导，并建立QQ群，及时处理单位申报过程中遇到的各种问题4000余条，点对点联系扣款失败缴费人，防止逾期缴费影响待遇享受。优化缴费服务，推动城乡居民社保费有序征缴。对接人社、财政等部门和街道，坚持部门联动、合力推动。开展三轮税银系统、自然人网厅、“我的南京”App等缴费功能测试，开展城乡居民社会保险费征缴系统切换预留业务验证工作；梳理制定工作应急预案，确保风险事项考虑周全、应对策略保障到位；设置社保费专窗，配备业务优秀人员，做好宣传资料发放，优化导费服务。全年6.40万余人次通过办税服务厅、“我的南京”App、支付宝和银行等渠道办理社会保险费申报、缴费业务，缴费金额合计约为1522万元。

【金税三期系统并库】2019年，区税务局做好金税三期国地税数据并库工作，先后12轮反馈税户情况，涉及原国、地税状态差异户2598户，全市有交叉管辖争议2841户以及原国、地税街道有差异617户，为数据并库打下坚实基础。做好金税三期并库版系统上线准备工作，承担小双轨和大双轨试点运行，组织多轮加班集中做好系统初始测试、人海压力测试和上线测试等工作，对涉及104个业务事项进行测试，累计测试业务3.40万余笔。做好金税三期并库版上线后制度保障工作，围绕征管体制改革和金税三期并库版系统上线，下发《征管体制改革过渡期税收业务衔接意见》《关于过渡期间注销工作业务衔接处理意见》《个体办税点业务整合意见》等一系列配套制度，优化征管业务运行机制，完善制度，确保各项征管业务有序衔接。

（区税务局）

审　　计

【概况】2019年，区审计局依法履行审计监督职责，抓好清理拖欠民营企业、中小企业账款、政府性债务管理等政策措施落实情况跟踪审计。开展建邺高新区高质量发展情况、医药卫生体制改革执行情况专项审计调查。深化财政预算执行情况审计，对社区建设、创新名城、创业就业服务等专项资金和事项进行重点审计，推进部门预算执行情况审计全覆盖。对8名负责干部开展经济责任审计。开展20号地保障房项目、南外河西分校建设项目竣工决算审计。

【经济责任审计】2019年，区审计局共完成经济责任审计项目8个，对其中1个街道办事处主任同步进行自然资源资产离任审计。审计共发现问题25个，查出管理不规范金额205562.18元，提出审计意见和建议20条。同时对3名负责干部进行任前告知，对11名负责干部开展离任交接。扩大经济责任审计覆盖面，贯彻落实区经济责任审计领导小组制定的各项制度，采取“任前有告知、任中要审计、离任需交接”全过程经济责任审计监督链，建立经济责任审计对象信息库，按ABC类进行分类管理，科学安排经济责任审计计划，坚持党政同责、同责同审，不断提高任中审计比例，突出重大政策措施落实情况审计。提高经济责任审计质量，坚持依法审计，严格执行《南京市审计机关经济责任审计操作指引（试行）》和《建邺区审计现场管理办法》，明确审计范围、审计目标、审计重点和质量要求，规范审计程序、审计内容、责任界定、审计报告、审计整改等各个审计环节。同时以问题为导向，强化审前调查，优化实施方案，充分评估被审对象存在问题可能性以及问题重要性，突出审计重点，审深审透，及时揭示负责

8月23日，区经济责任审计发现共性问题整改推进会召开

（区审计局　供图）

干部在履职尽责中存在重大风险隐患和不作为、慢作为、乱作为等情况，严肃查处重大违法违纪、重大决策失误、重大损失浪费等问题。推进审计整改，贯彻落实《南京市政府关于进一步加强审计查出问题整改工作的意见》和区《关于进一步加强审计整改工作的意见》，抓住被审计单位现任负责人为落实审计查出问题整改第一责任人这个关键，继续深入推进审计整改工作，促进解决新官不理旧账、新官难理旧账等问题，实行问题清单、整改清单、销号清单网上对接机制，采取跟踪回访、联合督查等方式，推动被审计单位主动公开整改措施，主动落实问题整改。

【固定资产投资审计】2019 年，区审计局共开展工程跟踪审计 18 项，涉及项目总投资 126.83 亿元；完成工程决算审计 2 项，审核资金 12.53 亿元，核减投资额 1.36 亿元；完成各行政主管部门及建设单位自行组织审计项目备案 89 项，涉及工程结算金额 3.64 亿元；报送审计专报 2 份，均被区负责人批示。完善审计监督体系及投资审计转型，按审计署投资审计“三个转变”（从数量规模向质量效益转变，从单一工程造价审计向全面投资审计转变，从传统投资审计向现代投资审计转变）要求，结合区实际，继续推进依法独立行使审计监督权、推进投资审计全覆盖，落实各建设主体造价控制责任、完善投资项目决算审批制度。完善政府审计主导、内部审计和社会审计参与的审计监督体系，要求各部门及建设单位加强内部审计机构建设和管理，落实主体责任，明确审计及其他建设单位聘用社会审计机构要求和经费来源，明确根据投资金额大小，对项目实行必审制和抽审制 2 种审计模式。建立政府投资建设项目数据库，提高审计工作效率，强化项目审计监督计划管理。继续落实投资审计整改检查机制，督促被审计单位根据审计结果进行整改，并做到所有项目向社会公告。对原《建邺区政府投资建设项目审计监督办法》进行修订，经区委和区政府发文，于 5 月 1 日起施行。修订后办法着重对以审代结、凡投必审、依法独立审计等问题进行明确和规范，删除“区政府投资建设项目应当以审计结果为依据结算工程价款”等条款；明确除区委、区政府交办事项外，审计部门不参与各类与审计法定职责无关、可能影响依法独立进行审计监督的议事协调机构和管理活动。

【财政审计】区审计局组织实施 2018 年度区本级预算执行和其他财政收支审计，审计内容主要包括全口径预算、部门预算、专项资金和政府投资项目情况等方面，7 月底区审计局受区政府委托向区人大常委会作审计工作报告，8 月召开区长整改专题会议，11 月完成全部问题整改。审计反映 5 个方面共 11 个问题，涉及 12 个责任主体（一级预算单位），涉及金额 2.44 亿元，促进区级层面出台制度规定1项，促进部门单位出台制度规定4项，报送审计情况专报及审计结果报告，均被区负责人批示。依托大数据，不断提升财政同级审广度、深度、准度。在审计对象上，把全区所有一级、二级、三级预算单位全部纳入审计范围，确保审计全覆盖。在审计内容上，将重大政策措施落实情况贯彻到审计全过程，把群众关心期盼的民生、发展项目列为重点审计事项，并把资金使用绩效作为首要目标。在组织方式上，突出数据分析在审计项目中重要作用，在财政同级审项目中实行双主审、双方案、双报告试点，提高审计工作效率。在审计方法上，通过采集多部门提供相关数据，运用大数据关联分析手段，不断提高疑点查找、精准定位、重点核查、综合分析能力和水平。聚焦资金保障、政策执行、权力运行，财政同级审与负责干部任期经济责任审计、专项资金审计、清理拖欠民营企业账款审计调查等项目统筹融合、相互衔接。

【审计项目质量控制】2019年，区审计局严格执行《中华人民共和国国家审计准则》，加强对审计项目质量控制，实行审计项目审理制度。审理人员严格履行审理职责，改进审计工作方法，完善审理工作机制制度，审理工作实现从重结果向过程与结果并重、从形式检查向实质性检查、事后监督向提前介入3大转变，提高审计项目质量控制实效。审前审理，结合审前调查，重点对审计实施方案进行审理，财政同级审计、部门预算审计、经济责任审计、政府投资审计等项目把重大政策措施落实情况作为审计重点之一，合理把握共性问题和个性问题，对审计风险有审计应对措施，以及对项目进度安排、审计组内部重要管理事项及职责分工等事项合理性进行审查。审中审理，按照《建邺区审计现场管理办法》要求，审理人员定期深入各审计组进行现场审理，对审理发现具体问题与主审即时进行沟通。同步建立审理台账，全年对南苑街道等12个项目审计方案进行审核备案。审后审理，重点检查审计实施方案确定审计事项是否完成，审计发现问题是否在审计报告中反映，事实是否清楚、相关证据是否适当、充分，适用法律法规和标准是否恰当，评价、定性、处理处罚意见是否恰当，审计程序是否符合规定。完成南京市审计局对新城科技园审计项目审理工作和江苏省审计厅对建邺区审计整改回头看工作。

【审计管理体制改革】2019年，区审计局做好区委审计委员会成立和召开第一、第二次会议相关筹备工作，抓好会议精神贯彻落实。完成审计职能划转和新三定方案修订及人员调配工作。探索符合区实际情况审计全覆盖模式，提请区委、区政府修订出台《建邺区政府投资建设项目审计监督办法》。优化审计组织方式，抓好审计项目、审计组织方式两统筹，制定推进两统筹工作方案。加强审计理论研究，与南京市审计局内审处、南京审计大学联合开展加强内部审计课题研究，加强内部审计工作指导监督，调动内部审计和社会审计力量，增强审计监督合力。加强与区纪委监委协作，制定《加强巡察与审计工作协作配合的实施办法》，建立定期召开沟通协调会制度。加强纪审合作，实现一审多果、一果多用。审计部门与纪检监察机关共同出台加强协作配合、移送处理管理等文件，建立双向移送机制，建立业务协作机制。在同级审项目实施前，加强与区委组织部、区巡察办沟通协调，征求相关部门意见建议，提高工作效率，既做到重点情况不遗漏，又做到查实事项不重复。（区审计局）

统　计

【概况】2019 年，区统计局严格贯彻执行《中华人民共和国统计法》和国家统计政令及统计制度，以统计综合管理体制改革为主线，以构建适应高质量发展需求现代统计体系为目标，始终坚持依法统计，做好经济普查、人口普查等大型国情国力调查和各项统计工作，以精准统计数据和科学决策咨询意见服务全区高质量发展。

【统计数据决策参谋作用】2019 年，区统计局及时完成统计分析报告如实反映全区经济发展现状，以每月定报统计数据为依据，及时按月、按季汇总各行业数据，采用定量分析与定性分析相结合方式，客观反映全区经济发展现状，分析发展过程中存在问题并提出相应建议或措施，为区委、区政府经济发展决策提供科学参考。全年共完成综合性分析 15 篇、专项分析 20 余篇，其中有 4 篇获区负责人批示。瞄准区委、区政府关注经济发展热点、焦点、难点进行专题调研。通过到园区及重点企业实地走访、召开座谈会等方式，取得园区在开展统计工作方面、企业在生产经营中第一手资料，准确捕捉社会经济生活中存在具有倾向性、苗头性问题，形成专题调研报告，全年完成金融业高质量发展、全国第四次经济普查数据开发、数字经济图谱等方面重要调研 3 项。构建数据防控机制，全面落实源头企业《统计数据质量自查与承诺制度》，实施过程《联网直报各环节责任清单制度》及控制结果《“双随机”统计执法检查和统计数据质量实地核查制度》。签订全区国家联网直报一套表企业《统计数据质量承诺书》675 份，全区统计系统从业人员《统计公务人员数据质量诚信承诺书》54 份。通过统计基层基础建设，筑牢数据质量防火墙，全过程确保统计数据质量提升。

【统计数据指标监测预警】2019 年，区统计局与部门联动抓重要经济指标监测，每月 1 次会同发改、商务、科技等部门召开经济指标分析会，剖析指标走向规律，预判经济发展趋势，强化月度经济运行监测预警，对地区生产总值、固定资产投资、服务业等主要指标进行严密跟踪和监测，对结构调整、经营风险等进行常规性监测，分析问题，提出对策，当好参谋。与园区联动，实现收网式归拢统计，通过调动园区一级力量，对规模以上企业开展地毯式调查，实时掌握企业运行情况，并及时反馈进行汇总筛查，建立月度预测预警机制，每月25日预测，报表期实现日报，次月10日预警，月中利用10天时间进行重点企业摸排，确定重点下滑企业清单，明确区负责人、部门、园区3级走访重点。推进项目及时入库，为能及时将新开工项目、集中开工项目以及政府重点项目纳入统计库，专门建立项目跟踪制度，对项目入库、进展以及数据分析等进行跟踪负责，并与区发改局、各园区等对接，对项目未入库原因进行分析和反馈，确保投资项目数据真实科学，做到应统尽统。

7月23日，富民增收工作以及住户调查业务培训举办 （区统计局　供图）

【高质量发展统计体系建设】2019年，为推进统计高质量发展体系建设，以充实统计机构和人员队伍为基础，区统计局初步建立建邺区三级统计工作体系。由区统计局总牵头，各部门按专业分工对所属产业、行业统计工作负责，各园区负责对本辖区范围企业运行进行统计监测和统计管理，街道负责对非核心区范围内企业增减变动情况进行跟踪并及时上报。加强统计队伍建设，区统计局及功能园区在原有基础上，招聘15名专业统计师充实统计队伍；各相关部门、园区、街道分别明确1名统计分管负责人及1名统计联络员，其中，部门、园区及街道统计联络员必须为在编人员。强化统计人员管理，全区统计人员采用业务统计指导、行政分级负责方式，坚持以人为本，结合岗位需求，实行分类管理，制定聘用人员考核制度。

【地区生产总值核算】2019年，中央深改组会议审议通过《地区生产总值统一核算改革方案》，分解行业支撑指标，将核算的12个行业，分解成18个直观指标进行月度监测。全区分解重点企业到主管部门，18个指标对应10个部门，区650家规模以上企业全面分解到10个部门进行跟踪监测。区统计局组织园区进行地区生产总值核算，根据第四次全国经济普查资料，按照收入法计算出各园区分行业增加值和分园区地区生产总值，分解涉及地区生产总值核算的18个支撑指标。通过目标分解，压力传导，加大对地区生产总值支撑指标关注和工作调度，达到以企业保行业，以行业保全局，以板块保全区目的。

【“四上”单位新增工作】2019年，区统计局完成“四上”单位（规模以上工业企业、资质等级建筑业企业、限额以上批零住餐企业、国家重点服务业企业）新增工作，协同各级统计机构力量，先后3次召开全区“四上”单位新增工作专题研究会，并通过严格逐级审核把关方式确保质量。全区年度新增“四上”单位196家，新增“四上”单位数居全市第一，全区“四上”单位数量较2018年年末的630家增长31%。

【统计造假专项整治】2019年，区开展统计数据质量核查及“以数谋私、数字腐败”专项整治工作，对全区28家企业实施双随机统计执法检查，对87家企业实施双随机统计数据核查，从源头上预防和治理统计违法行为。检查中发现1家企业未按照《中华人民共和国统计法》和统计报表制度要求建立统计台账，对其进行口头提醒整改；6家企业未按照统计报表制度和指标口径要求上报，现场下达整改通知书，对其中3家误差在5%以上的企业进行现场处罚。次月报表期结束后，对问题企业进行回头看。推进统计诚信体系建设，将质量承诺制度引入专项整治工作，严格执行《领导干部违规干预统计工作记录制度》，落实《企业统计信用管理办法》《统计从业人员统计信用档案管理办法》。年内所有问题均整改到位。

【第四次全国经济普查】第四次全国经济普查是一次重大全国性国情、国力调查，自全国第四次经济普查工作开展以来，区经普办认真组织，有关部门协调配合，严格遵照普查方案要求，通过各园区与社区组织协作，历经前期准备、清查摸底、正式普查、数据处理4个阶段，在全区340余名普查人员共同努力下，区经济普查工作已全面完成，共普查单位13026家，其中规模以上单位630家、规模以下单位12396家；抽样调查个体经营户5723家。通过普查，对建邺区经济发展规模、结构和效益等情况有全面了解，经与第三次全国经济普查主要数据比对，建邺区产业结构调整在强化三产服务业方面已经取得较大成效，各类型单位总数与第三次全国经济普查数据对比净增加5780家，增幅为80%；地区生产总值增加60亿元；期末从业人员净增加4531人，增幅1.40%；企业营业收入增加1738.50亿元，增幅92.40%。

（区统计局）

国有资产管理

【概况】2019年，区属国有企业共计34家，集团5家。区属国企集团实力快速壮大，总资产超500亿元、净资产超200亿元，分别比2018年增长15%、52%，资产负债率比2018年下降10%；建邺国资集团、建邺高投集团主体信用评级提升至AA+，累计获批低成本直接融资额度165亿元。

【区属集团董事会法人治理结构规范】2019年，区国资办规范区属集团董事会建设，落实董事会职权，优化董事会人员构成，选择部分集团试点外部董事制度，突出加强董事会内部制衡约束，制定和完善董事会议事规则，明确董事会职责权限，规范董事会议事方式和决策程序，落实一人一票表决制度，充分发挥董事会战略决策和公司治理核心作用。

【国资监管制度体系建设】2019年，区国资办修订完善《建邺区国资办权力和责任清单》，明晰区国资办、委托监管机构、国企集团权责边界；出台《建邺区区属国有企业投资监督管理办法》及《建邺区区属国有企业投资项目负面清单》，规范企业投资行为，对投资活动实施全过程监管；出台《建邺区区属企业负责人履职待遇、业务支出管理实施办法》，重点规范公务用车、办公用房、培训、业务招待等方面标准；与区委组织部联合下发《关于规范区属国有企业中层管理人员选拔任用及管理工作的意见》，推进企业中层管理人员选拔任用和管理工作科学化、民主化、制度化。

【薪酬考核体系建设】2019年，区国资办制定《建邺区区管企业负责人综合业绩考核及薪酬管理办法》，按照功能类和竞争类，建立KPI（关键绩效指标）考核与企业负责人薪酬直接挂钩绩效考核机制，科学设置综合业绩考核指标及权重，加大经营绩效考核，引导企业提高资本运营效率，促进区

12月16日，建邺区区属集团外部董事聘任仪式举行　　（秦蕾　摄）

属集团市场化转型，科学排定薪酬总额，明确实施薪酬差异化，强化企业负责人正向激励。

【国有企业对外融资】2019年，区国资办整合新城科技园、河西中央商务区、江东国资企业，结合建邺高新区管理架构，通过股权优化、增加注册资本、股权划转等方式，组建建邺高投集团。融资方式加快由间接融资向直接融资转变，探索推进股权融资、债权融资。建邺高投集团累计获批上交所公司债95亿元，国家发改委境外债28亿元（等值外币），交易商协会PPN（非公开定向发行）债务融资工具41.50亿元。同时，债券票面利率从首期5.11%下降到4.65%，融资成本下降。

【混合所有制改革】2019年，建邺高投集团与东南集团合作成立20亿元建邺东南高新产业母基金，完成首批3亿元出资，并通过中国证券投资基金业协会备案，且已完成首个基金项目源码4期出资，在手在谈子基金项目约40个，重点推进项目10个，撬动社会资本总规模约75亿元，撬动杠杆比例约1∶10；与南京东南投资基金公司合作成立南京建邺高投资本管理有限公司，通过市场化运作引入专业资本和人才，提高集团项目运作能力。同时，建邺高投集团与深圳天集集团合作成立南京高投科技产业招商发展有限公司，实施市场化招商，推动经营模式和管理方式创新。

【国资全面预算管理】2019年，区国资办研究制定《建邺区区属国有企业全面预算管理办法》，启动区属集团2020年全面预算编制工作，充分发挥全面预算在优化资源配置、提高运营效率、加强风险管控、实现发展战略中作用，通过预算编制、预算控制、预算评价等一系列管理方法，促使企业完善内部控制，加强成本费用控制，提高综合管理水平，严控经营风险、投资风险和财务风险。

【国资监管信息化平台上线】2019年，区国资办搭建财务监督管理、资金管理、区属经营性房屋租赁、绩效考核与评价4个子系统，实现区属企业财务数据和关键业务数据全口径统计与专业化分析，推动国资监管与信息化深度融合，推动国资国企治理现代化、智能化、信息化，初步形成顶层设计引领、应用平台支撑、企业信息化稳步提升良好格局，为国有经济高质量发展增添动力新引擎。

【国有资本经营预算】2019年，区扩大监管企业国有资本经营预算编制范围，国有资本经营预算编制单位由原建邺国资集团和建邺城建集团2家集团扩大到建邺国资集团、建邺城建集团、建邺城管水务集团、新城房产集团和建邺高投集团5家集团。提高上缴比例，编入预算国有企业利润上缴比例由10%提高到20%，2019年实际上缴利润109万元，2020年国有资本经营预算收入约4186.63万元。编制2020年国有资本经营预算收入首次按照20%比例调入一般公共预算，由财政统筹安排。

7月5日，建邺区2019年度城镇低效用地再开发政策宣讲会召开
（区土储中心　供图）

【国有企业改制历史遗留问题处理】在南京市国资委指导帮助下，经征得移交企业同意，除已于11月开工24户和12户零星散户纳入后续老旧小区改造计划外，其余1100户“三供一业”（供电、供水、供热和物业管理）移交物业维修改造任务全部完成。针对因国有企业改制后被收购重组、原始资料缺失导致公房租赁人无法参与房改问题，多次与南京市房改办、南京市物业办和南京市不动产中心协调，终于成功打通房改路径，张公桥29号和35号首批40户居民领到不动产权登记证。经区主要负责人亲自协调，老国有企业长期以来退休人员信访问题也得到妥善化解。

（区国资办）

土地资源管理

【概况】2019年，建邺区土地储备中心完成全区土地储备计划、土地储备与出让3年计划、低效用地3年计划等3个土地规划编制工作，推进全区产业用地课题研究。推进高质量发展指标任务完成，其中全年单位建设用地税收收入，属于省对区考核指标，目标为60亿元/千公顷，完成79.73亿元/千公顷，位列全省第一；建设用地地均地区生产总值，完成132.98万元/亩；存量土地供应比率完成42.72%。完善工作机制，不再将全年单位建设用地税收收入、存量用地供应比例、建设用地地均地区生产总值等3个工作指标分解给街道、园区，由区土地储备中心统一整理上报，为基层减负。

【城镇低效用地再开发】2019年，迎宾农贸市场地块，区国资集团与金陵交运集团签订合作框架协议，区土地储备中心会同各有关部门研究实施路径，指导企业编制实施方案，安排菜场关停、征收拆迁等工作同步进行；中胜客运站地块，金陵交运集团已经过董事会内部决议流程明确合作单位，进入后续方案编制和测算；3503 厂地块，区国资集团已完成初步方案设计，并与企业沟通研究。计划内地块，奥能锅炉厂地块，产权已办理到南京市土地储备中心名下，企业完成厂房搬迁；江东 21 号地块，南京市土地储备中心与新工集团磋商收储条件；英格索兰压缩机厂项目，南华集团已按照南京市规划资源局要求调整方案并同步开展实施方案编制。做好政策宣讲沟通交流，区土地储备中心邀请相关专家，组织有关部门及相关企业召开政策宣讲会，通过现场解读，现场提问等方式为企业答疑解惑。通过微平台建邺播报展开政策宣传，构建包括政策制定部门、属地街道、产权人、投资人、金融机构等单位在内的平台，对接信息，加深互联、互通、互信，推进低效用地再开发走向实处。

【城市配套设施选址建议】2019 年，区做好配套设施选址建议工作，保洁员公寓选址事宜，调查梳理长虹路棚户区、河西新区环卫站等地块情况，拟定基本建设方案，均被采纳且开展实施；环卫绿化处理站、厨余垃圾站选址事宜，集中梳理全区符合利用条件多幅地块供相关部门决策使用，推进高质量发展指标。

【土地流转报批】2019 年，区梳理整体用地情况，结合城市规划与建设时序以及对接部门需求，有针对性地开展土地流转报批工作。全年启动征地报批 2 个批次项目，申报总面积 85266.67 平方米。（区土地储备中心）

市场监督管理

【概况】2019 年，发展各类市场主体 12203 户，市场主体存量达 12.70 万家。全年新增各类企业 5658 家，认缴注册资本 1068.39 亿元，与 2018 年同期相比企业注册量增长

11 月 13 日，南京市市场监管局“媒体基层行”第二场活动在区举办
（区市场监管局　供图）

29.16%，认缴注册资本增长46.42%。认缴资本1000万元以上企业1243家，比2018年增长21.08%；认缴资本亿元以上企业115家，增长42.61%。新增个体工商户10387家，较2018年同期增长44.75%。企业电子化登记占设立登记60%以上，个体电子化登记占比50%以上。优化审批环节，精简申请材料，推进一窗受理、最多跑一次服务模式。放宽市场主体注册地址登记条件，支持园区、街道、创业孵化等集中经营场所提供不限场所面积、不限数量企业登记，为小微企业创业发展提供政策空间，支持高精尖新兴领域特殊名称申报。结合建邺产业特点制定助企发展20条举措，成立10个助企发展工作站，通过走访、座谈等形式听取园区、街道招商部门意见建议，协同共进，向企业宣传区内优惠政策。配合辖区吸税护税，守好市场秩序防线。深入推进人民群众关心的美容、计量、盐务等热点领域，制假售假、非法集资、非法传销等严重扰乱市场秩序违法行为风险隐患排查并保持高压态势，打造诚实守信、平安有序的市场环境。全面提升监管水平，共开展不间断专项整治40余次，迎接各类创建20余次，出动检查人员2686人次。组织开展整治保健品市场乱象百日行动、非法经营和使用不合格油品行为整治等13个专项整治，涉及知识产权、传销、违法添加药品等热点问题领域，立案216件，结案196件，没收违法所得33.06万元，罚没款262.27万元。所办结的“蔡某销售假冒侵权饰品案”先后被江苏省市场监督管理局和南京市市场监督管理局评为“净网行动”十大典型案例和“百日执法竞赛”十佳案例之一；南白万公司生产销售未经认证消防柜案被评为市级优秀案卷。

【质量管理监督】2019年，区实施质量强区战略，围绕重点产业和重点产品持续开展“服务零距离、质量零缺陷”“百城千业万企对标达标质量提升”等质量提升行动。依据

7月3日，建邺区获得“2018年度质量强市工作优秀区”称号

（区市场监管局　供图）

新《建邺区政府质量奖评定管理办法》，开展第十届区政府质量奖申报、评审工作；完成质量文化教育基地及质量文化推广专家申报工作。发挥质量强区工作站作用，举办“美好生活质量相伴”主题质量月社区讲堂，开展“消费品质量安全”进社区、进校园、进乡村教育宣传活动等，实施不同层次质量教育与培训，提高全民质量意识，全年共开展普及质量安全知识等教育培训100余场，1.20万余人次参加。走访重点企业50余家，主动对接，开展一对一服务，围绕重点产业和重点产品持续开展质量提升行动。完成市对区质量强市考核工作，区获评2018年度质量强市“优秀区”。2019年，全年表彰质量强区先进企业和单位56家、个人29人；区新获市长质量奖（组织奖）1家，市长质量奖个人奖（提名奖）2人；第十届区政府质量奖（组织奖）企业1家，提名奖企业6家，兑现奖励150万元。中通服咨询设计研究院有限公司入围2019年市长质量奖评审。

【特种设备安全监管】 2019年，建邺区共有特种设备12041台，使用单位1332家。其中，电梯8658台，起重机械2114台，压力容器850台，场车224台，锅炉183台，大型游乐设施12台。督促企业开展自查整改，制定工作方案和检查计划，组织邀请专业技术人员参加现场检查，及时消除安全隐患。公众场所扶梯、大型游乐设施、气瓶充装站专项整治等大排查大整治行动和日常监督检查工作顺利完成。完成20余场次大型活动安全保障。盐城响水“3·21”特大爆炸事故后，区委、区政府部署大排查大整治行动。按照区政府《关于切实做好危险化学品等重点行业领域安全生产工作的紧急通知》等文件要求，制定《建邺区特种设备安全大排查大整治行动工作方案》和《建邺区涉及危险化学品特种设备安全专项整治实施方案》，从3月25日开始，重点对涉及危化品储气井、储液罐、压力管道等4家40台特种设备使用单位进行安全检查，邀请专业

7月11日，南京市电梯安全责任保险建邺区试点启动仪式举行

（区市场监管局　供图）

人员参加对医院医用氧舱、液氧储罐等风险较大危险源检查，对近两年受到行政处罚的19家单位进行全面清理复查，防止问题整改后复发，督促风险责任单位落实安全主体责任，将问题和隐患彻底整改，降低安全风险。4月底前完成大排查大整治行动，5月底前完成对涉及危化品特种设备使用单位专项整治，重点对经营场所市场主体经营证照、经营范围，尤其对是否经营危化品产品进行排查，对涉及危化品高风险加气站落实安全管理制度情况开展随机抽查，检查使用单位110家，下达整改指令32份，立案调查7起，罚没款13万元。从6月开始，对辖区扶梯管理使用情况进行专项检查，抽查56家维保单位落实技术规范情况。做好电梯安全责任保险投保，在全市率先实现电梯责任保险100%完成。做好行业领域特种设备监督管理，按照管行业必须管安全要求，开展涉及餐饮行业餐饮店使用煤气罐情况核查。通过进企业、进社区、进学校等8个场次宣传培训活动，强化对企业、社会特种设备安全教育培训，增强社会公众特种设备安全意识，不断强化责任落实。

【标准计量管理】2019年，区新增国家标准发布数2个，申报省级标准化试点示范项目1个，强检计量器具申报和检定综合覆盖率95%。开展地理标志使用专项检查，共检查21家商超，未发现违反地理标志使用规定。召开推动建邺区企业高质量发展座谈会，邀请南京市标准化院、南京市质检院专家为区重点企业排忧解难，推动高质量发展。加强企业标准自我声明公开指导，区共有82家企业上报295项标准，涵盖328种产品，其中，2019年新增注册企业29家，公开声明102项标准，涵盖80种产品。完成对标找差国家标准制定发布考核目标，依据《建邺区推进标准化工作意见》，做好跟踪服务，及时掌握发布情况，完成市对区对标找差3个国家标准发布考核目标，其中主导制定国家标准2个。开展条形码专业知识培训，根据监管业务需要，邀请南京市标准化院专家为监管人员开展条形码专业知识培训。督促指导南京越博动力系统股份有限公司开展江苏省新能源汽车动力系统战略性新兴产业标准化试点项目启动。开展制造业企业标准化工作状况调研。开展标准化宣传活动，9月30日，举办标准化宣传进社区活动；10月14日，围绕2019年世界标准日主题“视频标准创造全球舞台”开展系列宣传活动。开展春节前计量专项检查，对辖区内餐饮饭店及药房开展计量器具专项检查。开展世界计量日活动，由南京市市场监督管理局主办，南京市计量监督检测院、建邺区市场监督管理局、江苏省科学传播中心承办的“520科学计量服务美好生活”世界计量日广场活动在区万达广场举行。开展集贸市场计量器具集中强制检定，落实集贸市场计量器具管理要求，8月上旬联合南京市计量院技术人员对区22家集贸市场，1400余台电子秤开展免费检定。开展重点关注领域计量监督检查，对环境监测机构、排污企业、民营医疗机构开展双随机、一公开监督检查，对发现明基医院排污流量计不合格问题，督促其限期整改到位。开展“呵护眼睛、光明未来”计量专项行动，对辖区内眼镜店及医院眼科进行计量专项监督检查，共检查15家眼镜店及4家医院，检查计量器具60余台，发现2家眼镜店5台器具超期未检，督促指导其在南京市强制检定计量器具监管平台上备案、报检合格后使用。

【网络交易与广告合同监督管理】2019年，区市场监管局完善网络交易监管，组织《中华人民共和国电子商务法》培训。开展网络监测，在重点时间段对网络商家经营情况进行监测，先后监测2家电商平台、34家网店和3个公众号。合同监管方面，抓好动产抵押助企发展工作，共办理动产抵押16件，合同金额1.70亿元。开展打击利用合同格式条款侵害消费者合法权益专项行动，充分运用好行政指导手段，采取约谈、下发行政建议书等方式，对相关企业进行行政指导，先后对小米有品、江苏有货等市场主体进行行政约谈，建议企业规范经营行为，共组织各类行政约谈5次。开展书面审查，依法对投诉举报中发现的前程无忧、海马体、天地合装饰等市场主体合同进行书面审查，下发行政建议书4份，建议企业对相关格式条款进行修改完善。处理好消费投诉，抓好涉及合同消费纠纷处理，重点是健身行业、汽车租赁等行业投诉处理，共处理合同引发消费纠纷1028件。做好案件查处工作，共查处合同案件3件，结案2件。广告监管方面，加强广告政治导向监管，在重大活动和敏感时间点加强对户外广告内容管理。落实专项整治，先后开展各类涉及广告监管内容专项整治行动。认真开展案件查处工作，先后查处互联网广告案件25件，罚没款55.82万元。

【价格与收费监督检查】2019年，区市场监管局开展停车收费专项检查，共检查停车场100余家，从检查情况看，各单位明码标价情况较好，但个别单位存在跨时段计费错误、停车时长超过15分钟后从入场开始计费等问题，责令相关单位进行整改。开展转供电环节价格行为专项检查，对区部分大型综合体转供电情况进行梳理和检查，逐一指导各被查单位进行整改，已检查转供电企业4家。开展医疗服务价格重点治理工作，广泛动员，组织指导各单位进行自查，开展重点检查，根据双随机要求，抽取南湖社区卫生服务中心为重点检查单位。开展涉企收费专项检查，检查区综合养护中心、区公证处、区人防办、区法院等4家单位，通过检查，各单位均未发现违规收费行为。各类节日市场价格行为巡查，覆盖全行业，检查中采用检查与指导相结合方法，对检查中发现问题，责令经营者立即整改，并举一反三，完善各单位价格行为。认真做好价格举报工作，办理群众投诉举报526件，对2家单位因违反明码标价规定案件进行立案处理，罚款4000元。

【信用监管】2019年，区市场监管局开展“守合同重信用”企业公示，申请省级“守合同重信用”企业公示28户、市级“守合同重信用”企业公示77户、区级“守合同重信用”企业公示112户。推进企业年报工作，全区企业年报率86.90%，个体年报率72.40%，农民专业合作社年报率100%。启动长期未经营企业清理规范工作，吊销公司制企业663家、非公司制企业2家、独资企业3家，合计668家企业，吊销企业占全区企业总数2.60%，通过对僵尸企业清理，确保区市场主体健康发展。以多种形式全面开展双随机抽检工作，分别开展常规和金融专项抽查，2批次抽查活动合计抽查1400余家企业。全年共办理身份证被冒用案件12起，后期转由建邺公安分局立案查处。开展宣传活动，结合信用与风险管理工作新形势，利用各种机会宣传个企监管工作，将经营异常名录管理、信用修复等信用管理方面工作编入市场监管局营商环境20条对外进行宣传；编写事中事后监管、双随机一公开抽查、经营异常名录管理、企业年报等方面课件在面向各街道、园区和重点企业培训会上使用，提高相关工作知晓度。共推送社会法人信用信息2343条，自然人信用信息58条，双公示信用信息2401条，红名单79条。组织近百家主体参加失信主体信用修复培训，协助排查失信企业经营异常线索排查200余条。

【消费者权益保护】2019年，区市场监管局加强行政指导，组织开展对企业消费维权站负责人业务培训。推进打造“国际客厅”计划中跨境消费者权益保护协作机制建立，与区商务局完成对接，就推进“国际客厅”工作进行交流和沟通，明确辖区内跨境电商企业名单，通过数据采集、电话沟通、上门核查等方式对辖区内跨境电商企业摸排核查，确定在辖区内注册并从事跨境电商业务6家企业，初步确定跨境电子商务维权绿色通道框架制定。梳理分析辖区内消费聚集区境外人员曾

3月14日，“3·15”国际消费者权益日暨“信用让消费更放心”主题宣传活动举行
（区市场监管局 供图）

有过的投诉记录，找出投诉热点和办理难点，制定计划开展工作。

通过培育和评选先进、示范单位鼓励经营企业诚信经营，营造良好消费环境。组织实施南京市商品和服务质量优胜单位评选，以企业自愿申请、区消协各分会择优推荐为原则，推荐10家履行诚信经营、自觉维护消费者权益企业参与评选。组织实施2019年放心消费先进示范单位申报工作，推选一批社会责任和诚信意识强，参与和有效开展放心消费创建工作且成效显著，在行业系统内具有领先和示范效应企业参选，为提高企业消费维权工作开展起到作用。组织指导消费维权工作，参与调解消费纠纷，对部分投诉案件提供工作意见。成功调解装修合同、母婴中心、家具定金等方面纠纷。全年共受理投诉举报及咨询类工单18460件，为消费者挽回经济损失492.40万元。

【食品监管】2019年全区食品生产企业3家，餐饮服务执证企业3544家。食品安全工作机制得到健全，区委、区政府专题研究制定《建邺区关于落实食品安全党政同责的实施意见》，食品安全年度目标考核占全区年度绩效考核权重达5%。全区食品生产企业全部完成可追溯系统建设，食品流通4类业态规范整治率达100%，在全区22个农贸市场开展食品快检室建设和食品溯源与信息公示平台建设，建成使用率均达100%，食品溯源与信息公示平台建设工作受到国务院政务信息公开领导小组表扬，在全市食品安全特色工作评比中荣获全市一等奖，并在全市推广。率先在餐饮集中区域，建立食品安全工作站15家，先后有7家餐饮服务工作站被评为南京市示范工作站，其经验做法被全省和国内许多单位学习借鉴。明确学校校长是学校食堂安全管理第一责任人，全区107家学校食堂量化分级等级评定均达B级以上，其中A级达85%，并全部达到明厨亮灶要求。校园食品安全监管工作受到国家市场监管总局肯定并推广。开展食品监督抽检2074批次，达7.90份/千人，食品抽检合格率达98.50%，问题食品处置到位率100%。完成重大活动餐食供应保障工作，实现零差错、零投诉、零事故。自主开展“建邺区食品安全大排查大检查大督查专项行动”“扫雷行动”“网络销售食品专项整治”“学校食堂春、秋季专项整治”等食品安全专项整治。在全市率先开展网络销售餐饮食品“食安封签”行动，确保网购餐饮食品外送过程中安全。完成畜禽水产品抗生素禁用化合物及兽药残留超标等各类专项整治，食品安全风险日趋减少。检查餐饮单位1337家次，责令整改21家；行政处罚立案3件，已结案2件，处罚到账6.80万元，案件类型涉及使用过期食品、抽检不合格后处理等。全区106家学校（幼儿园）食堂、为学校配送集体用餐配送单位检查覆盖率达到100%，责令整改6家，约谈4家，对检查中发现问题学校、幼儿园实行回头看，监督其必须整改到位。

【农产品质量监管】2019年，区发改委强化农产品质量安全监管，强化生产环节监管，完成果蔬产地抽检16个样品，接受南京市农业农村局例行抽检3个样品，合格率100%。督促街道强化属地化管理，与农业生产企业签订年度安全生产承诺书。举办全区农业科技培训暨农产品质量安全知识与技能培训班，邀请南京市农业农村局农业专家李丽、南京市蔬菜科学研究所推广研究员章鸥分别讲授南京现代园艺产业高质量发展、蔬菜育苗管理及草莓高效栽培技术，对检测员开展技能操作培训，参训人数18人。与江心洲街道联合开展农产品质量安全宣传活动，活动共接受市民咨询300余人，发放宣传品及资料650余份。解决农业生产技术难题，根据农事季节和生产需求，联合南京市种子管理站、南京市蔬菜科学研究所等单位不定期走进企业，指导农业生产，帮助解决一些技术性难题。4月9日，南京市种子管理站赠送8300株优质种苗及实用技术手册。针对农业生产企业育苗设施较差、灾害性天气频发等问题，联系南京市蔬菜科学研究所工厂化育苗，帮忙培育急需春茬用苗7700余株，约占春茬茬口面积80%。

3月31日，南京市农药管理处检查区农药行业企业资质

（区发改委　供图）

【药品化妆品管理】2019年，全区共有药品零售企业104家，其中连锁门店73家、单体药店31家。做好药品经营企业分类分级监管，推进药品经营企业安全信用体系建设，开展年度药品经营企业日常监督检查。按计划推进抽样工作，全年100批次药品抽样任务已全部完成。其中，基本药物抽取64批次、中药饮片15批次、儿童用药8批次、心血管用药6批次、注射剂7批次，尚未收到药品不合格报告。完成行政许可工作，共接受药品零售许可102家。其中，50家变更、21家换证、13家筹建、15家验收、2家注销、补证1家、现场检查43家。同时完成药品经营质量管理规范认证检查17家，药品经营质量管理规范变更3家。开展药品流通领域大排查大督查大落实专项行动部署工作。印

制千余本药品、化妆品相关法律法规手册进行发放，确保企业加强法律法规学习并规范经营。开展专项检查，含特殊管理药品复方制剂专项整治，此次专项行动对全区药品零售企业进行全覆盖检查，重点对特殊管理药品复方制剂不凭处方登记销售等进行整治，出动检查人员 210 人次，检查药品零售企业 102 家，对 3 家零售企业给予警告、责令整改，已经整改到位。根据“保健品百日执法”专项整治要求，对区域内所有直销企业开展规范直销打击传销专项执法检查，联合公安机关对 7 家涉嫌传销企业进行查处，取缔会销窝点 1 处、查处涉传企业 1 家、抓获犯罪嫌疑人 6 人。在执业药师挂证行为专项整治中，对辖区内所有药店企业负责人与执业药师面签《执业药师在岗承诺书》，出动检查人员 220 人次，检查药品零售企业 102 家次，签署《执业药师在岗承诺书》102 份。在疫苗流通接种单位专项检查中，向辖区区疾控中心、区社区卫生服务中心等 13 家疫苗流通和接种单位下发“疫苗储运管理自查表”，要求其自查，先后出动检查人员 28 人次，对这 13 家单位开展现场检查，重点检查疫苗购进渠道、资质材料、冷链运输、储存养护、接种记录等情况。在化妆品线上净网、线下清源风险排查处置专项检查工作中，共出动检查人员 79 人次，检查化妆品经营企业 35 家次，未发现违法、违规进行网络销售化妆品行为。

【医疗器械管理】2019 年，全区有二级以下医疗机构 136 家。医疗器械经营企业 334 家，其中批发企业 175 家、零售企业 159 家。做好医疗器械经营企业分类分级监管，推进医疗器械生产经营企业安全信用体系建设，结合医疗器械安全信用等级评定结果，开展年度医疗器械生产经营企业日常监督检查。加强无菌和植入性医疗器械监督检查，制定检查方案，并依照方案对辖区医疗机构器械购进渠道、资质、票据、记录等情况进行检查，出动检查人员 190 人次，检查 87 家次。隐形眼镜流通领域专项检查，结合隐形眼镜召回目录，辖区 20 余家隐形眼镜经营企业开展自查，现场检查企业进货渠道、相关票据和资质等。办理二类医疗器械经营备案、三类医疗器械零售经营许可 36 家，二类医疗器械经营备案现场核查 88 家次，三类医疗器械零售企业许可现场核查 12 家次，配合南京市检查现场 59 家次。

（区市场监督管理局　区发改委）

都市建设

城市规划

【概况】2019年，区编研《建邺区喷灌、滴灌五年行动规划》《建邺区绿道系统规划》《建邺区停车设施规划》等区级规划，启动《建邺区国土空间规划（2019—2035年）》《建邺区十四五城市建设规划》前期工作。

【《建邺区喷灌、滴灌五年行动规划》编制】2019年，为更好涵养区内植被，落实建邺区总体规划、各片区控制性规划对绿化建设要求，建邺区建设局牵头组织，编制《建邺区喷灌、滴灌五年行动规划》，作为建邺区近、中、远期绿化浇灌建设指导依据。建邺区绿地主要由4个层次组成：街头绿地、滨河道路绿地和单位附属绿地，以及江心洲少量生态农田和果园。不同性质绿地对于灌溉要求的差异，以及对于灌溉水量、灌溉方式和设备需求也各不相同。考虑各水源生态、互补、经济前提下，坚持绿色节能、生态互补原则，结合南京气候特点，合理选取灌溉水源，规划灌溉系统和控制方式、运行模式，保证植物多样性和湿地多样性恢复、建设与保持。近期浇灌水源主要以自来水以及河道、景观湖泊储存水为主，远期以城北—铁北再生水系统再生水为主，辅以部分自来水、河道水。灌溉大系统为构建“一心”（河西中央公园系统）、“两带”（沿南河、秦淮河景观带，沿向阳河景观带）、“四点”（莫愁湖公园、南湖公园、鱼嘴湿地公园、南京河西城市生态公园）、“丰字轴”（江东路、应天大街、河西大街、江山大街）、“毛细血管”布局（乐山路、黄山路、奥体大街、邺城路、创智路、龙王大街、天保街、保双街、平良大街、庐山路南延线）。浇灌形式有喷灌、涌泉灌、滴灌等或交互组合，是一套完整、科学绿地灌溉系统规划。

【《建邺区绿道系统规划》编制】规划范围：建邺区行政辖区（不包含江心洲），包含5个街道，分别为莫愁湖街道、南苑街道、兴隆街道、双闸街道和沙洲街道，规划区建成区面积约为48平方千米。规划期限：2019—2035年。近期为2019—2021年，中期为2022—2025年，远期为2026—2035年。通过规划建设，将建邺区绿道打造成标准高、功能强、贯通好、标识全、趣味多的城市绿色网络。构建结构合理、衔接有序、连通便捷、配套完善的绿道网络，完善网络系统，提升服务水平，与城市生活全面互动，提升整体服务功能，满足居民日益增长生活通勤、运动健身、休闲旅游多样化需求，提升交通出行品质和人居环境质量。在2019—2021年，以北部、中部为建设重点；2022—2025年，以南部新建水系、道路为建设重点。结合区生态本底、景观资源、交通和城镇布局等资源要素及政策要素，共规划长达

100.70千米绿道网总体结构，其中新增绿道规划约45千米。综合考虑建邺区现有资源与规划道路、水系，2019年重点建设中部滨水绿道，2020—2021年重点建设联络型绿道、中部城镇型绿道，2022—2025年重点建成建邺区绿道体系，建设南部绿道，提升绿道品质。规划绿道串联所有公园、文体设施等公共空间。根据建邺区滨水特色，沿长江、新秦淮河和南河设置骑行绿道，为市民创造水园体系路线，作为特色休闲性骑行绿道。骑行网总长为34.20千米，绿道平均宽度5~6米，主要是在原有基础上改造完善标示系统，增加配套设施，比如给市民遮风挡雨休憩站、公厕、出入口指引地图等。

表11 建邺区绿道网新增绿道规划一览表

序号	项目名称	起止点	长度（千米）	绿道形式
1	邺城路绿道	天保路—江山大街	4.10	滨水绿道
2	庐山路绿道	保双街—江山大街	4.20	滨水绿道
3	泰山路绿道	奥体大街—江山大街	2.80	滨水绿道
4	螺塘路绿道	清润路—天保街	2.50	滨水绿道
5	江山大街绿道	天保街—江山大街	1	滨水绿道
6	扬子江大道绿道	鱼嘴湿地公园—江山大街	3.60	滨水绿道
7	头关街绿道	扬子江大道—新河街	1.10	公园内绿道
8	天保东河绿道	元前路—新河街	1.10	路侧绿道
9	朱二河绿道	庐山路—黄山路	0.60	滨水绿道
10	河西中央公园绿道	内部环线	0.70	滨河绿道
11	鱼嘴湿地绿道	公园内部	1	滨河绿道
12	保双街绿道	保双街路侧	1.20	滨河绿道
13	湖西街、文体路、奥体大街、燕山路联络型绿道		7.60	滨河绿道

（资料来源：《建邺区绿道系统规划》）

【《建邺区停车设施规划2019—2035》编制】《建邺区停车设施规划2019—2035》规划空间范围为建邺区行政辖区约46.10平方千米（不含江心洲）。近期为2019—2021年，远期为2022—2035年。根据发展趋势，2019—2035年建邺区私人小汽车保有量占全市比例6%~7%，建邺区私人小汽车千人拥有率与全市私人小汽车千人拥有率之比为1∶1.2左右。至2035年，建邺区私人小汽车保有量约为22.60万~27.10万辆，千人保有量约为372~446辆/千人。建邺区停车场设施发展将呈现布局立体化、服务便民化和管理智能这3点趋势。结合建邺区交通发展战略目标、未来机动车发展水平，构建一体化停车发展政策，与轨道、公交、道路等其他交通系统一体化发展相协调，通过分区差异化政策引导，合理供应各片区停车设施、优化停车价格机制，调控小汽车总体出行规模、缓解停车供需矛盾，保障城市动静态交通平衡。加强停车设施建设，新建地区以配建停车设施为主导、公共停车设施为补充，建成区适度提高公共停车设施比例，引导停车设施供应结构合理化发展，加强停车管理推动停车设施有效化利用，逐步形成规模适度、结构科学、装备智能、运行高效停车设施供给体系。

表 12　2017—2020 年建邺区公共停车场建设情况一览表

序号	项目名称	建设地点	形式	占地面积（平方米）	泊位规模（个）	投资估算（万元）	责任主体	建设年限
1	南湖一中地下停车库	南湖水上公园西侧，南京市建邺区业余体育学校内	地下停车	1.80 万	380	15600	南京市人防办	2017 年
2	科技园 C-15-2 地块牡丹江街停车场	牡丹江街南侧，泰山路、云龙山路之间	地下停车	5000	200	4000	建邺区政府	2017 年
3	乐山路与梦都大街交叉口西南侧停车场	奥体中心西门，乐山路与梦都大街交叉口西南侧，奥体西门	地面停车	6000	200	1000	河西管委会	2017 年
4	莫愁湖公园北门停车场	莫愁湖北门绿地	立体机械	660	50	1100	建邺区政府	2018 年
5	茶亭东街云锦博物馆东侧公共停车场	茶亭东街云锦博物馆东侧	地下停车	1.50 万	200	5000	南京市公建中心	2019 年
6	鱼嘴湿地公园公共停车场	扬子江大道与保双街交叉口西南侧	地下停车	—	290	7250	河西管委会	2020 年

（资料来源：《建邺区停车设施规划》）

【城市绿化规划服务】开展绿化规划服务，认真落实“绿色图章”管理制度。2019 年并联审批制度，辖区内企事业单位咨询绿化规划方面业务有所增加，区建设局与南京市园林局进行联系，加强绿化业务学习，完善“绿色图章”审查流程。全年受理完成园林绿化工程设计方案 6 件审查和平台并联审批服务 1 件。（区建设交通局　区城管局）

城市建设

【概况】2019 年，全区城建项目共 8 大类 150 项，其中，市级目标 56 项，区级目标 94 项，总投资规模 249.10 亿元，当年投资 61.20 亿元。其中，A类（续建及新开工项目）127项，B类（力争开工项目）8项，C类（前期研究项目）15项，全部按序时推进。完成30条背街小巷、5.20万平方米老旧小区整治以及3.20万平方米建筑立面出新。高标准打造“绿色客厅”，推进绿色生态城市建设。持续推进双和办公区04栋地下室竣工验收，继续做好项目设施移交，完成江汉路绿化和江汉路交通信号灯移交，南湖邮局地块拆迁回迁交房。

【绿色生态城市建设】2019年，区制定《河西·建邺打造“绿色客厅”三年行动计划（2019—2021年）》，包含绿色发展计划、绿水提升计划、绿地游园计划、绿色交通计划等4大绿色计划。绿色建筑领跑全市，印发《2019年全区绿色建筑暨建筑节能工作考核指标实施细则》，2019年全区在建绿建项目66个，总建筑面积709.10万平方米，其中当年新开工面积117.20万平方米，竣工验收138.71万平方米，全市综合考核第一。建筑节能产业化工作稳步推进，全区在建装配式结构工程20个，总面积286万平方米，其中新增太阳能光伏光热35.45万平方米、新增浅层地能应用6.20万平方米、居住建筑3.90万平方米、公共建筑节能改造7.67万平方米。装配式建筑占总在建工程量40%，竣工项目3个，竣工总面积8.40万平方米，新开工装配式项目107.40万平方米，占新开工项目总面积83%。推广装配式BIM应用，完成企业级BIM建模标准编制，江苏建科工程咨询有限公司、金寓科技被评为2019年BIM南京市装配式建筑信息模型技术应用示范基地，中新北部初中项目被评为南京市建筑产业现代化示范项目。组织开展区绿色城市专题培训班，邀请行业专家解读政策文件，讲授绿色城市建设知识。

【海绵城市建设】2019年，根据国家和地方有关法规政策规定和技术标准，结合实际情况，区完成《南京市建邺区海绵城市建设专项规划》编制，细化地块指标，落实项目载体；出台《建邺区海绵城市建设管理办法》。2019年，海绵城市建成区达标率14%，新建项目达标率70%，重点打造河西大街北侧绿地改造工程、河西大街南侧绿地改造提升工程、莫愁湖湖体水质提升等亮点工程建设。

【老旧小区整治出新】2019年，区对国泰民安片区进行整治，片区含安国村、安泰村、安民村、安如村、安康村5个小区共涉及居民4500户，房屋建筑116栋，建筑面积共约27.40万平方米。片区整治因供电部门电力杆线下地施工滞后暂未完工。完成水西门大街354号、天顺苑、鸿达新寓老旧小区出新共涉及545户居民、建筑面积约5.17万平方米，其中鸿达新寓、天顺苑结合小区整治，同步推进供水、供气，实施智慧小区系统（人脸识别、智慧消防、垃圾分类、智慧物业和宜居住区建设）。完成水西门大街（东起莫愁湖西路，西至纪念馆东路，长约818米）北侧

11幢楼宇，建筑立面面积约3.50万平方米环境综合整治。完成南湖西片区环境综合整治工程，计71幢房屋，建筑面积24.09万平方米，道路总长1.74千米，总投资1.70亿元。南湖西片区是2018年结转项目，2019年同步完成片区内湖西街、玉塘街、露园街、兆园路、拓园路等5条市政道路整治出新。完成13个片区雨污水分流工程（南湖南河等5条河流域片区雨污水管网清疏修缮工程），对玉兰里、迎宾村、天安花园、碧虹苑、育英村、真园、尚文西苑、艺苑村、莺歌苑、凤栖苑、香缇丽舍、蓓蕾村、电站村13个小区进行雨污水管网清疏修缮，新设管网总长9.30千米。对玉兰里老旧小区进行出新，完成工程总量90%。

【住宅区环境整治工程】2019年，区完成天顺苑、水西门大街354号、鸿达新寓等3个老旧小区建筑面积5.17万平方米整治工程，其中天顺苑小区为整治示范小区、江苏省适老化改造试点示范项目和宜居住区项目，被评为南京市第四届"群众最满意老旧小区整治优秀项目"。9月11日，江苏省住建厅组织全省地市级房产系统负责人到天顺苑小区观摩老旧小区整治及宜居住区建设项目，《新华日报》、龙虎网先后报道天顺苑小区整治经验做法。完成水西门大街北侧（莫愁湖西路—纪念馆东路）沿线3.2万平方米建筑立面整治，实施建筑立面出新、屋面出新、单元门改造、内楼道整治、门面店招更新、完善配套设施等项目。继续推进既有住宅增设电梯，区累计有110部电梯通过规划许可，82部电梯通过施工许可，75部电梯施工（54部电梯竣工并通过验收），其中，2019年新增13部电梯通过规划许可，25部电梯通过施工许可，24部电梯施工（19部电梯竣工并通过验收）。

【遗留建设项目建设】2019年，因区机构改革调整，原征收办遗留项目扫尾涉及北圩路8号地块、长虹大市场地块、农研所地块、东方厂地块等项目移交至新城房产集团。经重新梳理未签约剩余户、已签约长期未被安置户、过渡费未补发户等的相关遗留问题，厘清相应数据，本着稳妥化解历史遗留问题原则，完成东方项目厂1家工企协议签订，完成长虹大市场项目4户居民、1家工业企业协议签订工作，完成北圩路8号项目4户签约及已签协议户选房等工作。

【青奥轴线地下工程荣获"詹天佑奖"】6月3日，在第十五届中国土木工程詹天佑奖技术交流会暨颁奖大会上，南京青奥轴线地下工程荣获中国土木工程领域科技创新最高奖"詹天佑奖"，是继2018年获中国建筑工程最高奖"鲁班奖"之后，再度荣膺国家相关工程领域最高荣誉。该工程总造价32.50亿元，是国内首座最大规模城市地下互通立交，主要包括青奥轴线主线隧道、滨江大道下穿隧道和青奥轴线广场地下空间等部分，实现对禄口机场、南京南站、国家级江北新区及河西新城等重点区域快速连接，推动南京拥江发展战略实施。该工程取得专利15项、工法7项,为类似工程管控和施工提供成功经验。其中,四维降水设计和地表沉降预测模型技术、长江漫滩高承压水大型超深基坑分区组合式降水施工技术均达到国际领先水平,部分技术被推广应用到武汉鲁巷光谷广场地下综合体、南京长江第五大桥夹江隧道等工程,取得社会与经济效益。

【江心洲民安路两侧(一期)小产权房回购项目】江心洲民安路两侧(一期)小产权房回购项目涉及278套小产权房实施回购,2019年初剩余38户,进入扫尾阶段。为保障江心洲重点工程建设,调集精兵强将,由机关大组长牵头,组建2个扫尾攻坚组,陆续完成16户搬迁扫尾工作,剩余22户未交拆。

【科技园学校地块征收扫尾项目】征收地块位于新城科技园内,西城路以西,楠溪江东街以南,金州苑小区以东,占地面积约2.20万平方米。根据区政府工作部署,年内承接剩余5户扫尾工作,完成4户搬迁,剩余1户。

【大棚房问题专项清理整治】2019年,区落实中央和江苏省、南京市大棚房专项清理整治行动、遏制农地非农化等清理整治范围、时间节点,全面开展自查摸排、回头查等工作。经多轮排查,区未发现大棚房违法违规问题。(区政府办　区建设交通局　新城房产集团　区河西办　区发改委　区房产局)

公共交通

【概况】至2019年年底,全区有长江过江隧道、应天大街(建邺段)、梦都大街、扬子江大道(建邺段)、绕城公路(建邺段)等快速通道,水西门大街、集庆门大街、江东中路、奥体大街、河西大街等主干道,云龙山路、西城路、长虹路、北圩路、燕山路、富春江西街、富春江东街等次干道,莫愁湖东路、纪念馆东路等支路。区内过江通道4条,分别是南京长江隧道、南京扬子江隧道、南京地铁10号线、S3线(宁和城际一期);过境地铁线路3条,分别是南京地铁2号线、10号线、S3线(宁和城际一期);有轨电车线路1条,即河西有轨电车。开展打通断头路专项行动,编制《建邺区打通断头路三年行动计划》,完成上新河路等6条断头路建设贯通。

表13　2019年南京地铁线路建邺区内段一览表

运营线路	总长度(千米)	总站数(个)	区内段站数(个)	区内段站点
2号线	37.60	26	8	莫愁湖站、云锦路站、集庆门大街站、兴隆大街站、奥体东站、元通站、雨润大街站、油坊桥站

续表 13

运营线路	总长度（千米）	总站数（个）	区内段站数（个）	区内段站点
10 号线	21.60	14	6	中胜站、元通站、奥体中心站、萝都大街站、绿博园站、江心洲站
S3 线（宁和城际一期）	37.20	19	5	坊桥站、永初路站、平良大街站、吴侯街站、高庙路站

（资料来源：南京交通出行网站）

【公共交通基础设施建设】2019 年，区加快完善公共交通基础设施，解决群众身边出行难、停车难问题，协调优化公交线路 8 条，新增公交线路 2 条，新建公交站台 7 个；完善《区停车设施三年行动计划》；2019 年建成儿童医院河西分院临时停车场、牡丹江街停车场等 5 个公共停车场。

【新能源汽车推广】2019 年，区推广应用新能源汽车，倡导低碳绿色出行，完成充电桩审核 270 根，新能源汽车审核 2632 台；组织开展全区新能源汽车充电设施安全隐患检查，督促落实整改到位。

【河西有轨电车运营】2019 年，河西有轨电车线路全长 7.76 千米，设计最高时速 70 千米 / 小时，票价 2 元。设奥体中心东门站、富春江西街站、元通站、博览中心东门站、江山大街站、友谊街站、平良大街站、吴侯街站、龙王大街站、天保街站、保双街站、保双街东站、秦新路站共 13 个站点。其中，与地铁换乘站 4 个，分别是奥体中心东门站（换乘地铁 2 号线）、元通站（换乘地铁 2 号线、10 号线）、平良大街站（换乘地铁 S3 线）、吴侯街站（换乘地铁 S3 线）。线路南端秦新路站服务时间 6:30~21:00，线路北端奥体中心东门站服务时间 7:00~21:30，运行间隔 10~15 分钟。

表 14　河西有轨电车站点情况一览表

站名	车站形式	换乘线路	屏蔽门设计
奥体东站	标准一层岛式	南京地铁 2 号线（运营中）	半高式屏蔽门
富春江西街站	标准一层岛式		半高式屏蔽门
元通站	标准一层岛式	南京地铁 2 号线（运营中）南京地铁 10 号线（运营中）	半高式屏蔽门
博览中心东门站	标准一层岛式		半高式屏蔽门
江山大街站	标准一层岛式		半高式屏蔽门
友谊街站	标准一层岛式		半高式屏蔽门
平良大街站	标准一层岛式	南京地铁 S3 号线（运营中）	半高式屏蔽门
吴侯街站	标准一层岛式	南京地铁 S3 号线（运营中）	半高式屏蔽门
龙王大街站	标准一层岛式		半高式屏蔽门

续表 14

站名	车站形式	换乘线路	屏蔽门设计
天保街站	标准一层岛式	南京地铁 2 号线西延线（规划中）	半高式屏蔽门
保双街站	标准一层岛式		半高式屏蔽门
保双街东站	标准一层侧式		半高式屏蔽门
泰新路站	标准一坎式		半高式屏蔽门

（资料来源：南京交通出行网站）

【南京地铁 7 号线工程（建邺段）征收项目】南湖路站项目位于水西门大街以南，南湖路北段两侧，征收涉及居民 48 户，工业企业单位 4 家，需拆除房屋建筑面积 12308 平方米。A3 地块移交地铁公司。江苏省第二中医院站（一期）项目位于集庆门大街与南湖路交界处东南角，需拆除房屋建筑面积 4595.90 平方米。江苏省第二中医院站（二期）项目位于安泰村小区内，需拆除房屋面积约 6904.18 平方米。9 月 6 日下达征收决定，公告期内完成交房约定 88 户，签约率 96.70%；年内搬迁 82 户。莫愁湖站项目位于莫愁湖地铁站出口处，占地面积约 4923.48 平方米，需拆除房屋建筑总面积约 5817 平方米，涉及建邺区汉中门大街 35 号工业企业 2 家。完成 1 家工企补偿协议签订。（区建设交通局）

市政建设

【概况】2019 年，区推进完成 15 条道路修缮工程，其中云河路、丰安路是区人大督办民生工程，于 10 月底全面完工。完成区彩色化树种更新优化项目（庐山路），推进区街旁绿地提升改造项目和泰山路（雨润大街至金沙江东街）街旁绿地项目。实施区存量 1000 套果皮箱、4000 块标识板预制安装服务。

【市政重点项目建设】2019 年，区坚持城建惠民原则，实施康泰东街及片区供电管线下地工程，开展富春江东街、楠溪江东街、嘉陵江东街主次干道集中维修，新安江街、牡丹江街等 2 条道路提升工作，续建创盛路工程，启动创意路至河西大街桥梁工程。

【市政设施精细化养护】2019 年，区开展 4 项整治专项维护工作，完成创优质养护示范片区、车行道专项整治、人行道专项整治、街巷专项维护工作，落实沟槽革命专项工作，加强现场施工质量和安全文明施工管理，累计完成 23 条道路 1000 平方米沟槽修复工作。完成设施维修，维修单层沥青 50507 平方米、维修双层沥青 11313 平方米、维修热再生沥青 2748 平方米，维修人行道 53284 平方米、维修路牙 5177 米，维修路沿 957 米，隔离桩更换876根，维修树池6577.70米。抢修自来水共计24处，修复24处。抢修煤气11处，修复11处。抢修电力2处，修复2处。对辖区内桥梁登记造册，采用GPRS定位方式将位置坐标、图片信息等录入桥梁信息系统，完成桥面维修1312平方米，栏杆维修375米，伸缩缝清理1304座次，安装辖区内桥名牌120块，桥梁限载牌113块。集中整治路名牌设施，完成79块路名牌维修及安装。重点围绕南京大屠杀遇难同胞纪念馆、国控点、江苏大剧院、青奥中心打造无尘街区，加大对片区养护机械和人员投入，加强机动保洁、细节保洁和信息化保洁，提高对无尘街区管理考核标准。完成养护资料台账数字化建设。在红旗北河（奥体大街—河西大街段）东岸岸坡塌陷处理工作中，利用全站仪、地质雷达等设备对裂缝位置和形态等进行检查和分析，问题得以处理。2019年，建邺区与9家养护单位签订市政设施养护协议，协议设施量数据全部采用测绘院实测数据。通过细化量化考核细则，严格考核标准，注重日常养护，强化过程控制，严格执行市政设施管养标准、内容、要求、流程等。

【市政设施移交管理】2019年，区将河西管委会建成市政设施移交区城管局管养，除问题设施及新建设施，其余基本完成。2019年，市政道路方面，完成乐山路北延、清河路、积贤街等6条河西中北部地区道路接收；完成青奥村片区青奥路等4条路接收；完成河西南部青莲街、永胜街、红菱街、芙蕖街、横坝街等12条道路移交。环卫方面，完成青奥村片区、螺塘路片区共8条道路移交，南湖中心广场公厕改造完成移交。根据建邺区机构改革中职责分工，7月，将雨水管道、河道泵站、水闸等有关水务设施全部移交区水务局管养。和南京市水务集团沟通对接，推进河西中南部101千米污水管道移交，南京市水务集团将此部分设施纳入管养。

【市政设施监管审批】2019年，区城管局严格执行临时绿地占用审批和道路占用挖掘审批初审。通过定人定岗、分片包干等归责机制，加强市政设施监管巡查，严密防控私自开挖、粗放施工、毁绿占绿等违规行为。道路挖掘方面，挖掘修复系统正式推广使用，通过系统发证94个项目，完成路面恢复77个项目。绿化审批方面，完成树木砍伐、移植初审77件，办理绿地长期占用初审37件，临时占用20件。

（区城管局　区建设局　区城管水务集团）

水利建设

【概况】2019年，区全面消除劣Ⅴ类水体，梳理雨污体系，推进智慧领域建设，深化落实河湖长制，坚持生态治理DBO建管养一体化管护，提升全区水环境品质。根据区政府与各街道签订《水务目标责任书》要求，完成全区排水许可证办理率达100%（全区排水综合体基数601户），排水工地67家，全部办证。排水巡查2551次，督促整改127户，涉水案件查处90件。完成全年防汛目标任务。利用报纸、电视、网络和微信公众号等媒体平台，宣传河（湖）长制工作、典型经验和创新举措214次。中央电视台中文国际频道《远方的家》特别报道区江心洲水环境整治；国庆节期间中央电视台专题报道建邺区夹江侧长江岸线整治及水环境治理成效；中央电视台新闻频道以“昔日乱江滩，今朝绿丝带”专题报道建邺区长江岸线整治成效。

【水务项目建设】对列入南京市水务局审批有关建邺范围内水务建设项目，履行区级监管职能。承担2019年错接混接点60个整改工程（含区城管局结转10个工程和2个挂网招标工程）。推进2018年11个涉水工程收尾工作，其中9个雨污分流项目基本自查整改到位，2个河湖整治工程基本完成收边收口。

【水务设施管养】2019年，在河道养护方面，区管养河道共19条，总计约33千米。各类河道保洁船只总数达62艘，其中手动保洁船16艘，燃油机动船30艘，双体环保电动船1艘，专业水草修剪船2艘，垃圾堆放船只17艘，另有河道垃圾运输车3辆，河道巡查车3辆，河道保洁一线人员达57名。引换水方面，南湖地下引水管道有3处，其中，南湖文体东路地下引水管道全长838米、南湖文体路地下引水管道全长236米、南湖湖西街地下引水管道全长1122米，每半个月引水通道检查1次，确保南湖引水通道水流畅通。南湖辖区内所需引水距离大约总计7.30千米，南湖地区坚持24小时引水换水工作，每日引水量10余万立方米，除恶劣天气及施工需要停止以外，保持长流水状态。市政雨水管网方面，每个月对养护单位清疏道路进行检测，对检测发现问题督促养护整改，对易发生积淹水地段进行重点清疏，确保雨天不发生严重积淹水。2019年完成绞拉干管639.02千米、疏通支管253.24千米、清捞窨井42506眼、清捞收水井54910眼、清运淤泥7163立方米、清疏检查井3720眼、清疏雨水井3315眼、清理出水口805个，更换检查井框盖109个、更换雨水篦子1661个、更换窨井框盖64套、更换收水井框盖192套、增设雨水管道258米、维修窨井182眼。

【水务行政审批】2019年，区水务局做好城镇污水排入排水管网许可，水土保持方案许可事项受理、审批工作。多次召开排水许可证办理工作推进会，共办理排水许可证601户，办证率达100%。累计水务执法巡查河道、在建工地、沿街商户等涉水单位283余次，其中勒令现场立即整改到位44家，开具《责令改正通知书》47张，限期整改完成28

家，立案处罚结案18起，处罚总金额32.37万元，移交城管执法26起，受理16起。做好生产建设项目水土保持方案许可审批、监管工作，全年审批完成9个项目。按要求对区政务服务网后台水土保持行政许可事项维护完毕，并与区行政审批局进行事项委托。依法征收水土保持补偿费。9月23日前完成112个生产建设项目图斑复核任务。做好放管服改革、优化营商环境工作，对涉及行政许可及其他权力事项在内25项事项按照考评细则要求逐一梳理，做好承接和维护工作。做好全区河道挖掘占用审查工作，共审查挖掘占用项目40余起，包括宁马高速、扬子江快速路改造、地铁七号线、地铁二号钱、河西片区闸坝工程等重点工程，对每个项目过水断面、占用蓝线情况、围堰范围都做好现场勘察，对河道挖掘占用过程中违规排污、偷倒乱排等违法情况也要求即查即改。

【排水监管】5月，区开展全区排水执法专项整治月活动，联合各街道开展巡查检查工作，对辖区内商户、在建工地及河道等重点地段进行巡查，及时发现并处理多起重大违法案件，有效杜绝污水乱排放现象，巩固水环境整治成果。开展周边无污水管网工地排水专项整治月活动，召集相关街道及周边无市政污水管网工地施工方建设方，召开建邺区加强无配套市政污水管网建筑工地生活污水排放监管工作会议。做好生活区雨污分流工作，做好抽排台账建立，确保生活污水定期抽排，严禁进入雨水管网，开展巡查检查，保障河道水质不受污染。10月1日，通过购买第三方服务方式，定期开展排水户巡查、雨污管道检测、排水户水质检测等工作，强化批后监管力度，规范排水行为。探索基坑水排放新渠道，协调南京市水务局相关专家研究、论证，采用移动式污水处理设备，对奥体社区中心工地基坑水下河泛黄水质进行处理净化，使基坑水得以正常排放。明确龙湖地产工地水基坑氨氮含量超标严重水可排入市政污水管网。（区水务局　区城管水务集团）

城市管理

【概况】2019年，全区城市管理“数字城管”平台共受理下发有效案件30567件，按时结案率99.92%，返工率1.15%，返工率比2018年下降1.83%。“数字城管”平台共采集有效案件80172件，按时结案率99.96%，返工率1.73%。共办理12345举报投诉工单6708件，工单办结率100%，综合满意率94.29%。办理12319举报投诉工单3832件，工单办结率100%，综合满意率97.16%，应急响应率100%。污染防治综合监管平台采集工单总数169条，办结169条。完成行政处罚案卷2210起，一般程序910件（重大案件14件），简易程序1300件，处罚金额2268万元，其中门前三包类案卷占比19.20%，环卫案卷占比52.10%。累计完成各项重大活动市容保障约192场次。

【街巷长效治理】2019年，区城管局继续推进“门前三包”（包卫生、包绿化、包秩序）责任制工作，全区共印制“门前三包”责任书7000余份，商家签约率100%，在签约率和知晓率100%基础上，继续通过发放一封信、电子屏、横（条）幅和召开自治联盟会进行宣传发动，认真履行“门前三包”责任制，提高沿街商家履约意识。打造2个“门前三包”示范点：兴隆街道螺丝桥大街和双闸街道白龙江西街。完成市级示范路（沙洲新安江街）和示范社区（沙洲街道中胜社区）各1条（个）。推进30条背街小巷整治工作。根据区街巷整治现状，结合2019年区城建计划，分为3个类别进行组织实施，一部分列入区城建目标，通过工程类项目进行改造实施，一部分纳入各街道重点整治范围，通过市容环境综合整治实施，一部分结合区网红街巷打造，由责任单位结合主题、业态，进行综合提升。推进街巷长制落实，制定街巷长制工作方案和考核细则，以区委、区政府文件下发至各成员单位，完成198块街巷长制公示牌制作、安装及更新，为提升街巷长制推进成效，将街巷长制日常管理与区城市长效综合管理考核和年度双百制考核挂钩，根据机构改革和人员调整，及时更新调整三级街巷长及其他相关信息。完善三级街巷长督查管理机制，定期组织人员进行督查、考核。

【无尘街区建设】2019年，根据区委、区政府试点建设无尘街区工作部署，区城管局制定实施方案，细化无尘街区标准，启动实施并深化推进。基础提升方面，无尘街区范围内共处置沥青病害300余处，约1.10万平方米，处置人行道病害600余处，约1.30万平方米。累计绿化降土132立方米，补植绿篱4万株，麦冬地被1.25万千克，播撒草籽约8万平方米。检查考核方面制定《无尘街区考核实施方案》和《无尘街区“以克论净”检查考核工作方案》，对《建邺区“无尘街区”试行标准》规定的空气质量、道路保洁、环卫设施、绿化保洁等4个方面明确的12条无尘街区标准及6项无尘街区管理养护措施进行细化。加大无尘街区尘量考核力度，以克论净，考核结果跟养护经费挂钩，落实到具体养护责任人。2019年，采取以克论净方式抽查检测共计212个路段916个点位。

【扬尘管控】2019年，区城管局落实扬尘及重污染天气应急管控措施，实行精细化保洁，严格落实道路清扫保洁标准及污染管控措施。制定大气污染、扬尘污染层级管控应急保洁预案，适时提高污染管控期间道路清扫保洁标准。严格落实大气管控措施，大气污染管控期间，区城管局组织各环卫作业单位增加道路保洁频次，强化道路巡查，发现问题迅速现场整改，日均出动洒水车16车次、高压清洗车64车次、抑尘车12车次、洗扫车90车次、小型清扫（水扫）设备16车次、

1月15日，建邺区在建工地防治污染宣教会暨全区工地规范化管理整治季活动推进会召开　　（陶荣　摄）

新能源设备20车次、1+1组合清洗10车次，应急处置道路扬尘污染2处。开展大气监控点周边道路尘量考核。根据《关于印发〈城市部分道路尘量考核办法〉的通知》，召开专项工作会议，解读尘量考核操作流程，组建区级考核小组，确保尘量考核工作稳步开展。自9月开展尘量考核工作开始，每月对全区大气监控点周边35条道路、10处工地展开尘量考核工作，尘量超标点位，均于当日组织责任单位整改完毕。加强环卫执法，严查环卫作业二次污染，就车辆带泥上路、渣土运输抛洒滴漏等导致环卫作业后二次污染行为，移交区执法部门进行查处。从夜间施工、裸土覆盖、非道路移动机械管理、挥发性有机物排放等方面进行重点防治，对区属在建工地开展多时段、拉网式全面排查，运用扬尘监测移动手持终端、无人机等移动设备实施动态监测，累计开展专项巡查5300余次，召开约谈会12次，开具整改单246份、停工单135份、行政处罚建议书20份，罚金67.30万元，向南京市建委申请红牌警示4起，立案查处7起扬尘污染行为，形成高压管控态势。

【违章搭建治理】2019年，根据违建治理5年计划工作要求，区城管局对各街道在违建管控系统平台中存量违建进行梳理。同时，和街道密切配合，联合执法，确保新搭违建零建成。全区各街道共治理违建335处，144839平方米。其中，莫愁湖街道202处8430平方米；南苑街道57处4410平方米；沙洲街道13处14227平方米；兴隆街道20处48488平方米；双闸街道17处16792平方米；江心洲街道26处52492平方米。违建行政处罚案件7起，罚款面积63371平方米，罚款金额1.15亿余元，部分罚款未到位。

【停车秩序管理】2019年，全区共计有经营性停车场133处，新增备案停车场21处。打造莫愁湖街道康怡花园小区、南苑街道兴宏园小区2个停车示范小区。加强区支路街巷机动车违停执法，区协调南京市交管局第四大队、区城管执法大队进行定期停车综合执法整治，制定联合执法整治方案，非机动车整治各街道保持每周1次。对停车设施毁损、大车占用小车泊位、机动车违停以及非机动车乱停乱放等问题加强巡查，制定问题菜单并拟定整改措施通报街道整改。对于违停较多路段加强执法频次。在全区继续推进非机动车停放示范点建设，复划完成120处非机动车示范点。推进共享单车共享共治，建邺区停车设施管理中心多次召开网约单车共享共治协调会，对共享单车运营管理落实月报、季报制度，对乱停放整改不到位和停止运营及无牌照网租单车进行暂扣清拖。制定《建邺区地铁二号线地铁口网租（共享）单车管理办法》，将全区5个街道范围内地铁二号线8个站点、32个出入口全部分配给哈啰、摩拜、青桔及OFO等4家网租单车企业，安排巡查人员240人次，发现问题200余处，全部完成整改。认真落实各项保障制度60余次，对窗口地区、地铁口及商场周边等重点片区停车秩序加大整治力度，保障期间共引导车辆610辆，劝离乱停乱放机动车598辆，清拖占道违停车辆10辆，纠正乱停放非机动车7261辆次。根据管理规定共查处道路收费员违规235起，开除4人，劝退5人。

【户外广告专项整治】2019年，区城管局制定《建邺区户外广告整治工作计划》，全面拆除如典雅居、天迈广场、台湾名品城、艺兰斋等户外广告牌、电子屏、工地围挡设施37处93块4935平方米；拆除违规设置广告字、广告灯箱、广告布幔、店招、道旗等设施31处88块807平方米；指导并完成店招备案331处1600平方米。做好商业性户外广告有偿设置和户外广告控制性详规修编工作。2019年，商业性户外广告拍卖成交项目11个127块4289平方米。

【小区除癣与清洗管理】2019年，南京市城管局下达17个老旧小区除癣达标任务和3处自动洗车点、45家洗车场备案以及10幢楼宇清洗工作，区城管局制定工作方案，细化工作流程，把老旧小区除癣达标与小区出新相结合，把规范洗车场与文明城市迎查等重大活动保障相结合，加强自动洗车点建设，集中力量对17个老旧小区整治出新，设置公共信息栏17块，修复小区公共防盗门32扇，清理牛皮癣40万余张，与公安、电信等部门联动，商停违规小广告电话1部。全年投入经费98万元，完成全区15条主次干道市场化除癣工作，督促辖区内10家外立面不洁单位完成楼宇清洗工作，同时组织开展综合整治156次，取缔占道洗车、擦车450余处。

【城市管理依法行政】2019年，在不见面审批工作方面，区城管局梳理行政权力清单并在江苏政务服务网公开，梳理行政审批事项41项，按照应进必进要求，全部进驻区政务服务中心。“一照通”工作方面贯彻落实《南京市政府办公厅关于印发完善一体化在线平台深化“互联网+政务服务”打造“宁满意”

工程实施方案的通知》精神，推进企业办事“一照通”工作，结合实际梳理11条审批事项，实现“一照通”。事中事后监管工作方面，在“互联网+监管”平台认领目录清单9条，填报实施监管事项7条，涉及4项行政许可事项实施双随机、一公开。信用工作方面，加强城市管理违法失信行为信用管理，落实违法行为多部门联合惩戒制度。在信用平台报送双公示信息699条，其中，行政许可49条，行政处罚650条。行政复议、应诉方面，收到局行政复议10件，其中6件复议结果维持，3件驳回复议申请，1件结果未出；收到行政诉讼24件，其中5件判决驳回诉讼请求，3件裁定准许撤回起诉，16件裁判结果未出；收到检察监督通知书4件，其中3件不支持监督申请，1件结果未出。

4月4日，建邺区城管执法队员对辖区内在建工地、重点路段开展渣土专项整治行动 （陶荣 摄）

【渣土运输管控】2019年，区渣土运输管控工作推进差别化工地管理，通过智慧监管、源头防控、卡口管控、高频巡防、严管重罚、综合治理等举措，南部地区渣土偷倒、黑车运输等违规运输渣土行为得到遏制，渣土抛撒污染现象明显减少。2019年查处违章工地158家次，暂扣处罚渣土车501辆（无资质车辆81辆），暂扣各类证件32件，全年累计罚款613.90万元。全区686辆渣土车全部更新为新型环保车辆，更新率100%。推行“721工作法”（7分服务、2分教育管理、1分执法），对辖区内所有在建出土工地逐个立卡建档，从项目立项审批到现场勘验直至出土完毕，实行全流程动态化监管，加强项目参与各方政策法规宣传，落实“四有”（施工工地有围挡、工地出入口有硬化地面、有冲洗设施、有保洁人员）要求。对重点在建出土项目，实施一案一策，共建立280余家工地档案。在工程渣土运输阶段，责成施工方每日报备统计，清晰跟踪梳理当日运输车辆信息、时间与路线、保洁联系责任方等，随时备案在册。制作报备表下发各执法检查人员，执法中队据此调整在建工地源头监管和网格化检查监管措施，开展集中夜查与流动巡逻管控行动，从严考评违规工地。重点管控各个流动出土运输必经路段，在主要路段设置检查岗亭和执法警力，严查流动车辆运输证件及运输车辆清洁密闭情况，严厉处罚违规运输车辆，保持渣土扬尘管控高压态势，把扬尘污染遏制在源头，促进城市区域环境持续明显改善。

【国家卫生城市复审环卫保障】2019年，区城管局牵头开展南京市卫生城市迎复审建邺区市容环卫组保障工作，制定《建邺区迎接国家卫生城市复审工作市容环卫组工作方案》，细化任务分解，强化组织领导。建立区级市容环卫组专业组工作联络机制，定期牵头召开迎复审市容环卫组工作例会，实行周督报、月点评。共计召开专项工作会议20余次，集中研讨分析工作推进。落实南京市、建邺区两级工作联络、问题整改机制。定期参加南京市、建邺区迎复审工作推进会议，配合南京市、建邺区专业考评组推进迎复审工作部署；针对南京市、建邺区周考评问题，组织整改，每周五前完成整改回复。共组织整改市级菜单280例，区级菜单55例。实行日巡查制度，按照街道划分责任区域，以巡查巡视环境卫生（含清扫清运、环卫设施维保、重点区域洁净度控制）和垃圾分类工作为基础，兼顾门前三包、市容秩序管理、停车秩序管理、建筑装潢垃圾收运，联合开展莫愁湖迎宾菜场、兴隆街道河北大街、清河路等迎复审重难点问题整治工作，保障卫生城市迎复审工作稳步推进。

【垃圾分类】2019年，区城乡生活垃圾无害化处理为100%，江苏省高质量发展指标垃圾分类集中处理率达81.45%；市对区考核指标生活垃圾回收利用率达34.43%，垃圾分类设施覆盖率达99.38%。推进小区垃圾分类设施全覆盖，全区322个小区中320个小区实现小区垃圾分类设施全覆盖。规范垃圾分类收集、转运、处置，结合单位、小区实际情况，合理设置分类收集容器，由单位、小区自购分类垃圾桶11557个，基本满足源头分类收集需求。规范分类转运，区可回收运输专线13条，企业自筹车辆15辆，按照站点式收运运行；有害垃圾运输专线13条、车辆11辆，由区、街道监管专项收运；餐厨（厨余）垃圾收运路线12条、收运车16辆；街道区域设置班车化分类转运。以上各专项收运工作均全程纳入区智慧环卫平台监管。加大垃圾分类宣传力度，区域61个示范小区共35392户，参与户数计18244户，全区制作129块大型户外广告牌、制作宣传展板433块、专项宣传栏1398个，22块电子屏滚动宣传，广泛宣传垃圾分类知识；参与率达60%，居民通过垃圾源头分类、收集、引导形成以物换行为、便利化、设点兑换多元化设置，每月累计举办换物活动300余次，媒体报道共计164次。全区共建设4个垃圾分类宣教站（区级宣教馆、莫愁湖街道宣教馆、沙洲街道宣教馆、兴隆街道宣教馆），让成人参与垃圾积分兑换，孩子学习、践行垃圾分类，让垃圾分类成为大家共同习惯。全年区生活垃圾累计转运处置19661.08万千克、有机易腐垃圾资源化处置2265.60万千克、再生资源分类回收处置8281.63万千克。

【餐厨废弃物规范收集处理】2019年，区城管局对餐厨垃圾收运处置实行联单管理，即餐厨垃圾产生单位、收运单位、处置单位、区城管局各执一联，记录各环节餐厨垃圾成分、转运量等基本信息，共发放四联单389份。开展餐厨车容车貌整治，严厉查处非法运输车辆，加强车辆监管，确保密闭化运输，清洁化作业。共出动2696人次，查处违规行为90起，告知281次。开展餐饮一条街餐厨废弃物收运处理工作，前期通过一封信及入户宣传告知方式，与餐厨废弃物产生单位沟通确定集中收集点及收运时间，排定收运计划。具体实施阶段由区备案燕太油品有限公司、肯发再生资源有限公司收集，集中驳转至江北处置厂处置。10月1日后，为餐饮一条街收处166.62万千克。城市餐厨废弃物处理率方面，全区共有10处分散处理设施（5000千克及以上日处理量处理设施有2处），处理规模约4.178万千克/日，全年城市餐厨废弃物产生量1790万千克，处理量690万千克，城市餐厨废弃物处理率为38.80%。

【环卫保洁精细化管理】2019年，区城管局对全区环境卫生管理及作业进行督查考核，累计下发环卫管理考核简报11份、37份环卫问题督查通知书、103份环卫问题菜单。建设市民有奖举报平台，打造集合市民有奖举报、查找附近公厕、大件垃圾预约回收3大核心功能一站式服务中心，有奖举报嵌入"南京建邺城管"微信公众号，开始正式运行。完善环卫队伍建设，组织区级环卫行业机械化保洁技能竞赛及市级竞赛备赛，强化岗位练兵。开展环卫职工工资自查自纠活动，保障环卫工人合法权益。开展城市美容师评选活动，2019年度评选并表彰奖励105人。结合第十四届环卫工人日开展内容丰富、形式多样活动，表彰为全区环境卫生作出突出贡献环卫职工，组织一线保洁员参观推广本区数字环卫、智能环卫发展情况等。强化环卫执法保障，联合区城管行政执法大队建立问题线索移交机制，就沿街店家倾倒油污、车辆带泥上路、渣土运输抛洒滴漏等导致环卫作业后二次污染行为，移交区执法部门进行查处，与精细化保洁经费挂钩，并纳入月度环卫考核简报。年度落实环卫执法1024宗，执法占比在48.17%以上。2019年每月度完成辖区内48座公厕、15座中转站、669.77万平方米人工保洁区域、768.05万平方米机械化保洁区域养护作业。

【机械化清扫保洁】2019年，区城管局对国控点、无尘街区、核心片区实行精细化保洁，主次干道采取清洗作业模式，实行单元化作业，洒水车、清洗车、洗扫车同时作业，互相配合对路面进行清洗，清除路牙积灰；使用新型抑尘车，高温及重污染天气下，根据实际情况调整作业频次；使用小型机械作业车辆，作业区域向背街小巷、慢车道、人行道延伸，规范水洗作业和单兵水扫（水洗）作业。所有设备安装卫星定位系统，下达任务单，实施任务式管理，提高城市洁净度。2019年建邺区机械化清扫率达96%以上。加大机械化力量投入力度，组织技能竞赛，提高环卫保洁作业水平。2019年购置4辆抑尘车、2辆高压清洗车、2台机扫车、36辆小型高压清洗车、2辆小型洗扫车，12台扫路机。9月、10月围绕环卫保洁理论知识、作业技能操作2方面开展机械化技能竞赛，表彰总成绩排名前3选手。组织各环卫作业公司定期开展业务水平培训工作，解读环卫考评扣分及日常检查问题，提高机械化保洁质量。加强监管，打造智慧环卫监管平台，强化环卫保洁作业考核。全市范围内率先建设智慧环卫监管平台，机械化作业车辆安装卫星定位系统，实现机械化作业纳入线上实时监管。采取“线上+线下”考核方式，即线上智慧环卫系统，线下现场考核，对道路机械化作业质量进行跟踪督查。实行环卫作业与年度经费挂钩，环卫作业考核纳入月度环卫考核，依据扣分情况在以奖代补经费中扣减。

【环卫设施运维监管】2019年，区城管局完成前石村中转站附属公厕、头关村中转站附属公厕2座公厕新建，完成嘉业、虹苑2座餐厨中转站改造工作。推进农贸市场有机易腐垃圾就地就近处置工作，莫愁湖街道茶南菜场、南苑街道兴达菜市场、兴隆街道坤晨新安菜场果蔬垃圾处理机配置工作正常运行。开展拆除公厕复建销号工作，区复建公厕包含所街公厕、双和园公厕、江心洲青奥森林公园公厕，销号工作加快推进。开展环卫设施专项管理维护，每月组织环卫设施管养单位针对公厕、中转站、果皮箱等设施进行专项检查，月均清除卫生死角392处、清洗整治垃圾容器133例、整治公厕问题48例、中转站问题13例。完成“2017年改建公厕项目一”初步审计，11月，“2017年改建公厕项目二”提交市建委审计。完成“2018年改建公厕市级项目”5座、“2018年改建公厕区级项目”6座建设并开放使用。完成南河片区环卫设施基础建设工程建筑工地施工许可证等相关手续办理，并将该项目增补进入“2019年南京精细化管理项目”。

【群租房管理】年内，为从根本上整治群租房乱象，区成立群租房安全隐患排查整治工作小组，依靠街道、社区、公安等职能部门力量，从房屋安全和房屋租赁机构两方面入手，推进群租房安全隐患排查工作。房屋安全方面，与相关部门联合上门综合执法，发现擅自变动房屋建筑主体、拆改承重墙、违规搭建超承重荷载等安全隐患现象，及时安排专业人员上门作安全鉴定，并发放《限期整改通知书》，勒令其限期恢复原状，最大限度消除安全隐患，严防房屋安全事故发生；房屋租赁机构方面，强化宣传房屋安全知识，普及法律法规，提高房屋安全防范意识，杜绝房屋中介机构和租赁企业交易中群租群居现象。全年组织各街道上门核查群租房1386户，发现问题责令整改。

【房屋安全管理】2019年，区组织开展全区房屋安全隐患专项排查整治工作，共排查房屋3834幢，建筑面积约2800万平方米，新增疑似房屋隐患44处，组织专家复核，根据专家意见开展督促治理；排查建筑幕墙建筑197幢，幕墙面积约181.20万平方米，发现幕墙隐患1处，并排除隐患。督促房屋使用安全责任人，加固修缮Csu级危险房屋1处并注销监管，修缮危险房屋1处。依法开展房屋装修拆改管理工作，累计处理房屋投诉案件197件。强化房屋安全管理宣传，发放《致装修业主的一封信》2万份，开展3次房屋安全知识宣传和咨询广场活动，发放宣传品800余份。

【扫雪防冻】2019年，春节期间，全市突降大雪，在南京市扫雪防冻指挥部和区委、区政府统一指挥下区开展扫雪防冻工作，确保道路畅通。全区紧急调动机关休假干部200余名，安排到南京市政务中心、南京大屠杀遇难同胞纪念馆等窗口地区扫雪。扫雪指挥部对扫雪预案完善细化，印发扫雪作业流程下发至每个养护单位，协调全区扫雪机械，统一调度，严格落实24小时值班制度，保持通信畅通，由区政务办对35个成员单位值班履职情况进行检查抽查，对扫雪推进情况进行督察，通过视频监控系统实时指挥。全区17块大型户外电子屏滚动播放扫雪防冻宣传内容，各街道发放“一封信”4000余份，通过微信结合春节拜年向市民宣传扫雪信息，发动市民参与扫雪工作，建邺播报、人民网首页报道区环卫工人放弃回乡过年坚守扫雪岗位事迹。全区共出动扫雪人员4153人次，各类机械213台、执法车35辆、撒融雪剂22.3万千克，动员沿街店家6000余人，协调5家企业6台机械支援扫雪，完成全区18条主次干道，17个地铁站64个出入口、400余个公交站台、69条背街小巷积雪清理、行道树打雪工作，清理断枝400余处。（区城管局　区房产局）

1月9日，建邺区城管执法队员在河西儿童医院保东路停车场清扫积雪（浦华静　摄）

生态环境

生态环境状况

【水环境质量】2019年，夹江水源地水质达标率100%；南京市考核莫愁湖湖心断面达到V类水体，南河赛虹桥、拖板桥断面水质达标整治有序推进。

【空气环境质量】2019年，全年区大气质量国家考核重点指标细胞粒物浓度均值同比下降14.40%，空气环境质量改善幅度排名全市前列。

【声环境质量】2019年，区域环境噪声在55分贝以下，声环境功能区达标率100%。

【第二次全国污染源普查】2019年，根据江苏省、南京市普查工作要求，区对纳入普查企业相关数据与区域环境统计、区域年鉴、第四次经济普查企业名录、电网名录、重污染天气大气管控工业名单等相关统计数据，进行比对、校核。开展入河排污口清查和排查，全面梳理辖区内入河排污口。对入户普查工业源锅炉34家、生活源锅炉30家（94台）、移动源加油站8家、油运企业2家、集中式污水治理企业1家进行产排污核算，强化质量控制，网上数据审核通过率100%。8月中旬，接受江苏省污染普查领导小组质量现场核查，普查数据填报质量位居全市第一。8月下旬，接受国家普查质量核查，10月，接受国家第3轮数据质量会审，根据国家软件及污染物核算系数调整和国家反馈问题进行对照整改和完善。 （区生态环境局）

5月6日，区生态环境局召开噪声治理整改协调会 （区生态环境局 供图）

长江大保护

【长江岸线建邺段保护修复攻坚战】2019年，区开展长江岸线建邺段岸线保护与开发利用专项整治，区承担的3个百项提升工程完成整治，江心洲玉林船厂彻底拆除，地面完成覆盖。同时加强日常巡查管理，发现问题，立行立改。按进度要求落实生态保护红线校核工作。推进长江岸线保护，12个项目全部完成整治。会同海事、水上公安等执法单位联合行动，开展建邺区三无船舶整治工作，清理整治215条三无船舶，经过整治，建邺长江段住家船、货郎船、电焊船、收旧船、刮油船、僵尸船等无船名、船号、船籍港三无船舶得以彻底整治，实现水清岸绿、通航无隐患。

【潜洲清理整治】2019年，区加快推进潜洲清理整治工作，聘请律师事务所，专题调查潜洲相关问题，形成调查报告，提交区政府决策参考。建立潜洲清理整治工作联席会议制度，实行周报制度，依据职责分工协调推进各责任单位工作。

【水资源管理】2019年，区执行最严格水资源管理制度，根据《2019年10月全市地表水重点断面水质状况通报》，区水功能区相关考核任务全部达标。万元GDP用水量超额完成南京市确定目标，2019年度江苏省、南京市、区3级节水型党政机关完成创建任务，3个小区被评为南京市先进节水小区。修订《建邺区集中式饮用水水源地突发污染事件应急预案》，建立《建邺区夹江饮用水水源地环境问题长效管理方案》，编制完成《南京市建邺区水务局夹江南建邺段水源地长效管理与保护评估报告》。属地街道加大饮用水水源地沿线巡查监管力度，发现沿岸垃圾及时清理。兴隆街道、双闸街道、江心洲街道全年共投入经费68.30万元，合计巡查1088次，确保水质不受污染。夹江饮用水水源地达标率100%。做好水资源管理第三方委托事项工作，根据南京市水务局《关于下达2019年实行最严格水资源管理制度目标任务的通知》等要求，对照考核目标，明确区2019年开展建邺区水资源公报编制、河湖生态健康评估（3条国考河道：沙洲东河、沙洲西河、奥体北河）、河湖生态流量（水位）研究、节水型党政机关创建（完成率要求为100%，其中10%为省级，20%为市级）、夹江南建邺段水源地评估共5项第三方委托事项工作，按程序完成询价、招标、签订合同等，其间请律师全程监督。配合南京市水务局做好取水工程（设施）核查工作，对全区取水工程（设施），包括闸、坝、渠道、人工河道、虹吸管、泵站、水井、水电站等开展核查工作，填报网上核查系统，完成两轮核查及网上系统数据填报。

【河湖长效管理】2019年，区严格河湖岸线管理，加强河湖水域岸线资源管理，保持河湖空间与功能完好。区河长办系统整理水务工作法律法规文件，组织各级河长学习相关内容。所有河湖依法划定河湖蓝线，重点组织各级河长学习《南京市主城区河道蓝线规划》《南京市蓝线管理办法》，全面梳理清查河湖蓝线范围内违章违建项目，严格河道挖掘占用审批，从严从重处罚违规占用河道蓝线行为，加强河湖水域岸线资源管理，保持河湖空间与功能完好。对涉河湖违法违规行为做到早发现、早制止、早处理，加强日常巡查，区水务及城管执法中队总巡查382次，现场警告立即整改63件，限期整改38件，处罚总金额53.15万元，处理重大案件6件。河湖管理范围内没有新增违章违建。建立河湖管护长效管理机制，明确河湖责任单位，落实管养队伍，管养经费纳入财政预算。2019年，全年河道岸坡清扫1765.10万平方米，打捞河道7239万平方米，外运垃圾5646.30立方米，河道巡查8362.30千米。推广河湖生态治理DBO模式，实施13条河道共23.80千米、2个湖泊共0.09平方千米生态治理。区水务局牵头开展水务执法专项整治月活动，属地街道给商家发放《致餐饮经营户的一封信》，商家负责人签署《禁止乱倒污水承诺书》，加大执法宣传力度，属地街道充分利用视频探头，加强对河道汇水范围内小区商家等排水户监管工作。街道投入专职人员和经费管护辖区河湖，所有河湖养护单位信息录入南京市河长制信息系统App，实现任务网上交办、督办闭环程序。各级河长、管养单位加强排口日常巡查监管和维护，主管部门实行入河排口户口本编号管理，按职责对各类排口实施监督管理，开发使用智慧河湖排口巡查监管系统，确保沿河晴天污水零直排。以水清岸绿景美为目标，打造生态公园中心湖、南湖为市级样板河湖。提前超标完成7处长江三乱项目整治，5月通过市级验收，7月通过省级销号验收。

【河湖长制】2019年，区河长办逐一排查全区水体，全面更新调整河长，4条骨干河道由区主要负责人担任区级河长；7条国家、江苏省、南京市考核河道，1个江苏省重要湖泊及1条重点河道，由区政府副区长担任河长；一般河道23条、新核查河道及小微水体35条均设立街道、社区河长，13个非公共区域水体设置责任人。5月、7月，结合干部调整及时调整河长，全区84个水体设区级河长11人、街道河长59名、社区河长59名，共计129名，实现水体全覆盖，责任定到人，区域无空白。更新安装河湖长公示牌68块、河道警示牌248块。区河长办制定完善《建邺区全面推行河长制工作督导检查制度（试行）》等一系列工作制度，落实河长制监督检查工作，通过水务简报每月通报河长履职情况，对督察发现的问题立即通报责任单位限期整改。完善河长协办、交办、督办工作制度，形成发现处置、反馈问题闭环系统，明确河长制工作要求，及时更新网上办事流程，将全区所有河湖相关管护单位纳入南京市河长制信息系统App，区及街道河长办，各级河长、养护单位负责人通过河长App上报问题、处置情况、反馈验收。完成全区主要河湖一河一策、一片一策修订工作，启动一河一档编制。区级河长巡河78次，街道社区河长巡河8744次。2019年组建建邺特色媒体民间河长团，配置民间河长、巡河志愿者、环保督查员和河小二。开展最美河湖摄影大赛评选活动，宣传水体治理成效及智慧管水举措。

【渔业资源保护】2019年，区生态环境局制作并安装禁渔公告牌2块。在南京市主管部门配合下，开展长江禁渔期巡查，开展渔业资源保护，开展66次专项整治活动，清理违法违规渔具122条，受理渔业举报投诉工单4件。江豚、铜鱼、长吻鮠保护区等渔业资源保护工作取得明显成效，秦淮河综合整治取得实质性进展。

（区生态环境局　区发改委　区城管局）

绿化园林

【概况】2019年，区新增绿地面积30万平方米，公园绿地服务半径覆盖率达90%，被评为“国家绿色生态示范城区”。落实生态保护理念，按照南京市园林局要求，牵头组织相关街道和单位对区属湿地自查并建立健全湿地保护台账，指导莫愁湖公园完成湿地保护小区建设。

【城市绿化建设】2019年，区完成市级精细化建设项目中2项绿化建设项目，分别是河西大街南广场游园绿地提升改造项目和南河堤顶路绿道建设项目。区城管水务集团完成朱二河、红旗北河、新安江街和牡丹江街绿化彩化提升等项目。复绿应天大街整治拆违后，湖西街路口裸露出地块。完成南部地区绿化移交道路10条。

【社会绿化管理】2019年，区健全完善建邺区绿化委员会，建立区、街、社会绿化管理网络，明确责任人，制定对社会绿化管理绿化考核要点，落实长效管理机制。以“创建国家生态园林城市”为契机，通过发放绿化公益广告品、组织社区绿化广场活动等形式，推动社会绿化管理。动员并组织全区24家单位（居住区）参加南京市2019年度绿化资源彩色化资源化珍贵化示范单位创建活动，14家单位（居住区）申报2019年度南京市园林式单位（居住区）创建，12家单位（居住区）完成2017年度南京市园林式单位

4月，江东中路绿雕布置——“鸣春”“花开”　　（姚欣欣　摄）

（居住区）现场复核。在“国家生态园林城市”创建检查中，辖区内江湾城小区一期和海棠园小区作为南京市园林式居住区，接受国家住建部检查。帮助辖区内8家企事业单位向南京市园林局申请立体绿化扶持资金。指导相关单位做好古树名木保护工作，完成全区古树名木（11株）实地调研及现场考核验收工作。宣传发动，充分利用社区、物业管理公司平台组织居民参与南京市第二届“最美庭院”“最美阳台”评比活动，区城管局被南京市绿委办评为“优秀组织奖”。

【园林绿化管理】2019年，区累计对乔木修剪及抹芽78417株、下垂枝修剪4709处、灌木及绿篱修剪121万平方米、草坪修剪110万平方米，清理杂草及各类垃圾292.3万千克、小广告439处。病虫害防治方面，在公园和道路安装美国白蛾诱捕器16个、天牛诱捕器7个，喷洒克百威、三唑酮、菊酯、百菌清、吡虫啉等农药原液共计84.50千克。草花布置方面，进行4次草花更换，累计更换草花170万盆。补植灌木33.36万株、麦冬13475千克、草皮5600平方米、吉祥草6.48万芽。8月开始对道路绿化土层过高区域清掏降土，9月，集中对夏季高温干旱、人为踩踏等导致黄土裸露区域，实施秋季补植补栽，累计对黄山路、月安街、燕山路等多个路段绿化降土163立方米。秋季补植方面，主要对国控点周边道路侧分带实施麦冬镶边，对主要干道街旁绿地进行黑麦草撒播。开展树池整治行动，累计完成水西门大街、文体路、湖西街、纪念馆东路及国控点范围内富春江东街、月安街等多条道路2050个裸露树池硬质化。隔离栏安装工作，累计对河西大街、庐山路、月安街等绿化设施安装统一防护隔离栏6230米。

（区城管局　区城管水务集团　区水务局）

节能减排

【工业企业节能】2019年，区组织做好2018年度能源消耗总量和强度双控工作评价考核迎查工作，超额完成2018年度南京市对区能源消耗总量和强度双控目标任务，位列全市考核第一等次。梳理报送重点工业用能单位及100家非工业用能单位能耗情况。组织重点用能单位开展“百千万”（“十三五”万家企业节能低碳行动升级版）行动，指导南京卷烟厂做好相关工作。组织开展“绿色发展，节能先行”节能宣传工作。做好工业企业大气整治工作，推进全区工业企业10台低氮锅炉改造，督促南京卷烟厂按要求限产。

【废旧柴油车淘汰】2019年，区发改委牵头实施废旧柴油车淘汰工作，按属地原则量化分解，上门摸排、逐人逐车建档登记，摸清底数、掌握情况，全区淘汰柴油车任务共3337台，年内淘汰635台。

【公共机构节能】2019年,区机关管理中心推进公共机构节能工作,在规范抓好能源资源消耗统计同时,推进节能技术改造,推广新能源利用;加强节能宣传,开展党政机关垃圾分类工作。全年共完成既有建筑绿色化节能改造项目12个,改造面积6.12万平方米;完成能源审计项目10个,项目实施建筑面积约14.75万平方米;完成水平衡测试项目20个,实施项目建筑面积约22.17万平方米;完成合同能源管理项目1个,实施改造面积约5000平方米;创成江苏省公共机构节能示范单位1家、南京市公共机构节能示范单位2家。

(区生态环境局　区发改委　区机关管理中心)

污染防治

【大气污染防治】2019年,区生态环境局推进区域燃气锅炉低氮改造,南京市下达建邺区88台燃气锅炉低氮改造任务,完成108台,完成率123%,排名全市第一。严控区域挥发性有机物排放,申报非道路移动机械环保牌照986台,其中审核通过867台,发放牌号580台,全市排名前列。10月17日,南京市第1张非道路移动机械环保牌照正式发给区企业所属挖掘机。组织督促企业开展挥发性有机物自行监测,列入区域重点治理项目的包装印刷、汽车修理及重点管控名单企业7家按要求完成挥发性有机物排放自行检测,并提供自行监测达标报告。餐饮企业污染治理,开展全区学校食堂油烟专项检查,推进学校食堂餐饮油烟环保整治。完善建邺区餐饮业智慧环保管理系统平台建设,初步实现餐饮环保工作智慧化管理。结合示范一条街创建,引导居民参与,先行在兴隆街道、南苑街道、沙洲街道餐饮集中区安装大气污染监测点和动态数据LED显示屏。裸土覆盖专项整治工作,制定工作方案,明确各部门和单位职责,基本完成土方作业区、长期闲置土地、临时渣土堆场、河道河床及主次干道两侧开展裸露地面防尘覆盖和绿化覆盖综合整治工作。推进智慧工地建设和工地差别化管理,提高建筑施工扬尘防治能力,实现工地喷淋、洒水抑尘设施全覆盖,建筑工地裸土覆盖率100%,文明施工达标率达95%以上,房建联网视频监控安装率100%。完成智慧工地平台基本功能建设,全区工地实现扬尘监测系统全覆盖。强化渣土车管理,严格执法处罚,全区域渣土运输车辆密闭化率达100%。提高道路保洁水平,开展洗城专项整治行动,对管养范围内背街小巷、人行道、窗口地带进行全面水洗作业,继续加大机械化作业力度,确保主次干道机扫率达100%,路见本色率达95%以上。建立点位长制度,细化全区3个大气污染重点区域管控措施,对原先以国控点为圆心、半径2千米(面积12.58平方千米)管控范围进行加压扩展,管控面积增至约16平方千米,区委、区政府、区人大主要负责人分别担任点位长，各责任单位主要负责人担任负责人。深排各管控区内污染源状况，编制各片区污染源分布图，进行清单、挂图管理，并根据区域污染源清单，定人定责。建立全区大气污染攻坚每日、主要攻坚任务完成情况每半月通报制度。全面禁放烟花爆竹，落实有效禁放措施，强化日常及重点时间查处力度。

【水污染防治】2019年，区生态环境局牵头拟定区迎接全国人大《中华人民共和国水污染防治法》执法检查工作方案，完成江苏省人大检查指出涉及区水环境8个方面问题整改和114项台账资料清单上报工作，完成全国人大《中华人民共和国水污染防治法》执法检查工作。完成生态环境部对黑臭水体污染防治执法检查工作等迎查工作任务，实现检查现场问题零交办。完成玉林船厂拆迁、涵碧楼露天游泳池整改、夹江饮用水源地（取水口）环境整治任务。制定《饮用水源地长效监管方案》，在一级水源地安装2700米物理护栏和10余块水源地标志牌，饮用水源地水质达标率100%。完成河西北部13个片区雨污水管网清疏和修缮项目施工，完成自查后进行问题整改。实施南湖东河、南湖北河、南湖南河水环境提升工程。全面完成67个劣V类水体验收销号，围绕全区重点水质断面、一般水体、小微水体3大类水体，制定工作方案，做好每月水质监测及每周水体巡查。完成河道长制久清评估，沙洲西河、沙洲东河、奥体北河等7条河道，先后通过河道治理成效评估，达长治久清。开展长江入河排污口排查整治专项行动，完成长江入河243个排污口人工排查工作。排水口整治，完成混流入河雨水排口排查整治，对整治排口实施回头看，开展河道雨水排口日常巡查，确保无污水下河，发现问题及时整改。加油站地下油罐更新改造，按要求完成加油站地下油罐双层罐更新或防渗池改造工作年度任务。

【固体废弃物管理】区开展2019年危险废物年度申报和危险废物网上申报及审核工作，申报医疗诊所196家，产废企业119家（其中网上申报60家，纸质申报59家），共315家。区产废共57.49万千克，危废转移53.07万千克，其中废机油19.93万千克，废铅酸电池23.89万千克，其他废物9.25万千克。网上申报率100%。根据区固废污染源具体实际，制定《2019年度建邺区固体废物污染源监察清单》。制定并实施《建邺区固废治理攻坚战实施方案》《建邺区废铅酸蓄电池行业专项整治工作方案》《建邺区开展固废危废环境隐患排查和整治专项行动工作方案》《建邺区危险废物贮存规范化管理专项整治行动方案》。根据《关于摸底排查医疗废物及医源性废水达标处置的通知》要求，对辖区内4家三级医院、1家二级医院、8家社区卫生服务中心医疗废物及医源性废水达标处置情况进行摸底排查。先后56次对江苏中烟工业有限责任公司南京卷烟厂、江苏省食品药品监督检验研究所、明基医院、奥能锅炉厂、南京儿童医院、佩豪宠物医院、江南公交、中北汽修等危废物品日常管理和处置进行规范指导，加强业务和法规培训。督促、指导全区所有产废企业进行危险废物标识、标志及现场信息公示牌制作。组织开展区危废物品减存量控风险活动。

【辐射管理】2019年，区生态环境局完成辖区内50家辐射企业日常监管，完成9家新建、5家延续许可证现场预审。完成2018年度45家核与辐射评估报告上传江苏省核管系统工作，年度安全评估率100%。对辐射企业进行现场检查60家次，加强对辖区内明基医院（放射源31枚）、奥能锅炉有限公司（放射源3枚）、江苏省第二中医院和南京市儿童医院4家重点单位和8家社区卫生服务中心以及区疾病控制中心等单位核与辐射监管工作。开展南京市核技术利用单位辐射安全综合检查专项行动。编制印发《南京市建邺区辐射事故应急预案》。按照2019南京市大气污染攻坚战年度考核要求，完成2019年度南京明基医院辐射事故应急演练。

【土壤污染防治】2019年，根据《南京市土壤污染防治行动计划2019年度实施方案》要求，区生态环境局牵头制订并实施《建邺区土壤污染防治行动计划2019年度实施方案》，对辖区内5块中、高关注度重点行业企业用地，委托第三方服务公司进行场调招标工作。加强污染地块再开发利用准入管理，严格按照要求在土地征收、收回、收购工作等环节强化监管，做到疑似污染地块未经土壤环境调查评估、污染地块未经治理修复，不得进行土地流转。由区城管局牵头组织开展全域非正规垃圾堆放点排查整治，重点排查长江南京段沿线周边是否存在非法堆放、填埋（掩埋）生活垃圾、建筑垃圾和渣土、滩涂垃圾现象，未发现非正规垃圾堆放点位。

（区生态环境局　区城管局）

环境监管

【环境影响评价】2019年，全年区共接受建设项目环评咨询70余家次；审批项目17个，全部为报告表；土地出让预评价咨询14次，预评价审查5个；现场察看项目情况30余次，指导企业自主验收20余次；建设项目环评执行率达100%。实时跟进阿里巴巴江苏总部、小米科技等24个南京市重大项目，为项目提供环保相关服务。完成区域环境现状评价，继2018年新加坡·南京生态科技岛管委会向江苏省环境保护厅上报《新加坡·南京生态科技岛总体规划环境影响报告书》，评估全岛环境现状，实现区域共享后，2019年，新加坡·南京生态科技岛管委会完成数据更新，共享数据更加精准。

【环境监测】2019年，区生态环境局做好环境质量例行监测，完成对莫愁湖、南河等南京市控制断面、南京市重点整治黑臭河道、江苏省水环境功能区断面以及国考断面监测，密切关注湖泊水质状况；完成夹江饮用水源地监测，及时掌握饮用水源水质情况；为全面了解区域水环境状况，对区域内南京市重点整治河道开展定期或加密监测，将结果及时反馈至水务、住建等相关部门以及区负责人。继续做好每季度2个点位噪声功能区监测，完成14个点位区域环境噪声昼间监测以及8条道路昼夜交通噪声监测。此外，严格执行环境监测报告制度，完成《2018年重点污染源年报》《2018年建邺区环境质量报告》《2019年建邺区季度环境质量状况报告》以及简报20余篇，共上报水气声等各类数据9612个。加强对重点污染源监督监测，根据国家主要污染物总量减排监测体系建设运行工作考核要求，按照属地管理原则，6月对重点源江心洲污水处理厂废水流量、化学需氧量、氨氮等19个项目进行1次全项目监督监测；对江心洲污水处理厂污染源自动监测设备每季度开展1次比对监测和废水监督监测工作；对3家市级重点源医疗机构和8家社区医疗服务中心开展废水监测和在线比对监测；对南京卷烟厂开展挥发性有机物昼夜监测工作。完成监督性监测报告82份，其中，废水报告60份，在线比对监测报告12份，废气4份，噪声5份，辐射1份。做好信访投诉和两级环保督查销号监督监测，完成信访监督监测20余家，为环保部门监督管理提供科学依据。配合做好区重点管控区选址和国控点位调整工作，按照有关要求，做好2个重点管控区选址和材料上报等工作。完成4家2019年度第三方检测机构质量考核，并根据考核结果确认2020年度合作机构；对第三方检测机构质量通过现场检查、仪器比对、人员

8月11日，区生态环境局检查餐饮企业油烟排放情况（区生态环境局　供图）

比对等工作加强质量控制和管理，确保出具数据客观、准确、及时。加强区环境监测站硬件投入，2019年投入40余万元，购置24小时水质采样器、气体分析仪、紫外分光光度计等设备，并对实验室站房进行调整改造。开展科研项目申报，申报“重型车辆尾气排放特征研究（以建邺区为例）”，通过评审。

【环保督察环境问题整改】2019年，区办结2016年中央环保督察30件信访督办件29件，与宁马高速改扩建工程同步解决莲花嘉园绕城公路噪声扰民问题；全部2017年江苏省环保督察103件信访交办信访督办件；办结2018年中央环保督察回头看94件信访督办件。上报中央环保督察回头看94件信访交办件销号台账，完成销号54件，其余中央、江苏省环保督查信访交办件销号工作按要求推进。对完成销号信访件落实长效管理措施，确保问题不回潮、不反弹。

【环境保护行政执法】2019年，区立案查处环境违法案件86件（其中，夜间施工45件、扬尘污染16件、大气污染7件、水污染1件、建设项目12件、固废2件、排污申报3件），处罚件78件（含2018的2件），处罚决定金额为234.06万元。2019年度结案案件数80件，结案到账金额302.15万元（含2018年部分处罚案件）。实施行政强制执行案件10件，其中对4家违法排放大气污染企业实施查封，对6家不执行行政处罚决定的企业，移送法院申请强制执行。完成生态环境部环境行政处罚案件办理信息系统、江苏省市场监管信息平台、南京市区两级统一公开信息信用归集和服务平台、江苏省企业环保信用评价系统、江苏省环境监管执法监督平台、南京市环保局权力阳光综合办公应用平台等6家网站系统80个案件信息填报公示工作。完成2018年度102

6月5日，建邺区纪念“6·5”环境日主题活动举办（陆白涌泉　摄）

件案件卷宗装订入库工作，其中，行政处罚案件96件、行政强制查封案件4件、涉及信息公开和行政许可行政诉讼案件2件。

【生态环境宣传教育】2019年，建邺区世界环境日宣传周活动坚持环境宣传教育进机关、进街道、进社区、进学校、进企业“五进”原则，区生态环境局协助南京市生态环境局做好2019年南京世界环境日主会场活动，以南苑、兴隆、双闸、沙洲、江心洲5个街道为分会场，开展系列广场宣传、环保讲座、绿色骑行、水质监测、环保摄影展、环保大讲堂等活动，组织居民代表走进企业参观江心洲污水处理厂。宣传周活动共悬挂横幅30条，制作展板12块，海报20张；共发放玻璃杯、环保餐具、铅笔盒、环保围裙、扇子、环保垃圾袋等13种宣传物品3000余份，发放宣传海报等9类宣传资料2800余份。在各街道、教育系统相关学校评选出51名先进个人予以表彰。完成1个省级绿色学校创建工作。组织建邺区实验幼儿园参加第18批省级绿色学校评选活动，指导学校开展绿色创建工作，定期参与学校家园共建环境沙龙活动。组织辖区学校学生参加国家、江苏省、南京市环境教育活动7场。完成环境法制宣传教育培训4次，全年在各类媒体、平台刊登环保信息435篇。

（区生态环境局　区发改委　区城管局）

教育

综　述

【概况】2019年，全区共有各类教育机构97家，其中，中学14家（含金陵中学河西分校）、小学24家、幼儿园55家、直属单位4家。全区中小学、公办幼儿园特级教师（专家）工作室建成率100%。全年区教育局获得区级以上表彰22项，其中市级以上16项。

【教育统筹发展】2019年，新成立区委教育工作领导小组并召开第1次全体会议，审议并通过《中共建邺区委教育工作领导小组工作规则》《中共建邺区委教育工作领导小组办公室工作细则》。举办第二届教育发展专家指导委员会2019年会。区教育局党组、教育工委结合“不忘初心、牢记使命”主题教育活动，牵头把总，自觉提高政治站位，出台《建邺区教育信息宣传与网络安全管理办法》，维护好教育系统意识形态领域安全。新启用“建邺教育智慧党建”数字平台，新组建5家民办教育机构党支部，新成立全省首家家长学校教学研究室，社区教育入围联合国教科文组织“城市社区学习中心（CLC）能力建设项目”首批试验点，全省首家中学“博士工作站”在金中河西创立。通过南京市对区政府2018年度履行教育职责督导考核并获得优秀，在全省2018年度教育现代化建设水平监测中获评95.25分，连续5年位列全市第一。在全省义务教育学校标准化建设监测中基本达标占比100%。

【素质教育成果】2019年，当年全区高考本科达线率94%，建邺高级中学本科文化类达线率84.76%。全区中考总均分534.01分，超南京市均分24.31分，连续13年超南京市均分。学前教育成功入围首批江苏省区域推进课程游戏化项目，3所幼儿园创建为市级

4月9日，终身学习理念下新时期社区教育创新发展研讨会暨城市社区学习中心（CLC）能力建设项目专题会召开　（谢伟　摄）

优质园。莫愁中等专业学校109名毕业生考取本科，学生在江苏省技能大赛中获5金10银12铜，名列同类学校前列。南京市建邺初级中学等多校入选江苏省课程基地项目、江苏省中小学品格提升工程项目、南京市基础教育前瞻性项目。上新河初级中学入选江苏省《道德与法治》学科发展示范中心。建邺实验小学入选全国优秀足球特色学校，一批学校和师生在全国各类竞赛中获奖。莫愁中等专业学校通过江苏省现代化示范校创建验收。

【教育国际化品牌打造】2019年，区研制出台《建邺区推进教育国际化三年行动计划（2019—2021）》，多措并举推进新城教育国际化。5月4日，接待芬兰拉赫蒂市教育代表团一行4人。5月30日，中外高校教授观摩南京外国语学校河西第一附属小学食育文化并给予好评。6月1日，举行2019“中韩融通和合生辉”建邺区少年宫·韩国光州少年宫校外教育对话现场会。全年先后接待3批次澳门青年教师传统文化及国情考察团。全区60%学校与英国、美国、德国、加拿大、澳大利亚等国家和地区学校建立友好学校关系。完成教师出国培训手续办理20人次，完成中小学生赴境外修学旅行报备12批次。南京致远外国语小学学生荣膺全球DI总决赛冠军，实现三连冠。南师附中新城初级中学学生获得2019世界机器人大会青少年机器人设计大赛金牌、银牌。

【教育惠民】2019年，区新开办清润小学和5家幼儿园，新增幼儿园学位1890个。实现全区家庭经济困难学生资助全覆盖，全年免收义务教育阶段杂费332.44万元，2.81万人次；免费提供义务教育阶段教科书和作业本计287.68万元，97.77万册；发放学前1年基本免费补助1300.22万元，4340人次；发放各教育阶段家庭经济困难学生资助费用136.71万元，848人次。办理生源地助学贷款8人次15.10万元。深化小学弹性离校工作，4家小学部试点开展课后服务。全区公办中小学、幼儿园100%开展省级校园阳光食堂信息化监管平台试点。

【教师队伍建设】2019年，区特聘21位高校及江苏省、南京市教科研专家开展为期1年课程整体建设进校园现场指导；招录新教师166人，均为本科以上学历，其中研究生31人；招录骨干教师36人，均为区县以上骨干教师，其中南京市学科带头人3人。新晋级南京市学科带头人12人、南京市德育优秀青年教师23人。实施春笋计划，委托江苏省教育行政干部培训中心举办全区教育系统青年干部培训班，90名青年后备干部接受为期1年专题培训研修。研制出台《建邺区教育系统德育名师工作坊管理办法》《建邺区“市德育工作带头人”管理考核实施办法》等，新设立16个区德育名师工作坊，评审表彰48名区德育优秀青年教师、230名第五届区优秀青年教师。深化“师德建设年”活动，开展全区教育系统第十一届师德先进集体和个人评选表彰活动。

【校园安全】2019 年，区教育局开展校园安全排查整治专项行动，出台《建邺区关于集中开展义务教育学校违规办学行为专项治理的实施方案》《建邺区校外培训机构常态化管理工作方案》等，做到即知即改、立行立改，不留死角。5 月 17 日，金陵中学实验小学作为全国校园安全工作经验交流现场会观摩校受到教育部、公安部和各地嘉宾点赞。

【区教育局与芬兰拉赫蒂市教育局合作研讨会】5 月 4 日，建邺区教育局与芬兰拉赫蒂市教育局合作研讨会在建邺区召开。会上建邺区教育局、拉赫蒂市教育局和芬中创新与教育协会签订教育合作备忘录，南京河西外国语学校与芬兰卡纳斯国际高中签订友好学校备忘录。按照协议，两地以芬中创新与教育协会为纽带开展教育国际交流与合作，重点是促进两地教育理念与教育实践交流和探讨，通过建立一批姐妹学校加强两地教育机构之间交流与合作，为双方学校搭建国际交流与合作平台，探索建立以 IB 国际课程为主中芬合作办学模式，增进双方教育行政管理者、教师及学生之间理解和交流。合作有效期为 5 年。

【第二届教育发展专家指导委员会 2019 年会】10 月 31 日，建邺区举办第二届教育发展专家指导委员会 2019 年会。与会专家实地视察中华中学上新河初级中学、南京致远外国语小学乐山路分校办学情况后，由专家指导委员会主任朱卫国主持召开座谈会，区委副书记李方毅致辞，区委常委、副区长夏晓燕作“保持发展定力，把握教育规律，深入推进区域义务教育优质均衡发展”专题报告，南京陶行知学校彭小虎作“南京陶行知学校（九年制）课程设想”专题报告，专家们聚焦“提高质量、促进公平，推进国家义务教育优质均衡发展区创建工作”等话题开展对话交流与指导。区教育局负责人、科室负责人和中小学校长与会。（区教育局）

5 月 4 日，建邺区教育局和芬兰拉赫蒂市教育局教育合作研讨会召开
（史军方 摄）

基础教育

【概况】2019 年末，全区有幼儿园 55 家，在园幼儿数 15674 人，当年幼儿园小班新招幼儿数 4967 人。全区幼儿园在职教职工 2428 人（含民办幼儿园），其中专任教师 1278 人（含民办幼儿园）。全区适龄幼儿毛入园率 100%，当年新开办幼儿园 5 家，分别为河西南学子路幼儿园、天康街幼儿园、尚元街幼儿园、江心洲思泽路幼儿园、江苏第二师范学院附属星岛街幼儿园，均为公办幼儿园，新增幼儿园学位 1890 个。

2019 年末，全区有职业学校 1 家（莫愁中等专业学校）、普通中学 13 家（含民办金陵中学河西分校、南京河西外国语学校）、小学 24 家（含民办小学）。全区小学一年级招生 4923 人，初中一年级招生 4455 人（含南京特殊教育师范学院附属学校），高中一年级招生 1531 人（含建邺高级中学、莫愁中等专业学校、南京河西外国语学校高中部、金陵中学河西分校高中部）。全区中小学在校生 41276 人，教职工 4033 人（含民办中小学），其中专任教师 3693 人。全区义务教育入学率、巩固率均为 100%、高中阶段毛入学率 100%，符合政策随迁子女 100% 在公办学校就读。全区有星级高中 2 家，莫愁中等专业学校和建邺高级中学均为江苏省四星级高中。

表 15　2019—2020 学年建邺区小学概况表

单位：班、人

序号	学校名称	合计		一年级		二年级		三年级		四年级		五年级		六年级		教工总数	专任教师
		班数	学生数	班数	学生数	班数	学生数	班数	学生数	班数	学生数	班数	学生数	班数	学生数		
1	南京市南湖第一小学	24	880	4	140	4	131	4	135	4	138	4	171	4	165	70	66
2	南京市南湖第二小学	18	450	3	66	3	74	3	69	3	75	3	82	3	84	57	56
3	南京市南湖第三小学	24	782	4	123	4	129	4	113	4	128	4	136	4	153	88	84
4	南京市莫愁湖小学	24	629	4	109	4	115	4	95	4	99	4	112	4	99	74	68
5	南京晓庄学院第一实验小学	18	694	3	115	3	112	3	108	3	123	3	127	3	109	62	59
6	南京市中华中学附属小学	23	577	3	69	4	91	4	96	4	100	4	108	4	113	71	67
7	南京市江东门小学	24	810	4	133	4	133	4	118	5	170	4	135	3	121	78	75

续表 15

序号	学校名称	合计		一年级		二年级		三年级		四年级		五年级		六年级		教工总数	专任教师
		班数	学生数	班数	学生数	班数	学生数	班数	学生数	班数	学生数	班数	学生数	班数	学生数		
8	南京师范大学附属中学新城小学	63	2361	12	417	12	426	12	456	12	454	6	237	9	371	167	165
9	南京市生态科技岛小学	23	794	4	129	4	137	4	148	4	150	4	131	3	99	71	66
10	南京市金陵中学实验小学	48	1923	9	353	9	345	8	330	8	309	7	292	7	294	125	122
11	南京市建邺实验小学	34	1266	6	207	6	223	6	199	5	185	5	195	6	257	103	102
12	南京致远外国语小学	53	1935	8	299	9	350	8	305	8	286	12	422	8	273	162	159
13	南京致远外国语小学分校	21	671	4	110	4	127	3	95	4	131	3	114	3	94	63	61
14	南京市陶行知小学	30	690	5	97	5	129	5	120	5	103	5	124	5	117	84	82
15	南京师范大学附属中学新城小学南校区	39	1586	8	305	8	290	6	260	6	255	5	223	6	253	111	109
16	南京师范大学附属中学新城小学北校区	36	1476	8	309	8	318	6	247	5	204	5	223	4	175	100	98
17	南京师范大学附属中学新城小学怡康街分校	22	807	5	161	4	154	4	150	4	144	5	198	0	0	52	50
18	南京市建邺实验小学分校	20	657	4	133	4	139	4	141	4	125	2	60	2	59	63	62
19	南京外国语学校青奥村小学	30	1049	8	320	8	310	8	252	6	167	0	0	0	0	95	90
20	南京市莲花实验学校（小学部）	29	1086	4	117	5	180	5	182	4	172	5	210	6	225	81	76
21	南京河西外国语学校（小学部）	22	844	8	314	4	159	4	159	6	212	0	0	0	0	84	74
22	南京致远外国语小学乐山路分校	10	317	4	125	4	123	2	69	0	0	0	0	0	0	30	28
23	南京外国语学校河西初级中学第一附属小学	17	529	8	224	6	201	3	104	0	0	0	0	0	0	51	50

续表 15

序号	学校名称	合计		一年级		二年级		三年级		四年级		五年级		六年级		教工总数	专任教师
		班数	学生数	班数	学生数	班数	学生数	班数	学生数	班数	学生数	班数	学生数	班数	学生数		
24	南京市华山路小学	4	110	2	62	2	48	0	0	0	0	0	0	0	0	15	14
25	南京市清润小学	2	76	2	76	0	0	0	0	0	0	0	0	0	0	8	7
26	南京市金陵中学河西分校（小学部）	57	2170	11	405	11	414	9	355	9	345	9	350	8	301	172	165
	合 计	715	25169	145	4918	139	4858	123	4306	117	4075	99	3650	92	3362	2137	2055
27	南京特殊教育师范学院附属学校	10	88	学前 4 人、一年级 5 人、二年级 7 人、三年级 7 人、四年级 6 人、五年级 8 人、六年级 13 人、初一 15 人、初二 12 人、初三 11 人														27	26

（区教育局）

表 16 2019—2020 学年建邺区中学概况表

单位：班、人

序号	学校名称	合计		初一		初二		初三		高一		高二		高三		教工总数	专任教师
		班数	学生数	班数	学生数	班数	学生数	班数	学生数	班数	学生数	班数	学生数	班数	学生数		
1	南京市莫愁中等专业学校	95	3398	27	979	25	750	22	796	10	417	11	456			282	207
2	南京市建邺高级中学	34	1390							12	525	11	486	11	379	146	138
3	南京市中华中学上新河初级中学	24	742	8	273	8	231	8	238							97	93
4	南京市建邺初级中学	18	548	6	213	6	129	6	206							97	92
5	南京市南湖第二中学	16	490	6	189	5	135	5	166							82	65
6	南京市江心洲初级中学	9	297	1	44	4	127	4	126							50	49
7	南京师范大学附属中学新城初级中学	32	1378	12	509	10	401	10	468							120	118

续表 16

序号	学校名称	合计		初一		初二		初三		高一		高二		高三		教工总数	专任教师
		班数	学生数	班数	学生数	班数	学生数	班数	学生数	班数	学生数	班数	学生数	班数	学生数		
8	南京师范大学附属中学新城初级中学黄山路分校	24	998	8	357	8	314	8	327							95	93
9	南京师范大学附属中学新城初级中学怡康街分校	22	832	8	306	6	230	8	296							90	87
10	南京市莲花实验学校（初中部）	17	478	6	175	5	118	6	185							91	86
11	南京外国语学校河西初级中学	15	510	7	263	6	191	2	56							75	69
12	南京市致远初级中学	14	457	6	202	4	116	4	139							58	57
13	南京河西外国语学校（中学部）	31	859	7	182	8	223	7	192	3	108	3	103	3	51	136	120
14	南京市金陵中学河西分校（中学部）	102	3642	22	748	16	731	18	767	17	481	13	357	16	558	450	338
	合 计	453	16019	124	4440	111	3696	108	3962	42	1531	38	1402	30	988	1869	1612

（区教育局）

【区幼儿园男教师联盟研讨活动】6 月 11 日，建邺区幼儿园男教师联盟全体成员在爱达幼儿园开展联盟研讨活动，教师们观摩爱达幼儿园老师徐磊中班体育活动“自抛自接球”。观摩莲花北苑幼儿园老师张大鹏中班体育活动“双人抛接球”。大家针对“体育活动中怎样促进教学目标的达成”“如何做到眼中有孩子，帮助幼儿习得经验”等问题展开研讨。研讨活动加深了男教师们对体育教学活动认识和理解，提高了大家对教学活动的设计和组织能力。

【首届幼儿园花样面点制作美食大赛】6 月 13 日，建邺区在泰山路幼儿园举办首届幼儿园花样面点制作美食大赛，共有 33 家幼儿园厨师代表参加比赛。国家托幼机构卫生保健技术规范组国家级专家、江苏学前教育学会健康专委会副主任、南京医科大学市妇幼保健院主任医师黄欣欣，区教育局学前教育管理中心主任陈天红等相关人员参加本次活动。各位参赛选手对面点原料进行创新和拓展，增加山药、红薯、豆沙等原料，并辅之以新鲜果蔬、豆类作为点缀。选手们的新颖创意、娴熟技巧赢得评委们肯定。此次活动旨在推动全区幼儿园厨房工作人员练技术、钻业务，根据幼儿年龄特点对幼儿膳食进行更精细化加工，提高膳食服务质量。

【小学英语智慧课堂赛】3 月 22 日，建邺区教师发展中心在南京师范大学附属中学新城小学南校区举办小学英语智慧课堂赛。此次比赛共分为 2 轮。第 1 轮初赛由小学英语首席教师组织盟区内每个学校进行赛课。比赛形式为 40 分钟课堂展示。第 2 轮决赛由晋级的 5 名参赛教师通过 20 分钟课堂教学和 5 分钟说课展开角逐。参赛教师们围绕五年级语法部分精心设计教学活动，注重与多媒体资源结合，提升课堂教学效率。最终金陵中学河西分校老师顾颖龄荣获一等奖。

【"学校课程整体建设"区域推进现场会】3 月 26 日，建邺区举办"学校课程整体建设"区域推进现场会。会议由区教育局主办、建邺区教师发展中心和南京市金陵中学河西分校承办，200 余人出席会议。现场会第一个环节是课程基地参观，与会者在学生引导员带领下，沿着"创想空间""农耕文化长廊""怀抱广场""樱花大道""书画长廊"等线路，直接感知和领略金中河西分校为学生创设的物型环境。第二个环节是学校课程建设经验与成果汇报，金陵中学河西分校校长朱焱，区教师发展中心主任陈廷俊、副主任李玉敏分别以"引导和组织：校长课程领导的实践路径""学校课程规划的研制与思考""以统整的思维制订学校课程方案"为题发言。

【全省首家区县家长学校教学研究室成立】

5 月 21 日，全省首家区县家长学校教学研究室在建邺成立。11 名专家受聘为顾问并为研究室揭牌，13 名江苏省、南京市知名德育名师受聘为研训员。建邺区家长学校研究室以服务学校、服务家长、服务学生为宗旨，以落实立德树人根本任务为核心，以提升家庭教育水平、促进学生健康成长为目标，通过组织开展常态化家庭教育教研实践活动，推进全区中小学家长学校办学常态化、标准化、课程化、特色化发展，构建起学校、家庭、社会"三位一体"育人格局。

【庆"六一"表彰会暨"花开新时代"文艺会演】5 月 30 日，建邺区举办庆"六一"表彰会暨"花开新时代"文艺会演，一批优秀少先队员、三好学生和优秀学生干部受到表彰，区少年宫还举办"童眼看建邺"中小学生优秀摄影作品展。建邺区青少年"花开新时代"文艺会演以朗诵《少年中国说》拉开序

9月2日，南京市清润小学正式开办　（谢伟　摄）

幕，以“烽火岁月、火红岁月、激情岁月、和平岁月”4个主题情景表演展示全区青少年精神风貌。

【清润小学开办】9月2日，建邺区新开办南京市清润小学，一年级新生入学2个班约80名学生。清润小学位于中和路102号，用地面积35266平方米，总建筑面积30378.30平方米，办学条件一流，教学楼、报告厅、食堂、体育馆、运动场一应俱全。该校为8轨48班全日制公办小学，设计规模可容纳学生2160人、教职工116人。

【全省中学首家“博士工作站”成立】10月23日，金陵中学河西分校举办“博士工作站”成立仪式，11名海内外博士正式受聘为金陵中学河西分校“博士工作站”成员在学校教授专业课程，同时带领全校700余名教师开展教育最前沿课题或项目研究，促进研究型教师成长。金陵中学河西分校成为全省首家组建“博士工作站”中学。

【区第32届中小学生田径运动会】11月9—10日，建邺区第32届中小学生田径运动会在南京河西外国语学校举行。运动会由区教育局、区体育局主办，区学生体质健康干预与促进中心协办，南京河西外国语学校承办。运动会共设11个比赛项目，其中集体项目2项。共有38所中小学组队参赛，参赛运动员1520人。比赛中有17人次打破小学男子200米、小学女子200米、小学男子400米、小学女子400米、小学女子800米、高中男子1500米、小学女子垒球、小学女子跳远、初中男子跳高、高中男子跳远等比赛项目赛会纪录，金陵中学河西分校初中部代表队打破区初中男子4×100米接力项目纪录。金陵中学实验小学、建邺实验小学、南师附中新城小学南校区获得小学组团体总分前3名；金陵中学河西分校初中部、南湖第二中学、南师附中新城初中黄山路分校获得初中组团体总分前3名；金陵中学河西分校高中部、莫愁中等专业学校获得高中组团体总分前2名。

（区教育局）

职业教育与社区教育

【区社区教育入围联合国教科文组织首批试验点】4月9日，“终身学习理念下新时期社区教育创新发展研讨会暨城市社区学习中心（CLC）能力建设项目开题会”开幕。会上，经专家评审，建邺区成功入围联合国教科文组织“城市社区学习中心（CLC）能力建设项目”首批试验点。城市社区学习中心（CLC）能力建设项目，是由中国教科文全委会秘书处和联合国教科文组织驻华代表处立项、中国成人教育协会承担实施的国际项目。项目旨在推进社区教育，建设学习型城市，形成学习型社会，实现联合国教科文组织确定“2030年可持续发展目标”和中国教科文全委会教育2030计划提出的“确保包容和公平的优质教育，让全民享有终身学习机会”目标。

【莫愁中等专业学校高庙路校区启用】12月2日，莫愁中等专业学校高庙路新校区正式启用。区教育局局长、党组书记张石明和莫愁中等专业学校校长朱国美共同为新校区揭牌，张石明向莫愁中等专业学校师生代表递交象征新校启用钥匙并致辞，他针对职业教育特点从“以技立身，以德立人；守正创新，敢为人先；主动作为，迎接挑战”3个方面向全校师生提出明确要求。莫愁中等专业学校高庙路校区占地面积35371平方米，总建筑面积6.44万平方米。新校区由原南湖校区现代服务系和文化艺术系2个系部组成。其中，现代服务系设有13个实训室、3个机房，在校学生数624人；文化艺术系设有17个实训室，在校学生800余人。

【2019年全国食品药品类职业院校药物制剂技术专业技能大赛获奖】12月22—24日，2019年全国食品药品类职业院校药物制剂技术专业技能大赛在泰州职业技术学院举行。大赛由全国食品药品职业教育教学指导委员会主办，全国各地61所医药类高职院校122名选手参加。南京市莫愁中等专业学校侯雨洁和贺萱琦2位同学凭着扎实功底和出色发挥，在61支参赛队中取得总分第一名好成绩，并获一等奖。指导教师孙琍和钱亚琴获得优秀指导教师称号。

【全国装配式建筑职业技能竞赛获奖】2月27日至3月1日，中国技能大赛首届全国装配式建筑职业技能竞赛中央空调系统安装与维护赛在山东城市建设职业学院举行，全国各地28支代表队参加比赛，南京高等职业技术学校代表江苏省参加本次比赛。最终总成绩排名第一，荣获一等奖。

【南京高等职业技术学校2019年春季运动会】4月25日至5月6日，南京高等职业技术学校举办2019年春季运动会。本届运动会入场式有 111 个班级参加，他们围绕“祖国希望在青年，我辈青年当自强”主题，将专业特色、民族精神、爱国情怀、青春风采融入精彩 30 秒才艺展示。入场式展示经过现场评委打分，评选出一等奖 11 个、二等奖 34 个、三等奖 66 个。除此之外还设有特别贡献奖 2 个、最佳组织奖 22 个和精神文明奖 22 个。运动会共有 1900 余名运动员参加 8 个组别 10 个项目比赛，7 人次破南京高等职业技术学校纪录。

【全国职业院校技能大赛获奖】5 月 25—27 日，全国职业院校技能大赛中职组制冷与空调赛在张家港举行，全国 31 个省份 110 支参赛队参加角逐。南京高等职业技术学校学生何嘉延获该项比赛一等奖。

6 月 1—2 日，全国职业院校技能大赛中职组电梯维修保养比赛在溧阳市举行。全国 34 个省市共 79 组选手参赛，南京高等职业技术学校选手李鉴君、李闰获金牌，指导老师林少群、张华军获“全国优秀指导老师”称号。

6 月 15—16 日，全国职业院校技能大赛中职组建筑智能化系统安装与调试赛在长春市举行。全国 28 个省、计划单列市 67 所院校 134 名选手参赛，南京高等职业技术学校参赛选手赵紫杭、厉东萌获一等奖。

【南京高等职业技术学校学生成人仪式】12 月 9 日，南京高等职业技术学校举行以“感恩、成长、责任”为主题的学生成人仪式，1000 余名师生参加。仪式上，唐宁代表学校致辞，寄语跨入成人队伍青年学生。家长代表发言，向青年学子提出父母希望。学生代表发言。在成人仪式上，学校负责人、老师和家长代表为成人学生佩戴成人纪念徽章，全体学生向老师和家长鞠躬行感恩礼，表达对家长养育之恩、老师培育之恩感谢之情。

（区教育局）

关心下一代工作

【概况】2019 年，建邺区在全市率先组建区级机关工委关工委。区教育系统实现民办学校、幼儿园关工委组织设置全覆盖。全区新增关工委组织 23 个。全区开展各类活动 598 场次，参加各类活动竞赛青少年和“五老”（老干部、老战士、老专家、老教师、老模范）近 8 万人次，区关工委获江苏省、南京市最佳、优秀组织奖 5 个，获江苏省优秀活动项目和优秀特色活动品牌奖 7 个。近 3000 人次在各类竞赛活动中获南京市、江苏省及以上奖励表彰。2019 年，区关工委争取区域爱心企业、社会捐资及江苏省、南京市关工委助学款近百万元，资助家庭经济困难学生 292 人。中国关心下一代工作委员会《中国火炬》、江苏省关工委《薪火》杂志全年报道区关工委工作 8 次，区关工委多项工作位列全市前列。

5月11日，庆祝新中国成立70周年"我心中的体育梦"进校园、进社区活动启动
（区关工委 供图）

【"弘扬爱国精神，争做时代新人"主题教育活动】7月，建邺区组织全区"五老"、青年职工、中小学生开展"弘扬爱国精神，争做时代新人"教育主题系列活动，以庆祝新中国成立70周年为主线，形成"中华魂、中华颂、中华情、中华梦"4大板块。中华魂——伟大足迹寻访活动覆盖到各中小学；中华颂——老少同台歌咏比赛登台演唱团（队）13个，有600余人参加；中华情——老少同台演讲比赛，参赛代表队61个，上台演讲125人；中华梦——"网上读书征文"、"学习英烈爱党爱国"网上打call感言、"我对祖国说句心里话"网络寄语等活动吸引"五老"和学生计7374人次参加。各街道、系统、园区在做好南京市、建邺区规定动作同时，创新自选动作：南苑街道关工委首届"童画南苑"绘画、兴隆街道关工委"传承红色基因、走访红色基地"夏令营、江心洲街道关工委"毛家六烈士"故事会、区教育系统关工委"党在我心中"红色夏令营等活动。建邺区"共建共享社会教育实践基地"成为南京市关工委主题教育活动十大品牌之一。区关工委"五性联动，注重教育实效"、区教育关工委"续写爱国主义教育新篇章"、南苑街道关工委"活动魅力吸引孩子主动来"等开展主题教育活动的经验和做法在江苏省关工委《薪火》杂志上报道。

【法治教育】2019年，区政法系统关工委全年举办法治教育进社区、进学校活动近百场，受教育面3.30万人次。组织38名老政法志愿者帮教重点对象22人，转化率100%。在全市率先推进"规范化关爱工作站"创建工作，滨江派出所关爱工作站成为江苏省"推进公安派出所关爱工作站建设现场会"参观点。"法治·平安谱写青春梦"系列电子教材、"七彩阳光工作室""司法引导服务工作站"报南京市"德法同行"品牌。132名"五老"常态化巡查全区经营性网吧46个。12名"五老"网吧义务监督员获江苏省、南京市"优秀网吧义务监督员"活动表彰。

【社会实践基地规范化建设】区关工委主动联系侵华日军南京大屠杀遇难同胞纪念馆，与区教育局共同开展“建邺区青少年和平教育示范区”研究；与青奥博物馆、南京市档案馆、江苏省民防办等实践基地联办、共办“我心中的体育梦——进校园、进社区”活动，“党在我心中”红色夏令营、科技夏令营等活动；咪咕娱乐公司游戏信息技术体验、原力动画公司动画制作观赏、江苏大剧院儿童剧展演、云锦博物馆“小小讲解员”、区历史展览馆“参观史馆、爱我建邺”等活动丰富多彩。2019年暑期基地接待参观、活动青少年300余批次，人数近2.20万人次。

【校外教育辅导站建设】2019年，区各社区校外教育辅导站开展创江苏省优秀活动项目和优秀特色品牌活动，22个社区申报江苏省、南京市项目和品牌奖；校站结合、以奖代补落地见效，在职教师、大学生志愿者等进站辅导近千人次；新增VR、无人机、人形机器人等一批设备，“红色+科技”成为校外教育辅导站主打活动。水西门社区“传薪递火、童心向党”活动、正达社区3D打印红色书签活动、鹭鸣苑“放飞我们的航天梦”活动、莲花北苑社区“我与祖国心连心”活动、江湾社区“重温红色记忆——打草鞋”活动、白露社区“家乡新建设我见证”等活动有新意、有特色；“5G技术领跑世界”、社区科技“四个一”、电子小报比赛、垃圾筒形机器人制作、DIY小爬虫机器人编程等科技活动吸引众多孩子进站活动。全区校外教育辅导站开展活动2019场次，辅导学生3.52万人次。

【民企关工委建设】2019年，区委发文成立由区委组织部牵头民营企业关心下一代工作领导小组，在全区党建工作意见中，把已建立党组织民企设立关工委纳入党建考核内容。总结和推广已经形成特色品牌，探索解决民营企业关工委覆盖面不高的问题。青年节期间，区关工委、团区委牵头组织“青年说”，4名青年企业家说创业、说成长，吸引200余名青年人参加；新城科技园、江东商贸区、河西中央商务区关工委组织举办形式多样、内容丰富各种活动50余场。区民企关工委工作受到南京市关工委肯定，南京市关工委2次在区召开民企关工委现场推进会。

（区关工委）

科技

综　　述

【概况】2019年，区科技局实施“121”（建设一个名城；打造两个中心；构建一流创新生态体系）创新驱动发展战略，推进区域科技创新产业发展，推进创新名区建设。推进新型研发机构建设，全区参加市级签约项目7个，完成市级备案4个，集聚人才团队7个，孵化和引进科技企业30个。新增科技企业212家、江苏省技术先进型服务企业2家。全区有市级以上科技企业孵化器6家，其中国家级1家、省级2家，累计孵化面积15.6万平方米。

【高新技术企业培育】2019年，区科技局加强区域高新技术企业培育，通过集体培训、一对一辅导、企业走访、专家门诊、过程跟踪等形式，提供全过程保姆式申报服务，帮助企业完善高新技术企业认定条件，提升申报通过率。经过400余家企业走访、10余场次300家科技型企业400余人次申报辅导、8场次专家现场审核，组织3批申报共110家，通过认定78家。全区高新技术企业150家，实现高新技术产业产值约185亿元，科技服务业总收入约170亿元。

表17　2019年建邺区公示、引进高新技术企业一览表

企业名称	所属园区
2019年公示、引进（91家）	
南京派光智慧感知信息技术有限公司	新城科技园（54家）
南京设易网络科技有限公司	
南京开为网络科技有限公司	
南京中卫信软件科技有限公司	
江苏南大电子信息技术股份有限公司	
江苏南工科技集团有限公司	
南京畅乐软件科技有限公司	
南京艾佑德信息科技有限公司	
南京魔鱼互动智能科技有限公司	
南京尚哲智能科技有限公司	
南京星源电力技术咨询有限公司	
南京贝伦思网络科技股份有限公司	
江苏信源达科技有限公司	
江苏天弘颢宇信息技术有限公司	

续表 17

企业名称	所属园区
江苏筑歆营造科技有限公司	新城科技园（54家）
南京威迅三维科技有限公司	
南京汇承科技有限公司	
南京和电科技有限公司	
江苏轶一电力科技有限公司	
南京云宇软件有限公司	
南京得美特信息科技有限公司	
江苏迈格信息科技有限公司	
南京沃游网络科技有限公司	
南京掌控网络科技有限公司	
南京众杰网络科技有限公司	
江苏本能科技有限公司	
南京伊万特环境工程有限公司	
江苏海平面数据科技有限公司	
南京华飞数据技术有限公司	
南京西西里文化传媒有限公司	
南京奇果智能科技有限公司	
江苏荣博智能科技有限公司	
江苏慧泽信息技术有限公司	
南京尚蝶科技有限公司	
南京同科科技发展有限公司	
南京朗睿软件科技有限公司	
江苏东合南岩土科技股份有限公司	
南京悍雕科技有限公司	
南京超然科技有限公司	
江苏艾可陶节能科技有限公司	
江苏筑讯信息技术有限公司	
江苏思威利信息科技有限公司	
南京智工达信息科技有限公司	
南京苏士达智能系统有限公司	
南京河西远大能源服务有限公司	
江苏省建筑设计研究院有限公司	
南京业道数据科技有限公司	
江苏中路工程技术研究院有限公司	
南京三叠色信息科技有限公司	
南京凯盛开能环保能源有限公司	

续表 17

企业名称	所属园区
南京蓝光文化传媒有限公司	新城科技园（54 家）
南京安维士传动技术股份有限公司	
南京十甲工程科技有限公司	
南京智云检科技有限公司	
江苏融享健康网络科技有限公司	江东商贸区（12 家）
南京司书软件系统有限公司	
江苏百清科技有限公司	
南京创致优信息科技有限公司	
江苏省东图城乡规划设计有限公司	
江苏金碧田系统集成有限公司	
南京才丰软件技术开发有限公司	
南京汇翔自动化系统工程有限公司	
南京绿力科技有限责任公司	
南京思追特电子科技有限公司	
南京共同语言信息科技有限公司	
南京睿源利信息科技有限公司	
大江环境股份有限公司	生态科技岛（4 家）
南京纽鼎科技有限公司	
江苏文水信息科技有限公司	
江苏苏彩信息技术有限公司	
南京云蜻蜓信息科技有限公司	中央商务区（21 家）
南京三商电脑软件开发有限公司	
南京捷鹰数码测绘有限公司	
南京亚益盛电子科技有限公司	
江苏朗威系统工程有限公司	
南京众之道科技有限公司	
南京道尔斯特电气有限公司	
南京艾特奥网络科技有限公司	
南京定环新能源科技有限公司	
南京邦普信息科技有限公司	
江苏辐环环境科技有限公司	
南京远游信息科技有限公司	
江苏赛瑞科技有限公司	
南京硕勋自动化工程有限公司	
江苏锦花电子股份有限公司	

续表 17

企业名称	所属园区
江苏创一佳照明股份有限公司	中央商务区（21家）
江苏羚羊水泥工程技术有限公司	
南京龙贞自控科技发展有限公司	
南京大众书网图书文化有限公司	
南京同心圆教育科技有限公司	
南京鼎众网络科技有限公司	

（建邺高新区管委会）

表 18　2019 年建邺区亿元以上营收高企一览表

序号	企业（单位）详细名称	营业收入（千元）	科技活动费用合计（千元）	研发人员（人）	当年专利申请数（件）	拥有软件著作权（件）
1	江苏省广电有线信息网络股份有限公司	3302329	67196	32	0	0
2	苏交科集团股份有限公司	3181140	123250	475	80	74
3	中通服咨询设计研究院有限公司	1816130	77370	544	301	108
4	南京烽火星空通信发展有限公司	1648967	56624	145	7	43
5	中冶华天南京工程技术有限公司	1157894	35028	143	55	10
6	咪咕互动娱乐有限公司	694223.61	99020.91	108	35	28
7	南京越博动力系统股份有限公司	663733	29263	191	56	2
8	江苏路铁文化传媒有限公司	622971	5811	44	0	22
9	南京市测绘勘察研究院股份有限公司	459297	28913	195	12	74
10	江苏建科工程咨询有限公司	449948.69	20714	403	7	25
11	南京安维士传动技术股份有限公司	433383.53	19446.06	45	28	4
12	南京紫津融畅信息科技服务有限公司	429167	42759	260	0	64
13	江苏省建筑设计院有限公司	409634	15400	70	9	1
14	江苏南工科技集团有限公司	394075	13199	24	4	52
15	炫彩互动网络科技有限公司	352164	69335	146	1	196
16	江苏原力电脑动画制作有限公司	328636	16500	153	2	23
17	南京凯盛开能环保能源有限公司	314188	15936	52	21	0
18	贝优特技术有限公司	305602	9749	190	12	15
19	大贺传媒股份有限公司	296322	0	0	0	5
20	中冶华天南京电气工程技术有限公司	233301	19623	70	13	17
21	南京贝龙通信科技有限公司	215603	12680	87	2	26

续表 18

序号	企业（单位）详细名称	营业收入（千元）	科技活动费用合计（千元）	研发人员（人）	当年专利申请数（件）	拥有软件著作权（件）
22	北纬通信科技南京有限责任公司	213670	93829	24	0	28
23	江苏创一佳照明股份有限公司	194726.40	11147.84	76	13	0
24	南京联迪信息系统股份有限公司	192230	14956	299	2	67
25	南京市汇通农商网络科技有限公司	174871.02	1696.81	1	0	8
26	南京拓控信息科技股份有限公司	167200	17339	25	8	23
27	南京万得资讯科技有限公司	160176	32677	135	0	29
28	南京烽火软件科技有限公司	152649	143313	59	0	8
29	天泽信息产业股份有限公司	146361	12909	119	7	99
30	中核华纬工程设计研究有限公司	144248	6844	54	0	24
31	南京汇银迅信息技术有限公司	135299	11132	84	1	18
32	南京国网电瑞电力科技有限责任公司	126745	4912	24	0	16

（区市场监管局）

【科技项目研发】2019年，区鼓励企业项目研发，共组织5家骨干企业申报江苏省重点研发和重点实验室计划项目，组织7家企业通过南京市研发服务企业培育库入库、161家企业通过中小企业评价，获得市级以上科技项目260项，获得上级扶持资金7290万元，企业技术合同认定累计完成18亿元，区兑现科技政策资金5800万元。

【科技交流合作】2019年，加强科技企业招引，区科技局多渠道联络各类中介和行业协会，合作举办产学研活动对接和科技企业招引活动，与欧盟商会共同举办欧盟科技创新大会；区50余家科技企业与博西等企业进行现场交流与对接；与江苏省软件协会共同举办建邺创新企业招引政策说明会扬州专场，扬州、镇江100余家企业到会交流。（区科技局）

科技平台

【新型研发机构建设】2019年，区鼓励企业研发平台建设，组织10家公共技术服务平台和企业研发机构参与江苏省、南京市研发机构绩效评价。4家企业申报研究生工作站，3家企业通过市级企业工程技术研究中心认定，7家进入区工程技术研究中心培育库，3家企业获市级企业研发机构绩效评价奖励，越博股份获得国家企业技术中心认定。

表 19 2019 年建邺区新型研发机构一览表

序号	新型研发机构名称	依托社会资本	依托国家级平台	落户园区
已备案				
1	南京智慧型服务机器人创新研究院	江苏南大电子信息技术股份有限公司	南京大学、近代声学教育部重点实验室	新城科技园
2	南京公诚节能新材料研究院	南京超旭节能科技有限公司	西北工业大学、工信部认定的国防科技工业难变形材料锻造技术创新中心	
3	南京深地智能建造技术研究院	江苏东合南岩土科技股份有限公司	东南大学复杂工程系统测量与控制教育部重点实验室	
4	南京文采工业智能研究院	南京文采科技有限责任公司	中科院微电子所、硅器件技术重点实验室	
5	南京东博智慧能源研究院	南京林洋电力科技有限公司 江苏荣马新能源有限公司	东南大学伺服控制技术教育部工程研究中心	
6	南京派光高速载运智慧感知研究院	南京派光高速载运智慧感知研究院有限公司	南京航空航天大学高速载运设施的无损检测监控技术重点实验室	
7	南京江岛环境科技研究院	大江环境股份有限公司	南京大学、污染控制与资源化研究重点实验室	生态科技岛
8	南京五瑞完全生物基降解新材料研究院	—	南京工业大学、材料化学工程国家重点实验室	河西 CBD
9	南京信大卫星应用研究院	上海蔚星数据科技有限公司	南京信息工程大学、气象灾害教育部重点实验室	
已签约				
10	南京澳讯人工智能研究院	南京空天方阵公司	澳洲国立大学澳大利亚机器人视觉研究中心兼澳大利亚联邦科学与工业研究组织	新城科技园
11	南京可信机器人研究院	广州国健医疗投资有限公司	重庆大学信息物理社会可信服务计算重点实验室	
12	中智腾飞航空科技研究院	中智腾飞控股有限公司	南昌航空大学、无损检测技术教育部重点实验室	
13	南京莱科智能工程研究院	南京桃李年华股权投资有限公司	南京大学计算机科学与技术系戴新宇教授领衔的人才团队	生态科技岛
14	南京知化生态环境技术研究院	知合环境（北京）有限责任公司	北京化工大学化工资源有效利用国家重点实验室	
15	南京惟真智能管网科技研究院	南京公诚投资管理有限公司	中国石油大学李玉星教授领衔的人才团队	河西 CBD
16	南京泓图医疗健康人工智能研究院	南京所由所以信息科技有限公司	齐鲁工业大学计算机科学与技术学院院长禹继国教授领衔的人才团队	

（区科技局）

【科技孵化载体建设】区推进众创空间建设，组织3家众创空间通过市级备案，2家通过省级备案，5家申报国家级备案。全区累计共有市级以上众创空间17家，其中国家级1家、省级10家。提优整合孵化器建设，在园区整合基础上，摸底调查孵化器建设情况，针对空间零散、不易管理、绩效不高问题，利用新城科技园01幢空间，制定新城科技园国际企业孵化器整合方案，实现孵化器提优升级目的。在国家级年度绩效评价中，1家孵化器获评B（良好）等次。在江苏省科技创业载体年度绩效评价工作中，新城国际企业孵化器等创业服务机构获良好以上等次。通过区成果转化中心牵头，组织各类孵化载体开展创业大赛、项目路演、创业培训、科技金融对接等活动30余场次，受理130家次科技型企业融资申请，科技贷款额近5.50亿元，提升孵化服务能力。

表20　2019年建邺区孵化器情况一览表

序号	孵化器名称	运营主体	级别	载体面积（平方米）	在孵企业数（家）	累计毕业企业数（家）	运营主体
1	南京新城国际企业孵化器	南京新城科技创新发展有限公司	国家级	27801	80	42	新城科技园
2	南京新城移动互联科技企业孵化器	南京新城科技创新发展有限公司	省级	8954.94	31	46	新城科技园
3	南京建邺长江高新技术创业服务中心	南京建邺长江高新技术创业服务中心	省级	21240	24	18	区成果转化中心
4	南京河西中央商务区科技企业孵化器	南京河西中央商务区投资发展有限公司	市级	14713	25	4	中央商务区
5	南京新城科技园新兴产业孵化器	南京新城科技创新发展有限公司	市级	30700	16	0	新城科技园
6	南京建邺江东科技企业孵化器	南京江东资产经营管理有限公司	市级	10287.39	34	2	江东商贸区

（区科技局）

表21　2019年建邺区众创空间情况一览表

序号	众创空间名称	运营主体名称	级别	孵化器面积/已使用面积（平方米）	在孵企业数/已毕业企业数（家）	所在园区
1	蜂巢汇	南京新城科技创新发展有限公司	国家级备案	1500/1000	180/14	新城科技园
2	奇思汇	天奇阿米巴基金	省级备案	766.52/766.52	19/21	河西CBD
3	南京科技金融人才港	南京汇江投资咨询有限公司	省级备案	13000/6656	10/11	河西CBD

续表 21

序号	众创空间名称	运营主体名称	级别	孵化器面积/已使用面积(平方米)	在孵企业数/已毕业企业数(家)	所在园区
4	小迈创新工场	南京骁迈科技创业服务有限公司	省级备案	4883/2757	21/3	新城科技园
5	极客站	南京泰秘信息科技有限公司	省级备案	420/300	5/0	江东商贸区
6	中动云创	中动漫南京科技发展有限公司	省级备案	1800/1600	5/3	新城科技园
7	C++ 青创空间	南京海创中智投资管理有限公司	省级备案	1100/1100	15/10	河西 CBD
8	米立方开放创意实验室	南京米立方文化创意有限公司	市级备案	293/293	2/0	河西 CBD
9	创客家	南京创客家孵化器运营管理有限公司	省级备案	1400/1200	16/14	新城科技园
10	即刻极客众创空间	南京即刻极客众创空间有限公司	省级备案	2500/2500	16/0	江东商贸区
11	盛世堂·金咖啡	南京盛世堂金咖啡众创空间有限公司	省级备案	931/931	5/0	新城科技园
12	科创汇	南京路德秀网络科技服务有限公司	市级备案	1800/1800	10/0	新城科技园
13	荟行空间·易快报	南京荟行空间企业孵化器管理有限公司	省级备案	1250/520	21/0	新城科技园
14	掌缘帮创	南京掌缘信息科技有限公司	市级备案	450/450	1/1	新城科技园
15	莫愁湖创客邦	南京创邦企业管理有限公司	市级备案	2800/2000	36/1	江东商贸区
16	东南青年汇众创空间	南京东南公寓管理有限公司	市级备案	950/950	11/1	新城科技园
17	767 工场众创空间	南京七六七创意产业园有限公司	市级备案	4800/4800	13/6	新城科技园

(区科技局)

【科技企业校地融合】2019 年，区科技局推进校地融合工作，开展校地融合双走进活动，邀请西北工业大学、西安电子科技大学、西安邮电大学等高校专家与企业开展座谈交流，搭建科技企业校地融合合作平台。

【南京可信机器人研究院揭牌活动】7 月 7 日，南京可信机器人研究院揭牌活动在金鱼嘴基金大厦举办。建邺区副区长杨波、国药集团医疗器械研究院副院长刘辉共同为“南京可信机器人研究院”揭牌，进行 6 个项目签

7月7日，南京可信研究院孵化项目签约仪式　（区政府办　供图）

约仪式，分别为南京可信机器人研究院与上海凌仕医疗科技公司签约机器人研发平台，与国信医药科技签约医疗器械转化服务公司，与南京天纵生物签约医美机器人科技公司，与南京澳虎信息科技签约人工智能科技公司，与南京瑞可赋机器人科技签约康复机器人公司，与南京蜂点机器人科技签约教育机器人公司。区委书记沈剑荣出席活动并讲话。

【苏交科国际研发中心挂牌】11月7日，苏交科国际研发中心在江心洲挂牌，项目包括苏交科国际研发中心和EPTISA亚太区生产中心。其中，EPTISA亚太区生产中心，打造全球性工程咨询服务高端平台，推动中国工程企业与欧盟、美国及其他西方发达国家和地区合作；苏交科国际研发中心，打造中国最大第三方检测平台、国内最大上市检测公司，以新型道路材料国家工程实验室、在役长大桥梁安全与健康国家重点实验室等2个国家级实验室研发部分为主体。

【新型研发机构集中签约暨创新联盟成立仪式】8月22日，建邺区组织新型研发机构集中签约暨创新联盟成立仪式。会上进行新型研发机构签约，建邺高新区管委会、河西中央商务区管委会、生态科技岛管委会相关负责人分别与中国石油大学（华东）、齐鲁工业大学、南京大学、海南大学代表签署合作共建协议，4个签约项目均依托高校院所国家级科研平台，在智能制造、人工智能、电子信息等领域展开技术研发和成果转化。南京公诚节能新材料研究院有限公司分别与中材凹凸棒石粘土有限公司和中电光谷集团签署共建协同创新中心与智慧环保孵化器协议。区金融监管局就金融政策作介绍。建邺区副区长杨波为建邺区新型研发机构创新联盟授旗，2名签约代表发言。

（区科技局）

知识产权

【概况】2019年，区发布《建邺区关于推进知识产权战略实施细则》，全年专利申请总量2908件，其中发明专利881件。授权专利1815件、授权发明241件、有效发明专利1359件、PCT申请量45件。新申请国际商标5121件，注册商标5504件，马德里商标申报数13件。

【知识产权宣传培训】11月11日，区承办第四届紫金知识产权国际峰会建邺分论坛，参会近600人。开展知识产权宣传培训，3月19日和7月23日两次召开企业座谈会，50余家企业及各功能园区负责人参加座谈。4月17日，邀请专家为企业作《企业知识产权管理规范》及专利基础知识培训讲座。组织企业参加高级研修班、知识产权内审员培训、PCT专利、智能制造等培训班，培训人数70余人次。

【知识产权企业培育】2019年，区科技局培育知识产权优势企业，组织13家企业申报省级知识产权管理标准化示范创建单位，8家企业申报知识产权贯标评优，3家企业申报省级企业知识产权战略推进计划项目，2家企业申报国家优秀专利奖，1家企业申报省级高价值专利培育中心，3家企业申报市级知识产权保护平台项目，8家企业申报市级优秀专利奖，9家企业申报市级知识产权推进计划项目，1家企业申报知识产权维权分中心。红星美凯龙、汇通农商2家企业知识产权项目通过验收，苏交科获得国家优秀专利奖，烽火科技获得市级优秀专利奖。获批成立知识产权维权分中心，培育行狐科技申报驰名商标，知识产权质押融资5470万元。

【专利违法打击】2019年，区开展打击专利侵权、假冒专利专项行动，对区金盛国际家居城开展专利联合执法检查，检查涉及卫生洁具、集成灶具、家具等几十类近百种商品，登记标有专利标识商品四十余种。重点对标有专利号、专利标记商品是否规范，以及标有专利标记商品是否冒充专利进行检查。执法人员按照专利执法程序，对涉嫌假冒专利产品现场进行取证。 （区科技局）

科技服务

【科技政策】2019年，区出台《进一步优化创新生态的若干政策措施》，对市级政策进行细化和落实。对建设科创企业集群、优化区内双创载体，出台《建邺区关于着力优化双创载体实施品牌提升计划实施细则》，规范政策兑现范围和流程，营造良好创业创新氛围。配套修订区《关于促进科技及信息服务业发展的暂行办法》，出台《建邺区新型研发机构建设实施细则》。组织多场政策宣讲专题会，实现科技企业政策宣传全覆盖。通过建邺播报公众号创新名城政策宣传专栏、科技企业QQ群，同步推送各类政策解读文件。组织网站纸媒宣传40余次、微信推送23次、专场培训6次，宣传企业600余家、800余人次，发放宣传资料3000余份。兑现政策资金2900万元。

3月1日，科技创新政策宣讲会召开　　（区科技局　供图）

为解决企业对技术合同认定登记相关优惠政策了解不深入问题，赴阿里巴巴、小米、天泽信息等区内企业专门进行政策解读，重点围绕技术合同认定登记优惠政策以及技术合同签订、登记、执行方面工作技巧进行沟通、交流，为企业享受政策优惠提供帮助。区科技局组织新型研发机构年度绩效评价考核辅导会，对全区16家已注册新型研发机构企业高管和业务人员进行辅导培训，邀请院校专家和法律专家对评价标准和要求进行讲解。

【科技金融】2019年，为推进科技型企业发展，降低科技企业融资成本，区科技局会同区金融监管局启动重点面向已获得政策扶持创业及人才企业，提供授信、发放信用贷款"补贴贷"服务。简化科技贷款审批程序，由企业报送材料改为线上审批，已受理60家次科技型企业融资申请，科技贷款额近4亿元，帮助科技型企业拓宽融资渠道。

【科技企业服务】2019年，为满足人才企业所想所需，区科技局负责人赴人才企业对接专家，了解企业诉求，为企业创新发展和申报高企出谋划策，走访企业20余次。在顶尖专家和创新型企业家申报过程中，工作人员多次深入企业进行辅导，试听答辩PPT。

【科技人才选拔】2019年，区科技局推进创新型企业家和顶尖人才选拔与培育工作，组织8人申报顶尖人才项目，通过2人（A、B类各1人）。组织18人申报南京市创新型企业家项目，5人通过。7人获评江苏省科技企业家，2人进入科技部科技人才推进计划公示，4人入选南京市科技顶尖专家集聚计划，37人入选南京市科技创业家和创新型企业家（科技创业家18人）。　（区科技局）

文化

团新春音乐会、德国符腾堡州室内乐团音乐会等。（区文旅局）

公共文化服务

【概况】2019年全区共有文化行业企业225家，从业人员4800余人。广播电视节目制作企业29家。年内，区文旅局举办银企对接会拓宽企业融资渠道，助力企业实现各级扶持引导资金申报37项87家次，获得资金支持186万元。全年在中央、江苏省、南京市媒体累计发表170余篇新闻报道，彰显建邺国际性城市客厅魅力。区文旅局获评2019年度中国游戏行业"金手指"奖文旅融合发展先进单位、南京市2019年度文化旅游工作先进单位。

【文化惠民品牌打造】2019年，区文旅局不断丰富"精彩365、快乐每一天"品牌内涵，新增"文润河西、艺美建邺"系列活动，青奥艺术灯会吸引客流超110万人次，城市生活季、夏季音乐节、河西建邺青年周、莫愁湖开园夜演出等IP品牌活动吸引客流达140万人次，在坚持以文化人、以文惠民同时，探索文化服务经济发展之路，通过各类活动吸引人群，刺激消费，激活产业。文化服务群众满意度上升为95%，几大主题活动及莫愁湖公园夜公园活动，每晚都能吸引数千人参加，充分体现文化对旅游的支撑作用。

【公共文化服务供给】2019年，在全区实现78家图书馆分馆、5家24小时自助阅读空间覆盖，数字资源供给涵盖各年龄层次，每万人拥有公共文化设施面积达4258.80平方米。全年完成各类惠民艺术普及23项，公益电影放映124场，打造八度空间音乐孵化基地。举办"建邺书房"和"阅读365、悦享每一天"双阅读品牌活动251场，"精彩365、快乐每一天"品牌活动1092场，"非遗体验"等少儿主题活动40余场，"全民科学健身大讲堂"5场，"文明旅游进社区"活动4场。

【2019青奥艺术灯会】2019青奥艺术灯会

1月29日，2019青奥艺术灯会广场活动举行
（区委宣传部 供图）

在南京建邺开展，灯会从1月29日至2月28日。2019青奥艺术灯会以“华彩金陵春·幸福中国年——当好新时代的奔跑者”为主题，区别于传统灯会，2019青奥艺术灯会结合建邺特色，融入丰富多彩文化主题活动，让市民游客在观灯同时，欣赏到科技感、时尚感、潮流感交织的精湛主题活动。2019青奥艺术灯会运用光影涂鸦、声光电、3D投影新媒体艺术等现代科技手段演绎传统文化，通过不同形式灯光营造，将灯光染色、激光、雾效、音响融合联动，用科技打造熠熠生辉建邺夜空。灯会期间，以科技、艺术、运动3大主题举办超过50场各类主题活动，让市民和游客感受科技建邺、人文建邺、活力建邺，领略建邺精彩独特年味。赏灯同时，市民游客还可参加江苏大剧院同期举办“江南春节民俗展演”活动，参与民俗传承艺人画戏曲脸谱、做荷花灯、做皮影、捏面人等民俗体验活动，现场更有木射、击鼓夹币、捶丸、投壶等古老娱乐活动。本次灯会独创以“一轴一路”为主线打造，展现城市律动和青春活力的丰富内容。为保障出行安全并提升市民浏览体验，灯会采用免费预约制，每天限2万人。灯会期间，国际青年广场周边酒店营收总额近3000万元。

5月1日，2019河西·建邺城市生活季系列活动举办（区文旅局 供图）

【南京河西·建邺城市生活季】南京河西·建邺城市生活季从5月1日开始，持续33天，横跨国际劳动节、国际儿童节两大节日，近百场亲子活动轮番上演。开幕式上，孩子们联袂带来热闹动感街舞、跆拳道、啦啦操和歌曲等表演节目。5月1日、3日，国际青年文化公园上演少儿百米长卷绘画和第一次走进建邺星空露营活动，搭帐篷、看星空，满足孩子好奇心与探索欲，营造家庭亲子时光。5月2日、3日，举办南京市应急救援争霸赛，让家庭、学校、公益团体一同关注孩子户外应急自救能力，学习自救技能，最大限度保障孩子安全。5月2日下午，在奥林匹克博物馆广场举办家庭趣味运动会，让运动拉近孩子和家长之间距离，一起运动一起快乐。作为“文润河西、活力建邺”主题系列活动之一，南京河西·建邺城市生活季以多样体验，展现建邺温暖人文关怀，推动滨江公共空间与文化旅游、时尚潮流、体育休闲、国际元素有机结合,带领市民游客与建邺同时尚、共潮流。

【河西·建邺青年周】11月14日,2019河西·建邺青年周在河西启动,此次活动为期11天。作为“文润河西·艺美建邺”主题系列活动之一,该活动聚焦城市青年文化,融合文创、艺术、体育等内容,涵盖青年论坛、文化特展、街头巴士等20余场主题活动,给南京青年带来不一样的潮流盛宴。活动分为2个板块:第一板块为潮流公园节,活动地点为国际青年文化公园青奥村广场,联合近百家国内外优秀创新品牌、文化社群、创意圈层、独立艺术家、先锋创作者等,一同点亮建邺夜间经济业态;第二板块为“嬉加集”,活动时间为11月18—24日,由潮嬉市集、SWINGNANJING摇摆舞会、中国剑玉大师赛3个部分串联组成,集结年轻人喜爱的各种有趣事物,让玩乐和体验更酷更潮。

【“文博之夏”夏令营活动】8月6—11日,2019建邺区“文博之夏”夏令营在南京奥林匹克博物馆举办。作为“2019河西·建邺音乐之夏”分会场,“文博之夏”夏令营以“弘扬中华优秀传统文化,让文物‘活’起来”为主题,通过学习非遗文化和体验古代运动项目,丰富广大青少年暑期文化生活,扩大区文化旅游影响力。本届建邺区“文博之夏”夏令营,精心组织策划国际文博主题系列活动,让青少年参与到活动中,学习中国历史文化知识,通过深度游览体验了解区丰富文化遗产。南京奥林匹克博物馆每天安排4名讲解员负责博物馆讲解;10名工作人员负责互动体验项目组织。(区文旅局　区委宣传部)

文化遗产保护

【概况】2019年,区文旅局定期实地进行文物安全检查,做好文物安全隐患排查整治工作。针对王汉洲故居、双闸遗址文物项目保护问题,多方走访深入调研,邀请专家现场考察,并与相关主管部门协调进行处理。结合相关文物保护法律条例,做好文物保护宣传,对全区文物保护点加强检查,督促整改保护不力问题,促进恢复文物周边环境和历史风貌。组织指导云锦博物馆和奥林匹克博物馆等相关单位开展多场非遗和文物保护宣传教育活动,开展2019年国际博物馆日、文博之夏夏令营活动,拉近文物与社会大众距离。

【物质文化遗产保护】王汉洲故居位于南京市建邺区河北大街83号,1982年被列为雨花台区文物保护单位。2002年因区划调整,王汉洲故居移交建邺区管理。2008年第三次全国不可移动文物普查,王汉洲故居等级为不可移动文物,现为建邺区文物保护单位。为对其进行抢救性保护修缮,2018年建邺区文化旅游局委托南京建邺国有资产经营集团有限公司进行建设。项目地点位于建邺区800亩地块动迁范围内(原河北大街83号)。建设内容是以结构加固处理为主的维修工程。包括施工准备(场地清理和平整、临时水电、施工道路、行人便道),房屋揭盖修理,地面修复及防潮处理,木构架局部加固,修补或更换部分架构,防治病虫害,墙体加固等,以及附属设备、消防、供电、排水、防雷设施建设等。2019年该项目抢救性维修工程持续进行。

【非物质文化遗产保护】11月10日,南京云锦申遗成功10周年宣传活动举行。活动由南京市文化和旅游局指导、南京云锦研究所主办。南京云锦木机妆花手工织造技艺是由南京市作为独立申报主体成功入选联合国教科文组织"人类非物质文化遗产代表作名录"项目的。活动现场,云锦传承人和老艺人畅谈云锦发展历史。活动中向近十年为云锦织造技艺传承作出贡献的优秀员工颁发"云锦技艺优秀践行者"证书,举行南京云锦国家级传承人周双喜收徒仪式,举办10周年云锦成果汇报展。成果展汇集南京云锦传承人金文、周双喜、郭俊等创作作品。

10月11日,南京非物质文化遗产专业学院召开第一期传承人结业仪式暨2019年非遗学院校企合作论坛,多位文博专家与非遗相关行业企业专家参会。专家们在南京市莫愁中等专业学校安国村校区非遗馆参观第一期非遗传承人结业作品展,为第一期非遗传承人举行结业仪式,举办非遗传承人培育行动,探讨职业教育产教融合建设路径。(区文旅局)

档案史志

【概况】2019年,区档案馆完成国家档案局科研项目计划"区域数字档案室建设研究"项目课题报告,向国家档案局申报结题。建邺区历史展览馆于1月25日对外开放,被区关工委列为"青少年社会实践基地",先后开展一系列"参观史馆、爱我建邺"主题活动。结合中华人民共和国成立70周年,广泛发布征集公告,先后征集"南京70年书香记忆"老照片、中华人民共和国成立35周年(1984年)国庆阅兵物品等一批珍贵档案史料,丰富馆藏资源。区委党史办组织编纂人员对党史三卷本的第二编、第三编再次进行修改,重点检查有无政治问题、史实错误和不当点评,对语言文字逐字逐句推敲。区委党史办撰写《论中共八大党章对加强执政党建设的有益探索》一文被江苏省委党史工办收入《砥砺奋进开新篇》一书由在江苏人民出版社结集出版;撰写《舞动红色飘带的建筑》一文被《南京党史》2019年第3期刊用。

【档案资源建设】2019年,在区机构改革工作启动伊始,区档案馆就与区委办联合下发《关于做好区机构改革有关档案处置工作的通知》，要求相关部门明确档案处置工作负责人、制定处置意见，对拟进馆档案做好上门指导。已接收区体育局、区物价局等单位1.20万余卷（件）档案进馆。

表23 2019年建邺区档案馆馆藏档案数量一览表

序号	档案门类	馆藏数量（按卷整理）	馆藏数量（按件整理）	馆藏数量合计
1	文书档案	26110	85972	505625
2	会计档案	5702		8723
3	婚姻档案	2313		89919
4	独生子女	220	18027	64049
5	执照档案	3037		19879
6	科技档案	22		425
7	基建档案	2082		20935
8	名人档案		437	437
9	亚青档案		3182	3182
10	审计档案	250		3490
11	公证档案	2046		22232
12	照片档案	593		26586
13	视频档案	20		75
14	实物档案	69	360	429
15	音频档案		8	8
16	数据库文件		3	3
	合计	42464卷	107989件	765997件

（区档案馆）

【档案利用服务】2019年，区档案馆规范窗口人员管理、服务流程，提供婚姻档案、独生子女档案、拆迁档案、知青下放档案、审计档案、公证档案、建筑执照档案、招工档案等多个门类档案的查档服务。把民生档案查阅服务向街道、社区延伸，遵循“就近查询、协同服务、便民利民”原则，在全区6个街道、1个社区便民服务中心设置民生档案查询窗口，选取馆藏婚姻档案、独生子女档案、知青下放档案3个门类，供百姓远程查档，为辖区居民查阅民生档案提供“一站式”服务。全年利用江苏省、南京市民生共享平台和区民生档案远程查档系统，提供4000人次“一站式”查档服务，出具有效证明2293份。

4月3日，全区档案业务培训班举办　　　　（区档案馆　供图）

【档案业务管理】2月25日至3月15日，区档案馆联合区教育局对全区各中小学校、幼儿园进行档案业务检查。5月20日至6月6日，区档案局组建3个检查组，对全区65家部门单位进行业务检查，重点从组织管理、基础业务、档案保管、信息化建设、开发利用5个方面，对各部门、单位、学校2019年度档案资料整理归档情况进行检查，并出具考核意见书，对发现问题要求及时整改，确保检查工作取得实效。从检查整体情况看，各部门单位重视档案工作，在软硬件配备方面提供必要支持，档案管理制度日趋完善，档案工作规范化建设成效明显，档案信息化水平显著提高。

【数字档案室建设】2019年，在全国示范数字档案馆、室建设基础上，区档案馆继续推进江苏省A级数字档案室测评工作，联合区教育局，搭建教育系统数字档案管理平台，做好各学校室藏存量档案数字化工作，完成区文旅局、区国资办和3家学校江苏省AAAA级数字档案室创建工作。推进区信息中心电子文件单套制归档试点工作，探讨区块链技术在档案行业深入应用，做好可行性研究。

【第二批街道志编纂工作】2019年，全年多次召开街道志推进工作会议，定期组织开展集中培训和上门指导，统一思想认识，明确任务进度，落实责任到人。《兴隆街道志》已完成资料整理和初稿编印，《双闸街道志》和《莫愁湖街道志》已在确定框架大纲基础上，完成资料搜集，进入编写、整理环节。

【“重温党史明初心”主题活动】2019年，区委党史办以“忆峥嵘岁月，悟革命精神”为主线，在6个街道深入开展“重温党史明初心”主题活动。以“学习党史、放飞梦想”为主题，采取以“一老带二小”（1名老党员带2名小学生）方式，组织街道开展党史知识竞赛活动。围绕“发扬红色传统、传承红色基因”主题，组织党史工作联络员、部分党员干部赴西柏坡进行实地学习教育。开展纪念渡江胜利暨南京解放70周年和庆祝中华人民共和国成立70周年知识竞答活动。会同莫愁湖街道，拍摄《我愿我的磷发出更多的热和光》短视频。梳理建邺区革命历史遗迹相关材料，整理有关革命历史遗迹说明文字、表格、

10 月,《建邺年鉴 2019》出版发行
（区档案馆　供图）

照片、摄像等资料,撰写《恽代英烈士的生平和革命业绩》《留得豪情作楚囚》《三十年代的一曲正气歌——南京国民党中央军人监狱里的斗争》《陶铸在南京狱中》等红色历史故事。

【《建邺年鉴（2019）》编纂出版】2019 年 10 月,《建邺年鉴（2019）》由江苏人民出版社出版发行。《建邺年鉴（2019）》全书共计 68.50 万字,设 13 个类目、47 个分目、800 余个条目,配有地图 1 张、彩页照片 30 张、正文插图 196 张、表格 65 张。条目内容优化充实,年鉴实用价值提高。封面图片选取航拍建邺区鸟瞰图,彰显现代化城市风貌,整体设计与往年保持基本统一风格,形成系列化、品牌化效应。（区档案馆　区委组织部）

文化产业

【概况】2019 年,建邺区修订区文化产业专项资金政策,完善文化产业专项资金扶持办法。做好文化金融服务工作,广泛宣传并协助企业与文化银行做好对接,全年专项资金扶持文化产业项目 31 个,扶持金额总计 666 万元。针对文化企业落地需求,做好政策解释工作,对接园区做好产业引导,协调相关部门解决企业发展中遇到的问题。一批文化企业和载体发展迅速,连尚文学晋级独角兽企业,路铁传媒晋级瞪羚企业,“艺树家工场”被评为市级文化产业园区。张旭光工作室和冰逸国际交流工作室入选南京市文化名人工作室,分别获得 60 万元资金扶持。

【文旅产业银企对接】10 月 22 日,南京建邺高新区管委会、建邺区文旅局、建邺区金融监管局联合举行 2019 年建邺区文旅体产业银企对接会,对接会组织国有银行、政策性担保银行等金融机构参加,围绕主题“连接需求、共筑未来”,开展企业路演、金融政策和产品介绍等一系列活动,为文旅体企业与金融机构搭建合作平台。活动中,建邺区金融监管局介绍建邺高新进园保一系列企业融资产品服务，帮助企业解决全生命周期贷款问题；南京建邺高新区管委会介绍虚拟产业园和园中园模式，助力文旅体企业集聚，推动产业快速发展。银企对接会上，建邺区政府主要负责人还与区内11家知名企业负责人进行深入座谈，介绍创新金融生态最新系列产品和园区虚拟产业园、园中园建设规划，并围绕文旅体企业金融服务模式、优化营商环境构建文旅体创业孵化生态圈等话题，与企业家探讨如何更好发挥建邺金融集聚区优势，拓宽融资渠道，借力校友经济、产业联盟，实现建邺文旅体企业抱团发展。

【“八度空间”音乐孵化基地建设】11月30日，由建邺区打造的“八度空间”音乐孵化基地在建邺区文化艺术中心正式启动。“八度空间”音乐孵化基地是建邺区采取“政府+企业”合作模式创新成果，以空间使用权换取公共文化服务增量和音乐孵化增长公共收益，利用政府空间资源嫁接企业主体，聚焦青年音乐人才的创业孵化基地，为优秀音乐人才培育打造一个独立而长效的平台，为优秀青年音乐人才培训和成长提供市场化与公益化双轮驱动新型载体。“八度空间”音乐孵化基地位于建邺区双和园文化馆一楼南侧，建筑面积约800平方米，配备优质音频系统、扩声系统、视频系统，集livehouse、录音、制作、排练、直播等功能为一体，为缺少专业指导、专业培训、专业设备的优秀音乐创作人和有音乐梦想的大学生提供资源，孵化优秀音乐作品。首批4位入围扶持计划的青年音乐人被授予“金唱片”。（区文旅局）

文化市场管理

【概况】2019年，区文旅局履行文化市场行业监管责任，严格执行市场管理各项制度，开展市场巡查检查，做到检查一家企业，解决多个问题，提高市场巡查检查效率。持续优化营商环境，落实审批改革举措，推进“不见面”审批改革举措，在区编办和区政务办指导下，不断优化和完善58项行政许可等事项办事指南和审批流程，全年共计不见面审批办件319件，满意率100%。全年共出动115组280余人次，对201家次企业通过现场检查、座谈交流、个别约谈、问卷调查、查阅档案等方式，发现并纠治文化市场违规经营行为20余起，排除一般性安全隐患94项。对在市场巡查中发现的2起未经允许擅自经营场所，及时搜集材料，向上级主管部门移交线索。

【文化市场统计平台运维管理】2019年，区文旅局维护和运行管理各类文化市场统计平台，实现运用网络技术和大数据指导市场管理能力提升。跟踪维护全国文化市场监管服务平台、江苏省发行管理信息系统平台、全国旅游监管服务平台、江苏旅游统计信息平台、江苏文化市场视频监控平台、江苏省互联网上网服务营业场所“智慧网文”监管软件平台等行业管理和统计平台。通过运行和维护行业统计管理平台，做到文体旅市场数据底数清，情况明，为文化市场研判、分析、实时掌握市场动态提供准确科学统计数据。

【文化市场监管体系建设】2019年，区文旅局顺应政府机构改革和文化市场综合执法改革大趋势，谋求文化市场监管能力提升。通过落实市场巡查志愿者队伍建设，将文化场所纳入社区网格化管理，充分发挥行业协会协管作用，利用好“五老”义务监督员队伍，构成政府主管单位、街道社区、社会志愿者三位一体监管体系，逐步形成由一家监管向多方治理的转变。

【文化市场安全管理】2019年，区文旅局通过购买安全生产检查咨询服务，实现文化行业安全管理水平提升。根据《中华人民共和国安全生产法》《中共中央国务院关于推进安全生产领域改革发展的意见》《江苏省安全生产条例》等法律法规要求，落实“管行业必须管安全、管业务必须管安全、管生产经营必须管安全”原则，让专业人做专业事，确保文化行业安全生产持续稳定，购买安全生产服务外包，提供安全生产检查专业技术支持。做好区内网吧、卡拉OK场所、电玩场所、景区（景点）等文化市场（企业）安全检查，落实安全培训，提供相关咨询服务。全年共计提供技术服务12次，检查企业34家，共检查出安全隐患174处，均予以整改形成闭环。 （区文旅局）

卫生健康

综　述

【医疗卫生机构概况】2019年，建邺区内现有医疗机构149家。其中，三级医院4家，分别为江苏省第二中医院、南京市第一医院河西院区、南京市儿童医院河西院区、明基医院；民营二级医院1家，一级医院4家；门诊部37家，各类诊所86家；区属社区卫生服务中心8家，社区卫生服务站6家，区卫生监督所、区疾控中心、区妇保所各1家。

【卫生人员数量】2019年，全区共有卫生从业人员6659人，其中卫技人员4934人。全年招聘编内卫技人员19人，编外人员50人。全区平均每千人口卫生技术人员数9.76人，执业（助理）医师数3.81人，注册护士数4.25人。区属医疗卫生单位现有在职职工814人（编内430人），卫技人员738人（全科医师185人，护士212人）。卫生监督所、疾控中心、妇保所3家公共卫生单位在岗130人（编内58人，编外72人）。

【医疗机构床位数和门诊量】2019年，辖区内各医疗机构床位总数2571张，全区平均每千人口床位数5.09张。区属医疗机构全年门诊2304277人次，急诊112573人次，出院1318人次。

表24　2019年建邺区区级医疗单位基本情况一览表（一）

指标单位	门诊数（人次）	急诊数（人次）	床位数（张）	床位使用率（%）	收治病人数（人）
南湖社区卫生服务中心	589800	54126	44	76	530
滨湖社区卫生服务中心	156012	401	50	51.40	451
南苑社区卫生服务中心	269903		26	64.35	222
兴隆社区卫生服务中心	219218				
沙洲社区卫生服务中心	77738	8886			
双闸社区卫生服务中心	68005	43800	28	1.83	19
莲花社区卫生服务中心	839400		65	65	100
江心洲社区卫生服务中心	84201	5360	10	0	0
合计	2304277	112573	223	51.72	1322

（区卫健委）

表25　2019年建邺区区级医疗单位基本情况一览表（二）

传染病年总发病率（1/10万）	传染病上报率（%）	传染病漏报率（%）	接种各种疫苗（人次）	五苗覆盖率（%）	卡介苗接种率（%）	百白破接种率（%）	乙肝疫苗首针及时率（%）
134.34	100	0	103687	99.99	100	99.99	99.69

（区卫健委）

表 26　2019 年建邺区区级医疗单位基本情况一览表（三）

妇女病普查（人次）	高危产妇管理率（%）	孕妇建卡（张）	产前检查（人次）	产后检查（人次）	产后访视（人次）	婚前检查（人次）	妇儿保门诊（人次）	儿童体检（人次）	儿童龋齿防治（人次）
32190	100	4225	4225	4147	3985	3074	81541	55695	28194

（区卫健委）

【卫生基础设施建设】2019 年，区完成南湖、南苑、沙洲社区卫生服务中心改扩建和南湖实训基地装修改造工程。全年累计新增业务用房 6900 平方米，新增病床 65 张。新增 100 万元以上设备 3 台，50 万元以上设备 4 台，10 万元以上设备 51 台（套）。

【医疗保健】2019 年，区补充医疗保险享受单位 59 家，享受人数 7280 人，其中，退休人员 2043 人、在职人员 5237 人。特约人员 361 人，其中，在职 56 人、退休 269 人、离休 30 人、企离 6 人。全年医疗经费总支出 2780 万元，其中，特约人员支出 1340 万元，享受单位人员支出 1440 万元。全区有癌症患者 253 人，尿毒症患者（长年血透）11 人。机关干部应检人数 2093 人，实检人数 1785 人，实检率达 85%。

【计划生育】2019 年，依法实施全面两孩政策，全区再生育审批 39 人。规范出生证明发放和换发，共审核补发出生证材料 86 例。节日走访慰问计划生育家庭特别扶助人员 760 人，发放慰问金 22.80 万元，发放公交、游园补助 551 人计 32.50 万元；发放计划生育困难家庭春节慰问金 7.70 万元计 110 人；审核发放计划生育公益金 70 人计 14.70 万元；审核发放无业人员独生子女费 23.70 万元；审核发放计划生育家庭特别扶助人员 2340 人次，共 497.83 万元；健全联系人制度，计划生育家庭特别扶助人员家庭医生签约应签尽签。与南京市人寿保险公司合作，为失独人员购买护工保险，为伤残家庭父母及伤残子女购买医疗保险，2019 年共为 1068 人购买住院险，保费 175980 元。

【爱国卫生】2019 年，区开展专项督查 83 次，先后检查集贸市场、居民生活区、河道、建筑工地、小餐饮店、小食品店、小旅店、小美容美发店 8 个场所共 4100 余个单位。整治改造集贸市场 22 个，“六小”行业（小理发美容店、小旅店、小公共浴室、小餐饮店、小食品店、小歌舞厅）公共场所持证率达 99.80%。清理卫生死角 4100 余处，清理流动摊点 150 次、占道堆放 290 处，规范倚门出摊 370 次。加强宣传工作，共张贴宣传海报 3400 张，悬挂横幅 480 条，利用 412 块电子屏滚动播放宣传标语，设置宣传栏 465 块；发放纸质宣

4月12日，建邺区开展“全国碘缺乏病防治日活动” （区卫健委 供图）

传单4900余份；设置大型公益广告牌5处，巨幅电子显示屏11幅。完成5个（健康单位2个、健康餐厅2个、健康一条街1个）健康支持性环境（健康细胞）建设，完成10个健康小屋（健康自助监测点）建设。沙洲街道完成辖区内病媒生物防制全覆盖管理试点工作，莫愁湖（1092家）、沙洲（1042家）建立病媒生物防制综合管理基础资料台账。完成2个片区病媒生物防治设施示范片区建设。

【健康教育】2019年，建成全市首家健康教育联播平台，创新健康教育宣传模式。通过现有视频终端机进行联网，统一发布、统一管理、统一监控，免费向广大居民宣传卫生健康工作方针、政策，普及卫生健康知识及突发公共卫生事件疫情防治知识等。开展冬春季传染病防治、春季常见传染性疾病防治、学雷锋送健康、全国肿瘤防治宣传周、世界艾滋病日宣传等活动20次。编印各种科普健康知识彩色双折页宣传资料12期36万份，设计制作户外各种科普健康知识宣传橱窗更新主题内容4期60块，图文展板52块，设计制作公民健康素养调查、建筑工地务工人员、敬老服务专业技能各类健康义诊咨询宣传品约1000余套。 （区卫健委）

疾病预防与控制

【概况】全年区免疫规划疫苗接种累计应种103695人次，实种103687人次，接种率99.99%。疫区医院血防门诊用胶体染料试纸条法（DDIA）查病3537人，粪检700人，扩大化疗2人。区户籍死亡数1811人，男性1032人，女性779人，总死亡率452.68/10万，前三位死因是循环系统疾病、肿瘤和呼吸系统疾病，死亡人数为1558人，占总死亡人数的86.03%。

【传染病防治】全区法定传染病累计报告发病1722例，其中甲乙类传染病累计报告发病749例，发病率158.48/10万；丙类传染病累计报告发病973例，发病率205.88/10万。辖区现有艾滋病感染者及病人311例，其中290人参加抗病毒治疗，治疗率93.54%；全区艾滋病咨询检测960例，其中24例阳性，对于新发现艾滋病阳性病例，执行阳性咨询告知、首次随访（流调）、转介等工作。全区结核病管理信息系统共登记报告活动性肺结核病人（包括结核性胸膜炎）88例，管理率100%；全区非结防机构网络报告至本区肺结核病人数115例，重卡12人，总体到位102例，死亡1人，到位率为99.03%。

8月1日，国家慢性病综合防控示范区验收组对建邺区进行实地验收

（区卫健委 供图）

【精神疾病救治】2019年，区严重精神障碍信息系统在册患者1181人，报告患病率2.50‰；在管患者1163人，管理率97.71%，面访率45.30%，服药率85.59%，规律服药率80.10%；在册精神分裂症患者服药率89.34%，规律服药率79.71%。

【查、灭螺工作】2019年，全区共完成查螺面积1130万平方米（含潜洲），未捕获到钉螺和活螺；春季药物灭螺工作完成灭螺面积300万平方米，使用26%四聚杀螺胺悬浮剂6000千克。

【慢性病防治】2019年，全区累计高血压管理病人58938份，累计在管病人42023人，登记管理率47.24%，精细化管理病人数14291人；全区累计糖尿病管理病人21785份，累计在管病人15090人，登记管理率33.66%，精细化管理病人6461人，已达标。

（区卫健委）

妇幼保健

【概况】2019年，全区累计孕产妇早孕建册率92.41%，孕产妇住院分娩率100%，常住人口孕产妇死亡率为0，艾滋病、梅毒检测率100%，围产儿死亡率2.28‰，户籍内出生缺陷发生率3.44‰；全区7岁以下儿童保健管理率98.76%，3岁以下儿童系统管理率95.74%；南京市儿童医院搬迁至建邺区，很多江苏省非本市因病就诊发生儿童死亡由区上报，区新生儿死亡率1.27‰，婴儿死亡率3.56‰，5岁以下儿童死亡率5.60‰。

【妇女保健门诊】2019年，全区妇女保健服务门诊20301人次。其中包括产前保健2667人次，产后1041人次，唐氏筛查1100人次，孕期营养指导889人次，超声检查4645人次，心电图889人次，妇女病普查588人，阴道镜检查90人，婚检1576人次等。

【儿童保健门诊】2019年，全区儿童保健服务门诊61240人次。其中包括免费进行儿童体检15701人，新生入园体检6033人次，儿童视力筛查27452余人次，新生儿42天体检649人次等。

【妇幼保健服务】2019年，区提升妇幼健康服务水平，前期建成40余家母婴室，2019年再建母婴室17家。完成全区妇女“两癌”（宫颈癌、乳腺癌）筛查11076人，完成率为105.40%。免费婚孕检900余对，全区婚检率82.44%。聘请行业协会面向全区所有托育机构开展调查研究，完成《建邺区0~3托育机构普查及评估报告》。区举办“孕妇学校”40期，为辖区内孕妇提供孕期卫生、心理、营养等方面宣教、咨询和指导，前往社区、幼儿园暨企事业单位讲课8次，健康教育近500人次，义务咨询1000余人次。分两批对全区在册49家托幼机构进行卫生保健业务指导，查找问题，提出整改要求。对新开10家早教机构进行卫生保健评价，对全区18家托幼机构进行卫生保健复验，提升托幼机构卫生保健管理水平。（区卫健委）

社区卫生

【家庭医生签约】2019年，区注重家庭医生签约及后续服务，全区家庭医生签约服务团队63个，普通人群签约193428人，签约率40.93%；重点人群签约137023人，签约率78.64%；特扶人群、低保人群，做到应签尽签。

【社区特色医护站点建设】2019年，区加强社区家庭医生工作站建设，完成14个，其中

5月17日，第9个"世界家庭医生日"广场宣传活动举行

（区卫健委 供图）

南苑健园家庭医生工作室申报参加江苏省星级家庭医生工作室评选。南湖社区卫生服务中心儿科、莲花糖尿病专科，成功创建南京市特色科室，南苑社区卫生服务中心康复医学科创建成省级特色科室。依托南京市第一医院河西院区临床影像中心，将莲花社区卫生服务中心打造成全区消毒供应中心。

【社区医疗服务】2019年，区卫健委开展优质服务基层行活动，结合国际护士节和国际家庭医生日，评选表彰"十佳"家庭医生和14名优秀护士。开展区"互联网+护理服务"试点工作，制定区"互联网+护理服务"工作手册，完成岗前培训，制作统一服装、出诊设备、工作牌等，全年开展线上预约线下服务58例。举办病案医疗质量及医疗纠纷防范、感染防控专项培训各2场，开展全员医疗核心制度理论考试、感染防控制度考核各1次，举行基本药物使用培训3次，开展医疗质控督导考核5次。

【社区医疗管理】2019年，区开展医疗质量专项整治行动，区卫健委组织对医疗卫生机构医院感染质量专项检查和培训、医疗美容机构专项检查。继续提升基层中医药服务能力，推广中医适宜技术，做好中医养生知识宣传。加强区域院前急救能力建设，在江心洲及双闸社区卫生服务中心建设2个120院前急救站点，安排医务人员参加岗前培训，并对全区全科医师进行急救技能培训，轮流承担院前急救任务，提升区域急救能力。

【基层医疗采购】2019年，为推进药品保障改革，在南京市卫健委统一协调下，全区社区卫生服务中心统一在江苏省药品（医用耗材）阳光采购和监管平台采购药品。基层医疗机构采购药物1163种，其中，基药372种，非基药360种，专科用药及病人预定药品431种，有效保障各基层医疗机构患者用药需求，为分级诊疗制度实施提供有力支撑。2019年全区采购金额17262.84万元。

（区卫健委）

卫生监督

【概况】2019年，区卫健委对辖区内806家公共场所、189家医疗机构、84家二次供水管理单位、36家游泳场馆、41所中小学校、50所托幼机构、63家使用集中式中央空调单位开展监督检查，覆盖率100%；全年共出动卫生监督执法人员2000余人次，监督执法车辆500余台次，覆盖率100%；通过长效管理机制及各类专项整治，公共场所两证持证率均超过90%。

【卫生行政处罚】2019年，区卫建委对辖区医疗机构及个人、公共场所等各类违法行为行政处罚一般程序立案26起。其中，非法行医、医疗机构违法21起，放射卫生2起，公共场所卫生3起，简易程序4起，无行政复议和行政诉讼。全年受理投诉举报总共320起。其中，医疗卫生217起，公共场所卫生95起，其他8起；320起投诉中12345投诉247起，其中退费诉求73起；在处理过程中严格执行《投诉举报案件调查处理程序》，确保投诉举报事项得到及时妥善处理。在区公安分局、区市场监管局、6家街道综合执法大队支持和配合下打击非法行医，年内开展各类打非行动32次，共出动监督员680人次，车辆256车次，取缔11个非法行医场所，没收价值6万余元非法药品、医疗机械等物品，罚没款共计9.10万元。对全区189家医疗卫生服务机构进行监督检查，对发现问题，当场开出卫生监督意见书，要求立即整改。对医疗机构超出登记范围开展诊疗活动处罚6起，使用非卫技人员开展诊疗活动处罚3起，使用未取得处方权医师开展诊疗活动处罚1起，对1名医师过度医疗记6分。对辖区41所中小学校进行卫生综合评级（5A级学校15所，4A级学校26所），50所托幼机构开展传染病防治专项检查，针对学校、托幼机构所存在问题，均出具卫生监督笔录和意见书并要求限期整改。对辖区内36所游泳场馆进行卫生监督检查，10家存在问题，卫生监督员现场下达监督意见书并要求立即整改，另有2家不符合开放要求场馆责令停业整改。

【卫生行政许可】2019年，区共受理执业医师注册、变更、备案、注销371件，多机构备案186件，护士首次注册70件、延续注册130件，医疗机构设置、变更、换证、注销、校验276件，再生育审批39件，公共场所卫生许可296件，放射诊疗许可38件。

（区卫健委）

体育

综　述

【概况】2019年，区体育场地数量是569处，全区有高危险性体育场馆39家。区人均体育场地面积2.86平方米，位居主城区第二。全区重点巩固深化城市社区“10分钟体育健身圈”建设，强化公共体育设施维护管理，公共体育设施完好率100%。开展区级体育产业扶持和引导资金申报工作并指导企业申报，共计申报7个类别15家次企业。先后完成2019南京江岛国际半程马拉松、2019首届环南京自行车赛、2019第二届南京国际滨江酷跑节等多项有影响力群众体育活动，同时完成南京马拉松赛、南京城市定向赛等各项赛事保障，全年落实各项群众体育活动约200场。

【体育基础设施建设】2019年，区文旅局通过招标委托第三方对全区全民健身路径管理维护实施服务外包，签订建邺区全民健身路径服务外包协议，定期由专职工作人员对全区健身器材进行巡修维护，确保群众健身安全。全区共有全民健身设施212套，2019年完成改造老旧器材22套。配合区水务局完成南河堤顶路健身步道4千米建设任务，配合完成全区足球场地建设规划。

【体育组织建设】区鼓励和扶持体育社团和体育社会组织建设，2019年完成建邺区体育总会改选，区共有各级体育社团组织52个。其中单项体育协会25个，会员总数达2.20万余人。体育社会组织带动全区群众体育活动开展，初步形成社会办体育、体育社会化良好发展格局。组织区内各体育社团进学校、进机关、进企业、进社区。

【体育指导员培训】2019年，建邺区体育指导员总人数2312人，每万人拥有指导员人数47.02人。组织开展三级社会体育指导员培训工作，把社会体育指导员工作作为发展群众体育重要内容来抓，形成组织落实、结构合理、覆盖全区、服务到位全民健身志愿服务队伍，全年培训三级社会体育指导员200人次。

【国民体质监测】2019年，区按照计划开展国民体质监测工作，指导各街道，做好器材检测、人员培训、软件测试、人员组织等筹备工作。已完成6个街道国民体质监测3600人次任务，并协助驻区单位南京奥体中心申报省级国民体质监测站工作。

【南京市首家体育产业双创基地揭牌】1月26日，南京首家体育产业双创基地落户国家级体育产业示范基地揭牌仪式在建邺区绿博园举行。首批15家企业正式签约入驻由南京市体育产业集团青奥产业有限公

2019年10月17日，在沙洲街道，开展国民体质监测工作 （许媛媛 摄）

司运营的双创基地。在揭牌仪式上，还举行全省首支市级体育产业投资基金正式签约、全国首个互联网+体育+国防教育自主赛事IP“走国门”项目签约以及南京体育产业联合会2018年度颁奖典礼3项活动。

【南京奥体中心】 南京奥体中心是江苏省开展文体活动的重要平台，也是展示江苏形象的重要窗口，是中华人民共和国第十届运动会、第二届亚洲青年运动会主会场和第二届夏季青年奥林匹克运动会主会场。南京奥体中心建成于2005年9月，总投资21.67亿元，占地面积89万平方米，建筑面积40万平方米，中心绿化率为48%，水域面积为5.90万平方米。2019年南京奥体中心全年超额完成营收及利润指标。引进并高质量保障高水平赛事，服务世界女排联赛总决赛等各类赛事共33场次，全年共举办文体活动118场次。深化俱乐部制运营探索，自营及合营项目发展，全年累计接待健身人士270万人次，进行免费、低收费服务100万人次，市场化举办自主IP赛事6场。引进优质商户81家，业态及营商环境优化，再次获“江苏省文明单位”称号。 （区文旅局）

全民健身

【校园体育】 根据南京市体育局、南京市教育局派发2019年南京市少年儿童阳光体育运动联赛制订计划和竞赛规程，结合区校园体育工作开展，全年区共制订24大项比赛计划，从2019年注册运动员开始到运动员之间人才交流、信息变更直到4月开赛，完成运动员网上报名以及各个参赛队伍组建，完成全市17项赛事任务，经过全体运动员顽强拼搏，其中田径、网球、击剑等15个项目获得一等奖好成绩。

1月1日，南京市第37届元旦健身长跑运动会举行　　（宋艳　摄）

【南京市第37届元旦健身长跑运动会起跑仪式】1月1日，以“全民健身再出发　砥砺奋进新时代”为主题，南京市第37届元旦健身长跑运动会起跑仪式在建邺区青奥村广场隆重举行。南京市级机关、玄武、秦淮、建邺、鼓楼四城区街道、各企事业单位、部队、院校、社会跑团等组成18个大方阵，77个小方阵，约4000人参加健身长跑。本次元旦健身长跑的具体路线为从青奥村广场出发，途经南京奥林匹克博物馆、“南京眼”步行桥，抵达终点南京青奥体育实验室。区体育局协助南京市体育局做好元旦长跑活动组织工作，安排主会场起点暖场队伍和终点群众展演队伍表演。

【区第八届运动会】10月23日，南京市建邺区第八届运动会开幕式在南京奥体中心举行，现场进行文明建邺、青春建邺、平安建邺、欢乐建邺4个主题展演，全区各领域和岗位运动员共22个方阵代表参加活动。本届运动会共设社会部、机关部、企（事）业部和青少年部4个部别22项比赛，参赛人员从机关部门延伸到驻区企业，赛项满足在职、在校、在家等不同年龄段需求，做到全覆盖、全人群。　（区文旅局）

竞技体育

【2019中国南京国际象棋特级大师巅峰赛】10月2日，2019中国南京国际象棋特级大师巅峰赛在莫愁湖公园开赛。本次大赛，中国和匈牙利2位国象特级大师韦奕和Peter Leko为棋迷们带来一场为期4天的对决。大赛为国际型大赛，2位国际象棋特级大师都获得过世界冠军。大赛吸引50位青少年国际象棋爱好者现场观赛。

【2019中国电子游戏超级联赛总决赛】12月7日，2019中国电子游戏超级联赛总决赛在南京建邺区开幕。200余位政府负责人、企业家代表、选手出席本次开幕仪式。中国电

子游戏超级联赛，是由文化和旅游部备案，由中国文化娱乐行业协会主办的国家级游戏游艺竞技赛事。2019年，中国电子游戏超级联赛已经覆盖31个省（自治区、直辖市）的273座城市，累计全国1345家经营场所参与赛事活动，全国累计331万名选手报名参赛。总决赛共举办7个项目比赛，通过2天的角逐，分别决出篮球争霸赛男女组，e舞成名个人花式，舞立方个人赛，头文字D个人赛，舞律炫步个人赛，音律炫动个人赛冠亚季军，同时斗鱼、腾讯、爱奇艺等平台全程赛事直播。

【2019首届环南京自行车赛揭幕站】4月27日，2019首届环南京自行车赛揭幕站开赛仪式在建邺区举行，国内外2000名专业骑手和大众骑手共同参与。揭幕站比赛分为认证组和团队计时组，自青奥村广场出发，途经江心洲、南京眼等多个南京地标性建筑，南京电视台新闻综合频道、江苏电视台体育休闲频道等同步直播。最终，山东临沂迈金朝盟体育车队获得团队计时组冠军，共有1800名骑手完赛并获得相应积分。继建邺区揭幕赛之后，环南京自行车赛还陆续举办江宁区黄龙岘站、六合竹镇站、雨花台区板桥生态园站、浦口区老山站、玄武区聚宝公园站、江宁区汤山站等系列分站赛，全年共设完赛奖励21万元。

【2019第二届南京国际滨江酷跑节】5月25日，2019第二届南京国际滨江酷跑节暨江豚湾湾成立一周年滨江马拉松赛，在南京青奥博物馆广场鸣枪起跑，500余名跑者、20余家跑团一齐出发。本次赛事包括21.10千米半程马拉松和3.50千米亲子乐跑。赛道则沿用2018年经典路线，从南京眼出发，沿着滨江之滨，途经鱼嘴湿地公园、外秦淮河等多个人文景点和经典南京地标。

【2019年南京市"全民健身日"活动启动仪式】8月8日是国家第11个"全民健身日"，8月3日，由南京市体育局、南京市总工会、建邺区人民政府联合主办2019年南京市

8月8日，2019年"中国体育彩票杯"南京市"全民健身日"启动仪式举行
（邹洪 摄）

“全民健身日”活动启动仪式在南京奥体中心东广场举行。“全民健身日”以“健康南京　你我同行”为主题，活动坚持“便民惠民”服务宗旨，活动当天共吸引近2000名观众参与其中，现场除太极剑、柔力球、太极拳、石锁、空竹等项目展演，还开展拔河大赛等全民健身互动体验活动。

【2019南京江岛国际半程马拉松】5月26日，2019南京江岛国际半程马拉松在南京·江心洲生态科技岛鸣枪开跑，近3000名参赛选手在江心洲上完成3千米欢乐跑和21.10千米半程马拉松。本次赛事途经江心公园、青奥森林公园、湿地公园、南部中央公园、滨江风光带5座生态公园。（区文旅局）

8月9日，参加第四届建邺区“和谐建邺　万步有约”职业人群健走激励大赛队员在做热身运动

（区文旅局　供图）

社会生活

劳动就业

【概况】2019年，建邺区实现新增城镇就业人数1.60万人，完成年度目标137.40%；实现再就业人数7100人，完成年度目标185.20%；培育自主创业4345人，完成年度目标110%；实现大学生创业511人，完成年度目标100.20%；实现创业带动就业19825人，完成年度目标101.40%；大学生就业人数31629人，完成年度目标162.20%。城乡新成长劳动力职业培训1866人，完成年度目标233.30%；农村劳动力职业培训1204人，完成年度目标150.50%；在职职工培训1.92万人，完成年度目标128%；城镇失业人员职业培训2461人，完成年度目标102.50%；创业培训2293人，完成年度目标327.60%；政府补贴性职业培训7695人，完成年度目标192.40%。新增高技能人才686人，完成年度目标228.70%；累计留学回国人员1973人，完成年度目标101.20%；新招收博士后6人，完成年度目标150%。职业鉴定取证5007人，完成年度目标357.60%。集体合同审查数821份，完成目标任务117.30%。

【就业帮扶政策落实】2019年，区在园区宣传就业创业政策，落实稳岗返还、职业技能提升等各项补贴政策，发挥政策稳就业作用。开展就业困难人员认定工作，实行动态管理，对就业困难人员实施送政策、送培训、送岗位、送服务，帮扶其实现就业。深入开展创业宣讲活动，通过创业园区行、校园行活动引导鼓励以大学生为重点自主创业群体创业。完善大学生创业载体建设，做好入园创业项目评审工作，落实好大学生创业政策，申报创业优秀项目。推行政府购买培训成果办法，发挥就业培训补贴效应，鼓励社会培训机构开展多层次多形式技能培训。利用街道、社区资源，采取就近、就便办班原则，指导街道开设各类培训班，提高培训到课率，提升培训质量。

【事业单位工资福利发放】2019年，建邺区执行事业工资制单位109家共4023人，人均年工资收入16.81万元。完成2018年度住房公积金和住房补贴调整审批工作。涉及事业单位107家，在职人员4086人，离退休人员1679人。推进2018年度专项绩效工作，29个主管局109家事业单位专项绩效总量核定8508.74万元。完成全区事业单位2018年绩效工资增量上浮（控高线）和2019年度奖励性绩效工资总额核定审批工作，审批109家事业单位，2018年增量部分额度共核定审批10219.90万元，2019年度奖励性绩效工资共核定8119.85万元。完成全区事业单位工作人员薪级工资正常晋升、岗位津贴教龄津贴满年限调整审批工作，审批调整3866人薪级，584人岗位津贴。完成2014年10月以后退休事业单位工作人员和机关工勤人员一次性补贴核定备案工作，符合加发退休费政策335人，核定一次性退休补贴额度1027.06万元。完成事业单位2018年度应休未休假报酬审批工作，审批区55家事业单位应休未休人数896人，未休报酬审批额度1097.77万元。

【事业单位岗位管理】2019年，区人社局完成水务设施中心、融媒体中心等4家事业单位岗位设置调整核定工作。完成区卫生系统下属9家事业单位146名工作人员岗位晋升聘用工作。完成39所学校111名流动教师岗位聘用工作。办理8家其他事业单位涉及工作人员17人职务晋升和转岗聘用工作。规范事业单位科级管理岗位晋升程序。指导单位制定科级岗位选拔工作方案，督促主管部门按照工作方案实施产生聘任人选，审核聘任人选资格进行任职批复，完成6个主管部门11家事业单位2名科级岗位任职批复工作。审核报送区教育局所属中小学、幼儿园2020年公开招聘234名编制内工作人员招聘公告和需求信息表（含校园招聘2名），区卫生健康委员会所属8家事业单位2019年下半年公开招聘26名编制内工作人员招聘公告和需求信息表。完成200名新进教师、18名新进医护人员入编手续。

【专业技术人员管理】2019年，区人社局共审核继续教育学时1659人，通过1587人。做好职称认定工作，2019年初定申报1254人，审核通过1012人，其中，初级893人、中级119人。组织教师专业技术资格评审，经申报资格审核，高级申报70人，正高申报2人。中级及初级总计申报215人，经资格审核，208人参加评审，其中，中级177人，经评审，150人取得中级资格，31人取得初级资格。组织区卫生系统专业技术资格评审，65人申报副高，经审核，64人符合申报条件；4人申报正高资格，3人通过评审取得正高资格。

【企业工资拖欠治理】2019年，围绕治欠保支工作，区人社局协调召开联席会议7次，发文12次。区人社局与区建设局联合办公解决清欠问题，与各街道园区建立联动机制，共受理现场投诉248起，涉及民工6587人，涉及劳务费与工程款约11574万元。做好国家、江苏省、南京市对建邺区农民工工资支付工作督查核查工作。

【劳动人事争议处置】2019年，建邺区共处理劳动争议案件2071件，其中受理立案1140件，比上年同期上升24%，涉及金额6013.52万元；结案率为98%，调撤率为80%，一裁终结占裁决案件63%，网上运行率100%，各项指标均超额完成全年目标任务。12333调解平台共受理643件，调解成功率为81%。加大对企业调解委员会业务指导力度，发挥企业自身调解功能，通过企业自我完善，将矛盾化解在企业内部。特别是针对群体性用工矛盾，做到提前预警、提前预防、提前介入、提前调解“四提前”，化解南京足生堂企业管理有限公司、南京星沅文化娱乐发展有限公司等企业群体性劳资纠纷。强化与法院裁审衔接，对矛盾突出、积怨较深当事人，联合区法院共同调解，既增强对当事人说服力，也为当事人节约时间成本，让重调解、慎裁决落到实处。2019年共联合调处案件139件，超过全部立案案件10%，企业和劳动者双满意程度明显提升。

【退役军人及军属专场招聘】2019年7月30日，区人社局联合区退役军人事务管理局举办2019年退役军人、军属专场招聘会，此次参加2019年退役军人、军属专场招聘会用人单位有24家，涉及区政府购岗公益性岗位、物业、教师、图书管理员、课程顾问、文秘、销售、管理等56类工种。根据南京市人力资源和社会保障局统一安排，协调相关部门提供岗位参加军嫂专场招聘会，建邺区共向南京市人力资源和社会保障局提供2个事业编岗位及5个政府公益岗位。

【劳动保障协理员管理】1月开始，全区劳动保障协理员实施新工资标准。全区共有210个劳动保障协理员，按要求对每个人员级别、工资待遇进行重新测算，重新审核，做好相关补发、补缴工作。组织基层劳动保障协理员进行培训，从政策解读、业务能力、工作方法等方面邀请相关专业人员为建邺区劳动保障协理员授课，提高基层平台建设水平。（区人社局）

社会保险

【概况】2019年，建邺区企业职工养老保险净增缴费人数11149人，完成目标任务348.40%；本市户籍中断缴费人员续保人数3429人，完成目标任务114.30%；五项社会保险费征收总额27.66亿元，完成目标任务112.60%；新增参保单位户数2643户，完成目标任务186.10%；全区11268家企业，参保人数160389人，月人均申报5376.17元。

【养老保险】2019年，区居民养老保险享受待遇102599人，全年发放金额2384.29万元。为全区职工基本养老保险、基本医疗保险办理异地账户接续8590人，开具基本养老保险、基本医疗保险转出凭证3891份，转出3086人。

【医疗保险】2019年区城镇居民医疗保险参保缴费66209人，享受财政补贴金额3865.90万元。办理城镇居民医保门诊大病登记124人，医疗费用零星报销948人，报销金额468.37万元。办理异地就医813人。

【残疾人社会保险】2019年，区修订完善《建邺区残疾居民社会保险暂行办法》，全年累计投入近80万元，为全区685户低保残障家庭、874户无固定收入重度残障家庭、186名就业年龄段无劳动能力未缴纳任何社会保险残障群众，全额购买城镇居民医疗和养老保险，确保残障群众城镇居民养老、医疗保险缴纳100%覆盖率。突出疾病医疗保障和意外伤害医疗保障，为全区5954名持证残障群众更新"专属团体综合保险"，较大幅度提高保障范围和力度。（区人社局　区残联）

社会救助

【概况】2019年，全区共有低保家庭1823户2600人，低保边缘家庭189户380人，特困供养对象46人，20世纪60年代精减退休老职工11人。全年累计发放低保资金1963.85万元，特困供养资金91.71万元，精减退休老职工生活补贴21.36万元。对1389户2405人，给予临时生活救助110.34万元。2019年春节期间走访慰问8442户13903人，慰问金额741.13万元。发放困难家庭物价补贴、退返垃圾费、自来水价格补贴等共63.10万元。全年发放"三无"人员（指城市居民中无劳动能力，无收入来源，无法定赡养、抚养、扶养人的人员。）补助309人，金额290.97万元。

12月9日，区民政局走访慰问低保对象　　（沈虎　摄）

【帮困助贫惠民政策落实】2019年，区严格落实最低生活保障制度，及时将符合低保条件，家庭月人均收入低于最低生活保障标准的贫困家庭全部纳入低保范围，做到应保尽保。开展低保复查核实和专项整顿，对全区低保对象进行多轮、不间断清理清查，做到应出尽出，全面实现精准低保救助，既落实政策，又严守标准，有效履行政府托底保障职责。通过同步运行南京市金保二期医疗平台，实现困难对象医疗救助费用同步结算、无缝衔接，对未能及时享受同步救助的低保对象、在册边缘困难对象、特困职工、因病致贫人员给予事后救助和临时救助。及时做好低保调标、补贴发放、资金核算等救助工作，将惠民政策和举措高质量高标准落实到位，将惠民资金按时间按标准发放到位。在全区开展“情暖建邺”春节慰问救助活动，慰问资金统一实行银行一卡发放，及时将党委、政府的关怀送到需要帮扶的困难群体家中。

【困难群体救助】2019年，区共救助困境儿童363人，其中孤儿1人，监护缺失3人，监护无力7人，重病重残儿童98人，低保家庭儿童254人，累计经费保障190540元。发放残疾人生活补贴1149人，累计发放资金6292786元，其中低保内重残188人、低保内非重残155人、无固定重残465人、一户多残依老养残49人、无固定精神残疾141人；残疾人救助护理2111人，累计发放资金2669680元；助残服务129人，累计发放资金51.76万元。全区低保内1、2级精神病人47人，3、4级精神病人151人；无固定收入1、2级精神病人132人，3、4级精神病人141人；低保重性精神病人32人，其中1人住在祖堂山，31人住在南京市佑安医院；在佑安社区精神病康复站点享受低保轻度精神病人28人。全年保障经费10余万元。

全区纳入社会化管理服务企业退休职工共计68117人。2019年“冬送温暖”企业退休人员春节慰问工作，全区慰问特困家庭1035人，慰问金额124.20万元；鳏寡孤独561人，慰问金额47.67万元；百岁老人6人，慰问金额0.78万元，慰问品金额0.29万元。全区对高龄、重病、死亡企业退休人员家属上门慰问，其中，生日慰问70岁老人2125人，慰问金额21.25万元；80岁老人683人，慰问金额13.66万元；90岁老人235人，慰问金额11.75万元；100岁老人6人，慰问金额0.60万元；重病慰问1331人，慰问金额39.92万元；死亡慰问1014人，慰问金额30.42万元，全年慰问共计117.60万元。

【医疗救助】2019年，全区医疗救助共计40070人次（其中同步平台救助39810人次，事后救助260人次），救助金共计1059.43万元（其中同步平台救助983.03万元，事后救助76.40万元）。

【慈善超市】2019年，区慈善超市建设稳步推进，先后多次迎接江苏省民政厅、南京市民政局有关慈善超市建设检查调研工作，组织召开全区慈善超市现场观摩会，并围绕慈善超市健康发展进行深入细致全面座谈交流。全年为全区7家慈善超市下拨补助金35万元。

【慈善募捐】2019年，区开展“种植爱牙”慈善捐赠、“9·9公益日”劝募、“中华慈善日”

捐赠、金鹰慈济基金会捐赠衣物等系列活动，募集慈善款物375.15万元。弘扬慈善文化，推动社会广泛参与，营造“人人可慈善、处处可慈善、时时可慈善”良好氛围。

（区人社局　区发改委　区民政局）

社会福利

【概况】2019年，建邺区突出关爱老年人群体，健全完善养老服务体系，深入推进居家社区养老，深化医养结合，加强困难老年人兜底保障，全面构建起以居家为基础、社区为依托、机构为补充、医养相结合的养老服务体系，并结合区情实际，制定出台区级养老扶持优惠政策。提高儿童福利服务保障水平，健全留守儿童关爱服务体系，出台困境儿童分类保障措施。全年组织企业退休人员免费体检31750人，完成目标任务100.80%。

【老年人福利】2019年，建邺区现有户籍人口60周岁以上老人62282人，常住人口60周岁以上老人68190人。共有12家养老机构、床位2640张，每千名常住老人拥有床位数达46.70%，建有55个社区居家养老服务中心（AAA级以上40个），11家社区综合护理中心，53个银发助餐点。40个社区居家养老服务中心达南京市AAA级以上标准，居家养老服务中心民营率达100%。12家养老机构均取得医疗机构许可，8家机构签订医保定点协议。为4.60万名老人制作为老服务二维码，接受上门服务老人数占比达34.17%。提供“喘息服务”86人。

【困境未成年人保护】2019年，区民政局与厉行未保专业服务组织续签协议，从而确保按年度进行聘请专业服务组织工作落实，由厉行服务组织提供重点困境未成年人一对一帮扶。社区开展困境儿童一对一建档服务。培训学习新“困境儿童分类保障制度”以及“困境未成年人基本信息表填写方法以及服

8月8日，建邺区民政局组织街道、社区、养老机构、居家养老服务中心养老负责人进行银发顾问服务培训　（区民政局　供图）

务等级评定方法”。完成各级关于对未成年儿童进行全面评估任务。困境未成年人重大紧急案例处置率100%。7月3日，由区民政局主办，南京建邺励行社会工作事务所承办的暑期夏令营活动在南京市妇女儿童活动中心开营，20名困境儿童和部分家长参加夏令营活动。

【残疾人补贴】9月，区民政局对辖区内应享受护理补贴而未享受人员进行全面普查，确保没有补贴遗漏人员。自10月起，对辖区内享受无固定重残生活补贴残疾人员，一律发放生活补贴900元，全部落实到位。

【低保重性精神病人服务】2019年，区新增2处社区精神障碍康复站。依托建邺区佑康社区精障康复中心，开展对全区166名居家低保精障患者上门评估工作。建档低保精障社区康复患者28人。对符合入院条件的患者，均开通绿色通道，入住南京市佑安医院。由区民政局牵头，联合佑安医院、各街道和服务组织，多次召开座谈会，就推进区精神病人康复工作进行深入沟通与交流。明确低保重性精神病人入院手续，以及轻度精神病人日常用药与监管，社区、街道加大配合力度，在服务好精神有问题人员同时，确保社会稳定。

【区福利院建设】2019年，区福利院抓好安全管理，年初签订《安全责任状》《工作目标责任书》，强化岗位安全责任，全年开展10次消防教育培训和2次应急疏散与灭火演练。对特护老人，制订个案护理计划，建立个案护理记录，尤其是对新入院压疮老人护理，实行护理部主任、楼层管理员、护理员三级监控管理。在维持老年人生存功能的同时提高生活和生命质量，并制定4个“0”监控服务目标，即零噎食、零压疮、零跌跤、零坠床，做到每日护理、及时评估，夜班护理员保证老人夜间翻身、饮水或加餐、如厕等需求得到满足。按照“以老为尊、为老服务”服务宗旨，融入社工照护模式开展为老服务。从专业层面来考虑和分析老人服务需求，运用个案工作、小组工作等方法主动为老年人提供心理疏导、精神慰藉等服务，提升老年人生活质量。除日常护理，区福利院还加强与机关、院校、部队、医院、民营企业等企事业单位之间联系，建立长期共建关系，充分发挥义工及社会团体作用，在节假日期间开展多种形式小组活动，生日会、音乐照顾、歌声嘹亮、养生课堂、手工制作等活动开展让老人晚年生活更加丰富多彩。对照新形势下新要求，为更好满足失能老年人医疗服务需求，提升老年人生活质量和幸福指数，减轻家庭及社会压力，区福利院在内部设立医务室，并申请医保定点，解决院内失能及残疾老年人服务需要。福利院根据养老服务岗位工作特点，按照新院300张养老床位规模和养老机构标准化建设岗位设置要求，逐步吸纳养老服务专业人才进入团队，加强队伍引进，与专业对口学校对接，坚持引进和走出并举，有计划组织开展走出去学习和内部各种练兵、轮岗培训活动。

【区福利彩票销售】2019年，建邺区全年累计销售福利彩票1.11亿元，其中，电脑票5162万元、即开票393万元、中福在线5517万元。年中严格落实中彩中心关于中福在线视频票投注限额规定，每人每天投注金额不超过200元。在巩固已有宣传方式情况下，利用“四个上”，即宣传“上墙、上台、上报、上网”，以进社区安装道闸广告、进电影院播放映前广告、进商场搭建舞台“双色球营销活动”等形式强化宣传力度，拓展宣传宽度，吸引彩民眼球，从而提高销量。在报纸刊登建邺区增设站点消息，有效弥补空白区域，并在南京市福彩微信公众号及时更新最近活动消息，突出宣传福彩公益属性。

（区民政局　区人社局）

住房保障

【概况】2019年，办理公有住房使用权更名手续43户，办理公有住房使用权转让手续22户，交纳转让手续费144340元。全年办理公有住房使用权新承租手续3户。落实发放区外来务工人员租赁补贴工作，外来务工家庭租赁补贴实时在册保障11户，累计发放4.90万元。完成人才安居货币补贴资金申请，落实编制人才安居货币补贴专项资金预算，实际申请并上划租赁补贴资金635万元，已按季度发放到位。

【保障房建设】2019年，中和村四期项目，总建筑面积30万平方米，2814套安置房，完成竣工备案。生态科技岛二期项目总建筑面积合计57万平方米，5483套安置房竣工交付。

【征收拆迁家庭住房保障】2019年，区完成被征收安置家庭申请住房保障初审报批，按照南京市房改办关于征收拆迁项目审核工作要求，结合文件规定做好相关审核。完成征收安置房项目审核合计219户，其中地铁七号线项目18户，科技园小学项目201户。根据房屋购买情况，报送南京市房改办变更购房通知书609份。完成老项目拆迁安置房（集体土地）遗留案件报批审核118户，出具购房通知书173份；国有土地产权调换房报批审核157户，出具购房通知书382份。

【公租房货币化保障】2019年，对全区中、低收入住房困难家庭实施公租房货币化保障制度，中、低收入家庭租赁补贴实时在册保障90户，发放约76.60万元；公租房轮候家庭租赁补贴实时在册保障531户，发放460.30万元。

【困难家庭住房保障初审报批】2019年，区严格按照审批时限，完成203户中、低收入住房困难家庭住房保障初审报批工作，其中，已审公共租赁住房申请家庭155户，通过148户；租赁补贴申请家庭47户，通过43户；老项目经济适用房申请通过审核1户。通过审核家庭均已登报公示。

【在保家庭住房资格复审】2019年，区房产局联合区民政局、街道、社区，完成对593户享受住房保障家庭住房保障资格复审，其中，公共租赁住房轮候且享受租赁补贴家庭330户、其他住房保障家庭263户。经过走访、调查、统计、汇总，年内上报审核结果至南京市房改办。

【直管公房出售及老职工住房补贴审批】2019年，根据房改工作要求，区房产局做好全区直管公房出售及老职工住房补贴审批工作，共审核并出售直管公房93套。审核老职工住房补贴报批8家单位，共14人，审核补差面积约685平方米，补贴金额约55.40万元。

【直管公房管理】2019年，区房产局指导新城房产集团加强直管公房日常管理，建立健全直管公房管理工作制度，租金收缴应收尽收，基础资料准确。要求直管公房管理单位按月逐户进行查房走访，发现问题，及时安排人员维修，每月查房走访率达70%，每季达100%。在暴雪、汛期等重点时间段，制定并下发通知，开展房屋安全检查。全年拨付市级直管公房售后公共部位维修经费和区级直管公房维修补助经费约80余万元。（区房产局）

残疾人事业

【概况】2019年，全区有5928名持证残疾人。其中，视力残疾875名，占比14.76%；听力残疾663名，占比11.18%；言语残疾42名，占比0.71%；肢体残疾2633名，占比44.42%；智力残疾744名，占比12.55%；精神残疾831名，占比14.02%；多重残疾140名，占比2.36%。15岁以上残疾人中，小学1167人，初中2169人，高中（含中专）1336人，大学专科257人，大学本科及以上201人，文盲798人；重度残疾2236人，占比37.71%。2019年，区财政投入资金约1100万元，健全完善18项优惠政策，全面落实对残疾人各项保障，做到城乡统一，全员覆盖，精准扶残。不断推进残疾人公共服务均等化、专项服务机构化、生活服务社区化、服务组织社会化，基本建成有建邺特色残疾人康复、托养、就业培训、教育、文化体育等服务体系。全年征收残疾人就业保障金2557.75万元，比2018年多征收900余万元，增幅近60%。区残联研究制定出台《建邺区“残疾人之家”规范化建设、运营绩效考评办法（试行）》，向“残疾人之家”拨付奖励补助资金近120万元。全区有需求托养残疾人206人，全年新增20人。区残联将1763名困难家庭残疾人纳入“惠民专柜”补助，为197名机动轮椅车主发放260元燃油补贴。

12月12日，建邺区残联与南京大学物理学院AS陪伴志愿服务合作项目签约
（区残联　供图）

【残疾人就业保护】2019年，区依法推进残疾人按比例就业，36名残疾人实现新增实名制就业，完成南京市目标任务133%。保护发展残疾人辅助性就业，本着“民办公助、公办民营”原则，吸纳社会力量和社会资本参与残疾人之家建设，为智力残疾、自闭症以及轻度精神障碍患者，提供辅助性就业及职业训练，全年共有138名托养残疾人实现辅助性就业，完成南京市目标任务128%。区民办公助社会组织益智多残疾人服务中心和凤栖苑社区原生艺术工作室共开展7个庇护项目，有学员73名，其中30名学员正式就业，享有养老、医疗保险。做好残疾人就业援助，开展送岗位、送技能培训、送就业信息、送创业扶持“四送”活动7场、就业招聘会6场，组织多肉植物种植、微商营销等职业技能培训4场，共有200余名残疾人得到相应技术培训和就业援助。

【残疾人康复医疗服务】全年区投入0~6岁残疾儿童精准康复补贴276万元，7~14岁残疾儿童精准康复补贴78万元，辅具适配400户13万元。有215名持证和未持证残疾儿童在28家南京市定点康复机构接受康复训练，精神病患者免费给药180人，低视力适配服务80人，150名听力、智力障碍残疾人得到就近、就便日间照料及康复服务。持续推进残疾人社区康复服务，为206名机构托养残疾人签订家庭医生合约，提供免费体检、建立个人健康档案。完成“共享幸福圈”残疾人家庭无障碍改造项目。完成70户困难重度残疾人家庭厨房、卫生间按每户3500元标准无障碍改造。

【残疾人教育文化服务】区全年举办社区特奥运动会、残疾人趣味运动会、残疾人艺术展等文体活动近50场。联合社会力量共同开展扶助助残活动，明基医院、江苏省第二中医院等单位开展助残爱心义卖、康复义诊、医疗服务、心理咨询等活动10场。加强残疾人工作宣传报道，在南京市残疾人事业好新闻评选中获得1个一等奖、2个二等奖。

【残疾人康复机构监管服务】2019年，区加强对残疾人康复机构监管和服务，按照南京市阳光惠民监管系统要求，抓好全区215名残疾儿童在28家全市定点康复机构接受康复训练档案和协议审批及360万元救助资金审核、登记及录入工作。加强安全生产监管与指导，联合消防等部门，开展安全大检查，发放整改通知近20份，帮助相关机构实施燃气瓶改管工程2家。启动托养、康复机构综合安防监控系统设计、招标、建设工作。鼓励康复机构立足社会、社区为残疾群众开展助残公益、志愿活动，方舟、南方贝贝、华澳听力等机构公益志愿助残活动实现经常化、制度化。　（区残联）

9月4日，建邺区对区属15家残疾人托养康复机构开展安全大检查
（区残联　供图）

红十字会事业

【概况】2019年，建邺区红十字会有基层组织79家，会员9248人，志愿者3312人，新增登记成为遗体器官捐献志愿者51人，13人完成遗体捐献。

【红十字救助】全年区发放救助款物152.2万元，救助困难家庭2400余户，受助人员4000余人。元旦、春节期间开展红十字博爱送万家活动，发放款物107.02万元，其中，江苏省、南京市红十字会下拨慰问款物4.92万元，区财政拨付款物93.28万元，区红十字会筹款8.82万元。慰问全区重大疾病患者家庭1176户、特殊困难家庭100户、环卫工人913名。慰问敬老院老人380人，为老人们送去牛奶、饼干、蛋糕等价值近4万元慰问品。筹集资金15.90万元，资助全区139名在校家庭困难大、中、小学生。

【造血干细胞捐献宣传】2019年，区红十字会组织适龄居民1129人加入南京市红十字会无偿献血志

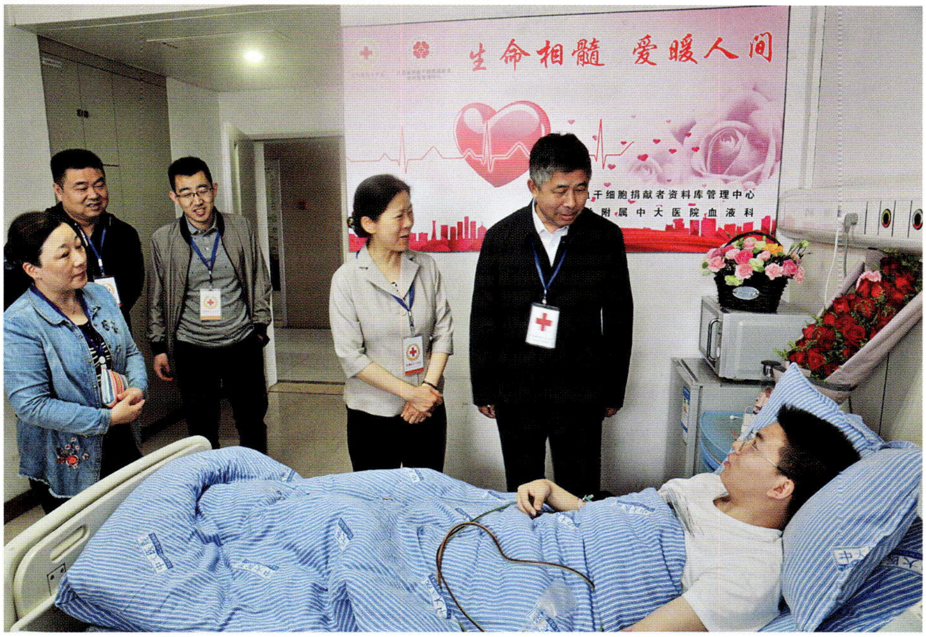

5月15日，南京市红十字会、建邺区红十字会看望慰问区第6位造血干细胞捐献者　（俞宁　摄）

愿者资料库，108名志愿者报名捐献造血干细胞，完成造血干细胞捐献志愿者入库82人。制作《爱心相伴、"髓"你而行》捐献造血干细胞宣传片。7月16日，在建邺高新区开展"心相亲、爱相'髓'"造血干细胞捐献和移植知识集中宣传活动，建邺高新区20家企业120名青年员工参加，有10名爱心员工在活动现场志愿加入中华骨髓库，有22人现场加入无偿献血采集。10月19日，由南京市红十字会主办，建邺区红十字会承办的南京市红十字会系统2019年度造血干细胞捐献工作宣传交流活动，南京市造血干细胞捐献者、各区红十字会工作人员代表、南京红十字血液中心、南京市第一医院体检中心、新闻媒体宣传志愿者等近百人参加。建邺高新区高圣杰成为区第6位、南京市第69位造血干细胞捐献者。

【红十字博爱行动】 2019年，区新成立南苑街道怡康社区红十字博爱家园，在江心洲街道洲岛家园社区挂牌成立红十字志愿服务基地。全区6个街道32个社区开展"博爱光明行"活动，筛查活动61场，筛查3450人，实施手术154台。组织红十字养老照护志愿者开展上门志愿服务70次，开展养老照护知识讲座11场，培训居民550人。联合区教育局、区卫健委举办"热血青春，奉献筑梦"红十字青少年健康促进校园行活动启动仪式，为13所江苏省、南京市级红十字示范校500个班级及全区各中小学医务室、保健室发放红十字急救箱，向学校赠送应急救护培训教学用具，向品学兼优红十字青少年会员赠送学习用品。指导南京市莲花实验学校初中部创成"江苏省红十字示范校"，南师附中新城初中怡康街分校、南京致远外国语小学分校创成"南京市红十字示范校"。11所中小学校开展博爱校园行活动，资助贫困学生6名，发放救助金1.80万元。组织17所中小学的1万名学生参加《中华人民共和国红十字会法》暨红十字青少年自救互救知识竞赛答题活动，南京市莫愁中等专业学校等3所学校获集体

5月6日，纪念世界红十字日广场活动举行　（黎飞　摄）

二等奖，南京市新城初级中学怡康街分校等14所中小学校获集体三等奖。

【红十字救护培训】区红十字会制定《2019年群众性救护培训工作计划》，全区各中学及重点单位救护培训工作实现全覆盖。全年共开展培训240余场，普及培训10064人。其中，为35所中小学校8000名学生开展应急救护知识普及培训；在全区高中及中等专业学校开展救护培训与国防教育结合工作，为中华中学、建邺高中、金陵中学河西分校、南京河西外国语学校及南京莫愁中等专业学校2750名一年级新生开展为期半天应急救护知识培训；为江苏大剧院近500名职工开展应急救护知识普及培训讲座；为莫愁湖公园职工开展初级救护员培训。

【红十字博爱文化宣传】在世界红十字日，区举办纪念世界红十字日暨二十四节气之立夏主题广场宣传活动，举办“幸福建邺、博爱家园”主题宣传橱窗展示评比活动。在全国防灾减灾日，在南京师范大学附属中学新城初级中学怡康街分校、南京致远外国语小学分校开展全校师生地震避险逃生演练活动。在世界急救日，举办广场应急救护知识宣传活动。在世界艾滋病日，在江苏开放大学开展主题宣传活动。开展红十字博爱社区行、校园行活动，不断扩大红十字事业社会影响力。全年各级红十字会共开展活动80余场，发放宣传资料2万余份，参加服务志愿者500余人次，受益群众1万余人。制作红十字知识书签、卡包、折叠袋、红十字急救包等宣传品，制作红十字宣传展板在全区中小学校巡展，传播红十字运动知识和红十字人道理念。

（区红十字会）

婚姻殡葬

【概况】2019年，全区共办理结婚登记5331对，离婚登记3389对，补发结婚登记证690对，补发离婚登记证184对，收养登记0件，解除收养登记0件，涉外国人、华侨、中国港澳台婚姻登记75对，合格率100%。完成社区清明文化宣传活动50余场，实现100%全覆盖。

【婚姻登记服务】2019年，自民政部取消出具“无婚姻登记记录证明”后，区婚姻登记处共协助南京市公积金管理中心、各级公证处、房产部门、拆迁办、法院、律师等具有法律依据部门和工作人员核实婚姻状况超百余件。按照相关规章制度，区婚姻登记处聘请机构对婚姻档案进行电脑扫描录入，与区档案馆联系，及时将婚姻档案移交至区档案馆，确保婚姻档案安全性和完整性。在婚姻登记处设立法律咨询和婚姻家庭辅导柜台，免费为市民提供专业法律、法规咨询和心理辅导服务共计360余件，法院现场受理案件6件。针对当前离婚率倍增现状，建邺区民政局婚姻登记处通过政府购买形式，在全区范围内开展“建邺区婚姻课堂”活动。每月1堂课，针对婚前、婚姻存续期间、离婚后3个不同婚姻状况中所面临各类问题开设课程。

【殡葬管理】2019年，由区民政局牵头，联合各街道办事处，对辖区内殡葬营业场所进行安全巡查，对江心洲骨灰堂进行维护和保养，组织指导各街道和社区开展清明社区祭扫活动。在中元节、冬至节对主要干道进行巡查。（区民政局）

社区建设

【概况】2019年，建邺区推进创建全国和谐社区建设示范区工作，城市和谐社区合格率97.50%，居务监督委员会建成率和居务公开落实率100%，推进国际社区建设，实施奥体、中城2个国际化社区建设。按百户不低于30平方米标准，完成6个社区综合服务中心建设提档升级。开展社区分类治理探索和社区设置（3500户以下）调整，社区设置达标率50%。

【社区治理创新】区于2018年通过民政部组织社区治理与服务创新实验区验收，2019年，建邺区《关于打造建邺“国际客厅”之国际汇邻里空间暨创建“全国社区治理与服务创新实验区”的方案》已分别向民政部政权司及江苏省民政厅政权处作书面汇报。

该方案提出，要完善《国际社区建设指引》，以国际化视野和标准全区域打造环境宜居、配套齐全、服务一流、可持续发展高品质国际化生活社区。探索建立与现代化国际化社区相适应基层社区治理新机制，以社区国际化推进社区治理现代化，全面提升社区服务软实力和国际化服务水平，构建国际化氛围最佳社区生活共同体。2019年，提升青奥社区国际化社区建设品质，将青奥社区打造成融合国际文化、经济、商务商贸、艺术品鉴活动的“World融·创空间”，推进奥体、中城国际社区建设。2020年，借鉴新加坡社区治理经验和北京、上海、广州等地较为成熟国际化社区建设做法，研究提炼出具有新加坡社会治理元素的洲岛国际化特色社会治理新模式，推进洲岛社区成为全省乃至全国“第四代城市”社区新典范，在江心洲全岛域推进国际化社区建设，形成整体示范效应。到2021年年底，国际社区建设向纵深发展，建成国际化社区5个，并通过国际化硬件配套设施优化、社区服务内容完善、服务水准提升、服务人才队伍培育等项目化实施，全面带动河西南部、中部和生态科技岛三大区域国际化氛围。

选择与华中师范大学教授陈伟东专家团队合作（民政部智库专家），以争创全国社区治理与服务创新实验区为导向，探索建立与现代化国际化社区相适应的基层社区治理机制。建邺区在民政部组织的“第四届中国社区治理论坛”主论坛作经验交流，展示建邺区社区治理和国际社区建设成果。

【国际社区建设】区加速推进国际社区建设，在巩固青奥国际社区建设试点成效基础上，实施奥体、中城2个国际社区建设。形成河西中部地区以奥体、中城社区为代表，南部地区以青奥社区为辐射、江湾社区为代表国际社区建设态势，并为在江心洲全岛推进国际化社区建设做好经验积累和实践铺垫。先后协调组织兴隆、沙洲、江心洲等街道及相关社区参加清华大学、华中师范大学专题培训及学习考察8场，开阔眼界、增长见识、提升推进能力。完善双语标识、改造社区人文环境、链接服务资源、引进专业服务型社会组织、引导外籍人士融入社区，开展针对性、个性化、预约式社区服务，以人文环境和服务载体融入外籍居民。为推进创建工作、扩大创建工作知名度和影响力，经多方联系和比选，与南京电视台、东淼文化传播有限公司达成合作意向，在南京电视台《公益南京》栏目播出“国际社区，建邺在行动”专题6次，每次约3分钟；官方微信公众号宣传6次，视频网站转载宣传6次。

【社区减负增效】2019年，区民政局贯彻社区减负要求，对全区60个社区现有工作事项进行全面梳理，完善社区工作清单，严格社区工作准入制度，推动区社区治理体系和治理能力现代化。全区共形成13类18项基层群众自治组织依法履职事项和20类40项协助政府工作事项服务清单，先后取消25项工作任务、48类评比、42个机构、72项台账，整合20个社区网络平台。优化社区治理结构，将社区委居站办升级为三委一中心。促进社区回归自治，采取社区协商、社区公约、小巷总理承诺等民主自治方式，建立健全“民情恳谈、社区论坛、社区评议”等对话机制，增强居委会自治功能和社区治理能力。

【社区服务中心提档升级】2019年，区民政局对全区社区（含9个村改居社区）办公服务用房进行摸底，其中“百户30平方米”达标社区有21个。南京市民政局下达区达标社区数为6个，完成8个。5月、8月，区政府副区长杨晨主持召开2次专题会议，研究通过莫愁湖街道长虹路等10个社区综合服务中心建设方案。各街道负责优化本街道各社区综合服务中心功能设置，区委组织部、区民政局负责核准改造方案，严控装修标准，严格资金管理，改造经费从2019年区社区建设专项经费中列支。

【“五微共享社区”党群服务平台建设】2019年，区“五微共享社区”党群服务平台进行系统升级，将原有“网站＋微信公众号＋小程序”模式整合为App，创新打造一行两档案、公益团购、共享吧、AI语音助手、党建资源展示等模块，实现功能设计更便捷、数据抓取更精准、用户体验更优化。拓展资源提升服务，结合区域化党建，组织60个社区与区内97家非公企业党群共建，资源共享。邀请区“两代表一委员”（党代表、人大代表、政协委员）全部进入平台，组织委员与社区对接会，在“五微共享社区”党群服务平台认领群众微心愿800余个，总金额35万元。2019年，平台被中央电视台、新华社、《新华每日电讯》、《中国青年报》、《新华日报》等媒体多次报道，并入选中国改革年会“2019中国改革年度案例”和智慧江苏建设成果优秀案例。全年平台共发布党建原创信息1万余条，为群众实现微心愿超过90万条，心愿认领率达99.20%，满意率达88.70%，总点击量超过1550万次。

【共享社区品牌打造】2019年，区将社会力量纳入平台，提供智慧停车导引，开通“云尚律所”法律服务平台，开辟“政协委员工作室”，让各类服务走进社区、走到群众身边。全面铺开线下实体店，让身边服务惠及更多群众，为周边居民提供贴心实惠服务，话园社区、庐山路社区、奥体社区24小时服务驿站已建成投入使用。把握互联网时代特点，坚持用户思维，借鉴短视频、积分兑换、红包集赞等方式，开展“小微游建邺”有奖答题活动。10月，依托“五微共享社区”党群服务平台，联合阿里集团蚂蚁金服共同开发“区块链＋时间银行”，成为全国第一个由区块链支持正式落地“时间银行”（是指志愿者将参与公益服务时间存进时间银行，当自己遭遇困难时就可以从中支取“被服务时间”），利用区块链存储、智能合约等技术搭建统一标准合作平台，确保兑换长期有效，解决传统“时间银行”跨区域认证，交叉审核问题，让服务区域更广泛。

9月25日，第三届共享社区节举办　　（区委研究室　供图）

【第三届“共享社区节”举办】9—12月，建邺区举办第三届“共享社区节”，把共享社区服务送进社区，送到建邺居民身边。秉承人人共建、人人共享理念，着眼党建引领、服务民生，创新打造共享社区品牌，围绕建邺居民衣食住行读5大主题，分别开展相应主题专场活动“衣锦建邺”“寻味建邺”“乐居建邺”“畅行建邺”“悦读建邺”，辐射居民群众近6万人次。活动期间，联合苏宁小店、社区商户，2次举办公益团购进社区活动，为用户提供优质兑换权益，感受公益价值。

【社区队伍建设】2019年，全区共有社工894人，持证社工占比65%。根据《建邺区关于深化社区网格化服务治理的工作意见》要求，公开择优招录35名立志于社区工作人员，充实到一线网格。对已入职社区工作者注重实践探索与理论研讨相结合，5月15日开始举办2期全国社工师考前培训，358名报名考试社工参加培训。11月16日，建邺区民政局、建邺区社工协会在莫愁中等专业学校组织开展2019年全国首次高级社会工作师考试送考仪式，全区各街道、社区10名优秀社区工作者报名参加考试。区委、区政府出台《建邺区社区工作者薪酬管理办法》，规范社区工作者薪酬待遇，落实三岗十八级。建立社工基本工资同南京市最低工资标准同步自然增长机制，解决社工后顾之忧。年内为全区851名社工开展身体健康检查活动，提升社工职业幸福感。　（区民政局　区委研究室）

社会组织管理

【概况】2019年，全区有社会组织873家，其中，民营非经济组织787家、社会团体80家、基金会6家，每万人拥有社会组织数17.50个，超出指标0.50个。社会组织评估率50%，达市级目标要求。民办社工机构数19个，全区持证社工661人，每万人持社工证人数达13.50个。江苏省民政综合业务平台中社会组织登记管理网上填报系统和社会组织管理信息系统已经成为办理社会组织审批登记、年检年报等日常工作平台，系统使用录入率为100%。落实政务公开制度，统一归集社会组织信息资源，在区政府网站公开社会组织登记、变更，社会组织年检结论、评估信息168条；在江苏省政务服务网公开158项行政权力清单和15项公共服务事项清单。

【社会组织登记管理】2019年，区民政局优化登记手续，提高社会组织登记效率，同时运用年检、评估和信用披露等手段抓好监督管理，加快构建社会组织服务支持体系和综合监管体系。严格实施资格审查，强化登记准入。在业务主管单位前置审查基础上，按照登记管理条例，对具有企业法人背景发起人和拟任管理层人员个人征信报告、无犯罪记录证明严格审查，对其背景企业信用情况进行全面调查，对企图利用社会组织非营利属性搞变相利益分配、进行关联交易坚决不予审批。严格施行年检，强化风险管控。通过审查社会组织年度工作报告和财务审计报告，重点检查社会组织管理层人员变化是否依法依规进行变更、年度资金出入是否合规合理、重大活动开展是否符合组织章程。对全年无资金往来公益性社会团体、存在负债经营民办非企业，会同各业务主管单位加强联合审查，进行风险评估；对有大笔资金周转或大额存量资金组织，会同审计部门进行专项审计，提高年检工作对社会组织全面监管作用。增加社会组织透明度，促进社会组织内部自律和外部监督。

【社会组织年检和评估】2019年，区民政局对社会组织进行2018年度年检，年检总数248家，其中，民非组织参检199家，合格189，基本合格10家；社会团体参检43家，合格37家，不合格6家；基金会参检6家，合格6家；总体合格率97.51%。2019年度评估社会组织49家，其中，被评为AAA级23家、AA级17家、A级9家，向南京市社会组织评估委员会推荐参评AAAA级社会组织1家。

【社会组织党建】2019年，区民政局按照基层党建工作要求，加强社会组织党建工作，在社会组织章程制订中融入党建内容，明确增加“根据中国共产党章程的规定，设立中国共产党的组织，开展党的活动；社会组织应当为党组织的活动提供必要条件”内容。在申请成立新社会组织时，除要求提交原有申请材料外，还要求提交《社会组织党建工作承诺书》和“新建社会组织党员情况表”；对存量社会组织，在办理变更登记时重点了解党建工作开展情况，提升党建工作水平。对具备条件但未建立党组织的社会组织，一律不得评为AAA以上等级。

（区民政局）

民族宗教事务

【概况】2019年，建邺区促进民族团结进步，依法管理民族宗教事务，充分发挥民族宗教界作用，创建莫愁湖街道明园社区民族特色示范基地。把贯彻执行宗教工作政策法规纳入考评体系，宗教工作纳入年度区双百制考核，宗教经费列支纳入年度预算。莫愁湖街道文体社区“少数民族法律服务维权站”、兴隆街道桃源居社区“智能化养老平台的建设”、沙洲街道中奥社区“红石榴之家”等6个民族工作一家亲工作站建设项目初审通过并按序展开。

【中考少数民族学生民族成份审核确认工作】2019年，区民族宗教事务局就考生民族成份审核召开专题会议，安排2019年度中考少数民族考生民族成份审核工作。审核确认出具有回族、满族、苗族、壮族、土家族等8个少数民族中考学生证明98份，较2018年增加15人。

【少数民族牛羊肉补贴】区明确2019年度少数民族牛羊肉补贴工作具体时间节点和注意事项，安排近3年回族等10个少数民族牛羊肉补贴发放情况梳理统计工作，共为9572名少数民族发放牛羊肉补贴1353396元。

【宗教政策法规宣传】2019年，区委统战部组织辖区宗教事务工作人员及宗教教职人员学习新修订《宗教事务条例》，邀请南京市民族宗教事务局负责人及专家学者为区、街、社区负责人、宗教工作人员及场所教职人员进行辅导。全区宗教活动场所负责人及教职人员撰写学习体会30余份，制作宗教法律法规、社会主义核心价值观、中华优秀传统文化宣传展板等30余块。全区所有社区和学校均已配发《宗教事务条例》和相关政策法规读本。利用区、街、社区电子屏幕、宣传橱窗、网络平台等载体定期滚动播放宗教方面相关法规制度，提升区域民众及宗教界对现行宗教政策和问题的正确认识。

【区基督教三自爱国运动委员会成立】4月12日，召开南京市建邺区基督教三自爱国运动委员会第一次代表会议，审议并通过《建邺区基督教三自爱国运动委员会章程》，选举并产生区基督教三自爱国运动委员会第一届委员会委员、常委等。（区委统战部）

应急管理

综　述

【概况】2019年，建邺区统筹调度应急管理、防灾减灾等基础性工作，全年，区委常委会、区委常委扩大会、区政府专项会议先后20余次专题研究应急管理工作。建立健全各种预警和应急机制，提高政府应对突发事件和风险能力。坚持预防与应急相结合，常态与非常态相结合，做好应对突发公共事件思想准备、预案准备、组织准备以及物资准备等。

【应急指挥体系建设】2019年，区应急管理局对全区自然灾害、事故灾难、公共卫生、社会安全等方面预案进行全面调研梳理，启动新预案编制工作，并组织实战化演练活动，确保预案科学性和合理性。为提升预案修订工作科学性、前瞻性和操作性，区应急管理局与南京工业大学蒋军成团队合作，对全区总体预案和部分专项预案组织调研撰写，于11月完成《建邺区突发事件总体预案》和《建邺区生产安全事故专项预案》等20项预案，实现应急预案修订工作到边、到底、全落实、全覆盖、可视化、智能化。为提高对突发事件的快速反应能力、联动协作能力、处置救援能力，6月，组织突发事件应急演练活动，以危化品运载车辆突发事故为科目，组织多部门，共同开展综合应急演练。整场活动重点演练事故报告程序、预案启动程序、应急响应程序、事故处置等内容，检验区应急管理综合作战能力，以及部门处置突发环境事件能力，达到预期目标，演练成功。及时启动24小时应急值班值守，确保应急指挥通畅。自5月1日开始，为贯彻落实国家及江苏省、南京市应急管理机构应急处置值班要求，高标准落实应急值班值守制度，认真贯彻24小时负责人带班和值班值守，及时发布预警信息，做好各类应急处置。

【应急管理信息化建设】2019年，区应急管理局以建邺区中新智慧城市示范区建设为契

3月25日，2019年全区应急管理和安全生产工作会议召开
（区政府办　供图）

机，围绕“立足实战、贴近实际、服务实战”建设理念，突出顶层设计，强化规划引领，明确区应急管理信息化建设三步走发展路径和“统筹规划、分步实施、急用先建”建设思路，拟制以信息化推动应急管理现代化中长期发展规划，推进区应急管理信息化建设跨越式发展。加强应急预案体系化管理，建设建邺区应急预案管理系统，建立健全区域各级政府机构、企事业单位预案目录体系和统一管理体系。在目录体系上，构建“1+N+N”目录体系，实现1个建邺区总体预案，N个专项预案和N个专项预案子预案。建立各业务领域应急预案资源库，对各预案文本进行结构化预处理，实现在非常态下与各事故灾害上报警情、物资、应急参与机构、救援队伍等信息关联匹配、智能重组，快速动态生成符合该事故灾害救援特点的应急救援预案，打破传统应急预案静态文本阅读模式，有效提高应急救援预案实战应用精准性和预案启用高效性。形成应急资源数字化应用，构建面向建邺区应急资源数字化辅助配套信息库，实现对全区及周边行政区域各项应急资源（如庇护场所、救援队伍、应急专家、应急物资、物资储备库、医疗卫生、通信保障、应急资料等）、风险隐患信息（如危险源、隐患点、防护目标等）系统化梳理，建立数字化存储、动态更新、可视调阅机制。

【卫生应急事件处置演练】区全年接报2起突发公共卫生事件，南京市建邺高级中学诺如病毒暴发疫情和江苏城市职业学院金黄色葡萄球菌肠道毒素导致食物中毒（2起事件均已结案，定级为一般级）。突发公共事件医疗救援和信息报告及时、规范，及时报告、及时处置率100%。制定应急培训演练工作计划，完成辖区各级各类医疗机构传染病和突发公共卫生事件报告管理培训。开展对医疗机构腹泻病门诊工作培训，组织全区医疗机构参加手足口病、登革热防控电视电话培训，学校托幼机构因病缺课及常见传染病防控等教育培训项目。完成卫生应急物资储备仓库盘点及装备更新，按需提交物资采购申请，及时补充储备，按程序报批过期物资报废。区卫健委有计划组织开展应急演练，开展医疗机构从业人员互救自救技能培训，培训780余人次，群众自救互救技能宣传培训5000人次；与区红十字会联合开展居民自救互救技能培训，达8000余人次。区卫健委组织完成2019青奥艺术灯会、华颂庆祝新中国成立70周年活动、世界智能制造大会等重大活动医疗卫生应急救护保障142次，派遣医疗保障人员260人次，保障车辆40余台次，全年应急医疗保障经费13万元。

【应急管理主题宣传】2019年，区全面启动“安居乐邺”应急宣传主题活动，聚焦中心工作、智慧应急、宣教科普、典型案例4大重点，以新闻宣传、社会宣传、主题宣教为形式，宣传建邺应急管理的创新举措和实际成效，普及防灾减灾常识和自救互救技能，推进以安全价值观为核心的应急文化建设，打造应急宣传全民模式。推出应急宣传卡通代言人“海皮”（happy）和“塞弗”（safe），并以此为原型，创作系列公益宣传动画片8篇。精心制作《公众应急指南》画册，从自然灾难、事故灾害、生活风险、应急救护4个方面，图文并茂全面普及应急救援常识，有效提升民众突发事件应对能力和水平。首次举办面向辖区儿童的“应急小卫士”夏令营活动，精心设置交通安全、卫生救护、溺水急救、人身安全防范等课程，旨在以体验式教学形式向10~12岁少年儿童普及应急安全常识，减少儿童意外伤害。

（区应急管理局）

防灾减灾

【概况】2019年，区成立减灾委员会，健全完善工作机制，强化基础建设，营造宣传氛围，增强群众防灾减灾意识和普及推广防灾减灾知识、避灾自救互救技能。区减灾委员会指导全国综合减灾示范社区创建工作，江心洲街道洲岛家园社区、兴隆街道金典社区被国家减灾委、应急管理部、中国气象局、中国地震局4部委联合评为全国综合减灾示范社区。

【防灾减灾宣传】2019年，区结合年度国际减灾日系列宣传活动，面向社会尤其是中小学普及地震、台风等自然灾害知识，增强防范应对自然灾害基本技能。开展防灾减灾知识进社区巡展，结合第30个国际减灾日，开展主题为“加强韧性能力建设，提高灾害防治水平”防灾减灾知识进社区巡展活动，到6个街道6个社区，累计参观1200余人，制作展板22块，发放宣传资料1200余份，现场咨询600余人次，制作横幅60条，总投入4万余元。举办全国防灾减灾日广场活动，区应急管理局联合兴隆街道办事处在河西万达广场举办全国防灾减灾日广场活动，活动期间，各部门累计接受市民和企业员工咨询400人次，发放各类安全知识宣传品5000余份。

11月15日，2019年建邺区校园防震疏散救援演练举办（姚裕　摄）

【校园防震疏散救援演练】区减灾委员会在建邺区实验小学分校举办“2019年建邺区校园防震疏散救援演练”活动，区7个单位、700余人、5台车辆参演。本次实战演练是机构改革救灾职能转移后，建邺区组织的第一场综合性应急救援演练，首次在多个环节投入社会应急救援志愿者力量。

【自然灾害民生保险】2019年，区应急管理局为全区41.20万常住人口、13.40万住户无偿购买自然灾害人身意外伤害保险和自然灾害家庭财产综合保险，涉及保费67万元。

【地震监测】9月5日16时14分24秒，建邺区范围内北纬3201度，东经11841度，发生地震，震级1.60级，震源深度19千米，因震级小、震源深度深，未造成人员财产损失。

（区应急管理局）

安全生产

【概况】2019年，建邺区推进安全生产隐患排查治理，开展重点行业领域“三合一”场所（住宿与生产、仓储、经营一种或一种以上使用功能违章混合设置在同一空间内建筑）消防安全、环保油整治、建筑工地专项整治，推进城市安全风险源普查建档和网格化管理等基础建设。围绕建筑施工、危险化学品、燃气使用、人员密集场所、重大隐患挂牌单位等重点行业领域，全面开展安全检查，各级党政负责一部累计带队检查532人次，检查企业437家次，排查整治安全隐患432起。为认真吸取响水“3·21”特大爆炸事故教训，组织开展安全生产隐患大排查大整治行动，全区共组织检查组4487个，参与检查人员16528人次，检查企业单位10058家，排查发现整治一般安全隐患9893起，对南湖菜市场、华冠家居广场等11处重大隐患实施区级挂牌督办，至年底隐患已全部整改到位；约谈企业负责人46人次，事前立案65起，处罚50.90万余元。

【安全生产专项整治】2019年，区应急管理局组织各街道、各部门、各单位聚焦危化品、建筑施工、交通运输、人员密集场所、冶金工贸和易燃易爆等重点行业领域，开展各类安全生产专项整治工作。组织召开区属建设工地负责人安全生产事故警示教育会，全面排查梳理尤其是动火作业方面安全隐患，加紧整改。以每周情况通报、督导检查、街道交叉检查等方式督促各街道、各部门、各单位落实防风险保平安迎大庆消防安全大检查工作要求，印发《十三类消防场所安全自查检查》手册。成立3个专门工作组，牵头推进154家“三合一”场所消防安全、环保油整治，同时，组成联合检查组对南京师范大学附属新城小学、陶行知小学消防安全隐患进行检查督查。针对区域内少数高层住宅受地质条件影响出现地下管网断水问题，利用垂直管网进行技术改造，修复消防安全盲点。同时，打造建邺区民生项目消防物联网综合监管平台，在全区各相关场所安装燃气报警装置和烟感探测器，通过无线传输技术实现24小时实时监测，处置在早、处置在小。

【危险化学品专项治理】2019年，区应急管理局开展危险化学品专项治理、危化品安全风险摸排和化工企业安全风险评估等一系列监管工作，开展危化品监管一体化平台建设。结合危化品综合整治工作，完成重点涉及危险化学品单位及加油站安全隐患整治，建立危险化学品安全风险分布档案。对涉及重大危险源的2家水厂（非化工企业）完成专家会诊，督促企业整改到位，并健全重大危险源档案。对全区9家加油站，聘请专家进行风险排查，并对检查出的隐患进行彻底整改，完善9家加油站一企一档。认真指导辖区危化品企业开展城市安全风险源普查建档，填报企业基本信息安全生产承诺清单。加强人员培训教育，全年共举办培训班3期，培训人员300余人次。严格执法，对违法行为发现一起，查处一起，全年共查处中石化集虹加油站、古田化工等危化品单位5家，立案6起，罚款金额3.80万元。

【工业企业安全生产】2019年，区发改委牵头组织街道、相关执法部门对全区工业企业进行安全生产检查60家次，出动检查人员110人次，查出各类安全隐患22处，对查出的一般安全隐患当场提出整改意见，并做好后期指导、跟踪、督查、整改工作。发放各类安全生产宣传资料70余份，促进全区工业企业安全生产稳定向好。

【商务领域安全生产】2019年，区商务局加大安全生产检查力度，定期对商贸服务企业开展安全生产检查和培训，督促企业严格履行安全生产主体责任。先后聘请2组安全生产机构，协助开展安全生产检查工作，一组专职负责商场、超市安全生产检查，一组专职负责餐饮、住宿和菜市场安全生产，确保全区商贸流通行业安全生产形势持续平稳。全年检查企业共228次，出动检查人员618人次，整改、纠正安全隐患20次。

【安全生产行政执法】2019年，区应急管理局以企业达标创建、双重预防机制试点、双随机检查等工作为抓手，充分发挥综合监管职能，通过强化队伍技能、依托专家保障，在全辖区多领域开展专项执法、综合执法、联合执法，保持执法高压态势，实现事故起数和死亡人数双下降，推进全区安全生产形势稳定和好转，安全生产执法工作走在全市最前列。全年安全生产行政执法检查480余家次，各类生产经营单位自我检查179家，派出检查人员600余人次，发现和查处各类安全隐患640余处，处理投诉举报16起；事故调查2起（其中南京市应急管理局委托事故查处1

起），处罚金额48.10万元，全年罚款共计99万元。

5月12日，建邺区举办全国防灾减灾日广场咨询活动　（姚裕　摄）

【安全生产宣传咨询日活动】6月14日，区安委办在河西万达广场，组织开展由区安委会成员单位和有关街道办事处参加的安全生产宣传咨询日活动，活动主要以定点咨询、宣传品发放、展览展示、有奖问答、体验性活动等形式向广大市民和企业职工宣传普及安全知识，提供安全政策法规、应急救援、技术装备应用、防护用品使用等方面咨询与服务。全区安全监管人员，驻区部分企业员工和市民共计600余人参加活动，活动期间，各部门累计接受市民和企业员工咨询400人次，发放各类安全知识宣传折页、手册、宣传袋3600余份。

【安全生产教育培训】2019年，区应急管理局在全区企业中开展以安全监察人员和企业单位主要负责人、安全管理人员、特种作业人员为重点的安全教育培训工作。制定下发《建邺区安全生产教育培训工作实施意见》，对全区各街道园区、部门和企业安全教育培训范围、培训对象、培训期次、培训人数、培训组织等进行明确。重点督促企业单位“三项岗位”人员（生产经营单位主要负责人、安全管理人员和特种作业人员）参加安全教育培训，确保全区重点生产经营单位“三项岗位”人员培训合格率达100%。严密组织不同层次人员培训，组织全区安全监察人员82人次参加上级安全知识培训；组织2期街道园区、重点行业部门安全监管人员122人次业务知识培训；组织各类生产经营单位主要负责人96人、安全管理人员176人参加取证或复审培训；督促特种作业人员60人参加取证或复审培训；组织全区进城务工人员350人参加安全知识培训。

（区应急管理局　区商务局　区发改委）

消　防

【概况】2019年，全区火灾形势稳中有降，2、3级消防安全重点单位未发生火灾事故。全区全年共计接处警508期，出动救援车辆1102辆，救援人员5632人，处置真实火警134起，与2018年同期相比下降15.70%。未发生有较大影响火灾事故。

【消防基础建设】2019年，区投入1770万余元用于全区消费基础建设，比2018年增加近1000万元。强化水源建设，利用老旧小区出新和市政道路改造，新建100个市政消火栓，新建消防取水码头1处。强化消防物联网建设，通过加装独立式感烟探测器、独立式燃气报警装置、简易喷淋以及水系统末端压力传感装置，率先在全市建立区级消防技防云平台，纳入智慧建邺管理，提升薄弱场所消防监管智慧化水平，确保报警早、处置快，优化系统报警信号处置模式，实现闭环管理平台在线运行，实现同步监测点位1.20万余个，与1.20万余名关联人实现短信、电话及时互通。强化社区基础消防建设，全区339家消防安全重点单位、57个社区全部建成微型消防站，对老旧小区电气线路整治、加装室外消火栓等方式提升预防和处置火灾能力，承担全市微型站管理标准化试点工作。做好高层住宅固化水带工程建设，完成近300个单元改造任务；推广智能化电动车充电桩建设，完成200余套智能电动车充电桩安装工程；完成电气火灾监控系统安装工作，全区新建简易喷淋1万平方米，提升不放心区域和单位安全性。

【公共消防宣传】2019年，区全年投入专项资金385万元，用于提升公众消防能力和水平。印制消防知识读本，会同区教育局做好全区中小学、幼儿园消防知识读本全覆盖，中小学开展消防宣传进课堂等基础工作；在旺角广场、金融城、南湖社区中心等处建立消防体验馆，分商业、高层、社区建设3个不同类型消防体验馆，已建设完毕投入开放；投入60余万元，购置消防宣传车一辆，用于消防宣传工作；在全区确定10处公众聚集

11月7日，区消防体验馆对外开放　　（区消防大队　供图）

场所设立消防集中宣传阵地（面积 50 平方米）；利用社区服务中心、群众活动广场、公园等人员集中区域，建立不少于 20 处小型宣传阵地（面积 5 平方米）；在全区范围内种下 500 颗消防平安树。

【消防执法】2019 年，区消防大队梳理分析全区消防安全状况，梳理出省级挂牌重大火灾隐患 1 家，市级挂牌重大火灾隐患 3 家，区域性火灾隐患 7 家，不放心隐患单位 18 家。年内省级挂牌隐患中泰国际广场隐患，已进场施工整改，3 家市级挂牌全部摘牌销案；7 家区域性隐患和 18 家不放心单位消防问题得到改善。强势开展执法，打击违规行为，区消防救援大队共计开展监督检查单位 4141 家次，发现火灾隐患或违法行为 6623 处，下发责令改正通知书 3500 份，督促整改火灾隐患或者违法行为 5969 处，立案查处 207 起，实施临时查封 62 处，责令“三停”（停产停业、停止使用、停止施工）单位 31 家，行政处罚罚款 222 万余元。针对突出问题，开展联合执法整治，联合区房产局，动用物业维修资金约 600 万元，修复 13 个小区消防设施；联合街道针对高层建筑使用瓶装液化气问题，通过气改油改电、液化气改管道气、发函燃气经销商以及集中收缴等方式，对 130 余户违规用气单位进行集中整治；联合建设等部门，开展智慧工地、安全工地创建等活动，开展综合性演练 12 次；联合街道、公安派出所针对九小场所、群租房等开展消防执法工作。通过执法，督改一大批火灾隐患和违法行为。

【“2020 南京青奥艺术灯会”消防安全防控】2019 年，为保障“2020 南京青奥艺术灯会”期间消防安全，建邺区成立工作领导小组，按照安全第一、预防为主原则，结合冬春火灾防控工作要求，加大对灯会前期及举办期间消防安全检查力度，强化灯展布置、材料使用、电气线路敷设、用电负荷等灯展核心区检查，确保灯展核心区消防安全。强化核心区周边区域重点单位、不放心场所以及九小场所检查，提升防控等级，通过签订责任书、开展“六个一”（开展一次消防安全评估、签订一份消防安全承诺书、维护保养一次消防设施、组织检测一次电气和燃气线路设施、全面清洗一次油烟道、集中培训一次全体员工）工作，提高社会检查、发现、整改、预防火灾隐患能力，落实灯会期间消防现场执勤和防火巡查措施。强化对辖区重点单位、重要场所消防安全责任人、管理人、消防控制室值班人员及员工培训，提高从业人员消防安全素质，指导制定针对性强的应急疏散逃生预案，做到一旦出现险情，能够快速有效组织人员疏散逃生。

【区联防联治商圈微型消防站业务技能比武竞赛活动】11 月 8 日，建邺区举行 2019 年联防联治商圈微型消防站业务技能比武竞赛活动。万达广场商圈、新城科技园商圈、台湾名品城商圈、河西CBD商圈29支方阵120人参加，分佩戴防烟面罩项目、50米油盆灭火项目、2盘水带连接项目3个组项开展业务技能比武竞赛。经过角逐，以综合竞赛成绩颁发个人项目和团体奖牌奖品。

（区消防大队）

6月10日，建邺区2019年防汛防旱工作会议召开　（区政府办　供图）

街道概览

莫愁湖街道

【概况】莫愁湖街道东至秦淮河,西至江东中路,南至集庆门大街,北至汉中门大街,辖区面积4.30平方千米。下辖13个社区,分别是莫愁湖社区、水西门社区、长虹路社区、沿河社区、凤栖苑社区、明园社区、江东门社区、北圩路社区、艺苑社区、文体社区、蓓蕾社区、茶亭社区、兆园社区。

【基层党建】2019年,莫愁湖街道深入开展“不忘初心、牢记使命”主题教育,落实书记抓主题教育,推动主题教育全覆盖,走实走心,为群众解难题、办好事320余件,先后挖掘180余篇初心故事,选树10名先进典型、130名身边榜样,“初心回忆初心榜样初心行动”主题活动获主题教育巡回指导组充分肯定。打造茶亭社区全省首家学习体验馆,成为学习强国App线下打卡点,登上学习强国App头条报道。指导建成恽代英红色教育馆,开办水西门家风实景馆,打造党员干部理想信念教育和革命传统教育实践课堂。推进社区党群服务中心建设,99个基层党组织优化为116个,完成104个党支部换届,实现党建网格标准化规范化全覆盖。各社区优化充实43名大党委兼职委员,携手江苏省发改委、江苏省妇联、江苏省规划和自然资源厅、江苏省政务中心、江苏省统计局、江苏省淡水研究院等单位共建“莫愁红”党建朋友圈,全年共建活动70余场。打造莫愁湖社区万科金色家园“红色物业”,获得区委高度认可;莫愁湖社区许效康书记工作室被评为区级“支部书记工作室示范点”。街道组织区人大代表“进选区、进家室、进平台、进窗口、进热线”活动,开展政协12306活动,建立“莫愁街坊”议事会,围绕辖区热点、难点问题展开调研。配合打造莫愁湖西路儿童・家庭友好国际街区,组织辖区青年开展半月谈分享12次,彰显党群共建合力。

【经济服务】2019年,莫愁湖街道成立“莫愁蚁服”企业服务中心,建立“莫愁蚁服”群、夸夸莫愁老板群,印制“莫愁蚁服”服务卡,做好企业服务保障工作。5月,全街道46个网格经济专员完成辖区4000余家企业走访。在10月26日第九届中国智能产业高峰论坛上,以“中国第一街道”品牌推介营商环境,将全国爱国主义教育基地江东门纪念馆、恽代英烈士教育基地、中国云锦博物馆、莫愁湖公园、新中国成立70周年阅兵庆典全国唯一央视现场连线直播点等作为街道名片。研究制定《第三方产业招商合作协议》,并与10家中介机构(包括北京、上海、杭州各1家)集中签约。街道落地企业135家,在谈21家,其中注册资金500万以上31家,实缴注册资金1000万以上2家。完成高层次创业人才引进(市级)1人,(区级)3人。

街道盘活低效载体，选择欧洲城3500平方米载体，联合专业第三方运营机构打造莫愁智慧谷·智能终端产业园。

10月12日，2019江苏省“敬老月”活动启动仪式在莫愁湖街道举行
（刘毅 摄）

【民生保障】2019年，莫愁湖街道现有低保967户1320人，通过阳光惠民和民政信息比对系统结果，全年新进低保32户45人，退出89户129人，边缘127户251人，新进20户38人，退出57户149人。全年医疗救助174人次41.47万元，解决8名特困人员医疗住院费用7.96万元。区慈善超市发放救助物品23.93万元。为93户困难家庭申请保障住房。2019年，残疾人证办理首次下放到街道，共办理残疾证157人；全年为452名残疾人发放专项补贴47.70万元；发放困难残疾人生活补贴5198人次，262.67万元；发放重度残疾人护理补贴7584人次，98.67万元；重度困难残疾人机构护理服务386人次，补贴15.40万元；精神病监护人以奖代补751人次，15.20万元；街道完成26户残疾人家庭无障碍改造，为15名残疾人提供免费职业技能培训，帮助8名残疾人实现就业，为残疾人购买意外伤害和大病保险；在5月19日第29个全国助残日，举办“自强脱贫，助残共享”为主题宣传活动。街道建立“养老指导中心、日间照料、社区养老综合体、老年小饭桌”4级服务体系，累计助餐65781人次、送餐23494人次，老人智能手机培训81场次，建立1200余人以老养老志愿群，走访空巢独居高龄老人7856人次，为全街4113名80岁以上老人发放尊老金244.73万元。完成新增城镇就业人员4428人，帮扶困难人员再就业250人，帮扶上岗286人，完成再就业2352人。抓好文化惠民服务，连续2年承办江苏省敬老月活动启动仪式。组织“风雅颂莫愁、街巷大舞台”品牌特色文化活动，累计开展品牌特色大型文体活动20场、小型活动220场等。打造“阅读365，悦享每一天”活动品牌，依托文化站、宣德堂主阵地，开展各类读书活动30余场，7800余人次参与。优化窗口政务服务，街道便民服务中心完成南京市政务服务宁满意工程“一城

通”工作，建设24小时自助政务服务不打烊小屋，将发改、公安、税务等不见面审批事项引入中心大厅，为企业、百姓办事提供便利。

【城市管理】2019年，莫愁湖街道创建1个爱国卫生示范片、2条餐厨垃圾规范化收运一条街，124个小区垃圾分类宣传设施已覆盖。以背街小巷、老旧小区、农贸市场、六小行业为重点，组建7个督查组实施全域滚动检查。完成26个老旧小区、11条街巷整治，拆除违建198处5454平方米，整治倚门出摊1.80万余起，取缔流动摊贩1500余处，规范门头店招250余家，清理牛皮癣70余万张，清理废弃沙发床垫1000余件，清理杂物装潢垃圾1000余车700万余千克，街巷车辆违停贴单1.50万余张，清理违停共享单车4万余辆，新增非机动车泊位133处，清运僵尸车29辆。7名街道河长及8名社区河长，定期对“两湖五河”（两湖：莫愁湖、南湖；五河：南湖北河、南湖南河、南湖东河、外秦淮河、莫愁泵站进水渠）开展巡查共计512次，4100千米。拆除河岸违建40处800平方米，完成239户排水许可证年检任务。

【安全稳定】2019年，莫愁湖街道建立健全安全生产、消防责任监管网络和分级分类管理、逐级上报、登记建档等工作制度，常态化开展安全生产大排查大整治，按照4个风险等级将7677家企业录入安全生产执法监督检查平台。对辖区危化品经营使用单位、建筑施工单位、“九小场所”、特种设备生产使用单位、燃气使用单位等487家单位实地检查，出动检查人员718人次，发现隐患431处，整改429处。食品安全检查餐饮企业512家，发现使用环保油餐饮场所共13家，全部拆除环保油使用装置。经排查餐饮场所共有559家用气单位，其中使用天然气162家，仍用瓶装液化气356家，经宣传发动有125户申请改造天然气，改造任务完成80户。老旧小区车棚专项整治，清理安置居住车棚内人员17人，改造3940平方米，安装52个充电桩，建成2个无飞线示范小区。对辖区内24家学校周边食品安全进行日常巡查及突击检查。设立流动宣传展板52块，发放防震减灾宣传册1200余份，燃气使用手册568余份，环保油禁用宣传手册530余份，安全生产致商家一封信2400余份，通过社区电子显示屏循环播放等方式营造氛围。累计接待居民到访1026人次，处理区以上各类信访件127起，回复率和办结率均100%，作为责任单位化解信访积案5起，积案化解率100%。增设扫黑除恶专项斗争信访接待室，张贴宣传海报730张、悬挂横幅295条，20块电子屏滚动播出，提升知晓率。

【生态环境】2019年，莫愁湖街道严控工地污染，建立高频次巡查制度，累计巡查施工工地4450余家次，发现扬尘管控措未落实116个，全部整改到位。加强餐饮油烟防控，对174家餐饮店集中整治，组织湖西街24家餐饮店油烟净化器集中清洗，创建湖西街环保示范1条街，制作450块餐饮服务环保管理监督公示牌，发放已达标商户悬挂，便于日常巡查和民众监督。辖区3家企业执行臭氧超标污染限产停产措施，完成锅炉低氮改造1台。街道日常利用电子显示屏、横幅、环保宣传栏等载体，宣传环保知识和群众环保公约。

9月27日，江苏省老旧小区综合整治现场会在莫愁湖街道召开

（莫愁湖街道　供图）

【片区改造】2019年，莫愁湖街道为保障南湖中、西片20余个小区出新改造，组建小区出新工作组，对居民开展政策宣传，依法拆除院落违建，协助召开民主整治会，协调交警四大队解决停车难等问题，化解因拆违、施工引发矛盾。向小区居民发放临时停车证1000余张，办理因改造造成的12345投诉500余件，现场协调化解矛盾800余起。南湖中、西片改造工程收边收口，天顺苑、气象学院宿舍2个小区出新及北圩路片区改造工程启动。江苏省住房城乡建设厅全省老旧小区综合整治现场会在莫愁湖街道召开。

【司法所工作模式创新】2019年，莫愁湖司法所以法律+科技为引领，推行司法所“柜台式、窗口化、专业化、综合化”开放服务模式，以便民利民窗口形式服务，将心理干预结合特殊人群监管工作，通过购买专业心理机构服务，提高监管质效。推动“三所一庭”（司法所、派出所、律师事务所、法庭）联合共建，与辖区派出所共建，加强对重点刑满释放人员监管力度；与律师事务所共建，通过购买法律服务，律师定期坐班提供专业法律服务，不定期按辖区居民需求提供上门法律问题解答；与法庭共建，将诉前调解与人民调解相结合，相互参与，多元化调解社会纠纷。（莫愁湖办事处）

兴隆街道

【概况】建邺区兴隆街道地处南京河西新城中心区域，东起江东中路、南至河西大街、西至长江夹江、北止汉中门大街，辖区面积7.01平方千米。街道下辖12个社区，分别是仁河社区、积善社区、桃园居社区、月安社区、正达社区、金典社区、奥体社区、乐山路社区、香山路社区、苍山路社区、融侨社区、上新河社区。

【基层党建】2019年，兴隆街道科学设置58个网格党支部，在全市率先探索网格党支部标准化、规范化建设，研究出台《兴隆街道关于开展新时代社会治理背景下网格党支部标准化规范化建设的指导意见》，建立网格党支部建设指标体系。7月4日，网格党支部标准化、规范化经验被《江苏改革简报》向全省转发，徐州、山东、淮安等多城市街道参观学习。与中华中学、南京市妇幼儿童活动中心、南京市园林经济开发有限责任公司、长江航运公安局南京分局、江苏省农业宣传教育与文化体育中心、江苏大剧院、奥体建设开发有限责任公司7家辖区单位联合成立大工委，构建以街道工委为核心、辖区单位党组织共同参与的区域化大党建格局。在街道所属11个社区推行大党委，以实事项目为牵引，围绕区域发展需要、党员群众和驻区单位需求，研究制定区域化党建清单和项目清单，采取与驻区单位党组织双向认领、双向服务方式，签订合作协议，做出公开承诺。基层党建品牌创新创优，深化“智慧＋党建”“互联网＋惠民服务”场景应用，奥体社区24小时惠民服务旗舰店建成投入运营使用，成为线下五微驿站新样板。苍山路社区软弱后进党组织整顿提升效果显著。围绕打造红色物业，选取月安社区汇景国际小区金基物业进行试点，将党组织向居民小区延伸，强化党对物业服务的领导。

12月4日，兴隆街道“不忘初心、牢记使命”主题教育专题民主生活会召开
（兴隆街道　供图）

【经济服务】2019年，兴隆街道加强对现有招商人员培训力度，开设双周经济讲堂，邀请专家现场授课，组织学习招商政策，打造专业化招商队伍。开展高层次人才和高科技企业引进和

培育工作，共引进企业58家，其中注册资本1000万元以上企业16家。引进南京市外高新技术企业1家，引进高层次创新创业人才3人，指导推荐森迷科技等3家企业申报高新技术企业认定。发动社区开展对属地重点企业走访，通过内部会办协调解决企业问题50条。先后走访重点企业400余家1000余人次。研究出台《兴隆街道领导挂钩服务重点税源企业制度》，明确街道负责人挂钩对象、服务内容和工作要求，做好税源企业服务和非属地企业税收迁入工作。

【民生保障】2019年，兴隆街道继续深化一社一特、一项一特、一组一特品牌特色，开展社工牵头项目化服务、优秀社区工作法实践探索。打造奥体社区国际社区，完成金典社区国家级“防灾减灾示范社区”创建。深化街道社联会“1+5”体系建设（“1”指党建引领社会组织；“5”指社会组织发展体系、管理体系、服务体系、培育体系和评估体系），30%以上社区已成立社会组织创客营，开展街道、社区两级公益创投活动。高标准提供居家养老服务，加快推进街道精金花园小区日间照料中心、中央厨房和时间银行建设；全面优化养老社会组织服务内涵，在部分社区探索建立智慧养老、老年人能力评估和老年人心理关爱等新模式；全面推行社区养老助餐点标准化、规范化建设，为辖区老年群体提供亲情化服务。

【城市管理】2019年，兴隆街道全面加强综合执法，先后组织综合执法力量对万达广场、奥体中心周边街巷，开展环境综合整治280余次，整治占道经营、倚门出摊问题500余处，暂扣流动水果车、夜市排档三轮车45辆。拆除兴隆大街、台湾名品城、螺丝桥大街等道路沿线违规户外广告18处、违规店招200余处，约2500平方米。突出难点问题整改，针对河北大街因拆迁导致环境脏乱差、商家倚门出摊、占道经营、车辆乱停乱放等现象，拿出经费以服务外包形式对该区域实行市场化管理，对道路进行出新改造，河北大街整体环境得到显著提升。抓门前三包管理，持续加强对道路沿线商铺管理，严格查处沿街店铺倚门出摊行为160余处。督促德盈大厦、正太集团、建邺印象酒店对不洁净墙体外立面进行清洗。

【安全稳定】2019年，兴隆街道推进信访积案化解，已有效化解积案9件。街道深入开展地下室违规住人专项整治，以积善新寓自行车库综合执法为试点，105户违规住户已搬离80余户。严格落实各项要求，完成36家“三合一”场所（住宿与生产、仓储、经营一种或一种以上使用功能违章混合设置在同一空间内的建筑）整改和24家违规使用环保油经营单位油改气工作。

【生态环境】2019年，兴隆街道全面加强工地巡查监管，按照智慧工地管理标准要求，逐项落实大气污染防控和裸土控尘措施，对国控点片区内工地及线性工程实施每日巡查2次，其他区域工地每日巡查1次，节假日期间做到巡查不间断。针对拆迁地块存在环境问题，召开整治工作专题会，明确职责，累计出动巡查2400余人次，发现整改问题385个。落实餐饮油烟污染管控措施，加大对辖区餐饮店巡查力度，发现净化器设备老旧不能正常使用或清洗不及时的，立即督促整改，并将324家餐饮店全部录入建邺区餐饮业智慧环保管理系统平台，确保监管全覆盖。联合区环保局对莱蒙水榭、金马郦城、万达街区沿街餐饮店开展环境问题综合整治，共出动900余人次巡查检查餐饮店，发现并整改问题58个。开展固废危废环境隐患排查，重点围绕在建工地、水源地、废品收购站以及闲置、代建地块进行检查，对固废危废物品堆放、处理提出严格要求。深入推动河长制工作落实，街道、社区2级河长持续做好巡河、调研、协调、宣传等各项工作，重点围绕国考河道奥体北河、省考河道怡康河及2018年专项巡查交办问题及信访投诉问题，做好检查。

【“网红街巷”打造】2019年，兴隆街道推进“网红街巷”打造，坚持以年轻活力国际范为主题，围绕文化艺术创意时尚主线，结合“网红街巷”打造与“夜之金陵”创建要求，将江苏大剧院东门广场前景观休闲路段打造为网红打卡地“银杏里”，初步完成总体策划方案和环境优化提升方案，已联合区房产集团市场化运作。

【国际化社区创建】5月，街道组织奥体、香山路等社区赴广州、深圳学习国际化建设经验。围绕国际化宜居、国际化人文、国际化服务、国际化治理4大功能进行探索实践，推进奥体社区国际化社区创建，以奥体中心和万达广场为中心打造兴隆国际生活示范街区。通过设立双语标识、搭建国际人才交流服务平台等手段，强化国际社区硬件配置。探索外籍人员参与社区协商机制，引导外籍居民参与社区建设，打造国际化志愿者队伍，建立国际化社区文化品牌，奥体社区国际化社区创建稳步推进。

【“无尘街巷”打造】2019年，兴隆街道辖区江苏大剧院街区（南起奥体大街、北至梦都大街、东起江东中路、西至扬子江大道，区域面积为1.62平方千米）被作为全区“无尘街区”进行试点打造。落实街区网格化管理模式，街道安排2名综合执法队员，2名城管协管员对该区域实施全方位巡查，确保街面市容环境整洁有序。加强区域环卫保洁，区环卫部门落实一冲两扫三洒，增加水车、抑尘车作业，对路面积灰污染等进行冲洗，确保道路干净整洁、路见本色，做好降尘减霾工作，确保空气质量达标准要求。每日安排道路保洁员清洗果皮箱，确保保洁范围内果皮箱无满溢，箱体干净整洁。加强各类问题管养，市政、绿化、水务等部门能按照各自职责，全方位落实区域管理养护工作，做到问题第一时间发现、第一时间管养。

【24 小时政务自助服务站启用】11 月 20 日，南京市建邺区举办“不忘初心、牢记使命”主题教育为民办实事重点项目启用仪式。通过“互联网 + 政务服务”“互联网 + 惠民服务”形式，全市首个 24 小时政务自助服务站和 24 小时惠民服务五微驿站在区兴隆街道正式投入使用。24 小时政务自助服务可为居民、企业提供 45 项政务服务、办理百余项政务审批（服务）事项，引进市民卡自助办卡一体机、工商证照自助打印机、自助证件拍照机等 6 种自助设备，实现 24 小时不打烊，晚间刷身份证即可进入办理相关政务事项。24 小时惠民服务五微驿站紧邻 24 小时政务服务自助站，设有服务引导区、生活服务区、健康服务区、休闲娱乐区和党建志愿区 5 大功能板块，可提供智慧党建、智慧生活、智慧养老等 7 大类 70 余项社区惠民服务。

（兴隆街道办事处）

11 月 13 日，奥体社区 24 小时便民惠民服务旗舰店对外开放

（兴隆街道　供图）

南苑街道

【概况】南苑街道辖区东临秦淮河，西至江东中路，南起梦都大街，北到集庆门大街，辖区面积约 7.82 千平方千米。街道下辖 12 个社区，分别是国泰民安社区、兴达社区、虹苑社区、爱达社区、健园社区、话园社区、鹭鸣苑社区、吉庆社区、庐山社区、怡康社区、泰山路社区、黄山路社区。

【基层党建】2019 年，南苑街道全面推进“不忘初心、牢记使命”主题教育，宣讲新思想，开展集中学习和交流研讨。组织党员干部学习街道辖区刘洪琴、张志多、冯明等先进榜样初心故事。根据基层党组织实际情况，加强软弱后进党组织整改提升，调整优化二级党支部架构，提升社区党组织组织力。选树

10月29日，南京市委第二巡回指导组调研南苑街道庐山社区主题教育工作情况　（南苑街道　供图）

先进基层党组织、优秀共产党员和优秀党务工作者先进典型，形成头雁效应。落实“三会一课”等学习制度，选送党员骨干参加上级组织的培训。继续打造一社一品，复制推广五微驿站，打造党群服务广场、社区文化长廊等新宣传阵地。在金地物业公司试点成立红色物业志愿者服务队，拓展物业党建阵地。

【经济服务】2019年，南苑街道认真贯彻《南京市优化营商环境100条》，全面落实建邺16条，以服务经济、协税护税为重点，建立工作机制，开启全面动员＋全程服务模式，成立企业服务工作领导小组，强化“一周一例会、一月一统计、一季一督查、一年一考核”营商优商“四个一”工作机制。利用宣传栏、电子屏、工作群等平台宣传服务企业相关政策。组织力量分组分片走访辖区重点纳税企业，建立企业信息库，储备项目信息库。解决企业遇到问题，帮助资金困难企业与银行对接，定期为企业提供纠纷调解、法律宣讲、人才招聘等服务。引进高层次人才和急需紧缺人才，通过自主和中介引进人才项目27个，完成网上申报。赴北京、深圳、成都、扬中等地主动登门推介，累计洽谈企业70余家，吸引生产型企业江苏大浪电气有限公司总部等3家企业落户。依托第三方公司做好服务招引项目，引进企业51家。辖区新注册企业540家，其中，500万元以上企业169家，千万元以上企业112家，亿元以上项目3家，完成实缴1000万元以上企业2家。

【民生保障】2019年，南苑街道严格执行城乡居民最低生活保障制度，建立健全规范化低保家庭一户一档，实行低保信息电脑管理，按照公正、公平、公开原则，为低保537户817人累计发放低保金550万元。维护好辖区残疾人权益，解决困难残疾人基本生活问题，发放困难残疾人生活补贴136万元，发放重度残疾人护理补贴59万元。推进智慧养老建设，拨付各类补贴和专项资金，动员社会力量投资兴办居家养老服务场所，用

7月10日，庆祝中华人民共和国成立70周年暨首届"童画南苑"启动仪式举行
（南苑街道　供图）

好11个居家养老服务站，服务老人近1000人次。为近千名高龄及5类老人购买意外保险，与重点空巢独居老人签订4方协议，近2000名80周岁以上老人按月足额发放尊老金102万元。推进电梯增设工作，48个单元通过初审，29个单元拿到施工许可，16个单元建成投入使用。全年街道办理12345投诉件6874件，按时办结率100%，综合满意率91.20%。街道为民服务大厅共办理居民事项2.10万余件，满意率99.50%。全年开展精彩365，快乐每一天文化惠民活动102场。

【城市管理】2019年，南苑街道开展国泰民安片区综合整治，拆除存量违建90余处、约2000平方米，配合区房产集团开展建筑物立面集中整治，做好相关矛盾调处工作。加大17个市级示范小区和4个达标小区垃圾分类力度，辖区54家机关企事业单位生活垃圾强制分类，垃圾分类收运体系运转良好。开展城市违建集中整治，先后拆除新老违建120余处，面积约5000平方米。集中整治取缔占道经营、倚门出摊，清理各类牛皮癣、小广告，组织社区对卫生死角、乱披乱挂等脏乱差问题进行集中整改。展开"所见南京·南京所街"网红街巷建设，配合区城管水务集团对幸福河周边进行提档升级。

【安全稳定】2019年，南苑街道开展安全隐患大排查大整治专项行动，检查1096家企事业单位，整改隐患639处。街道联合执法部门针对违法违规行为与重点隐患问题开展集中整治，在人群聚集场所消防安全专项检查、餐饮行业高低层违规使用液化气钢瓶专项整治、特种作业操作证专项检查、大型商业综合体和商场市场消防安全专项检查、环保油排查整治、危险化学品及工贸行业安全生产专项执法检查等多项专项检查整治行动中，落实属地责任，消除一批安全隐患问题。维护社会稳定，层层落实责任，细化工作任务，变上访为下访，变稳控为主动化解，负责人实行信访轮班接访制度，设立信访接待室，普法宣传和思想疏导，依法化解社会矛盾和消化信访积案。接待群众到访22批次，受理信访件12件。制定扫黑除恶专项斗争工作方案，宣传专项斗争工作要求，辖区单位摸底排查嫌疑人，专项斗争稳步推进。

【生态环境】2019年，南苑街道加强国控点周边环境管理，开展扬尘管控和餐饮油烟污染专项整治，针对影响居民日常生活质量环境重点、难点问题，加大日查夜巡力度频次，提升扬尘管控和餐饮油烟污染防治水平。推进智慧工地建设，辖区已有5家工地被评为智慧2.0达标工地，2家被评为差别化管理工地，2家创建扬尘防控智慧工地。开展餐饮油烟治理，打造餐饮示范街区，按照餐饮示范一条街建设标准，集中整治庐山路沿街23家餐饮店，对店内油烟净化装置和污水预处理设施安装、运行、清洗、维护等情况进行全面检查，同时以点带面，辖区餐饮店环保监管水平不断提升。落实河长制，迎接黑臭水体整治专项巡查和全国人大执法检查，完成巡查期间督办单整改工作。（南苑办事处）

沙洲街道

【概况】沙洲街道辖区东至南河，南至秦淮新河，西至江东中路，北至梦都大街，辖区面积11.70平方千米。街道下辖12个社区，分别是中城社区、科技园社区、双和园社区、中奥社区、中胜社区、莲花北苑社区、中央商务区社区、清荷北园社区、金穗花园社区、莲花南苑社区、莲花嘉园社区、中瑞社区。

【基层党建】2019年，沙洲街道明确年度党建工作目标，街道党工委与各社区、民生办党组织、机关党总支签订党建责任书。结合“三会一课”、党建远程教育活动、党员教育培训课程等多种形式，引导街道、社区两级

2月15日，2019年度对标奋进高质量发展暨作风建设大会召开
（刘倩文　摄）

党员干部参与各类党员教育活动。通过实地参观、专家授课、专题辅导等多种形式，强化党员教育水平。开展“不忘初心、牢记使命”主题教育，坚持将学习教育、问题检视、调查研究和整改落实贯穿主题教育全过程，确定调研课题15个，查摆各类问题57个，一批如驻地企业咪咕互动娱乐有限公司电梯更换、铂悦公寓成立首届业委会等热点、难点问题解决有效推进，结合“不忘初心、牢记使命”主题教育开展，护税协税、推进城市国际化、综合行政执法改革等重点工作有序推进，实现主题教育与年度重点工作两手抓，双推进。开展“两新”组织（新经济组织和新社会组织）党组织与社区党组织结对共建活动，不断健全社区大党委运行机制，22家“两新”组织党组织与社区党组织结对。推行保障房片区党建加物业的红色物业管理模式，莲花北苑、金穗花园和莲花南苑3个社区红色物业打造完成。中城社区红色引擎社创营、中奥社区“石话石说”石艺馆、中胜社区党建彩虹桥、金穗花园社区“五微驿站”线下实体店等基层党建品牌影响力不断彰显。

【经济服务】2019年，沙洲街道全面梳理街道辖区内企业实际经营情况，深入开展未属地企业和房屋租赁税排查工作，至10月中旬，共排查出梳理72家楼宇产权企业房屋租赁税属地缴纳情况和132家未属地企业，共引进税源约360万元。加大落地项目推进，梳理辖区内载体资源，盘活空置载体国秀广场，做到服务机构、社会载体、政府推动三结合，实现后向推进工作开展，做好企业推介和落地服务工作，签约入驻4家公司。街道招商落地项目68个，在手跟进项目22个。设立楼宇服务专员，组织开展减税降费培训和政策宣讲活动，为企业提供进驻专班服务和落地后持续帮扶工作。街道2019年度创业南京（区级）通过资格审查22个项目，通过技术评审10个，通过综合评审5个，通过创业南京（市级）技术评审4个项目。

【民生保障】2019年，沙洲街道实施养老惠民行动，建成清荷北园社区AAAA级居家养老中心。推进文化建设，累计开展精彩365，快乐每一天活动88场。全面推动政务工单办理水平提升，共受理办结12345工单3003件，首次满意率80.91%，结果满意率92.39%。强化物业服务，在保障房片区，先后开展消防演练11场次，累计制止电瓶车私拉乱接702次，新增便民充电站21个，5个物管处物业费、公摊水电费、停车费收缴总数为2136万元，物业费收取率85.46%，公摊水电费收取率87.13%，停车费收取率超95%，可防性案件7起较2018年9起同比下降22%，保障房片区业主满意率90.30%。开展物业管理专项检查，累计检查35家小区物业，发现并督促整改问题22处。完成辖区内490幢房屋安全隐患大排查大整治及既有幕墙专项整治，上报房屋安全隐患7起。全年街道新增城镇就业3689人，实现再就业1025人，帮扶困难就业人员44人，培育自主创业622人，创业带动就业2850人，大学生创业26人，大学生就业3531人。开展职业指导123人，技能培训74人，高级技能培训60人，创业培训22人。企业签订集体工资协商合同和区域性合同160家，协调处理农民工工资拖欠21起，其中19起通过协调解决。有序推进双和园、中胜、莲花北苑等8个省级创业型社区创建工作。

【城市管理】2019年，沙洲街道不断推进环境综合整治，全年实施综合行政执法57次，取缔店家倚门出摊、占道堆放460余处。完成朗诗国际南园小区、友谊街好邻里菜场2个示范单元验收。完成西善桥码头拆迁及水泥船拆除任务。加强对支路街巷违停整治，联合各共享单车企业清拖瀚海闲置地块内共享单车12万余辆。推进城市生活垃圾分类示范工作，在中和园小区建成首个垃圾智慧分类回收角。

【安全稳定】2019年，沙洲街道落实负责人带队检查制度，覆盖16家社区及物业单位，22家重点监管企业和生产经营单位。深入开展安全生产大排查大整治，累计检查九小场所818家，查出安全隐患269处，整改到位262处。加强三合一场所管控力度，31家三合一场所均整改到位。开展环保油专项整治，18家商户于9月初完成整改。推进液化气气瓶改管工作，120家完成气瓶改管，另有30家商户提交申请。在莲花保障房片区开展烟感和火情联网报警系统消管通试点安装，各点位终端安装完成。开展平安建设，全年围绕平安创建、扫黑除恶、禁毒等主题开展各类广场宣传活动22场。加强风险点排查力度，围绕22项排查项目，排查各类风险点18个，已经化解或趋于稳定项目7个。开展扫黑除恶专项行动，通过多种方式加强宣传力度。

【生态环境】2019年，沙洲街道通过安装监控探头，实现工地扬尘在线监测和全天候监管。推进工地扬尘分级管理，每月按照5%比例挂牌A级和B级单位，对C级单位实施重点巡查。对35家餐饮企业油烟净化器集中清洗。在富春江东街10家餐饮商户试点餐饮油烟在线监测系统，实现油烟浓度、烟道风机和油烟净化器工作状态实时监控。落实河长制工作要求，对国考河道，坚持每日必查必报。强化水质达标管理，累计开展周巡查51次。排水证办理完成13家，低氮燃气锅炉改造完成11台。

【街道体制改革创新】2019年，沙洲街道推动综合行政执法、不见面审批服务改革和创新网格化服务治理3项试点工作显成效。综合行政执法改革，街道以《建邺区沙洲街道深化综合行政执法体制改革工作试点方案》为基础，加快推进“一个网格管治理，一个中心管指挥，一个平台管数据，一个队伍管执法”执法体系建设，组织执法人员2000余人

10月16日，建邺区沙洲街道深化综合行政执法体制改革试点工作动员会召开
（刘倩文　摄）

次，实施综合行政执法57次，推动油坊桥周边环境整治、雨润大街待建地块大气污染及环境问题整治等重难点问题解决。推动不见面审批，加强政务服务覆盖，服务事项由88项增加到105项，街道办理不见面审批事项11532件，社区办理3418件。推动创新网格化服务治理，统筹调整全街道网格总量，优化网格总体布局，综合网格138个，专属网格37个，专职网格员154人。

（沙州办事处）

双闸街道

【概况】双闸街道位于建邺区西南部，东与沙洲街道接壤，西至长江夹江，南至秦淮新河，北与兴隆街道接壤，辖区面积17平方千米。街道下辖9个社区，4个社区筹备组，分别是红旗社区、五星社区、双闸社区、天保社区、江南社区、双闸街社区、江湾社区、新亭社区、青奥社区，新月社区筹备组、新河社区筹备组、永初社区筹备组、吴侯社区筹备组。

【基层党建】2019年，双闸街道探索区域化党建、基层机关和企事业单位党建工作新路径、新方法，由双闸街道党工委牵头，区域内34家单位共同成立河西南部区域党群联盟，集中各行各业党组织的智慧和资源，推动区域发展。开展“不忘初心、牢记使命”主题教育。街道负责人定期开展中心组理论学习，加强意识形态领域情况分析研判和风险防控，定期开展情况通报。补配2名社区党组织书记。整顿提升后进组织，对纳入2018年度软弱后进社区党组织整顿提升范围的，及时开展回头看，确保原有问题整改到位、年度考核争先进位、党员满意度有所提高。严肃组织生活纪律，指导支部规范开展“三会一课”，每半年召开“扫黑除恶”专项斗争

9月6日，河西南部区域党群联盟成立大会召开　（双闸街道　供图）

主题党课，引导党员发挥先锋模范作用。

【经济服务】2019年，双闸街道打造“创赢双闸”线上企业服务平台，依托区五微共享社区平台，搭载大数据分析、政策宣传、企业管家、服务圈、一对一企业个人中心等多个功能模块，突出人工智能问题解答亮点服务，实时线上自助反馈。高标准建成线下街道企业服务中心，划分多个功能区域，招录专职企业服务工作人员，引进银行资源，为辖区企业提供企业管理、企业家交流、企业活动、企业产品推广、项目路演等30余种点选服务。同时引进全链条社会服务组织，在街道设置办公总部，派专人在每个商业载体楼宇驻点，全面覆盖辖区所有企业，同时利用载体内现有商管资源，建立楼宇管家群，做到点线面全方位联动。4月，双闸街道前往深圳参加2019南京科创政策推介暨项目对接会；7月，赴大连参加第二十届中国海创周开展招商引资活动，与30余家企业进行对接交流，引进项目14个；8月，赴重庆参加2019重庆智博会并组织召开建邺专场闭门招商会，会上与30家人工智能企业签订入园意向书；9月，赴深圳、珠海、北京3地开展招商对接活动，与相关公司进行深度对接。打造集聚化园中园，街道已与中国人工智能协会企业超体智能科技（南京）有限公司谈成产业园建设框架并签订合作协议，共同打造人工智能产业园（赢创产业园）项目，与30家人工智能企业签订入园意向书，针对每家企业情况展开一企一议，加快推进入园工作；建设供应链产业园，与产业头部企业签约，牵引上下游企业入驻，形成产业生态，为辖区企业提供全套式上下游产业支持服务。

【民生保障】2019年，双闸街道划拨1000平方米社区服务用房，投入230万元打造青少年活动中心、老年活动中心、青奥文化交流中心，市民活动中心、外籍人士服务中心等公共服务设施。街道在册低保56户89人，累计发放低保补助27.10万元，累计停发2

7月24日，新河社区“夏季送清凉，献礼劳动者”活动开展

（双闸街道 供图）

户3人。医疗救助2人次0.95万元，临时救助213人次8.5万元，残疾人生活补贴521人次32万元，护理补贴935人次12.20万元，助残服务补贴6人次0.24万元。完成新亭社区养老综合体建设，引进九如城集团运营，开展助餐、助浴、助洁等十四助服务工作。加强与大慈怀养老机构合作，拓展江湾社区居家养老服务中心功能。建设完成社区养老综合体（居家养老服务中心）2个，社区老年人助餐点2个，街道老年人日间照料中心1个。社区居家养老刷卡服务老年人数7648人，四方协议签订213人，尊老金补贴5384人16.50万元。社区老年大学1个，参加学习老年人比例38%。75岁以上独居老人安装紧急呼叫终端33人，完成率100%。全年以“精彩365，快乐每一天”为主题，开展文艺活动20场，组织社区居民参加上级部门各类演出近500人次。定期开展书香阅读活动，如国学诗词、绘本阅读、弟子规联诵等活动10余场次。

【城市管理】2019年，双闸街道全年共出动执法力量4100人次，车辆510台次，取缔无证早点摊4处，清理临时占道经营、店外经营84处。出动停车管理人员926人次，车辆185台，清拖非机动车5467辆，整治不规范停放共享单车3646辆，贴单处罚违停机动车12732辆。协调河西管委会建设临时停车场，增设500个南京市儿童医院就诊患者车辆临时停车位。推广垃圾分类工作，共收集厨余垃圾量约5100千克，开展“慧分类、惠生活”主题垃圾分类惠民活动62次，可回收垃圾总数量约6585千克。街道对建成区商业综合体内的违规广告牌匾进行集中整治，全年共清除各类违规广告牌匾40余处，其中工地围挡广告8处，门头牌匾、小型指示牌24处，清理牛皮癣广告300余处。严格查处市民反映强烈、严重影响市容的违建顽疾及存量违法建筑。做好重大活动市容保障，加大夜班人员巡查力度，对元通地铁站、国际青年酒店等重点地域进行定岗巡查。

【安全稳定】2019年，双闸全年街道累计企业安全检查576家次，查找一般安全隐患1209余处，下发安全隐患整改通知书526份，责令其立即进行整改和限期整改，整改率100%。制作悬挂安全生产宣传横幅120余条，宣传橱窗6期，上传发布微信工作信息1200余条，发放各类宣传资料5000余份，制作展板20余块，组织分类安全生产教育18场次，组织举办消防培训、应急演练4场。与社区及辖区内建筑企业、油气站、人员密集场所等单位共签订《安全生产责任书》55份。开展隐患大排查大整治大执法行动和三合一场所环保油专项治理。完成海峡城云璟湾消防通道改造，双闸社区中心地下车库出入口改造，宜悦街公交站后移改造。作为建邺区试点单位，双闸街道打造300余平方米高规格网格化管理中心，完善中心智能化平台建设，将党群服务中心、志愿服务中心、矛盾调解中心、风险防范中心、问题处置中心5大中心纳入网格化服务管理中心建设。网格巡查处置环境卫生事件14792件、消防安全事件3559件、食品安全事件35件、城管违章事件466件、矛盾纠纷排查3387件、消防单位巡查808件、出租屋巡查698件等。全面落实扫黑除恶专项斗争会议精神，成立扫黑除恶专项斗争工作领导小组，制定扫黑除恶专项行动实施方案，累计召开专项推进会、工作联席会、中心组学习会等8次。开展形式多样宣传活动，营造扫黑除恶专项斗争舆论氛围。开展平安宣传月活动，深入开展“强化平安建设，创造美好双闸”主题宣传，全年平安志愿者巡防2000余人次。

7月26日，双闸街道新河社区筹备组组织消防演习 （双闸街道　供图）

【生态环境】2019年，双闸街道为督促工地做好扬尘管控，街道召开扬尘管控工地负责人例会9次。街道联合区扬尘办、区建设局检查10余次，开展“263”暨污染防治工作会议9次，环保讲座及环保主题活动8次。全年工地检查出动2100人次。针对辖区油烟餐饮整治及低氮锅炉改造等问题，召开联合执法工作会议9次。

10月9日，全国政协文化文史和学习委员会调研江心洲街道政协“委员之家”建设情况 （徐双双 摄）

【全科政务服务体系建立】2019年，双闸街道规范服务场所配置，做好街道、社区2级线下实体服务大厅标准化建设，完善大厅配置，接入各类政务服务系统，完善便民服务设施配备工作。完善服务中心职能，街道便民服务中心重新规划整合3个全科政务窗口，增设退役军人服务窗口及信访接待室，统一标准建设。强化线上载体建设，依托江苏政务服务网、“我的南京”App和“云尚建邺”智慧政务平台等载体，推进线上办理事项运作，后台办理推进，严格按规定时间和要求做好线上申报事项办理。全面推行网上办，实现企业和群众办事一网通办，实现就近能办、多点可办、少跑快办等便民服务措施。 （双闸办事处）

江心洲街道

【概况】江心洲街道位于建邺区西部，四面环水，陆地面积15平方千米。街道下辖7个社区，分别是永定社区、白鹭社区、洲泰社区、洲岛家园社区、洲岛和园社区、洲岛紫园社区（筹建阶段）和洲岛绿园社区（筹建阶段）。

【基层党建】2019年，江心洲街道开展共享社区节专场活动，启动线下五微驿站和党群服务广场建设，实现线上线下党建融合发展。通过《党建》《金陵瞭望》《党的生活》等宣传江心洲党建好故事，拍摄党建短视频10集。先后开展“新时代、新作为、新担当”“坚定文化自信、共创江心洲美好未来”等专题理论讲座10次。开展“不忘初心、牢记使命”主题教育。按条件选拔出13名优秀入党积极分子参加培训，从理论教育、形势教育、廉洁教育等多方面强化党性锤炼。携手中央党校、清华大学专家团队，以洲岛家园为范本，探索以“1310党群结对”有效融合“红色网格”“楼栋长”的社区治理办法，打造服务型基层党组织。

10月9日，第三届江心洲国际露天电影周开幕　　（曹晖　摄）

【经济服务】2019年，江心洲街道召开街道服务经济工作推进会，结合区域范围、产业定位等特点，深入开展对接与融合，定期组织招商、税收等方面业务知识培训，做好服务经济各项工作。下发街道服务经济工作方案，成立社区服务经济办公室，做好基础性服务。推进与高校、科研院所建立经常性互动，申报高科技企业2家，引进高层次创业人才22人。梳理区域内企业基本情况，对辖区内183家具有税源的企业开展走访工作，对企业反映的政策辅导、工商警示解除等12条诉求及时进行协调落实。先后组织2场赴成都、西安招商活动。加强与第三方中介合作，联系3家中介承租载体并对外招商。加强与生态科技岛融合发展，建立联合招商机制、联络员机制和协税护税机制，做到资源共享、信息互通。全年街道招商落地项目55个，注册资本约21930万元，跟进项目41个。

【民生保障】2019年，江心洲街道春节期间走访慰问困难家庭114户，发放慰问金10.74万元，组织开展慈善一日捐，累计捐资8.47万元，残疾人补助462214元。完成新增就业1069人，实现再就业311人，帮扶困难人员再就业52人。举办失地农民培训班3期，培育自主创业151人，创业带动就业125人，大学生创业15人。联合南京医科大学附属眼科医院全年分别在洲岛家园、和园社区举行4场“博爱光明行”免费义诊公益活动。开展科普宣传广场活动3场，发放宣传手册500余份，举办科普讲座5场。举办“领跑新时代”江心洲最美江堤全民健身跑活动、南京百场公益演出进社区黄梅戏演出、“美好生活、文化育民”洲岛居民素质提升月、“江心洲国际露天电影周”等活动。放映露天电影60场次，组建文化团队20支，开展全岛居民文化艺术普及轮训和文艺队伍培训共26场次，受众2000余人。举办江心洲新时代文明实践四新居民首期成果汇报会，邀请《人民日报》《新华日报》《南京日报》等主流媒体参与报道。

【城市管理】2019年，江心洲街道全年平整、覆绿拆迁区域100万余平方米。开展市容环境综合整治9次，专项整治47次，劝离、取缔流动摊点、夜排档1710处。采取集中与定人看守相结合方式整治辖区非机动车乱停乱放现象，共张贴违停罚单1300张，发放《劝离告知书》1100余份，清拖违停车辆128辆，共享单车303辆。落实《南京市渣土运输管理办法》，开展渣土运输专项整治，约谈违规施工方，并做出相应处罚。开展控违拆违专项执法18次，拆除在建违建40处280平方米。进行文明城市创建宣传，制作、悬挂横幅106条，更新电子显示屏28个、宣传栏版面56个、大型广告牌1个。做好除“四害”工作和毒饵站规范建设工作，安装捕蝇笼920个，新增毒饵站184个。

【安全稳定】2019年，江心洲街道抓好安全生产管理，联合第三方技术服务专家，开展安全隐患大排查大整治检查178次，检查单位1627家次，排查隐患107个。做好安全生产“打非治违”（打击非法违法生产经营活动行为）工作，成立安全生产“打非治违”专项行动领导小组，落实党政同责、一岗双责工作要求，制定“打非治违”工作方案，明确分工，落实责任。以辖区危化品和工贸企业为对象，按照企业自查、全面检查、督查总结实施步骤，对涉及无证经营、非法建设、应关未关以及未经检测投入使用等14个违法项目企业或装置进行集中整治。制定重大危险源辨识评估备案制度，对发现问题工贸企业实行安全风险源普查辨识建档，分析生产规律，完善规章制度，健全长效安全工作机制。累计检查辖区九小行业单位57家次，发现隐患15处，整改10处。抓好防汛防涝工作，加强防汛物资储备。存有麻包4.20万条、4米长标准桩木1000根、救生衣1160件、水泵125台及其他防汛物资。清除河道堵点40余处，开挖临时排水便沟1000余米。学习宣传扫黑除恶相关知识，提升干部群众知晓率和参与率。街道综治工作实行网格化管理，共划分为14个综合网格和8个专属网格，综合网格都配备专职网格员，全年办结工单总数1719件，结果满意率91.60%。

【生态环境】2019年，江心洲街道主要负责人参加环保会议及督查指导工地9次，分管负责人参与会议与检查55次，街道、社区组织环保夜间巡查88次、节假日巡查74次。落实长江大保护，街道牵头相关单位对东宏船厂、航顺船厂、玉林船厂、紫光田园、洲头公园、红光码头等工企进行彻底拆除。检查餐饮油烟企业60余次。街道、社区各级河长共计巡河511次，发现问题及时要求养护单位整改到位。强化江心洲污水处理厂南侧水渠等重点部位水环境提升。

【卫生应急规范化建设】2019年，江心洲街道成立卫生应急规范工作领导小组，制定食源性疾病、中毒、饮用水污染等专项卫生应急预案，建立卫生应急物资储备管理制度和24小时值班制度，明确任务分工，确保突发卫生事件得到科学有效处置。成立卫生应急处置队伍，规范队伍管理，强化装备配置，全面提升应急处置水平。围绕高致病性禽流感等重点传染病开展知识培训5场共100余人参加，组织开展突发公共卫生事件应急演练3场，提高应急人员综合素质和能力。完善突发公共卫生事件信息沟通和联防联控机制，联合社区卫生服务中心建立突发卫生公共事件网络直报系统，设立6个社区应急办公室，确保突发信息报送快速畅通。在中小学、幼儿园设置晨检监测点，对重点预防单位开展危险因素排查，发现问题及时整改。

【新时代文明实践阵地建设】2019年，江心洲街道重点用好“宣讲、传习、举荐、扶助、滋养、科普、办节、联动”工作法，打造全市街道级文明实践样板。打造“一七十百千”工程（即1个所、7个站、10个点、100个志愿队伍、1000个示范户）、“9大服务平台”（即理论宣讲平台、实境教育平台、法律咨询平台、文化惠民平台、便民服务平台、体育健身平台、健康卫生平台、志愿服务广场、文明实践大舞台），建立青春文化志愿联盟，设立“江心洲志愿服务种子基金”推动志愿服务在江心洲落地。举行新时代文明实践揭牌授旗暨文明志愿者誓师、最美劳动者表彰仪式，对辖区评选出的10家新时代文明实践示范点进行授牌、11个文明示范户颁发奖牌、12支文明实践志愿团队进行授旗，并向10余位外国志愿者颁发聘书。（江心洲办事处）

人物与荣誉

新任区级领导

李　晖

男，汉族，1970年11月生，江西新余人，1992年7月参加工作，1990年12月入党，研究生学历，硕士学位。2019年1月任建邺区委副书记，区长、区政府党组书记。历任南京港务局三公司员工；南京港务局二公司经理办秘书；南京港务局七公司经理办秘书；南京港务局干部处干事；南京港务局党办秘书；南京港务局团委干事；南京港务局团委副书记；团市委青工部副部长；团市委统战部、青工部部长；团市委副书记、党组成员；鼓楼区副区长；鼓楼区委常委、副区长；浦口区委常委、常务副区长；南京东南国资投资集团有限责任公司党委书记、董事长、总经理。

曹　曙

男，汉族，1967年9月生，江苏阜宁人，1990年12月参加工作，1996月3月入党，江苏省委党校研究生学历。2019年1月任建邺区政协主席、党组书记。历任玄武区商业局科员；玄武区政府办秘书、副科长、主任助理；玄武区政府办副主任；玄武区红山街道党工委副书记、办事处主任；玄武区红山街道党工委书记；玄武区市容局局长、工委副书记；玄武区区长助理、区行政执法局局长、工委副书记；玄武区副区长、区城管行政执法局局长、工委副书记；玄武区副区长；玄武区委常委、副区长；玄武区委常委、常务副区长；建邺区委副书记，新加坡·南京生态科技岛管委会办公室主任、区委党校校长（2015年5月兼任新加坡·南京生态科技岛管委会办公室主任，2018年8月兼任区委党校校长）。

王国平

男，汉族，1975年10月生，江苏溧阳人，2001年7月参加工作，2000年5月入党，研究生学历，硕士学位。2019年6月任建邺区委常委、常务副区长、区政府党组副书记，区行政学校校长。历任白下区人事局干部（借调区委办帮助工作）；白下区委办副主任科员；白下区委办秘书科科长；白下区政府办综合科科长；白下区发展和改革局局长助理（正科级）；白下区发展和改革局副局长；白下区住房和建设局

工委副书记、副局长；白下区光华路街道工委副书记、办事处副主任（主持工作）；白下区光华路街道工委副书记、办事处主任；白下区光华路街道工委书记、人大工委主任；高淳县副县长；高淳区副区长；高淳区委常委、宣传部部长；建邺区副区长、区政府党组成员，莫愁湖街道工委书记（2017年3月兼任莫愁湖街道工委书记）。

姜巧玲

女，汉族，1966年11月生，江苏泗阳人，1986年7月参加工作，1992年1月入党，江苏省委党校研究生学历。2019年8月任建邺区委常委、区纪委书记、监委主任。历任泗阳县司法局干部；泗阳县司法局干部、团委书记，团县委委员（其间1990年10月获律师资格证）；江苏省妇联法律顾问处工作人员、科员、副科级，权益部副科级协调员、正科级协调员、副部长，江苏省妇联第二党支部宣传委员（其间2000年12月至2002年9月抽调在省农村“三个代表”重要思想学习教育活动办公室工作，任第二批学教活动组织协调组副组长）；江苏省妇联组织联络部副部长；江苏省妇联组织联络部部长（主持工作）；江苏省妇联权益部部长；江苏省妇联正处职，南京市建邺区区长助理（挂职），南京新城科技园管委会副主任；建邺区副区长、区政府党组成员；建邺区委常委、统战部部长。

周　迅

男，汉族，1966年1月生，江苏泰州人，1987年7月参加工作，1992年6月入党，大学学历，学士学位。2019年9月任建邺区委常委、统战部部长。历任秦淮区法院书记员、助审员、审判员；秦淮区法院行政审判庭副庭长；秦淮区委组织部组织员；秦淮区委组织部调研科科长；秦淮区委直属工委副书记、纪工委书记；秦淮区民政局副局长；秦淮区司法局局长；溧水县法院代院长；溧水县法院院长；玄武区法院代院长；玄武区法院院长；建邺区委常委、政法委书记。

杨　晨

男，汉族，1973年8月生，江苏泗洪人，1994年8月参加工作，2001年6月入党，江苏省委党校研究室学历。2019年12月任建邺区委常委、政法委书记。历任南京市第24中学教师；南京莫愁职业高级中学教师（其间1999年1月

至2004年8月借用至建邺区政府办公室任秘书）；2004年2月至2004年8月建邺区教育局办公室副主任；建邺区民政局局长助理；建邺区民政局副局长、工委委员；建邺区政府办副主任；建邺区政府党组成员、办公室主任；建邺区委办公室主任；建邺区副区长、区政府党组成员、建邺区委办公室主任；建邺区副区长、区政府党组成员。

孙小军

男，汉族，1974年4月生，江苏泰兴人，1997年8月参加工作，无党派，大学学历，学士学位。2019年4月任建邺区副区长。历任南京市建筑安装工程质量监督站科员；南京市建筑安装工程质量监督站副科长；南京市建筑安装工程质量监督站办公室副主任；南京市房地产开发服务办公室副主任；南京市市政工程建设处处长；南京市市政管理处（市政质监站）处长（站长）；南京市市政服务中心（南京市市政工程质量安全监督站）主任（站长）。

杨　波

男，汉族，1976年9月生，湖北嘉鱼人，1998年8月参加工作，2002年1月入党，研究生学历，硕士学位。2019年5月任建邺区副区长、区政府党组成员，南京建邺高新技术产业开发区工委书记。历任熊猫信息产业有限公司业务员；南京市经济委员会投资与规划处副主任科员；南京市经济委员会投资与规划处主任科员；南京市经济委员会信息产业处处长助理（2008年6月至2009年6月高淳县武家嘴村挂职任党委副书记）；南京市经济和信息化委员会电子信息产业处处长助理；经济和信息化委员会电子信息产业处副处长；南京市经济和信息化委员会电子信息产业处处长；南京市经济和信息化委员会（市委经信工委）办公室主任；南京市工信局办公室（研究室）主任。

伍　洋

男，汉族，1982年1月生，江苏无锡人，2003年8月参加工作，2002年5月入党，大学学历，硕士学位。2019年12月任建邺区副区长、区政府党组成员。历任雨花台区赛虹桥街道科员（其间2004年2月至2005年12月借用区委政法委）；雨花台区赛虹桥街道团工委副书记（其间2005年12月至2006年3月借用区委组织部）；雨花台区委组织部科员；雨花台区委组织部副科级组织员；雨花台区委组织

部办公室副主任；雨花台区委组织部办公室副主任、正科级组织员；雨花台区委组织部组织科副科长、正科级组织员；雨花台区委组织部组织科科长；共青团南京市雨花台区委副书记；南京市委组织部人才一处（南京市人才办人才引进处）副处长；南京市委组织部研究室（政策法规处）副主任；南京市委组织部人才三处（南京市人才办人才服务处）处长；南京市委组织部干部一处处长。

张学虎

男，汉族，1962年9月生，江苏南京人，1986年12月参加工作，1990年11月入党，中央党校大学学历。2019年3月任江苏南京生态科技岛经济开发区党工委书记、管委会主任。历任南京沙洲皮鞋厂厂长；南京雨花乳胶厂副厂长；雨花台区沙洲乡三产办副主任；雨花台区沙洲乡纸盒厂厂长、党支部书记；雨花台区沙洲乡工业办公室主任；雨花台区沙洲乡人民政府乡长助理兼工业办主任；雨花台区沙洲乡副乡长兼青石村党总支书记；雨花台区沙洲街道办事处副主任；雨花台区沙洲街道办事处副主任、工委副书记；建邺新区科技园建设办公室副主任、沙洲街道办事处副主任、工委副书记；建邺区科技园管委会办公室党支部书记（正处级）；建邺区农业办公室主任；建邺区环保局局长；江心洲街道工委书记。

（区委组织部）

先进个人和先进单位名录

周晓红

女，汉族，1963年11月出生，江苏南京人，中共党员，1983年5月参加工作，大专学历，现任南京市建邺区人民调解委员会专职调解员。2019年2月被司法部授予“全国人民调解专家”（全国十名）。荣获中共中央、国务院、中央军委颁发“庆祝中华人民共和国成立70周年”纪念章。

周晓红热爱本职工作，从事调解工作近20年，经验丰富，亲和力强，是群众心目中贴心人。2010年起被南京电视台教育频道《有请当事人》栏目聘请为调解嘉宾，2017年又被江苏电视台城市频道《甲方乙方》栏目聘请为嘉宾，共参加电视调解370余起。2009年9月获得“全国民族团结进步模范个人”称号。2010年5月获评“江苏省劳动模范”。2010年3月获“江苏省学法用法好家庭”称号。2009年5月获南京市“五一劳动奖章”。2017年12月年获评南京市最美人民调解员。2018 年 5 月获评全国优秀人民调解员。2018 年 9 月被推选为南京市人民调解员协会会长。

王军毅

男，汉族，1972 年 9 月出生，山东烟台人，中共党员，1990 年 3 月参加工作，研究生学历，现任建邺区司法局莫愁湖司法所所长，负责司法所全面工作。2019 年，被司法部表彰为“全国模范司法所长”。

王军毅履职尽责，创新务实、忠诚担当，提高司法所规范化建设水平，提升司法所队伍能力并受到上级部门肯定，在他带领下，莫愁湖司法所先后荣获南京市五星级司法所、南京市“六五”普法中期先进集体、江苏省第四批法治文化示范点、江苏省优秀司法所、江苏省规范化社会矛盾纠纷调处服务中心、江苏省“六五”普法中期先进单位等称号。担任司法所所长期间，王军毅接待协调居民群众法律问题、特殊人群生活困难共计 791 人次，参与调解纠纷 236 起，重大影响群体纠纷 26 起。同时带领司法所全体工作人员接待外省参观学习 121 次，江苏省内参观学习 69 次，代表南京市、区迎接检查 56 次，2019 年 3 月司法部基层工作指导司负责人视察司法所规范化建设工作，给予高度肯定。2014 年，他获得江苏省刑释解教先进工作者。2015 年，获得建邺区法治工作先进个人。2016 年，获得江苏省最美人民调解员。2017 年，荣立南京市司法局个人三等功。2018 年，获得南京市“七五”普法先进个人称号。

表 27　2019 年建邺区优秀共产党员、优秀党务工作者、先进基层党组织一览表

类别	获奖名单	表彰单位
建邺区优秀共产党员（50 人）	王　迪（女）　王　昱（女）　王　健　王李国　王其兵　车宗清 宁振奎　乔乃明　庄福宏　刘汉宁　刘永清　许效康　孙　晶（女） 孙　滨　孙如凤（女）　纪素华（女）　李　彬（女）　李　楠　李文斌 杨　勇　杨　靖　杨志伟　杨林波　杨宗达　吴融芳（女）　沈玉香（女） 张　勇　陈　杰　陈子阳　英　子（女）　林玮冠（女）　季　锋 周　洋　赵　耀　赵梓如（女）　胡　莹（女）　顾丰富　顾耕银（女） 徐　新　徐真海　栾雅晴（女）　黄　进　曹华炜　蒋　琳（女） 蒋　耀　蒲子兰（女）　蔡恩泽　潘文富　戴安庆　濮芳玲（女）	中共南京市建邺区委员会
建邺区优秀党务工作者（20 人）	丁　远（女）　丁亚东　申咏梅（女）　刘　琴（女）　刘益鹏 李　东（女）　张　园（女）　张　玲（女）　邵瑞云（女）　孟　涛 胡国意　胡海洋　顾寒寒（女）　钱　毅　徐　蕾（女）　徐春林 殷晓露（女）　程　远（女）　裴凌莹（女）　戴文跃（女）	中共南京市建邺区委员会

续表 27

类别	获奖名单	表彰单位
建邺区先进基层党组织（26 个）	莫愁湖街道文体社区党委	中共南京市建邺区委员会
	莫愁湖街道水西门社区党委	
	莫愁湖街道茶亭社区党委	
	兴隆街道奥体社区党委	
	兴隆街道桃园居社区党委	
	南苑街道国泰民安社区金虹花园党支部	
	沙洲街道中城社区党委	
	沙洲街道莲花北苑社区党委	
	沙洲街道中奥社区党委	
	双闸街道新亭社区党支部	
	江心洲街道洲岛家园社区党委	
	区委宣传部党支部	
	区发改委党总支	
	国家税务总局南京市建邺区税务局机关党委	
	建邺区实验幼儿园党支部	
	南京外国语学校青奥村小学党支部	
	上海金地物业服务有限公司南京分公司党支部	
	南京五洋贸易实业有限责任公司党支部	
	建邺区南湖社区卫生服务中心党支部	
	建邺区市场监管局莫愁湖分局党支部	
	南京市建邺市政工程建设有限公司党支部	
	北京朗新明环保科技有限公司南京分公司党支部	
	江苏省舜禹信息技术有限公司党支部	
	华润置地（南京）有限公司党支部	
	富德生命人寿保险股份有限公司江苏分公司党支部	
	长安责任保险股份有限公司江苏省分公司党委	

（区委办）

表 28　2019 年度建邺区作风建设先进单位一览表

类别	获奖名单	表彰单位
2019 年度建邺区作风建设先进单位（21 个）	兴隆街道	中共南京市建邺区委员会 南京市建邺区人民政府
	沙洲街道	
	区纪委监委	
	区委组织部	
	区委宣传部	
	区委统战部	
	区委编办	
	区妇联	
	区公安分局	
	区检察院	
	区民政局	
	区财政局	
	区人社局	
	区水务局	
	区应急管理局	
	区审计局	
	区国资办	
	区税务局	
	河西中央商务区	
	区城管水务集团	
	区高投集团	

（区委办）

表 29　第四届“建邺道德模范”及第三届“建邺好人”一览表

类别	获奖名单	表彰单位
第四届“建邺道德模范”（10 人）	金佳慧　侯　艳　艾荣华　吴融芳　管培峰　郭海星 顾寒寒　汪明冬　黄　轩　单丹丹	中共南京市建邺区委员会 南京市建邺区人民政府
第三届“建邺好人”（17 人）	何　骏　赵美琴　李树玲　钱　丹　朱光银　刘永青 项继陈　胡玉玲　王　乐　蔡　辉　高　敏　王晓杰 王万进　陆　蓉　张龙英　洪绍荣　白少辉	中共南京市建邺区委员会 南京市建邺区人民政府

（区委办）

表 30　2019 年建邺区质量强区工作先进单位和先进个人一览表

类别	获奖名单	表彰单位
质量强区先进单位（56 家）	中国核工业华兴建设有限公司	南京市建邺区人民政府
	南京市建邺区中福福利彩票服务中心	
	南京行狐集团有限公司	
	南京奥和房地产开发有限公司	
	南京拓控信息科技股份有限公司	
	建邺区教师发展中心	
	南京明基医院有限公司	
	科巷菜场洲岛家园店	
	江苏新华报业传媒集团有限公司新华传媒粤海国际大酒店	
	南苑社区卫生服务中心	
	南京凯盛开能环保能源有限公司	
	蜂乃宝本铺（南京）保健食品有限公司	
	南京宁卫医药有限公司	
	江苏苏农农资连锁集团股份有限公司	
	南京致远外国语小学	
	江苏省第二中医院	
	南京百年同庆餐饮有限公司	
	江苏大蓉和餐饮管理有限公司	
	江苏富士达电梯有限公司	
	中通服咨询设计研究院有限公司	
	南京薏凡特体育发展有限公司	
	南京金鹰购物中心有限公司	
	南京掌控网络科技有限公司	
	江苏紫金农村商业银行股份有限公司	
	南京速力达智能控制装备有限公司	
	兴隆街道融侨社区	
	南苑街道话园社区	
	沙洲街道金穗花园社区	
	双闸街道新亭社区	
	江心洲街道洲泰社区	
	区政府办	

续表 30

类别	获奖名单	表彰单位
	区委宣传部	
	区发改委	
	区建设局	
	区科技局	
	区教育局	
	区民政局	
	区财政局	
	建邺生态环境局	
	区统计局	
	区应急管理局	
	区市场监管局	
	区商务局	
	区文旅局	
	区卫健委	
	区城管局	
	生态科技岛经开区	
	建邺高新区	
	江东商贸区	
	中央商务区	
	莫愁湖办事处	
	兴隆办事处	
	南苑办事处	
	沙洲办事处	
	双闸办事处	
	江心洲办事处	
质量强区先进个人（29人）	夏正仁 葛闿乾 徐 舒 王可进 施长春 李云云 秦 雷 李 璇 金嘉璇 田 坤 刘 超 刘博之 谭少怀 孟红利 吴明森 张洪源 吕 宁 龚 琦 许笛笛 高成远 张 婷 尹发宝 苗金波 潘玉明 洪 汉 冯智彬 昌 莉 张 健 高文艳	南京市建邺区人民政府

（区政府办）

组织机构负责人名录

组织机构负责人名录

中国共产党南京市建邺区委员会

书　记：沈剑荣
副书记：李　晖
　　　　李方毅
常　委：沈剑荣
　　　　李　晖
　　　　李方毅
　　　　王国平
　　　　夏晓燕（女）
　　　　周　峰
　　　　姜巧玲（女）
　　　　周　迅
　　　　刘玉民
　　　　刘　冬
　　　　杨　晨

南京市建邺区人民代表大会常务委员会

主　任：杨春燕（女）
副主任：汤志平
　　　　洪国浩
　　　　申　卫（女）
副主任（提名）：孙　无
党组副书记：汤志平
二级巡视员：许联潮

南京市建邺区人民政府

区　长：李　晖
常务副区长：王国平
副区长：夏晓燕（女）
　　　　王月兵
　　　　孙小军
　　　　杨　波
　　　　伍　洋
副区级：杨　薇（女）

中国人民政治协商会议南京市建邺区委员会

主　席：曹　曙
副主席：刘雯禾（女）
　　　　郁宁一
　　　　王善坤
党组成员：汪　敏
一级调研员：罗春寿
秘书长：茆峻峰

区委工作机关

区纪委监委

区纪委书记：姜巧玲（女）
副书记：孔南钢
　　　　祁　勇

常　委：杨海超
瞿　东（女）
张震东
谢洪玲（女）
委　员：彭卫芳（女）
李祥森
游海兵
戴玉明
张鉴冰
张革联
耿　辉
李江萍（女）
王　彬
顾晓振
陈晓峰
区监委副主任：姜巧玲（女，代理监委主任）
孔南钢
祁　勇
委　员：瞿　东（女）
张震东
翁　侃
区纪委办公室主任：（暂缺）
区纪委干部管理监督室主任：（暂缺）
区纪委党风政风监督室主任：谢洪玲（女）
区纪委信访室主任：陈荣发
区纪委案件管理监督室主任：（暂缺）
区纪委纪检监察一室主任：陶　飞
区纪委纪检监察二室主任：（暂缺）
区纪委纪检监察三室主任：（暂缺）
区纪委纪检监察四室主任：王　伟
区纪委审理室主任：周辉丽（女）
区监委第一派出监察员办公室主任：陶　飞
区监委第二派出监察员办公室主任：（暂缺）
区纪委派驻第一纪检监察组组长：瞿　东（女）
区纪委派驻第二纪检监察组组长：颜筱娟（女）
区纪委派驻第三纪检监察组组长：（暂缺）
区纪委派驻第四纪检监察组组长：宣国校
区纪委派驻第五纪检监察组组长：郭升松
区纪委派驻第六纪检监察组组长：朱　宁（女）

区委办

主　任：徐新斌
副主任：林　海
刘　琴（女）
韩中华
区档案局局长：徐新斌

区委组织部

部　长：刘玉民
常务副部长：李存华
副部长：赵　莉（女）
郭震环
区非公有制企业和社会组织工作委员会书记：赵　莉（女）
区委党史办主任：刘晶磊
副主任：舒光怡
区公务员局局长：郭震环
区考核办副主任：梁妍妍（女）

区委宣传部

部　长：周　峰
副部长：赵敬之
区文明办主任：赵敬之

副主任：董海兵
区网信办副主任：尚婷婷（女）

区委统战部

部　长：周　迅
常务副部长：张思根
副部长：李祥森
樊　谊
区台办侨办主任：樊　谊
副主任：范慰民
区民宗局局长：李祥森
副局长：金叔阁
张　军（女）

区委政法委

书　记：杨　晨
常务副书记：游海兵
副书记：王中秋（挂职）
区国安办主任：仝铮铮
副主任：张开春

区委研究室

主　任：徐文政
副主任：任竞春
孙　伟
区委改革办专职副主任：周　龙

区委编办

主　任：李　彬
副主任：郑　铖（女）
马永春

区级机关工委

书　记：张鉴冰
副书记：项　莉（女）

区委巡察办

主　任：杨海超
副主任：张晓进
巡察一组组长：郝朝阳
副组长：徐建生
巡察二组组长：（暂缺）
副组长：（暂缺）
巡察三组组长：孙大保
副组长：（暂缺）
巡察四组组长：赵宗龙
副组长：靖国翔

区委老干部局

副局长：朱跃灵（女，主持工作）
温耀东

区人大机构

区人大常委会办公室

主　任：俞丽丽（女）
副主任：沈献平（女）

区人大常委会研究室

主　任：林旭东

区人大法制委员会

主　任：杜国平

区人大财政经济委员会

主　任：杨一评
副主任：宣　峥（女）

区人大常委会环境资源城市建设委员会

主　任：夏秀华（女）
副主任：陈　杰

区人大常委会教育科学文化卫生委员会

主　任：谭大春

副主任：（暂缺）

区人大常委会民族宗教侨务台湾事务委员会

主　任：梁加报

副主任：邹卫东

区人大常委会人事代表联络委员会

主　任：章金仓

副主任：（暂缺）

区人大常委会预算工作委员会

主　任：宣　峥（女）

区政府工作部门

区政府办

主　任：董志波

副主任：刘杰功

于吉磊

掌少波

区外事办主任：董志波

区政府研究室主任：董志波

区发改委

主　任：缪昌根

副主任：陈峰飞

章体忠

赵　燕（女）

袁永星

区工信局局长：缪昌根

副局长：陶文芳（女）

区大数据局局长：缪昌根

区教育局

党组书记：张石明

局　长：张石明

工委书记：肖　东（女）

副局长：马　峰

杨　勇

杭昕煜（女）

区科技局

局　长：朱振国

副局长：卢　宏

王素伟（女）

李　兴

区民政局

局　长：邱文标

副局长：金　新

卞加海

区司法局

局　长：严兴中

副局长：杨建勇

唐盛春（女）

区委依法治区副主任：陈永红

区财政局

局　长：姚胜强

副局长：李立文（女）

徐　鑫

区人社局

党委书记：易善平

局　长：易善平

党委委员：邓林保

钱春晖

副局长：邓林保
钱春晖

区建设局

党委书记：（暂缺）
党委委员：丁玉君（女）
戴玉明
汪　江
局　长：（暂缺）
副局长：丁玉君（女）
戴玉明
崔晓荫（女）
汪　江

区房产局

党委书记：刘雪涛
局　长：刘雪涛
副局长：徐　新
刘　凯
张华才
金吴松

区水务局

局　长：张明浩
副局长：郑朝华

区城管局

局　长：黄元祥
副局长：王富贵
周　革
余德洲

区商务局

局　长：朱　毅
副局长：蓝金林
陈　玉

区文旅局

局　长：陈　瑛（女）
副局长：莫肖斌
张志刚
朱晓华（女）
周晓春
卞悦明
金立安

区投促局

党组书记：沈　杨
局　长：沈　杨
副局长：赵梦春
孙国良
朱延琴

区卫健委

主　任：王石城
副主任：沈　瑜
岑　岚（女）
刘　刚
石　可

区退役军人事务局

局　长：周爱顺
副局长：何　雁（女）
崔广宏
袁丝路

区应急管理局

局　长：管　庆
副局长：胡　波
吴田华

　　　　李开宾

区审计局

局　长：顾晓振

副局长：朱德洪

　　　　姜彦虎

　　　　陈　岚（女）

区国资办

主　任：吴坤明

副主任：喻华林（女）

　　　　王向阳

区行政审批局

局　长：狄　芸（女）

副局长：史学伟

　　　　郭晓东

区市场监管局

局　长：范　清

副局长：吴　骏

　　　　田江莉（女）

　　　　张　虹（女）

　　　　潘　骏

　　　　陶　勇

区统计局

党组书记：李烽炜

局　长：刘　嫣（女）

副局长：梅　彬

　　　　朱其金

　　　　朱　宏

区信访局

局　长：刘杰功

副局长：廖礼银

　　　　王永乐

区人防办

主　任：孙　辉

副主任：李兆秋

　　　　门中权

　　　　杨　波

区金融监管局

副局长：黄　韬（主持工作）

　　　　周均涛

区政协机构

区政协办

主　任：茆峻峰

副主任：朱梅宁（女）

提案委员会

主　任：陈德勇

副主任：胡小武（兼）

文史（学习）委员会

主　任：唐　坤

副主任：徐文政（兼）

　　　　仝铮铮（女，兼）

经济科技委员会

主　任：刘　凌（女）

副主任：廖闻剑（兼）

　　　　樊　谊（兼）

城市建设与社会法制委员会

主　任：蔡跃军

副主任：张苇联（兼）

　　　　邵正光（兼）

教卫文体委员会

主　任:傅毅彬

副主任:肖　东(女,兼)

刘春生(兼)

安　鹰(女,兼)

民族宗教、港澳侨台和外事委员会

主　任:王　帆

副主任:张思根(兼)

陈秀竹(女,兼)

区群团机构

区总工会

主　席:汤志平

常务副主席:於金勇

副主席:吴爱军

戴小燕(女)

团区委

副书记:任心洁(女,主持工作)

毛　颖(女)

区妇联

主　席:彭卫芳(女)

副主席:安　鹰(女)

解　菁(女)

区残联

理事长:滕宏明

副理事长:李　圆(女)

区红十字会

会　长:夏晓燕(女)

常务副会长:杨　艳(女)

副会长:丁宇玫(女)

区审判、检察机关

区法院

院　长:芮铭珍(女)

副院长:张革联

朱　骅(女)

马梅琴(女)

陶道荣

刘　俊

执行局局长:盛云峰

审判委员会专职委员:陈　潇

黄克强

区检察院

检察长:于　刚

副检察长:詹　静(女)

耿　辉

张乾良

李　勇

政治处主任:卞　工

检察委员会专职委员:马旭升

朱晓凌

区委、区政府派出机关

莫愁湖街道党工委

书　记:张进发

副书记:周德荣

马　莉(女)

委　员:陆预婷(女)
颜　艳(女)
林碧玉
葛庆有
陈凤鸣
曹庆瑜
纪工委书记:陆预婷(女)
宣传委员:颜　艳(女)
组织委员:葛庆有
政法委员:马　莉(女)
人武部部长:林碧玉
统战员:曹庆瑜

区人大莫愁湖街道工作委员会

主　任:王加龙

莫愁湖办事处

主　任:周德荣
副主任:邹　强
颜　艳(女)
林碧玉
陈凤鸣
综治办主任:邹　强

区政协莫愁湖街道工作委员会

主　任:丁　伟

兴隆街道党工委

书　记:洪　彪
副书记:吴新益(女)
王　彬
纪工委书记:许敬阳
宣传委员:高　掌
人武部部长:高　掌
统战员:高　掌

区人大兴隆街道工作委员会

主　任:王爱军

兴隆办事处

主　任:吴新益(女)
副主任:圣汉勋(女)
叶　文
刘哲君
刘向阳
刘　璐(女)

区政协兴隆街道工作委员会

主　任:(暂缺)

南苑街道党工委

书　记:刘天鹏
副书记:陈　理
陈怀健
纪工委书记:史宏伟
宣传委员:孙东亮
人武部部长:周志林
统战员:孙东亮

区人大南苑街道工作委员会

主　任:司明秀(女)

南苑办事处

主　任:陈　理
副主任:李　一
虞　欣
周志林
花　蕾(女)

区政协南苑街道工作委员会

主　任:杨　莉(女)

沙洲街道党工委

书　记：熊　俊

副书记：唐　兵

　　　　孙　枫（女）

纪工委书记：赵小明

宣传委员：朱平平（女）

人武部部长：杨　阳

统战员：石松园

区人大沙洲街道工作委员会

主　任：钱年华

沙洲办事处

主　任：唐　兵

副主任：陈　鹏

　　　　徐建伟

　　　　杨　阳

　　　　李陆明

　　　　朱平平（女）

　　　　傅志根

区政协沙洲街道工作委员会

主　任：杨卫华（女）

双闸街道党工委

书　记：陈　琎

副书记：徐　凌（女）

　　　　孙连娟（女）

工委委员：赵春年

　　　　　侯　健

　　　　　王灏晓

　　　　　刘向玉

　　　　　程　磊

　　　　　于　龙

纪工委书记：王灏晓

宣传委员：刘向玉

人武部部长：程　磊

统战员：刘向玉

区人大双闸街道工作委员会

主　任：施　翔

双闸办事处

主　任：徐　凌（女）

副主任：张奎林

　　　　程　磊

　　　　于　龙

区政协双闸街道工作委员会

主　任：熊晓华

江心洲街道党工委

书　记：翟晓黎

副书记：翁　侃

　　　　彭　超

纪工委书记：张永兵

政法委员：彭　超

人武部部长：王月阳

统战员：王月阳

区人大江心洲街道工作委员会

主　任：谢玉强

江心洲办事处

主　任：翁　侃

副主任：周月江

　　　　朱明翔

　　　　黄海涛

　　　　任嫒嫒（女）

　　　　马　犇（女）

区政协江心洲街道工作委员会

主　任：王宗培

生态科技岛经开区管委会

主　任：张学虎

副主任：生京宁

　　　　杨泗周（兼）

　　　　杨建中（兼）

党政办主任：裴　勇

行政审批局局长：蒋志云（女）

行政执法局副局长：寇承武

规划建设局副局长：熊慧勤（女）

经济发展局局长：杨建中（兼）

经济发展局副局长：曹国君

财政局局长：杨泗周（兼）

建邺高新区管委会

主　任：金　超

副主任：万沐虎

　　　　侍得广

　　　　朱　俊（挂职）

　　　　苑振超（挂职）

党政办公室主任：梁晓冬（兼）

企业服务部部长：陈　革（兼）

财务资产部部长：沈　蓉（女，兼）

科技创新部部长：卢　宏（兼）

区委、区政府直属事业单位

区委党校

校　长：李方毅

常务副校长：金光明

副校长：张冬清（女）

　　　　吴　琳（女）

　　　　马梦诗（女）

区档案馆

馆　长：（暂缺）

副馆长：赵　辉

区地志办副主任：张远桃（女）

区河西办

主　任：孔祥君

副主任：郭江勇

区机关管理中心

主　任：陈晓峰

副主任：顾竹珺（女）

　　　　胡立新

区信息中心

主　任：邵爱菊（女）

江东商贸区

书　记：吴　非

副书记：郑知邦

　　　　李江萍（女）

主　任：郑知邦

副主任：徐旭东

　　　　陆隽峰

　　　　朱立安

　　　　孙　潍

　　　　罗炳先

中央商务区

书　记：高　峰

副书记：蒋仲群

　　　　董　刚

主　任：蒋仲群

生态科技岛办

副主任：杨　磊

市垂直管理机构

南京市公安局建邺分局

局　长：王月兵

政　委：吴辉祥

副局长：潘　卫

王　锋

侯卫国

陈　浩

王　炜

宋宝军

南京市建邺区税务局

局　长：田　园

副局长：马玉宁

戴世敏

郝永宁

贾振祥

孔志刚

彭远娣（女）

王少华

王　颖（女）

朱　剑（女）

南京市建邺生态环境局

副局长：汤　峻（主持工作）

附录

建邺区高质量推进“一带一路”建设工作实施方案

为深入贯彻习近平总书记关于推进“一带一路”建设工作重要讲话精神，落实党中央、国务院和省、市工作部署，推动我区“一带一路”建设向高质量发展转变，全力打造对外开放 新局面，结合建邺区实际，特制定本意见。

一、思路目标

（一）总体思路。以习近平新时代中国特色社会主义思想为指导，认真贯彻落实习近平总书记在推进“一带一路”建设工作5周年座谈会上的重要讲话精神，协调推进“一带一路”建设与长江经济带、长三角一体化发展等国家战略对接融合，深度融入党中央、国务院和省、市“一带一路”建设大格局，实现建邺高质量推进“一带一路”建设。

（二）发展定位。按照市委、市政府对南京在全省推进“一带一路”建设的定位和要求，进一步提升创新、产业、文化等核心功能以及辐射带动能力，让建邺走在南京“一带一路”交汇点重要枢纽城市建设的前列。

1. 推进创新名区建设。积极推进区“两落地一融合”工作，加强与海内外名校名所的合作，努力集聚优质创新资源。积极引导区内科技企业，进一步加强与发达国家科技研发项目合作与交流，与国外高水平研发平台及高端人才团队共同打造新型研发机构，加快促进新型研发机构国际化、高端化发展。全力推进“生根出访”活动，加快推进顶尖创新资源向建邺集聚。继续推进建邺高新区争先进位，将高新区打造为全市创新和产业融合发展的新高地。

2. 打造中新智慧城市示范区。充分借鉴新加坡智慧城市建设的先进经验，不断深化物联网、云计算、大数据、人工智能等新技术在城市管理和公共服务等领域的应用，加速政策、人 才、资金、产业在我区的集聚，到2021年末，实现基础网络全面领先、城市治理高效智能、公共服务便捷普惠、智慧产业快速发展，建成全球有示范效应和影响力的“中新智慧城市示范区”。

3. 引领促进人文交流。加大与“一带一路”沿线国家的人文交流，提升建邺文化标识度，促进民心相通。以贯彻“服务 区域建设、满足群众需求”为宗旨，坚持“政府引导、市场为主、规范管理、百姓受益”的原则，积极探索后青奥体育事业发展的新思路，大力发展体育事业，形成以体育赛事表演为引领的健身休闲、场馆服务、体育商贸、体育培训、体育会展等 为主的体育产业体系。争取更多国际文化组织、国际赛事、国际会议落户，打造具有世界影响力的文化平台，形成深度互动的国际文化交流网络。

二、高质量推进"一带一路"的"四大行动"

（一）科技创新合作行动

1. 面向全球创新资源构建协同合作体系。积极开展"生根计划"，深耕创新大国德国、关键小国新加坡以及科技强国匈牙利等国家的创新合作，加强政府间的交流互动、企业间的创新合作，全力推进区内龙头企业与机构建设海外创新中心、海外研发机构、离岸孵化器、海外创新创业大赛等创新平台和创新活动。（牵头单位：区科技局；责任单位：生态科技岛、建邺高新区）

2. 加快推进国际创新资源有效导入与合作。鼓励世界一流企业、人才团队与知名高校科研院所，来区合作共建产业研究院、大学科技园、创新学院、新型研发机构、技术转移机构等创新平台，加快促进国际人才、国际合作项目、国际企业等创新资源的有效导入。积极鼓励国际组织、创新机构来区举办高水平学术活动、创新大赛等与各类创新活动。（牵头单位：区科技局；责任单位：生态科技岛、建邺高新区）

（二）产能合作对接行动

3. 构建国际产能合作产业体系。推进软件信息、商务物流、文化旅游体育等服务业企业构建国际运营网络，推动服务外包向知识流程外包、业务流程外包等价值链高端延伸，提升服务产业国际竞争力。（牵头单位：区发改委；责任单位：区政府办、区商务局、区文旅局）

4. 优化国际产能合作空间布局。支持优势企业参与南亚及非洲电力、建筑、通信等基础设施领域建设，带动相关产品设备全产业链"走出去"。深化与欧美、日韩等国家在智能制造、软件信息等领域的技术合作，开展尖端技术研发与合作。（牵头单位：区商务局；责任单位：区政府办、区发改委、建邺高新区、江东、CBD）

5. 鼓励与支持企业加速构筑"产业地标"。支持有实力的人工智能、新能源汽车、互联网骨干企业用好国内和国际两个市场，到境外开展资源项目合作开发和投资设厂，建立稳定的海外资源和生产加工基地，带动优势产品出口。加速培育有国际竞争力的跨国公司，鼓励大企业带动产业链配套环节的中小企业"抱团出海"。加强与中拉、中非、中哈等国家合作机制的对接，以省、市重大投资合作项目、援外工程项目为重点，联合有意愿的发达国家共同开展第三方市场合作，打造一批综合效益好、带动作用大、各方面都受欢迎的示范项目。（牵头单位：区商务局；责任单位：区外事办、区发改委、生态科技岛、建邺高新区、江东、CBD）

（三）贸易投资拓展行动

6. 拓展国际经贸合作市场。参与国家和省国际经贸交流活动，充分利用好金秋经贸洽谈会、国际服务外包合作大会等重要国际经贸合作平台，全方位拓展国际市场。以旅游、信息、商务、物流等为重点，积极开拓“一带一路”服务贸易市场，加快打造南京市深化服务贸易创新发展示范平台。打造外贸竞争新优势，扩大高新技术产品和优势产品的出口，主动承接中国国际进口博览会溢出效应，推动江苏国际进口交易服务总部常年展项目如期开业，实施积极的进口促进战略。以阿里巴巴江苏总部和小米有品全国总部为核心，建立国际贸易企业全供应链服务平台，打造国际知名品牌及贸易聚集地，创建河西国际新零售总部企业示范园区。实施“互联网＋外贸”战略，加快建设跨境电子商务综合服务示范平台，积极培育电子商务垂直平台，鼓励企业开展跨境电商业务、建设“海外仓”和全球营销网络。（牵头单位：区商务局；责任单位：区政府办、区投促局、区市场监管局、建邺高新区、江东、CBD）

7. 加强金融服务支持力度。立足金融集聚优势，依托创新金融生态“361”系列产品等政策，一方面，将打造以南京金鱼嘴街区为平台，区级产业基金、科创基金为抓手，国有资本为引导撬动社会资本，通过市场化运作、专业化管理，吸引国内外知名基金、管理机构落户，积极开展投融资对接，帮助企业拓宽融资渠道，增加融资可获得性；另一方面，深化与紫金农 商行、江苏省再担保集团等金融机构合作，针对企业不同融资需求，研究设计具有针对性的金融产品和金融服务，设立区级风险代偿机制、融资担保机制、应急周转机制，打造一系列企 业融资产品服务，构建有鲜明特色的创新金融生态体系，给予企业全生命周期支持，切实解决企业融资难点痛点问题，从而鼓励区域内企业赴“一带一路”地区投资或开展业务。（牵头单位：区金融监管局；责任单位：区投促局、建邺高新区、江东、CBD）

（四）人文交流合作行动

8. 促进文化与旅游品牌塑造。进一步推动南京大屠杀史实在海内外的广泛传播，深化与相关国际组织的合作，举办国际论坛、展览、集会等国际和平交流活动，深入打造“国际和平城市”品牌。深度挖掘旅游资源，加大与“一带一路”旅游联系和市场开拓力度，打造建邺旅游品牌。（牵头单位：区委宣传部；责任单位：区政府办、区商务局、区文旅局）

9. 扩大体育领域与国际青年交流。充分挖掘我区体育竞赛表演产业集聚能力，通过企业集聚、赛事集聚、项目集聚等形式提高集聚水平，扩大影响力。提升奥体中心及周边区域的布局和规划，更新新兴体育项目设施，做好南京马拉松、世界滑板锦标赛等国际性赛事的属地保障工作。提升青奥森林公园的集聚水平，吸引运动休闲项目落户，打造南京及周边地区“户 外运动天堂”。以体育竞赛活动为引领，培育壮大体育市场主体，推动体育产业全面可持续发展，不断满足大众多层次多样化的体育需求，提升居民的幸福感和获得感，为我区现代化国际性城市中心建设提供有力支撑和持续动力。（牵

头单位：区委宣传部；责任单位：区文旅局、生态科技岛）

三、建立健全"一带一路"建设的组织保障体系

（一）强化组织领导。充分发挥区推动"一带一路"建设工作领导小组对重大规划、重大政策、重大问题的统筹部署和统一协调作用。加强与市层面各方面的沟通对接，全面落实省、市部署的各项任务。

（二）突出项目带动。加强区"一带一路"重点项目跟踪服务，科学制定项目推进落实的路线图和时间表，建立重大项目推进领导督办、定期会商制度，及时协调解决建设中的重大问题。

（三）优化营商环境。整合政府部门资源，建设"走出去"综合信息服务平台，为企业投资决策提供信息服务，引导企业在合作中规避经济风险和金融风险。完善政企协调机制，引导和规范企业境外投资经营行为。加快引进和培育国际化咨询服务机构，为区高质量推进"一带一路"建设提供全方位多方面的服务支撑。

建邺区打赢蓝天保卫战 2019 年度实施方案

为贯彻落实省、市对我区环境空气质量改善要求，扎实开展我区大气污染防治工作，持续提升全区环境空气质量和环境监管水平，打赢蓝天保卫战，制订本方案。

一、总体目标

约束性目标：细颗粒物（$PM_{2.5}$）年均浓度较 2018 年下降 3 微克，达到 45.3 微克 / 立方米；空气质量优良天数比例达到 72%。

奋斗目标：细颗粒物（$PM_{2.5}$）年均浓度较 2018 年下降 5 微克，达到 43.3 微克 / 立方米；空气质量优良天数比例达到 75%。

二、主要任务

（一）固定源污染综合治理

1. 深化工业污染治理。持续推进工业污染源全面达标排放，未达标排放的企业一律依法停产整治。落实南京卷烟厂废气（VOCs）排放在线监测监控系统建设；推动南京卷烟厂卷烟车间除尘系统整体改造，采用更加安全环保的设备、工艺和处理技术。（环保局牵头，发改委、相关街道、园区配合）

2. 严控挥发性有机物污染。区域喷漆资质的汽修企业和包装印刷企业，必须安装挥发性有机物净化处理设施。加强对区域废气排放企业的检查，确保企业废气处理设施正常运行，达标排放。8 月底前，包装印刷、汽车维修企业至少开展一次 VOC_S 排放自行监测，并上报环境主管部门。（环保局牵头，宣传部配合，各街道、园区负责落实）

3. 推进餐饮业油烟污染治理。推进完成450家餐饮企业整治任务，5条餐饮示范街区创建。餐饮经营单位和单位食堂应当安装高效油烟净化设施，并保持有效运行。大型餐饮企业加装油烟在线监控监测设备，确保油烟净化设施正常使用。加大对露天烧烤和产生油烟的露天餐饮加工执法力度，发现一个取缔一个。（环保局牵头，城管局、市场监管局、房产局、房产局、商务局、应急管理局配合，各街道、园区负责落实）

4. 开展锅炉综合整治。推进全区在用88台燃气锅炉（其中工业企业天然气锅炉10台：南京烟厂8台、3503服装厂1台、江苏舜天西服厂1台；生活燃气锅炉78台）分批次、分行业实施氮氧化物治理工程。（环保局牵头，发改委、市场监管局配合，各街道、园区负责落实）

5. 推进园区循环化改造。从空间布局优化、产业结构调整、资源高效利用、公共基础设施建设、环境保护、组织管理创新等方面，推进现有各类园区实施循环化改造。市要求90%以上省级开发区实施循环化改造。（发改委牵头，商务局、环保局、生态科技岛经开区配合）

提升园区污染防治能力。加强环境基础设施标准化建设，大幅提升污染物收集、处置和生态环境监测监控能力；提升园区清洁能源供应保障能力，定期开展环境绩效评价。（环保局牵头，发改委、商务局、建设局配合）

6. 加力推广绿色建筑。提高建筑节能标准，城镇新建民用建筑全面执行绿色建筑标准。城镇新建民用建筑按绿色建筑标准设计建造的比例达95%以上。结合老旧小区整治出新，推进既有居住建筑节能改造。（建设局牵头，发改委、房产局、市场监管局配合）

（二）面源污染综合整治

7. 严格施工扬尘监管。推行“绿色施工”，提高装配式建筑在新建筑中的比例。深化“五达标、一公示”控尘标准，提高建筑施工扬尘防治能力，实现工地喷淋、洒水抑尘设施“全覆盖”，确保渣土车冲洗干净，不带泥上路。扬尘防治检查评定不合格的建筑工地一律停工整治。全区工地文明施工达标率达到85%以上，其中规模以上工地达到90%以上。推行工地联网视频监控。（建设局、城管局牵头，环保局、房产局、信息中心、交警四大队配合，各街道、园区负责落实）

区域内划定3个大气环境严管区域，该区域内所有施工采用全封闭式施工。大力推进“智慧工地”建设。推行差别化管理政策，实施工地扬尘和非道机械排气“精细化、智能化、常态化”管控，新建规模以上工地同步建设“智慧工地”。（建设局牵头，环保局、城管局、信息中心、各街道、园区配合）

8. 实现裸土和堆场全覆盖。对长期裸露工地、河道河床及主次干道两侧裸土全部落实控尘措施，有条件绿化的进行绿化全覆盖，无条件绿化的实施硬化处理，确实无法硬化和绿化的区域采取抑尘网全覆盖。堆场在采取抑尘网等遮盖的同时，定期喷淋；长期存在的物堆，要构筑围墙、表面绿化或进行清运。全区所有储备土地要做到绿化全覆盖，完成平整土地并撒上草籽，做好修剪养护。（建设局、城管局、水务局、城建集团、城管水务集团、各街道、园区按照各自职责负责）

9. 强化道路控尘。加强道路扬尘综合整治，及时修复破损路面，运输道路实施硬化。持续提高道路机械化清扫率和冲洗率，建成区机扫率达到95%以上，力争达到97%。对易污染路段加大保洁频次，确保路面无积尘见本色。推进“无尘街区”建设，做到从大气国控点、国青中心、文体轴线、江东门纪念馆逐步扩大到周边范围。推广雾炮降尘等先进手段，有效控制道路扬尘污染。严格落实渣土运输车辆规范化管理，实现出场冲洗、密闭运输、规范处置全过程监管。（城管局、城管水务集团牵头落实，环保局、建设局、交警四大队、各街道、园区配合）

10. 禁止露天焚烧和露天烧烤。区域主次干道两侧、居住区禁止露天烧烤。禁止露天焚烧沥青、油毡、橡胶、塑料、垃圾、皮革等产生有毒有害、恶臭气体的物质。禁止在城市建成区露天焚烧落叶。（环保局、城管局、各街道、园区按各自职责负责）

11. 加强建设工地涂料使用管理。建筑施工现场按规定使用水性涂料，责任单位定期检查落实情况。（建设局负责）

12. 全面实施烟花爆竹禁放工作。禁放区域严格禁止销售、燃放烟花爆竹，强化节日期间和日常禁放监管，落实有效禁放措施。加强源头销售经营的查处力度。（公安分局牵头，环保局、建设局、城管局、商务局、市场监管局、应急管理局配合，各街道、园区负责落实）

（三）加强移动源污染防治

13. 控制机动车尾气污染。现场执法制止严重冒黑烟、蓝烟等可视物的污染车辆；重点优化渣土工程车辆的行驶路线，做到“一工地一策”，工程车辆绕开国控点区域附近道路行驶（区域：东至泰山路、南至奥体大街、西至应天大街、北至庐山路）；提高早晚高峰道路车辆通行速度，加大对过境车辆、特别是重型车辆的执法检查，减少大型机动车辆尾气排放污染（交警四大队、城管局按职责负责）

14. 大力淘汰老旧车辆。按省、市要求，淘汰国三及以下排放标准中型和重型营运柴油货车。（交警四大队牵头，公安分局、财政局、环保局、商务局、各街道、园区配合）

2019年7月1日起，实施机动车国六排放标准。（环保局牵头，公安分局、交警四大队、建设局、各街道、园区配合）

15. 加大限行力度。2019年6月1日起，执行限行措施。在绕城高速公路G2501合围区域内每日7点至24点，对国一及以下排放标准汽油车、国三以下排放标准柴油车、国三排放标准柴油货车（包含本市籍和外市籍）实施限行。涉及民生车辆和特种车

辆除外。（交警四大队、环保局按职责负责）

16. 强化油品管理。定期开展油品质量监督检查活动。禁止生产、进口、销售和使用不符合标准的机动车船和非道路移动机械用燃料，严厉查处油品质量不达标现象。加强多部门联合执法，加大对生产、销售和使用不符合标准的车（船）用燃料以及无证无照经营行为的打击力度。强化对加油站（点）、机动车和非道路移动机械等用油的监管。（市场监管局、商务局、公安分局牵头，环保局、发改委、建设局、各街道、园区配合）

17. 加强非道路移动机械污染防治。打击新生产销售不达标非道路移动机械的违法行为。（市场监管局牵头，发改委、建设局、环保局、城管局、各街道、园区配合）

推进使用柴油的施工、作业机械清洁化改造，有序淘汰老旧工程机械。（建设局、城管局按职责负责，环保局、市场监管局、各街道、园区配合）

18. 开展餐厨废弃物运输车辆集中整治。查处非法运输车辆，加强车辆监管，确保密闭化运输、清洁化作业。新增、更新的小型专用车辆应当使用新能源或清洁能源。（城管局牵头，公安分局、交警四大队、各街道、园区配合）

（四）实施专项行动

19. 开展秋冬季攻坚行动。实施秋冬季大气污染综合治理攻坚行动方案，扩大、细化应急管控措施和工程项目名单。以减少重污染天气、降低 $PM_{2.5}$ 浓度为着力点，严加实施秋冬季大气污染防治措施。（环保局牵头，发改委、建设局、城管局、公安分局配合，各街道负责落实）

20. 开展扬尘治理专项行动。有效提升扬尘管控水平。严格落实渣土车出场冲洗、密闭运输、规范处置全过程监管。加强市政道路改扩建扬尘管控，城市道路新建、改建、开挖工程，道路绿化工程要采取有效防尘措施，及时篷盖土堆和裸露地面，采取洒水降尘措施；实行散装建材工程运输车辆通行证管理，加强路面执法和巡查，严厉查处抛撒滴漏等违法行为，积极推进砂石运输车辆全密闭运输和混凝土运输车辆安装防抛撒装置。（环保局、建设局、水务局、城管局、交警四大队、各街道按职责负责）

21. 开展工程机械达标排放专项行动。开展工程机械排查，建立工程机械管理清单。对工程机械达标排放及用油情况进行全面检查，严查低排区使用高排放工程机械行为。强化工程机械使用单位主体责任，发现未达标排放或未使用合格油品工程机械的要立即停工撤场，对使用未达标排放或未使用合格油品工程机械的单位要依法停产整治并加大联合惩戒力度。（环保局牵头，建设局、水务局、城管局、城建集团、城管水务集团配合，各街道、园区负责落实）

22. 严打黑加油（气）专项行动。加大对无证无照经营车（船）用燃料行为的打击力度，打击非法流动加油车、加气车，坚决取缔黑加油、加气站点。（公安分局、交警四大队

负责）

（五）有效应对重污染天气

23. 加强重污染天气应急响应。完善应急预案，从严落实各项应急管控措施，实施停限产，减少排放，努力降低污染程度。（环保局牵头，区各部门、各街道、园区按各自职责落实）

24. 夯实应急减排措施。提高应急预案中污染物减排强度，黄色、橙色、红色级别减排比例原则上分别不低于30%、40%、50%。细化应急减排措施，落实到企业各工艺环节，实施“一厂一策”清单化管理。（环保局牵头，发改委、宣传部配合）

25. 实施秋冬季重点行业错峰生产。强化精准限停产，加大秋冬季工业企业生产调控力度，针对南京烟厂，实施错峰生产管理。（发改委牵头，环保局、南苑街道配合）

（六）加强基础能力建设

26. 完善资金保障。区财政支出要向打赢蓝天保卫战倾斜，统筹安排各类财政资金，切实保障工作推进、能力建设和重点任务资金需要。（财政局牵头，环保局配合）

27. 提升大气环境监测监控能力。加强街道空气质量自动监测网络建设，全面实现街道小型标准站监测站点全覆盖，并与市联网。开展实时源解析和走航工作。根据工作需要配备VOCs监测分析仪，开展环境空气VOCs监测，具备对环境空气臭氧前驱物、重点大气污染源的VOCs进行监督监测能力。（信息中心、环保局、财政局按各自职责负责）

28. 加大环境执法力度。坚决打击各类环境违法犯罪行为，有力维护环境秩序，为环境守法企业营造更加公平的竞争环境。深化污染防治配套能力建设，未达标排放的企业依法实施整治。将烟气在线监测数据作为执法依据，加大超标处罚和联合惩戒力度。加强基层环境执法能力建设，提高环保规范和精准执法水平。加强生态环境执法与刑事司法衔接。加强公安机关生态环境犯罪侦查机构队伍建设。构建完备的各级专业侦查体系。（环保局、公安分局按各自职责负责）

三、保障措施

（一）加强组织领导。有关部门要根据本方案要求，按照“管发展的管环保、管生产的管环保、管行业的管环保”原则，进一步细化分工任务，制定配套政策措施，落实“一岗双责”。各街道、园区要把做好大气污染防治工作，打赢蓝天保卫战放在重要位置，主要领导是本区域第一责任人，切实加强组织领导，制定实施方案和年度计划，细化分解目标任务，科学安排指标进度，防止脱离实际层层加码，要确保各项工作有力有序完成。建立完善“网格长”制度，压实各方责任，层层抓落实。（各街道、园区、各有关部门负责）

（二）细化具体任务。各街道、各园区管委会，区责任部门要依据空气质量改善目标，制定本街道（园区）、本部门的年度工作计划，把重点任务落实到相关部门和企业。

依据年度空气质量改善目标，安排重点任务和治理项目，明确资金来源、配套政策、责任部门和保障措施等，5月20日前报送区打好污染防治攻坚战指挥部办公室（以下简称区攻坚办），并向社会公开。要建立工作台账，逐月对年度实施方案开展情况进行自查，并于每季度开始第一周内将上季度工作实施情况报区攻坚办。2020年1月8日前，将年度自查报告报区攻坚办。自查报告应包括空气质量改善（街道上报）、重点工作任务、治理项目进展及资金投入等情况。（各街道、各园区、各部门负责）

（三）严格考核问责。将打赢蓝天保卫战大气污染防治目标任务完成情况作为重要内容，纳入污染防治攻坚战成效考核。把环境空气质量改善目标完成情况作为领导干部考核评价的重要依据。环境空气质量未达到市考目标的街道，应向区委、区政府作出检查。对任务完成不到位，不作为、慢作为、不担当、不碰硬，甚至失职失责的，依法依规依纪严肃问责。对打赢蓝天保卫战工作中涌现出的先进典型予以表彰。（纪委监委、组织部、环保局牵头）

（四）积极开展多种形式的宣传教育。普及大气污染防治科学知识，将大气污染防治专题纳入教育体系和党政领导干部培训内容。建立宣传引导协调机制，发布权威信息，及时回应群众关心的热点、难点问题。新闻媒体要充分发挥监督引导作用，积极宣传大气环境管理法律法规、政策文件、工作动态和经验做法等。对大气污染防治工作的成效和优秀典型进行正面报道，对落实不力的单位实施问题曝光。（组织部、宣传部、环保局牵头，各有关部门、各街道、园区配合）

建邺区海绵城市建设管理办法

一、总则

第一条　为积极推进我区海绵城市建设，按照《国务院办公厅关于推进海绵城市建设的指导意见》（国办发〔2015〕75号）和《省政府办公厅关于推进海绵城市建设的实施意见》（苏政办发〔2015〕139号）《市政府办公厅关于推进海绵城市建设的实施意见》（宁政办发〔2016〕95号）《市政府办公厅关于印发南京市海绵城市规划建设管理规定的通知》（宁政传〔2019〕9号）等要求，结合我区实际，制定本办法。

第二条　本办法适用于全区（含江心洲）内区级立项（含区政府有关职能部门、南京河西新城区开发建设管委会和江苏南京生态科技岛经济开发区管委会）的新、改、扩建的政府投资及社会投资建设项目和海绵规划、设计、建设、运营及管理活动。

第三条 区政府加强对海绵建设工作的领导，协同南京河西新城区开发建设管委会（以下简称河西管委会），组织江苏南京生态科技岛经济开发区管委会（以下简称科技岛）、区政府有关部门和单位，动员全社会共同推动海绵城市规划建设管理工作。

区政府成立建邺区海绵城市建设工作领导小组，区长任组长，分管副区长任副组长，河西管委会的相关处室和直属单位、科技岛、区有关部门和直属单位为成员单位。区海绵城市建设工作领导小组下设办公室（以下简称区海绵办），设在区建设局，具体负责统筹协调、监督考核，指导推进全区海绵城市建设工作。河西管委会、科技岛及区政府本级立项的项目，分别由河西管委会、科技岛、区建设局实施海绵城市建设管理职能。

第四条 河西管委会、科技岛、区政府建设、发改、财政、土储、城管、水务、环保、绿化园林、房产等部门和单位按照各自职责，负责海绵城市建设相关工作。区建设局负责区海绵办日常工作；负责编制区级海绵城市专项规划（不含江心洲）；协助市规划和自然资源局将海绵城市建设规划目标和指标要求落实到城区总体规划、控制性详细规划编制及各相关专业专项规划审查工作中；明确各类建设项目的海绵城市建设约束性指标；负责区政府投资城建类项目在立项、初步设计、质量监督、竣工验收备案等各审批、监督环节落实海绵城市建设相关要求；负责房建类项目在初步设计、质量监督、竣工验收备案等各审批、监督环节落实海绵城市建设相关要求。负责整合现有涉水管理信息系统、搭建全区海绵城市规划建设管理一体化信息平台，信息中心、水务部门、环保部门提供业务协助。河西管委会计划处、科技岛、区发改委负责将海绵城市建设相关内容纳入国民经济和社会发展规划，在区级立项的项目的可行性研究报告评审中强化对海绵设施的审查，并在批复中明确相关海绵城市的建设内容、规模和投资等。区财政部门负责对区本级政府投资海绵城市建设项目开展财政承受能力论证、落实资金安排、实施资金监管等工作。区水务部门负责制定或执行市水务部门制定的水务工程设计、建设、运行等的海绵城市建设相关标准和管控流程；负责水务项目在立项、初步设计等环节落实海绵城市建设相关要求。区环保部门负责将海绵城市与环保相关的要求纳入规划、环境影响评价体系，做好水质监测工作，将监测结果及时反馈至区海绵办。区绿化园林部门落实市绿化园林局制定的园林绿化工程设计、建设、维护管理等海绵城市建设相关标准以及园林绿化项目海绵城市建设管控流程，将海绵城市建设约束性指标和要求纳入全区园林绿化项目的审查体系中。区房产部门负责将海绵城市建设约束性指标和管理要求纳入全区小区环境整治、物业管理等相关环节中，有条件地实施海绵城市建设。其他各有关建设管理部门依据本办法有关规定，在各自职责范围内负责做好海绵城市规划建设管理的相关工作。

二、规划、立项、用地、设计管理

第五条　区建设局组织编制区海绵城市建设专项规划（不含江心洲），科技岛组织编制本岛的海绵城市建设专项规划。分解落实全区海绵城市专项规划中年径流总量控制率等海绵城市建设控制指标，确保按期保质完成宁政办发〔2016〕95号文相关目标要求。各单元控制性详细规划新编和修编时，要进一步分解落实各图则、地块的海绵城市年径流总量控制率、面源污染（SS）削减率等海绵城市建设控制指标。防洪除涝、雨水、污水、绿地、道路交通等相关专项规划，应与海绵城市建设规划充分衔接，落实海绵城市建设内容和相关指标要求。

第六条　对于控详中已明确海绵城市建设要求的，市规划和自然资源局建邺分局按控详要求在地块规划条件中提出海绵城市建设控制指标；对于控详中尚未纳入海绵城市建设要求，市规划和自然资源局建邺分局应依据《建邺区海绵城市专项规划》《南京市海绵城市规划建设指南》中规划、建设、管理有关指引的通则要求，在地块规划条件中提出海绵城市建设控制要求，将海绵城市建设控制指标在土地划拨、土地出让等环节的文件中予以明确。

第七条　建设单位应在设计招标文件中明确海绵城市设计要求，相关设计方案应满足国家、省、市海绵城市相关技术规范和标准，并符合建邺区海绵城市专项规划的各项指标。政府投资项目在项目可行性研究报告中，应提出海绵城市的建设目标和措施，对技术和经济的可行性进行全面分析，并提出建设规模、内容和投资估算。初步设计文件中应加入海绵城市设计专篇，专篇内容主要包括设计依据、设计原则、设计基本控制目标、设计规模的计算、技术措施和概算等。社会资本投资项目在备案阶段，应明确海绵城市建设目标、年径流总量控制率等海绵城市建设控制指标、建设内容、投资概算等。

第八条　建设单位将通过的初步设计中海绵城市相关内容 落实到施工图中，海绵城市设计专篇应明确控制目标、技术措施、海绵设施数量、材质等。施工图设计文件涉及海绵城市设计内容部分确需变更的，变更部分不得低于原规划控制要求。对部分无须进行施工图审查的纯绿化景观类工程，河西管委会相关处室、科技岛、区园林建设主管部门应在绿色图章办理阶段落实海绵城市相关指标的审查要求，评审会应请区海绵办派人参加。对其他无法进行规划审查或施工图审查的项目，河西管委会相关处室、科技岛、区建设局应在施工图阶段对海绵专篇进行专家论证，并出具论证意见，论证会应请区海绵办派人参加。

三、建设、验收、移交管理

第九条　建设、监理、施工等工程质量责任主体应按经图审合格的施工图设计文件完成海绵城市设施的建设。工程完工后，建设单位应对海绵城市建设进行专项验收，在工程竣工验收报告中明确海绵城市建设相关工程设施的建设落实情况。

第十条　在海绵城市建设过程中，质量监督机构应对工程质量责任主体的工程质量行为、工程实体质量进行监督抽查，发现工程质量责任主体有违法违规行为和存在工程质量问题时，责令改正，监督抽查情况和整改完成情况记录在工程质量监督报告中。海绵城市设施建设涉及园林绿化、地块内室外工程等应同步纳入质监范围。

第十一条　海绵城市设施竣工验收合格后，应随主体工程同步移交。

四、运营管理

第十二条　河西管委会市政设施管养部门（处室）、科技岛、区建设局、水务局、城管局按照各自职责，建立完善相关领域海绵设施运行维护管理标准和制度。

第十三条　市政设施、公园绿地、道路广场、河道水系等公共项目海绵设施，在完成正式移交后，由设施管理部门及相关养护单位负责日常管养，由建设单位负责为海绵设施的高质量运行和管理服务提供技术支持和保障；公共建筑与住宅小区等项目的海绵设施由产权人负责维护管理。

第十四条　海绵设施维护管理单位应按照相关规定，建立健全海绵设施的维护管理制度和操作规程，利用数字化信息技术、监测手段，配备专人管理，保证设施完好和正常运行。鼓励第三方机构定期评估海绵设施。海绵设施维护管理单位应定期对设施进行监测评估，确保设施功能正常发挥、安全运行。建立健全海绵城市数据库和信息系统，为海绵设施建设与运行提供科学支撑。

五、其他

第十五条　海绵城市建设工作作为省高质量发展指标之一和市对区考核指标之一，一并作为区对各功能园区和具有城建职能的国企的考核事项。涉及对园区和国企的考核时，牵头考核部门请区建设局参与。

第十六条　本办法自 2019 年 9 月 16 日起实施，有效期为 5 年。

建邺区完善一体化在线平台深化“互联网＋政务服务”打造“宁满意”工程实施方案

为贯彻落实《省政府办公厅关于印发进一步推进“互联网＋政务服务”深化“不见面审批（服务）”改革工作方案的通知》（苏政办发〔2018〕96 号）、《省政府关于加快推进一体化在线政务服务平台建设的实施意见》（苏政发〔2019〕20 号）和《完善一体化在线平台深化“互联网＋政务服务”打造“宁满意”工程实施方案的通知》（宁政办发〔2019〕26号）精神，进一步加快我区一体化政务平台建设，深化“互联网＋政务服务”改革，提升网上政务服务能力，以“宁满意”工程推动区内营商环境持续优化。结合我区实际，制定本方案。

一、总体目标

结合全省、全市一体化在线政务服务平台建设的总体要求和部署以及中新智慧城市示范区建设要求，实现全区政务服务“一网通办”。2019年底，按照市政务办下达我区的高频事项，实现深度“一网通办”，更多的关联事项分类组合并联办理，让企业群众的体验度、便捷度、满意度显著提升；到2020年底，在政务大数据的有效整合与有力支撑下，深度“一网通办”的事项数翻两番，各级各部门相互对标找差，不断开拓创新，全区政务服务呈现多元化发展态势；到2021年，重点领域和高频事项全部实现“十个一”，“宁满意”成为社会认可、全国有影响力的政务服务品牌。

二、主要任务

（一）一次注册全网通行，推进线上办事“一网通”

推动线上办事“一网通”工程，避免申请人在网上办事时多入口注册和二次登录。按照国家政务服务平台统一标准规范，积极与市对接，进一步将全区各部门面向企业群众提供的各类政务服务门户网、移动应用整合到南京政务服务网和江苏政务服务App。按照加强用户统一身份认证体系建设的要求，将区内各部门系统账户迁移到市统一账户库。综合运用权威认证新技术，升级和完善互联网实名认证体系，全面完成部门各类互联网业务办理端口与南京政务服务网的用户互认，架设横向到边、纵向到底的网络立交桥，让企业群众享受“一次注册、单点登录、多处互认、全网畅行”的整体服务。［牵头单位：发改委（大数据管理局）、行政审批局。责任单位：各有关部门、园区。完成时间：2019年12月］

（二）深入开展“集中进驻”，推进现场办事“一门通”

结合我区实际，因地制宜推动现场办事“一门通”工程，除对场地有特殊要求、涉及安全因素或方便群众就近办的事项外，各部门的政务服务事项进驻区政务服务大厅比率达100%。进一步规范窗口授权，各部门需委派中层干部担任部门窗口负责人，选派业务骨干充实窗口力量，充分授予窗口办事权限，做到审批服务不出“中心”门。加强政务大厅管理，完善管理制度、考核办法和运行标准，推行首问负责、预约服务、容缺办理等工作制度。着力培育一个社区便民服务中心示范点，打造就近可办的便民服务样板。［牵头单位：行政审批局、区审改办。责任单位：各有关部门、街道（园区）。完成时间：2019年12月］

（三）大力精减办事材料，推进个人办事

"一证通"

推动个人办事"一证通"工程，申请人无须开具奇葩证明，凭身份证直接办事。严格执行削减申报材料和办事环节的有关规定，以居民身份证号码为唯一标识，实现民生类事项仅凭居民身份证就可以直接办理。健全个人用户空间功能，与民政、户籍、社会保障等系统实现办事人信息实时调用、查询比对和身份互认。针对个人办理的民生类事项，大力推进申报材料削减工作，对没有法律法规依据的材料一律取消；对能够通过数据共享或网络核验的材料，不再要求办事人提交。坚持边梳理、边优化、边规范原则，推进事项办理流程优化，最大程度提升群众办事方便性和改革获得感。[牵头单位：公安分局、发改委（大数据管理局）、民政局、司法局、人社局、行政审批局。责任单位：各有关部门、街道（园区）。完成时间：2019年12月]

（四）拓展政务移动应用，推进简易事项"一指通"

推动简易事项"一指通"工程，积极发展移动端政务服务。按条口职能划分，积极主动与市级有关部门对接，加强手机移动端办事功能开发，在公安、房产、人社、民政、医保、卫生健康、交通运输、12345热线等领域，围绕与企业群众办事密切的简易事项，开发移动功能点，让办事人"动动手指轻松办理"。以实名评价为基准，建立年度移动政务服务星级评估机制。深化手机端用户空间功能，推送相关证照信息供办事人即调即用。强化南京政务服务公众号办事功能，优化和完善"我的南京""南京公安"等应用，加强与银联、支付宝、微信等机构或平台的合作，深化统一公共支付平台应用，拓展和丰富各类移动办事应用功能点，并按照相关规范在江苏政务服务App南京旗舰店及时上架。努力提升和打造2.0版"建邺区网上政务客厅"功能，完善政务实体大厅系统、虚拟大厅系统、建政一点通系统、电子证照库系统、智能联享系统等板块内容，实现事项闭环办理、零材料审批、全场景查询、全节点公开、线上预约、地图导航、三维实景展示、现场实时摄像等服务功能，着力构建政务服务新模式，建立建邺区"场景式公开、一站式服务"，做到"政务全公开、服务全透明"，使政务服务更贴近群众和企业所需，进一步打造优良的营商环境。[牵头单位：发改委（大数据管理局）、财政局、行政审批局。责任单位：公安分局、民政局、人社局、建设局、房产局、卫健委。完成时间：2019年12月]

（五）落实全城通办要求，推进高频事项"一城通"

推动高频事项"一城通"工程，推进相同事项在全市不同区域无差别化办理。以街道、社区办理的便民事项为重点，进一步加强高频事项精细化、标准化工作，确保同一事项在全市范围内全面统一。重点做好残疾人证办理等高频事项全市无差别化办理，并结合市政务办要求，适时增补相关高频事项内容。打破层级和区域限制，克服体制和机制障碍，在街道、社区服务中心建立“就近受理申请、审批权属不变、数据网上流转、批件快递送达”的运行模式，实现无差别化受办理，提升审批服务就近办、马上办工作水平。［牵头单位：残联、公安分局、发改委（大数据管理局）、民政局、人社局、行政审批局。责任单位：各有关部门、街道（园区）。完成时间：2019年12月］

（六）完善拓宽自助渠道，推进热点事项“一机通”

积极配合市级部门推动热点事项“一机通”工程，引入政务服务自助机打造无休政务。政务大厅开设政务自助服务区，积极开展身份证补办、税票打印、营业执照自助打印、出入境签注、交通违法查询、不动产自助查询、公积金查询等热点事项自助办理，按市里部署推进自助办理事项。积极开发多项服务“一机集成”的自助终端，探索24小时自助区服务模式，打造“不打烊”的政务服务。［牵头单位：公安分局、行政审批局、市场监督管理局、税务局。责任单位：各有关部门、街道（园区）。完成时间：2019年12月］

（七）实施审批结果电子化，推进企业办事“一照通”

推动企业办事“一照通”工程，企业无须携带多个证件即可申办相关事项。进一步完善法人用户空间各项功能，畅通法人认证渠道，加大法人用户空间的推广运用。全面推进电子证照库建设，依托省统一电子印章系统，配合市政务办建设电子印章及数字证书认证系统。重点推进区建设局结合在南京市建筑工程施工许可审批系统形成带有二维码的电子件，形成具备法定效力的电子证照，并持续做好存量证照的规范化推送工作，及时在南京市区两级统一公共信用信息归集和服务平台进行双公示，不断充实用户空间证照量。企业办事只需一张电子营业执照，无须拎一袋子证件即可申办相关事项。按市政务办和市建委要求，并联推动工程建设项目等重点领域事项“一照通办”。［牵头单位：发改委（大数据管理局）、建设局、行政审批局、市场监督管理局、生态环境局。责任单位：各有关部门、街道（园区）。完成时间：2019年12月］

（八）开发套餐式服务，推进关联事项“一链通”

推动关联事项“一链通”工程，由“办理一个事项”转变为“办成一件事”。引入“整体政府”概念，改变各部门独自受理、串联办理、业务分散的现状，按照“一窗受理、网上运转、并行办理、限时办结”的工作要求，工程项目审批在区行政服务大厅设置综合窗口，实施进厅服务，实现审批服务思路由部门事项主导向申请人需求主导的转变。在C厅建立“一窗通办”专区，按照“一站式”服务要求，为企业提供全流程办理，满足企业群众现场办事“只进一扇门”的需求，实现线上线下同步融合发展，着重推广企业开办设立并联审批"一链通"服务模式，并积极摸索和推进工程建设项目并联审批改革，以办成一件事为目的，大力推进关联事项整合服务，将几个事项整合成一窗受理，一窗进出，一个综管系统对接多个业务平台，企业只需跑一个窗口就可办理，实现办理多个事项合并成"一件事"的应用服务场景。[牵头单位：发改委（大数据管理局）、建设局、行政审批局、市场监管局。责任单位：各有关部门。完成时间：2019年12月]

（九）围绕服务全区中心工作，推进特色事项"一栏通"

推动特色事项"一栏通"工程，区委区政府中心工作在政务网上开辟专栏。各部门为落实创新名城建设、优化营商环境等政策特别设立的服务事项，在南京政务服务网、"我的南京"App、"云尚建邺"等开设专栏，发布特色事项清单，解读特色事项信息，提供专项政策咨询，搭建在线申报入口，做到政策事项可阅、可问、可办、可评，真正让办事人"找得到、看得懂、办得快、可监督"，更好地发挥政务平台的专项服务作用。[牵头单位：发改委（大数据管理局）、科技局、区两落地一融合办公室、行政审批局。责任单位：各有关部门。完成时间：2019年12月]

（十）强化帮办代办功能，推进重点投资事项"一事通"

推动重点投资事项"一事通"工程，为重点项目提供有效帮办代办。依托区代办中心，对于市、区确定的重点投资、科技创新以及国家鼓励类投资建设项目，由代办中心采取一事一议的方法提供有针对性的指导和帮办服务。代办中心要围绕项目申报审批的各环节，梳理统一投资审批管理事项名称和申请材料清单，运用提前介入、全程指导、阶段性协调等做法，为投资者提供政策咨询、申报指导、协调推进、帮办协办等专业服务，对企业在办事过程中遇到的难题，及时给予协助解决，实现建设项目从立项至竣工验收阶段代办服务全覆盖，确保在建邺的投资者享受到代办带来的便利和优质服务。[牵头单位：行政审批局。责任单位：各有关部门、街道（园区）。完成时间：2019年12月]

三、保障措施

（一）加强组织领导。各部门要高度重视，把推进政务服务"宁满意"工程作为优化营商环境、提升企业群众满意度和获得感的重要抓手摆上工作日程，明确工作责任。要结合"放管服""不见面审批服务"等相关工作，结合上级主管部门相关要求，制定具体实施办法和工作路径，确保工作成效。要抓住堵点难点，迎难而上，创造性抓好落实。

（二）做好统筹协调。行政审批局负责政务服务"宁满意"工程统筹推进，做好过程监督、阶段性评价和总结推广等工作。区发改委（大数据管理局）和信息中心负责提供信息技术支持，有效满足"宁满意"工程实施所需要的数据开放、信息汇聚、网上平台呈现等需求。各牵头部门要加强部署和协调，有步骤、有计划推进工作有效开展。各责任部门要强化政务服务主体意识，发挥主动性和主导性作用，结合自身特点确保“宁满意”工程落地见效。

（三）完善运营管理。加强一体化在线政务服务平台运营管理，强化管理、运维、推广队伍建设，整合运营资源，优化工作流程，构建分级管理、责任明确、保障有力的运营管理体系，健全运营管理制度，整合运营资源，优化运营工作流程。充分发挥社会机构运营优势，建立健全运营服务社会化机制。

（四）加大宣传和推广。各部门要进一步健全宣传矩阵，通过传统媒体、微信公众号、App等多种途径，广泛宣传“宁满意”工程的服务功能、建设成效，提高社会知晓度、认可度、参与度、支持度、满意度。组织开展南京政务服务网、用户空间等功能推介活动，丰富细化“宁满意”工程宣传的内容和形式，重点打造推广我区品牌旗舰店（PC、App、微信端）以及热门应用，使其成为群众和企业办事的主入口和主平台，在全区营造支持推进“宁满意”工程建设的良好环境和氛围。

（五）开展第三方测评。强化与市级部门的互联互动，充分调动社会资源，聘请专业化的社会机构，发挥12345政务热线、“一号答”等平台优势，适时启动第三方测评，对推进进度、实施成效，以及企业群众对该工程的知晓度、满意度等方面进行评价，将其作为评价各部门、街道（园区）工作落实成效的重要依据，并通过第三方测评及时修正实施效果，形成政府部门与社会的良性互动，确保“宁满意”工程达到预期目标。

表31　2019年度全区高质量发展综合考核结果一览表

	获奖名单	表彰单位
街道	第一等次：沙洲街道、兴隆街道、江心洲街道	中共南京市建邺区委员会 南京市建邺区人民政府
	第二等次：莫愁湖街道、南苑街道	
	第三等次：双闸街道	
部门	第一等次：	中共南京市建邺区委员会 南京市建邺区人民政府
	党群部门：区委组织部、区委宣传部、区委研究室、区委编办、区纪委监委、区委办、区检察院、区政协办、区委统战部、区档案馆、区机关工委、区人大办、区妇联	
	政府部门：区发改委、区建设局、区科技局、区文旅局、区财政局、区教育局、区投促局、区水务局、区卫健委、区信访局、区行政审批局、区政府办、区司法局、区统计局	
	垂直管理单位：生态环境局、区税务局、区规划资源分局、区公安分局、交警四大队、区消防救援大队	

续表 31

	获奖名单	表彰单位
部门	第二等次：	中共南京市建邺区委员会 南京市建邺区人民政府
	党群部门：区委政法委、区法院、区总工会、区委党校、团区委、区残联	
	政府部门：区人社局、区市场监管局、区房产局、区商务局、区退役军人事务局、区民政局、区金融监管局、区应急管理局、区国资办、区审计局	
	第三等次：	
	党群部门：区委老干部局、区红十字会	
	政府部门：区城管局、区人防办	
园区	第一等次：建邺高新区、河西 CBD	中共南京市建邺区委员会 南京市建邺区人民政府
	第二等次：江东商贸区	
	第三等次：生态科技岛	

（区委办）

表 32　2019 年建邺区创业创新平台一览表（科技口）

序号	平台名城	依托单位	功能园区
国家重点实验室（2 家）			
1	肉品质量与安全控制国家重点实验室	江苏雨润食品产业集团有限公司	新城科技园
2	在役长大桥梁安全与健康国家重点实验室	苏交科集团股份有限公司	新城科技园
省级重点实验室（2 家）			
3	江苏省公路运输工程试验室	江苏省交通科学研究院有限公司	新城科技园
4	江苏省新能源汽车动力系统重点实验室	南京越博动力系统股份有限公司	新城科技园
省级企业院士工作站（2 家）			
5	苏交科集团股份有限公司	吕志涛，东南大学	新城科技园
6	江苏雨润食品产业集团有限公司	李宁，中国农业大学	新城科技园
市级企业院士工作站（2 家）			
7	江苏中测检测服务有限公司	刘秀梵，扬州大学	新城科技园
8	南京凯盛开能环保能源有限公司	陶文铨，西安交通大学	新城科技园

续表 32

序号	平台名城	依托单位	功能园区
省级企业研究生工作站（科技口，3家）			
9	南京越博动力股份有限公司	南京理工大学	新城科技园
10	南京市园林经济开发有限责任公司	南京林业大学	新城科技园
11	国家计算机网络与信息安全管理中心江苏分中心	南京理工大学	新城科技园
省级科技公共服务平台（4家）			
12	江苏省南京金融信息处理公共技术服务中心	南京万得科技有限公司	新城科技园
13	江苏省桥梁质量检测及营运安全评价公共技术服务中心	苏交科集团股份有限公司	新城科技园
14	江苏省水产品质量安全公共技术服务中心	江苏省淡水水产研究所	江东商贸区
15	水利工程数值模拟应用技术服务中心	江苏省水利科学研究所	江东商贸区
市级重大科技公共技术服务平台（2家）			
16	南京数字文化产业公共技术服务平台	南京新城数字平台管理有限公司	新城科技园
17	南京市机电类特种设备安全监控物联网平台	南京市特种设备安全监督检验研究院	新城科技园
省级重点企业研发机构（9家）			
18	南京烽火星空通信发展有限公司（2014）	—	新城科技园
19	南京凯盛开能环保能源有限公司（2014）	—	新城科技园
20	南京市测绘勘察研究院有限公司（2014）	—	新城科技园
21	江苏省邮电规划设计院有限责任公司（2014）	—	新城科技园
22	炫彩互动网络科技有限公司（2015第三批）	—	新城科技园
23	江苏省建筑设计研究院有限公司（2015第三批）	—	新城科技园
24	中冶华天南京自动化工程有限公司（2015第三批）	—	新城科技园
25	天泽信息产业股份有限公司（2015第三批）	—	新城科技园
26	江苏省城市轨道交通研究设计院股份有限公司	—	中央商务区
省级工程技术研究中心（14家）			
27	江苏省水生动物繁育工程技术研究中心	江苏省淡水水产研究所	江东商贸区
28	江苏省南京云锦工程技术研究中心	南京云锦研究所有限公司	江东商贸区
29	江苏省水生态环境工程技术研究中心（科教类）	江苏省水利科学研究院	江东商贸区
30	江苏省公路桥梁工程技术研究中心	江苏省交通科学研究院有限公司	新城科技园
31	江苏省信息通信业务工程技术研究中心	江苏省邮电规划设计院有限责任公司	新城科技园

续表 32

序号	平台名城	依托单位	功能园区
32	江苏省时空地理信息系统工程技术研究中心	江苏今迈数字空间技术股份公司	新城科技园
33	江苏省高速网络管理与服务品质监测工程技术研究中心	南京烽火星空通信发展有限公司	新城科技园
34	江苏省特种机电设备安全物联网应用与测试工程技术研究中心	南京市特种设备安全监督检验研究院	新城科技园
35	江苏省交通测绘勘察工程技术研究中心	南京市测绘勘察研究院有限公司	新城科技园
36	江苏省余热及新能源利用工程技术研究中心	南京凯盛开能环保能源有限公司	新城科技园
37	江苏省物联网大数据工程技术研究中心	天泽信息产业股份有限公司	新城科技园
38	江苏省中药质量控制工程技术研究中心	江苏中康科技有限公司	新城科技园
39	江苏省新能源汽车动力总成工程技术研究中心	南京越博动力系统股份有限公司	新城科技园
40	江苏省钢桥面与隧道铺装工程技术研究中心	江苏中路工程技术研究院有限公司	新城科技园
市级工程技术研究中心（40 家）			
41	南京市粮食智能烘干设备工程技术研究中心	南京三喜农机股份有限公司	江东商贸区
42	南京市机电类特种设备安全与节能工程技术中心	南京市特种设备安全监督检验研究院	新城科技园
43	南京市物联网多网融合平台工程技术研究中心	江苏省邮电规划设计院有限责任公司	新城科技园
44	南京市城市地下交通设施工程技术研究中心	苏交科集团股份有限公司	新城科技园
45	南京市城市道路智能信号控制和交通管制系统工程技术研究中心	南京蓝泰交通设施有限责任公司	新城科技园
46	南京市制造执行系统（MES）工程技术研究中心	中冶华天南京电气工程技术有限公司	新城科技园
47	南京市电能监测工程技术研究中心	南京林洋电力科技有限公司	新城科技园
48	南京（中圆方）绿色智能建筑工程技术研究中心	江苏省邮电规划设计院有限责任公司	新城科技园
49	南京（星网）电子政务信息交换及共享工程技术研究中心	江苏星网软件有限公司	新城科技园
50	南京（万得）金融信息软件工程技术研究中心	南京万得资讯科技有限公司	新城科技园
51	南京市机器视觉实时在线分析工程技术研究中心	南京文采科技有限责任公司	新城科技园
52	南京市新能源汽车动力总成工程技术研究中心	南京越博动力系统股份有限公司	新城科技园
53	南京市民用建筑监理工程技术研究中心	江苏建科建设监理有限公司	新城科技园
54	南京市列车车轮安全检测工程技术研究中心	南京拓控信息科技有限公司	新城科技园
55	南京市影视动画制作工程技术研究中心	江苏原力电脑动画制作有限公司	新城科技园

续表 32

序号	平台名城	依托单位	功能园区
56	南京市管网智能监控与服务系统工程技术研究中心	南京捷鹰数码测绘有限公司	新城科技园
57	南京市智能 O2O 展示系统工程技术研究中心	南京新与力文化传播有限公司	新城科技园
58	南京市大型起重设备安全工程技术研究中心	南京市特种设备安全监督检验研究院	新城科技园
59	南京市海绵城市工程技术研究中心	中冶华天南京工程技术有限公司	新城科技园
60	南京市钢桥面铺装材料及养护工程技术研究中心	江苏中路工程技术研究院有限公司	新城科技园
61	南京市下一代信息网络产业工程技术研究中心	南京贝伦思网络科技股份有限公司	新城科技园
62	南京市电力需求侧管理工程技术研究中心	南京国网电瑞电力科技有限责任公司	新城科技园
63	南京市网络与信息安全测评工程技术研究中心	江苏省邮电规划设计院有限责任公司	新城科技园
64	南京市装配式地下结构工程技术研究中心	江苏东合南岩土科技股份有限公司	新城科技园
65	南京市高烈度区装配式建筑工程技术研究中心	江苏省建筑设计研究院有限公司	新城科技园
66	南京市大宗消费品检验检测技术研究中心	江苏出入境检验检疫局工业产品检测中心	新城科技园
67	南京市移动游戏工程技术研究中心	炫彩互动网络科技有限公司	新城科技园
68	南京市 SAR/InSAR 应用工程技术研究中心	南京市测绘勘察研究院股份有限公司	新城科技园
69	南京市固体废弃物处置及综合利用工程技术研究中心	南京凯盛开能环保能源有限公司	新城科技园
70	南京市风力发电传动系统工程技术研究中心	南京安维士传动技术股份有限公司	新城科技园
71	南京市地下结构支护一体化工程技术研究中心	南京金宸建筑设计有限公司	新城科技园
72	南京市 AI 智能深度互联工程技术研究中心	南京掌控网络科技有限公司	新城科技园
73	南京市智能勘测工程技术研究中心	江苏省建苑岩土工程勘测有限公司	新城科技园
74	南京市楼宇冷热电联产工程技术研究中心	南京河西远大能源服务有限公司	新城科技园
75	南京市金融自助机具工程技术研究中心	南京紫津融畅信息科技服务有限公司	中央商务区
76	南京市移动信息服务支撑系统工程技术研究中心	南京皓都信息科技有限公司	中央商务区
77	南京市贝龙通信网络优化工程技术研究中心	南京贝龙通信科技有限公司	中央商务区
78	南京市智慧机场系统工程技术研究中心	江苏南工科技集团有限公司	中央商务区
79	南京市智慧照明及多媒体控制系统工程技术研究中心	江苏创一佳照明股份有限公司	中央商务区
80	南京市智能照明工程技术研究中心	江苏赛瑞科技有限公司	中央商务区

（区科技局）

表 33 2019 年度建邺区民营科技企业一览表

序号	企业名称	统一社会信用代码	设区市	所在县（市、区）
1	江苏南工科技集团有限公司	913201057388858612	南京市	建邺区
2	江苏苏宁银行股份有限公司	91320100MA1P7DH89J	南京市	建邺区
3	南京零七优服科技股份有限公司	91320100MA1TF9J37M	南京市	建邺区
4	南京贝龙通信科技有限公司	91320105730553467Y	南京市	建邺区
5	南京石鼓文信息技术有限公司	91320105302311760G	南京市	建邺区
6	南京建普软件有限公司	913201057423795238	南京市	建邺区
7	南京魔鱼互动智能科技有限公司	91320102302715781H	南京市	建邺区
8	南京和电科技有限公司	913201057971300041	南京市	建邺区
9	南京康帕斯导航科技有限公司	91320105067050977U	南京市	建邺区
10	江苏中石电子科技有限公司	91320114MA1ME4WQ25	南京市	建邺区
11	南京汇承科技有限公司	91320105MA1MBQN14R	南京市	建邺区
12	南京万店掌网络科技有限公司	91320105MA1Q531Q75	南京市	建邺区
13	江苏城铭工程项目管理有限公司	91320105062601936M	南京市	建邺区
14	南京亚益盛电子科技有限公司	91320105MA1MYJAMXF	南京市	建邺区
15	南京捷鹰数码测绘有限公司	9132010576211774X8	南京市	建邺区
16	南京尚哲智能科技有限公司	91320105MA1NX46D5U	南京市	建邺区
17	南京盾华电子科技有限公司	91320104MA1PXC0R54	南京市	建邺区
18	南京公诚节能新材料研究院有限公司	91320105MA1WYCPA7G	南京市	建邺区
19	南京美谷视典软件科技有限公司	9132011533942227XH	南京市	建邺区
20	南京瑞祺信息技术有限公司	91320106MA1MPN0085	南京市	建邺区
21	南京海维可信数据服务有限公司	71320115MA1N2KH70F	南京市	建邺区
22	南京巴斯勒自动化设备有限公司	913201050841664020	南京市	建邺区
23	江苏精易达信息技术股份有限公司	91320100MA1N8J8P0C	南京市	建邺区
24	南京宏视安警用装备科技有限公司	913201133025l3899B	南京市	建邺区
25	南京简知软件有限公司	91320114MA1MP0AJ4P	南京市	建邺区
26	南京开拓环保科技有限公司	91320105571570787K	南京市	建邺区
27	南京东源电力科技有限公司	913201056867352039	南京市	建邺区

续表 33

序号	企业名称	统一社会信用代码	设区市	所在县（市、区）
28	江苏方寸图信息技术有限公司	91320115MA1NBMBMXR	南京市	建邺区
29	江苏南大文化传媒股份有限公司	91320100MA1P4F9P6J	南京市	建邺区
30	江苏双创人才联合股份有限公司	91320100MA1PCFDC95	南京市	建邺区
31	南京品畅科技发展有限公司	91320102674927312Y	南京市	建邺区
32	南京土星信息科技有限公司	91320114MA1MYQX21D	南京市	建邺区
33	江苏星瀚智慧信息科技有限公司	91320102667381534N	南京市	建邺区
34	南京河西远大能源服务有限公司	9132010059800653J	南京市	建邺区
35	南京智工达信息技术有限公司	91320102MA1NN7NK4X	南京市	建邺区
36	南京五瑞生物降解新材料研究院有限公司	91320105MA1WLWY49E	南京市	建邺区
37	江苏瑞易源电力技术有限公司	91320105MA1N8504XF	南京市	建邺区
38	江苏艾蒂娜互联网科技有限公司	91320113MA1NX24HX3	南京市	建邺区
39	江苏天圭认证有限公司	91320114MA1WDG379C	南京市	建邺区
40	江苏云轩达电力科技有限公司	91320105MA1MGMYL4U	南京市	建邺区
41	南京际舟电子科技有限公司	91320105075860849B	南京市	建邺区
42	南京欣日电气工程有限公司	91320114567242959M	南京市	建邺区
43	南京奇炫欢享网络技术有限公司	91320105MA1MCX9957	南京市	建邺区
44	南京奇果智能科技有限公司	91320100MA1NWCWA26	南京市	建邺区
45	南京新力感电子科技有限公司	91320105MA1MT5A8X5	南京市	建邺区
46	南京中卫信软件科技有限公司	91320105679046362F	南京市	建邺区

（区科技局）

表 34　2019 年媒体重点报道题录

序号	日　期	标　题	媒体及版面
1	1 月 2 日	“吾水共治”促进“五水和谐”，建邺区亮出 2018 年度水务工作成绩单	纸媒：《南京日报》A03 版
2	1 月 3 日	增添城市中心民生温度，南京建邺端出民生实事菜单	网媒：人民网
3	1 月 3 日	南京建邺排定 140 个城建项目，塑造更高品质现代新城	网媒：凤凰网
4	1 月 5 日	文化之美	纸媒：《人民日报》03 版

续表 33

序号	日　期	标　题	媒体及版面
5	1 月 10 日	高质量发展做示范，首位度提升当先锋	纸媒：《新华日报》4 版
6	1 月 21 日	南京青奥艺术灯会 28 日亮灯，凸显现代化国际性	网媒：人民网
7	1 月 28 日	2019 南京建邺青奥艺术灯会	直播：人民网
8	2 月 4 日	吴政隆看望慰问坚守岗位的一线劳动者，向美好生活创造者守护者致以新春祝福	纸媒：《新华日报》1 版
9	2 月 5 日	江心洲农民享受城市发展红利，精装房里过新年	纸媒：《新华日报》1 版
10	2 月 6 日	河西·建邺灯光秀	电视：CCTV-1 综合频道《新闻联播》、CCTV-13 新闻频道《共同关注》
11	2 月 13 日	千人大会上，一批新型研发机构签约落地，促科技创新"建邺 16 条"昨发布	纸媒：《南京日报》A03 版
12	2 月 20 日	南京建邺吹响"加快建设现代化国际性城市中心"集结号	网媒：中国江苏网
13	2 月 22 日	蓝绍敏专题调研河西新城建设发展时要求，高起点高标准加快建设城市中心，展现一流功能品质更强发展动能	纸媒：《南京日报》A01 版
14	2 月 23 日	建邺区政银企携手助力民企发展	纸媒：《南京日报》A02 版
15	2 月 26 日	南京建邺晒出"美颜计划"，打造"网红"街巷	网媒：人民网
16	2 月 26 日	南京建邺将打造"网红街巷"，提升城市客厅颜值	网媒：凤凰网
17	2 月 26 日	德国创新企业相聚建邺，共同开启国际创新"朋友圈"	网媒：新华网
18	3 月 5 日	河西中央商务区：屹立泛长三角，金融新高地巍然崛起	纸媒：《新华日报》T03 版
19	3 月 10 日	围绕六个方面对标找差，建邺高质量打造"城市客厅"名片	纸媒：《南京日报》1 版
20	3 月 11 日	城中村崛起南京城市商业新中心	纸媒：《新华日报》T1 版
21	3 月 12 日	南京建邺区发布"亲清指南"：政商咋交往，"正面清单"来规范	网媒：新华报业网
22	3 月 25 日	点亮文化空间，南京河西·建邺图书艺术展 28 日开幕	网媒：人民网
23	3 月 26 日	滨江花如海，宛若"调色盘"	纸媒：《南京日报》A01 版
24	3 月 28 日	南京建邺：政府企业共掀头脑风暴，探讨智慧城市建设	网媒：人民网
25	3 月 28 日	南京书展上的诗意空间，带你穿越回古代书房	网媒：凤凰网
26	3 月 29 日	李银河、余华做客南京建邺，畅聊阅读带来的人生体验	网媒：中国江苏网
27	3 月 29 日	环城墙绕山林滨长江，南京"绿道"串起江南最美四季	网媒：中国新闻网
28	3 月 29 日	政府引导，市场主导，建邺智慧城市建设将面向全球招标	纸媒：《南京日报》A03 版

续表 34

序号	日　期	标　题	媒体及版面
29	4月1日	24小时户外图书馆	纸媒:《新华日报》A02版
30	4月1日	四百五十家小米生态链企业共谋发展大计，小米“家宴”摆河西	纸媒:《南京日报》A03版
31	4月9日	建邺，聚焦数字经济与金融科技	纸媒:《南京日报》A04版
32	4月11日	南京30余名外国留学生参观建邺多个地标	网媒:人民网
33	4月11日	从背后“店小二”，到当面“撑场人”，建邺“正面清单”为优化营商环境助力	纸媒:《南京日报》A02版
34	4月12日	满园春色关不住，建邺春光“都挺好”	网媒:凤凰网
35	4月15日	南京建邺举办首届儿童绘画比赛，大树上办画展	网媒:人民网
36	4月16日	南京江心洲街道组织青年开展户外团队活动纪念“五四”	网媒:人民网
37	4月19日	南京萤火虫换书大会:文化夜市点亮青奥轴线	网媒:人民网
38	4月19日	在建邺，遇见非遗传承新生力量	网媒:凤凰网
39	4月21日	南京建邺获评江苏书香城市建设示范区，76家阅读空间覆盖全区	网媒:人民网
40	4月21日	破解融资难、融资贵、融资不畅难题，打造“建邺金服”，给企业“贷”来希望	纸媒:《南京日报》A02版
41	4月23日	南京建邺:面对面建群交办问题，亮新招打造营商环境	网媒:人民网
42	4月24日	舆评:优化营商环境既要“不见面”也要“面对面”	网媒:人民网
43	4月24日	全国首个互联网法律服务共享平台在南京建邺区上线	网媒:人民网
44	4月25日	打造数字经济总部高地，南京建邺签约一批重大项目	网媒:凤凰网
45	4月25日	为企业“贷”希望，南京建邺发布系列创新金融生态项目	网媒:凤凰网
46	4月26日	继阿里、小米、网易后，又有8个重量级项目签约，“数字经济总部高地”正在建邺崛起	纸媒:《南京日报》A01版
47	4月28日	金陵论战！第九届世界华语辩论锦标赛建邺开幕	网媒:凤凰网
48	5月1日	白天黑夜嗨不停！南京建邺城市生活季开启亲子嘉年华	网媒:凤凰网
49	5月3日	河西・建邺城市生活季开幕	纸媒:《南京日报》A02版
50	5月8日	南京建邺吸引1725名海归，新增比例列全市第一	网媒:人民网
51	5月10日	新加坡・南京国际人工智能高峰论坛在南京举办	网媒:人民网
52	5月10日	新宁携手 在“智慧岛”遇见未来生活全场景	网媒:凤凰网

续表 34

序号	日 期	标 题	媒体及版面
53	5月11日	“海上丝绸之路”国家特色服饰秀亮相南京	网媒:人民网
54	5月11日	“八大人工智能应用场景”面向全球征集方案	纸媒:《南京日报》A01版
55	5月12日	南京建邺构建营商环境出妙招	纸媒:《新华日报》A01版
56	5月19日	建邺四管齐下保障盛会,江苏大剧院道路锦上添花	纸媒:《南京日报》A01版
57	5月25日	从南京建邺走出,第九届华语辩论赛故宫巅峰对决	网媒:凤凰网
58	6月4日	国际水协会全球运营中心在生态科技岛正式揭牌	网媒:中国江苏网
59	6月9日	城市客厅的文艺邀约,南京建邺推出“周末音乐会”	网媒:凤凰网
60	6月10日	网易严选江苏首家园区店落地南京建邺区	网媒:新华网
61	6月14日	建邺提出,既要“万物互联”,也要“万物生长”,打造智慧城市建设“建邺标准”	纸媒:《南京日报》A01版
62	6月24日	2019南京创新周“紫金农商银行杯”江苏省青年双创大赛启动复赛	网媒:中国江苏网
63	6月25日	对话欧盟! 2019南京创新周建邺7个国际重点合作项目签约	网媒:中国江苏网
64	6月25日	南京创新周即将开幕,建邺强大的“国际朋友圈”将再扩容	网媒:中国江苏网
65	6月25日	“剧透”2019南京创新周:Slush创新科技大会将在建邺首秀	网媒:中国江苏网
66	6月25日	南京建邺“零距离”对话欧盟,7个项目成功签约	网媒:新浪网
67	6月25日	建邺这一场创新峰会吹响了南京创新周的精彩前奏	网媒:凤凰网
68	6月26日	欧盟商会高层创新峰会在宁召开,建邺签约7个国际合作项目	网媒:中国江苏网
69	6月26日	二十余国欧盟商会代表齐聚河西话“创新”	网媒:中国江苏网
70	6月26日	南京创新周“前奏”吹响,7个国际合作项目落户建邺	网媒:凤凰网
71	6月27日	创新大咖看建邺丨美国创业者:政府的支持十分给力	网媒:人民网
72	6月28日	优秀项目进入“人才智库”! 江苏省青年双创大赛决赛落幕	网媒:中国网
73	6月28日	欧盟商会高层创新峰会在宁召开,建邺签约7个国际合作项目	网媒:中国网
74	6月28日	创新大咖看建邺丨班·穆勒:一如既往看好支持建邺发展	网媒:人民网
75	6月28日	创新大咖看建邺丨芬兰驻上海总领事:十分认同建邺智慧城市发展	网媒:人民网
76	6月29日	创新大咖看建邺丨网易有道CEO:因人才环境营商环境选择落户	网媒:人民网

续表 34

序号	日　期	标　题	媒体及版面
77	6月29日	阿里云战略发展部总监陈哲：未来要把金融行业搬上云	网媒：搜狐网
78	6月30日	优秀项目进入“人才智库”！江苏省青年双创大赛决赛落幕	网媒：新浪网
79	7月15日	南京首个基金街区建邺揭牌，将形成3000亿规模	网媒：人民网
80	7月16日	南京金鱼嘴基金街区正式揭牌，河西建邺共签约基金及管理机构项目37个	网媒：新华网
81	7月20日	国际需求工程委员会中国分会在南京建邺区揭牌	网媒：新华网
82	7月26日	南京建邺晒“半年报”：全国互联网10强已落户8家	网媒：凤凰网
83	7月31日	锚定高水平，建邺叫响“更快更过硬”	纸媒：《新华日报》第1版
84	8月1日	组图：闭园改造逾一年，南京莫愁湖公园重新开园	网媒：人民网
85	8月2日	“莫愁女”新妆亮相，莫愁湖公园开园首日迎来两万多游客	纸媒：《南京日报》A01版
86	8月5日	扬尘怎么管，建邺区率先出台更严标准	纸媒：《南京日报》A01版
87	8月7日	南京建邺办主题诗会，市民游客共话诗意七夕	网媒：人民网
88	8月8日	把艺术带回家！河西·建邺新添文化名片	网媒：凤凰网
89	8月16日	张敬华在社区开展主题教育调研和新思想宣讲，学懂新思想，对标新思想，用好新思想	纸媒：《南京日报》A01版
90	8月18日	南京建邺邀请设计师走进社区，让老小区换新颜	网媒：人民网
91	8月22日	南京市建邺区成立新型研发机构创新联盟，“聚合效应”加速创新升级	网媒：新华网
92	8月25日	南京建邺成立国际法律服务中心，助力企业“走出去”	网媒：凤凰网
93	8月25日	境外律师事务所在南京建邺设立代表处，打造“全球1小时法律服务圈”	网媒：新华网
94	8月31日	开学第一课，南京建邺从“垃圾分类”讲起	网媒：凤凰网
95	9月6日	兴隆街道：成为城市中心“国际范”窗口	纸媒：《南京日报》A3版
96	9月11日	共建智慧城市，阿里云创新中心落户南京建邺	网媒：凤凰网
97	9月12日	沙洲街道：鱼塘菜地里崛起中央商务区	纸媒：《南京日报》A03版
98	9月12日	汉服姑娘拈香拜月迎中秋，荷花灯点亮莫愁夜色	网媒：凤凰网
99	9月13日	穿越千年还原“祭月仪式”，南京夜莫愁再献“文化大餐”	网媒：央广网
100	9月14日	七城“家国同圆”接力献礼！	纸媒：《新华日报》1版
101	9月15日	承接进博会溢出效应，江苏国际商品博览会南京建邺开幕	网媒：人民网

续表 34

序号	日　期	标　题	媒体及版面
102	9 月 15 日	招商引资 30 年，南京产业更“高”更“轻”	纸媒：《南京日报》A01 版
103	9 月 17 日	南京市建邺区第三届“共享社区节”9 月底幸福启幕	网媒：新华网
104	9 月 18 日	南京建邺再出“1+6”政策，56 个项目签约落户	网媒：人民网
105	9 月 19 日	2019 中国投资年会投资人峰会在建邺举行	网媒：中国江苏网
106	9 月 26 日	河西・建邺开展主题教育现场学习	纸媒：《南京日报》A02 版
107	10 月 15 日	聚焦主题主线，分层分类推进，第二批主题教育在各区深入开展	纸媒：《南京日报》A01 版
108	10 月 16 日	“零碳江心洲”来了，国际水环境治理高峰论坛在宁开幕	网媒：中国江苏网
109	10 月 17 日	第四届新加坡・南京生态科技岛国际水环境治理高峰论坛举行	纸媒：《南京日报》A01 版
110	10 月 23 日	南京市建邺区：塑造文化筋骨，扮靓“城市客厅”	网媒：人民网
111	11 月 1 日	壮丽七十年，百姓分享会讲述“建邺故事”	网媒：凤凰网
112	11 月 2 日	城市客厅迎文化盛宴，24 部网文力作在南京建邺获奖	网媒：凤凰网
113	11 月 5 日	市委常委赴联系点指导第二批主题教育工作	纸媒：《南京日报》A01 版
114	11 月 9 日	以滨江夜色为幕，南京“城市客厅”燃情唱响周末音乐会	网媒：凤凰网江苏
115	11 月 9 日	璀璨灯光，南京“城市客厅”燃情唱响周末音乐会	网媒：中国新闻网
116	11 月 9 日	南京建邺：周末音乐会让“城市客厅”弥漫文化因子	网媒：人民网
117	11 月 10 日	带着法式“金点子”，国际友人“打卡”建邺文化地标	网媒：凤凰网
118	11 月 11 日	2019 第四届紫金知识产权国际峰会分论坛活动在南京建邺举行	网媒：央广网
119	11 月 11 日	建邺打造南京知识产权创新基地，擦亮营商环境金字招牌	网媒：凤凰网
120	11 月 12 日	南京建邺开启“青年周”，11 天潮流盛宴丰富城市青年夜生活	网媒：新华网
121	11 月 12 日	南京建邺建知识产权创新基地：提升创新经济发展环境	网媒：中新网
122	11 月 15 日	河西建邺青年周开幕，城市嘉年华“嗨翻”南京	网媒：人民网
123	11 月 18 日	全球名校创客会创新联盟落户建邺	纸媒：《南京日报》A03 版
124	11 月 18 日	“三化”运营互为补充，“三级养老”协调发展，借力主题教育——建邺区构建大城市养老新模式	纸媒：《南京日报》A01 版
125	11 月 19 日	点亮新业态，集聚新动能，多彩“活动周”助力地方经济发展	纸媒：《南京日报》A01 版
126	11 月 20 日	南京首个 24 小时政务自助服务站在建邺区启用	网媒：人民网

续表 34

序号	日 期	标 题	媒体及版面
127	11月21日	存时间，享服务：养老“时间银行”在中国首次被“搬上”区块链	网媒：新华社
128	11月23日	南京举行江豚公益跑，发动社会各界守护“微笑精灵”	网媒：人民网
129	11月28日	兴隆街道24小时服务项目上线，社保卡补办只需要两分钟	纸媒：《南京日报》A04版
130	11月28日	南京首个市级区块链产业创新发展平台落户建邺	网媒：凤凰网江苏综合
131	11月30日	南京建邺启动“八度空间”，构建青年音乐人孵化基地	网媒：凤凰网江苏综合
132	11月30日	政府空间嫁接企业主体，南京建邺创新打造音乐孵化基地	网媒：人民网
133	11月30日	江苏省政府投资基金集聚区启用，落户基金规模已达596亿元	网媒：人民网
134	11月30日	江苏省政府投资基金集聚区在南京建邺正式启用	网媒：中国江苏网
135	11月30日	加大金融监管整治力度，建邺金融检察白皮书显示，今年查办金融犯罪案同比增两倍	纸媒：《南京日报》A01版
136	12月1日	省政府投资基金集聚区启用	纸媒：《新华日报》第2版
137	12月7日	韩立明赴玄武建邺鼓楼调研，在高质量发展中展现主城区更大作为	纸媒：《南京日报》A01版
138	12月7日	河西崛起城市文化产业新地标，南京新媒体大厦昨封顶	纸媒：《南京日报》A01版
139	12月8日	南京大学和建邺区共建海外校友经济集聚区	纸媒：《南京日报》A01版
140	12月17日	南京市科技金融服务基地落户金鱼嘴基金街区	网媒：中国江苏网
141	12月21日	环球达人相聚南京“城市客厅”，才艺秀演绎多元文化	网媒：凤凰网
142	12月25日	南京建邺区在全市率先成立首个总部企业俱乐部	网媒：人民网
143	12月25日	南京市首家总部企业俱乐部在建邺揭牌成立	网媒：中国江苏网
144	12月27日	提高城市中心首位度责任担当，2019年南京建邺GDP预计首破千亿	网媒：中国江苏网
145	12月27日	2019年建邺区交出满意的“成绩单”：生产总值破1000亿	网媒：凤凰网
146	12月27日	南京青奥艺术灯会璀璨启幕，来建邺赴光影之约	网媒：凤凰网
147	12月27日	“海上丝绸之路”国际传媒联盟在南京建邺区成立	网媒：现代快报网

（区委宣传部）

索引

说　明

一、本索引采用内容分析法编制，按主题词汉字拼音字母（同音字按声调）顺序排列，音调相同按下一字的音序排列。

二、索引主题后的数字表示内容所在的页码，数字后的 a 、b 分别表示该页码的左、右栏。

三、重复出现的主题，索引中只排列 1 次，页码中间以空格分隔，按顺序排列。

四、图照、特载、专记、大事记、人物与荣誉、组织机构负责人名录、附录等未作索引。

D

E

F

W

X

Y

Z